Amazônia na Monarquia Hispânica

Maranhão e Grão-Pará nos tempos da União Ibérica
(1580-1655)

Amazônia na Monarquia Hispânica

Maranhão e Grão-Pará nos tempos da União Ibérica
(1580-1655)

Alírio Cardoso

alameda

Grafia atualizada segundo o Acordo Ortográfico da Língua Portuguesa de 1990, que entrou em vigor no Brasil em 2009.

Edição: Haroldo Ceravolo Sereza
Editora assistente: Larissa Polix Barbosa
Projeto gráfico, diagramação e capa: Jean Ricardo Freitas
Assistente acadêmica: Bruna Marques
Revisão: Alexandra Collontini
Imagem da capa: *América Meridional*, de Diogo Homem. *Mapas Históricos Brasileiros*, Grandes Personagens da Nossa História, ed. Abril Cultural, São Paulo/SP, 1969.

Este livro foi publicado com apoio da Fapema.

CIP-BRASIL. CATALOGAÇÃO-NA-FONTE
SINDICATO NACIONAL DOS EDITORES DE LIVROS, RJ

C261A

Cardoso, Alírio
AMAZÔNIA NA MONARQUIA HISPÂNICA : MARANHÃO E GRÃO-PARÁ NOS TEMPOS DA UNIÃO IBÉRICA (1580-1655)
Alírio Cardoso. -- 1. ed.
São Paulo : Alameda, 2017.
412 p. : il. ; 21 cm.

Inclui bibliografia
ISBN: 978-85-7939-453-9

1. Maranhão - História. 2. Maranhão - Política e governo. I. Título.

17-40925 CDD: 981.21
CDU: 94(812.1)

ALAMEDA CASA EDITORIAL
Rua 13 de Maio, 353 – Bela Vista
CEP 01327-000 – São Paulo, SP
Tel. (11) 3012-2403
www.alamedaeditorial.com.br

Para Alina

NOTA AO LEITOR

Este livro é uma versão modificada da tese de doutorado intitulada *Maranhão na Monarquia Hispânica: intercâmbios, guerra e navegação nas fronteiras das Índias de Castela* (Salamanca, Espanha, 2012). Ao longo do texto, optamos por utilizar a sequência de Monarcas segundo a tradição castelhana: Filipe II (1556-1598), Filipe III (1598-1621) e Filipe IV (1621-1665). Nas citações de documentos manuscritos inéditos, optou-se pela atualização da ortografia.

"No faltará quien sirva a su Majestad en esta Conquista dando lo necesario". Capitão Manuel de Sousa de Eça. "Roteiro do Rio das Amazonas". Madri, 7 de julho de 1615.

SUMÁRIO

13 **Abreviaturas**

15 **Agradecimentos**

19 **Prefácio**

25 **Introdução. Monarquia Hispânica e desafio atlântico**

55 **1ª Parte: Castelhanização e Conquista**

57 **Capítulo I. Crônicas fluviais: mito cartográfico e mercadoria tropical (sécs. XVI-XVII)**

57 O Rio-Mar na crônica espanhola

68 A rede Amazonas-Marañón

73 Cartografia mítica

80 Crônica das riquezas

89 **Capítulo II. Concorrência europeia**

89 Disputa pelo Atlântico equatorial

94 Italianos e toscanos

103 Ingleses e irlandeses

112 Aliança Franco-holandesa?

121 **Capítulo III. Uma "união de armas": a invenção de uma nova conquista**

121 Negociações com os franceses

133 A estratégia de Filipe III

139 Vários projetos em jogo

147 A participação indígena

154 A participação espanhola

159 Uma conquista para os vassalos

161 **2ª Parte: Rotas e Riquezas**

163 **Capítulo IV. A Amazônia e a carreira das Índias**
163 Rotas possíveis
170 Naus, caravelas e canoas
179 Copiar Castela: o caso da encomienda maranhense
187 Todos os caminhos levam à prata do Peru
198 Outros intercâmbios fluviais

203 **Capítulo V. A prata verde: retorno das especiarias**
203 Aclimatação e diáspora vegetal
213 As primeiras notícias
218 Maranhão cravo e canela (e noz-moscada)
226 Frutos da terra e lágrimas de sangue
231 Extrativismo versus plantation?

239 **3ª Parte: Guerra e Expansão**

241 **Capítulo VI. Canoa e arcabuz: a guerra hispano-holandesa**
241 Rebeldes do Norte
250 O breve Maranhão holandês
256 Uma guerra fluvial
268 Infantaria indígena
275 Índios principais na época de D. João IV
286 A guerra no leste-oeste

293 **Capítulo VII. Restauração portuguesa e expansão para Oeste**
293 Notícias da rebelião
305 Perdas e ganhos
316 O sertão é o limite
326 Planos de Antônio Vieira, antes de 1653

341 **Conclusões**
351 **Fontes e bibliografia**

Abreviaturas

Arquivos e bibliotecas

AGI Archivo General de Indias (Sevilha, Espanha).
AGS Archivo General de Simancas (Valladolid, Espanha)
AHU Arquivo Histórico Ultramarino (Lisboa, Portugal)
ANTT Arquivo Nacional da Torre do Tombo (Lisboa, Portugal)
APEM Arquivo Público do Estado do Maranhão (São Luís, Brasil)
APEP Arquivo Público do Estado do Pará (Belém, Brasil)
ASF Archivio di Stato di Firenze (Florença, Itália)
BA Biblioteca da Ajuda (Lisboa, Portugal)
BNE Biblioteca Nacional de España (Madri, Espanha).
BNP Biblioteca Nacional de Portugal (Lisboa, Portugal).
FBN Fundação Biblioteca Nacional (Rio de Janeiro, Brasil)
NA Nationaal Archief (Holanda).
SGL Sociedade de Geografia de Lisboa (Portugal)

Coleções de documentos publicados

ABNRJ Anais da Biblioteca Nacional do Rio de Janeiro
RIHGB Revista do Instituto Histórico e Geográfico Brasileiro
CASGS Coleção de Cartas para Álvaro de Sousa e Gaspar de Sousa
RIC Revista do Instituto do Ceará

Agradecimentos

O livro que agora apresentamos aos leitores é resultado da tese de doutorado intitulada *Maranhão na Monarquia Hispânica: intercâmbios, guerra e navegação nas fronteiras das Índias de Castela*, defendida em Salamanca, em 2012. Uma obra como esta não deixa de ser, por outro lado, uma oportunidade para exercitar a boa arte de agradecer. Em primeiro lugar, ao professor José Manuel Santos Pérez, *el director de tesis*, pela competência com que orientou este trabalho e pela amizade nestes anos de lavor. Agradeço às instituições, formadas sempre por pessoas, que de alguma forma contribuíram para a realização desta obra. À Coordenação de Aperfeiçoamento de Pessoal de Nível Superior (CAPES-Brasil), responsável pelo financiamento da pesquisa original. Agradeço à Fundação de Amparo à Pesquisa e ao Desenvolvimento Científico e Tecnológico do Maranhão - FAPEMA, responsável pelo financiamento deste livro. Aos funcionários e funcionárias das bibliotecas e arquivos consultados nos diferentes países onde a pesquisa foi desenvolvida, especialmente aos funcionários da Biblioteca da *Facultad de Geografia e Historia* da *Universidad de Salamanca*; à Secretaria do *Departamento de Historia Medieval, Moderna y Contemporánea*, especialmente a Yolanda López Bermejo. Ao CHAM *(Centro de História de Além-Mar*, Lisboa) pela acolhida durante meu estágio em Portugal. Muitas outras pessoas contribuíram nos dois lados do Atlântico para a realização desta pesquisa. Mais uma vez, agradeço ao professor Rafael Chambouleyron, da Universidade Federal do Pará, entre muitas outras coisas, por ter aceitado o cargo de *tutor no Brasil* junto à CAPES. Novamente, agradeço a John Monteiro (*in memoriam*) e a Silvia Hunold Lara, da UNICAMP, pela fundamental ajuda no início deste percurso. Ao professor José Luís Ruiz-Peinado Alonso, da *Universitat de Barcelona*, pela estimável colaboração acadêmica e pela amizade. Ao professor Pedro Cardim, da Universidade Nova de Lisboa, pelas indispensáveis sugestões durante meu estágio em Portugal. A Maria Adelina Amorim e Vítor Serrão, professores da *Universidade de Lisboa*, pelos conselhos, apoio e amizade. À professora Guida Marques, do CHAM-Lisboa, pelas sugestões. Ao professor Horst Pietschmann, da *Universität Hamburg* (Alemanha), pelas preciosas indicações bibliográficas. Ao professor Raymond Buve, da *Universiteit Leiden* (Holanda), que já nos últimos meses de escrita forneceu-me valiosos dados sobre a cartografia holandesa. Ao professor Tiago C. P. dos Reis Miranda, da *Universidade Nova de Lisboa*, pelo auxílio durante meu estágio lisboeta. Aos companheiros do projeto "Brasil en la Monarquía Hispánica": Ana Paula T. Megiani, da Universidade de São Paulo; Ana Hutz, da Pontíficia Universidade Católica de São Paulo; Pedro Puntoni, Universidade de São Paulo; também a Rubén Álvarez Iglesias; Óscar Rico Bodelón e Sylvia Brandão Ramalho de Brito. Sem a ajuda de Maria Eliza de Campos Souza, talvez não fosse possível cumprir os prazos da pesquisa. Agradeço também a Ronald Raminelli, da Universidade Federal Fluminense, pelas indicações bibliográficas. Na *Universidad de Salamanca*, tive o apoio indispensável de várias pessoas. Ao professor José Carlos Rueda Fernández, sempre sensível às circunstâncias do trabalho de pesquisa; também aos professores Julio Sánchez Gómez e Izaskun Álvarez Cuartero, pelo incentivo. A Isaac Martin Nieto pelos anos de amizade. Ao fundamental apoio do meu Departamento de História e do Programa de Pós-Graduação em História (PPGHIS) da Universidade Federal do Maranhão, sobretudo aos professores Lyndon de Araújo Santos e Josenildo de Jesus Pereira. Aos meus alunos de Mestrado e Iniciação Científica, colegas de jornada acadêmica, João Otávio Malheiros, Flávio Pereira Costa Junior, Julio César Braga Gomes de Melo Junior e Karollynne Soares Sousa. À professora Régia Agostinho da Silva, amiga de todas as horas; A Adroaldo Almeida, amigo querido e parceiro de lutas, professor do Instituto Federal do Maranhão e Helidacy Côrrea, professora da Universidade Estadual do Maranhão. A Arlindyane dos Anjos e Roberta Lobão Carvalho, pela amizade. Especiais agradecimentos aos meus amigos Siméia Lopes e Carlos Castro Bastos, professores da Universidade Federal do Pará; Também a Albina Albuquerque Pereira, amiga de exílio em Madri; Por fim, à família (Fafi, Landa, Ademar, André, Adriana, Márcia Valéria, Marcus Vinícius.). Sempre presente, mesmo quando estávamos a um oceano de distância. Não poderia finalizar estas páginas sem registrar um especial agradecimento a Nathália Moreira Lima Pereira: de sua sensibilidade e companheirismo tenho aprendido, cada dia, a ser alguém melhor.

Prefácio

O livro *Amazônia na Monarquia Hispânica. Maranhão e Grão-Pará nos tempos da União Ibérica (1580-1655)* apresenta uma análise aprofundada da interação entre uma série de povos ameríndios do Maranhão e do Grão-Pará – sobretudo os grupos que falavam diversas línguas Tupis, Gês e outros idiomas que não deixaram traços na documentação colonial – e os europeus. Cobrindo o período compreendido entre o final do século XVI e a década de 1650, Alírio Cardoso assume, em boa parte do seu estudo, o ponto de vista dos espanhóis e dos portugueses que percorreram as vastas regiões do Maranhão e do Pará, proporcionando detalhada informação sobre os esforços desenvolvidos por esses dois grupos para controlar tais espaços, tanto na zona litorânea, quanto no interior. No entanto, este livro tem também muitas páginas dedicadas aos ameríndios, mostrando que essas populações, apesar da devastação que sofreram, conseguiram resistir contra as iniciativas europeias, bem como tirar partido dos recursos trazidos pelos colonizadores.

Ao longo desta obra comprova-se que a interação entre ameríndios e europeus foi especialmente intensa no campo militar, não só na guerra de conquista mas, também, nos confrontos entre os vários povos interessados naquela parte da América do Sul. Os índios participaram ativamente nessas lutas, ora resistindo contra os colonizadores, ora colaborando com alguns deles. Aliás, este estudo confirma que os ameríndios e as suas técnicas de guerra foram determinantes, ao ponto de, em alguns casos, a Coroa ter chegado mesmo a recompensar combatentes indígenas.

Esta pesquisa tem portanto em conta os conhecimentos que os ameríndios transmitiram aos portugueses. Para além das técnicas de combate, é concedido um especial destaque ao saber ameríndio sobre a melhor forma de tirar partido dos recursos daquela região, como por exemplo as abundantes madeiras maranhenses (para a construção naval), ou as plantas mais adequadas ao clima e aos solos daquela parcela da América (o cravo, a canela e a noz-moscada). O livro também se ocupa da influência das condições naturais na formação das capitanias do Maranhão e do Pará. Entre os aspetos em foco, sobressaem os seguintes: uma rede fluvial muito mais densa do que em outras regiões; o facto de a terra e o clima serem muito mais aptos para o cultivo de especiarias do que para o desenvolvimento de um sistema de plantação; e, ainda, o peculiar regime de ventos ao longo da costa atlântica da América do Sul, o qual propiciou uma ligação mais direta entre, por um lado, o Maranhão e o Pará, e, por outro, a Europa, estabelecendo uma espécie de "separação natural" entre essas regiões e o Estado do Brasil. Todos estes aspetos, aliados a uma presença ameríndia especialmente numerosa e densa, levam Alírio Cardoso a afirmar que o Maranhão não faz parte do Atlântico Sul, pertencendo, em vez disso, à "macro-região" do "Atlântico equatorial".

A par desta vinculação à história do mundo atlântico, este livro possui, igualmente, uma componente de história global, pois tem em conta a articulação entre acontecimentos locais e processos globais. Tal é visível nas muitas páginas dedicadas às interações entre diversos grupos e aos seus efeitos em locais distantes, como a corte de Madrid ou a cidade de Lisboa. Ao longo do seu estudo Alírio Cardoso demonstra que acontecimentos ocorridos nessa parte da América tinham repercussão em lugares longínquos (e vice-versa). Além disso, o livro também assume uma vertente global quando explora a inter-relação entre o Maranhão e as possessões asiáticas portuguesas, por exemplo a propósito dos debates em torno da introdução de «drogas» asiáticas naquela parte da América, ou nas páginas em que se discute o lugar do Maranhão e do Pará nas rotas marítimas que ligavam as várias possessões ultramarinas de Portugal.

A fronteira é, sem dúvida, outra presença constante ao longo deste livro. O Maranhão costumava ser visto como o «fim do Brasil» ou como o «começo das Índias», uma espécie de barreira defensiva do vice-reino do Peru. A circunstância de o Maranhão ser confinante com as Guianas e com a América espanhola deu origem a uma verdadeira economia fronteiriça, um espaço de oportunidades onde os vários atores em presença – incluindo, evidentemente, os ameríndios – souberam tirar partido dessa situação, através do contrabando, da mobilização de recursos régios ou, ainda, da manipulação de identidades.

Era um espaço acerca do qual abundavam relatos de riquezas, algo que funcionou, sem dúvida, como um incentivo à conquista e à colonização. A par dos diversos povos ameríndios que habitavam aquela região, Alírio Cardoso identifica a ação de toscanos, de ingleses, de irlandeses, de franceses e de neerlandeses, para além, claro, dos portugueses e dos espanhóis. Além disso, destaca, igualmente, as iniciativas de luso-pernambucanos – alguns deles mestiços – e de *criollos* oriundos de várias partes da América Espanhola. Tal diversidade faz com que, ao longo de todo o livro, seja patente a preocupação por evitar noções identitárias rígidas e essencialistas. Nesse sentido, este é um estudo que mostra que as análises baseadas nos atuais quadros nacionais nem sempre conseguem dar conta da complexidade de espaços tão híbridos e com tanta circulação de pessoas quanto o Maranhão ou o Pará.

Este é, portanto, um estudo sobre o processo de "invenção" da Amazónia brasileira. É um livro que dialoga, de uma maneira muito frutífera, com a historiografia do Maranhão e do Grão-Pará, e nele são reexaminados os aspetos que fizeram dessas regiões uma realidade bem diferente do Estado do Brasil. Antes de mais, o facto já referido de a sua economia se ter baseado nas «drogas do sertão», e não nas plantações de cana-de-açúcar. Porque eram regiões que não reuniam condições naturais para se apostar na monocultura da cana, possuíam um número bem mais reduzido de plantações e, por esse motivo, no Maranhão a população de origem africana não é comparável à que foi levada, à força, para as principais áreas do Estado do Brasil. Além disso, eram territórios onde a população ameríndia, apesar da destruição provocada pela conquista europeia, continuou a ser muito numerosa. O Maranhão contrasta, portanto, com os demais focos de colonização portuguesa na América do Sul, afirmando-se como um espaço onde o trabalho forçado dos ameríndios foi predominante, embora coexistindo, em alguns locais, com o contributo de africanos escravizados. Os colonos olharam para os ameríndios como mão-de-obra passível de ser escravizada, opondo-se tenazmente aos intermitentes esforços da Coroa e das ordens religiosas para limitar essa prática.

A pesquisa de Alírio Cardoso é também importante para todos aqueles que se interessam pela Monarquia Hispânica e sua trajectória histórica. Dialogando com a historiografia internacional que, nos últimos anos, contribuiu para um melhor conhecimento dessa monarquia compósita, este estudo tem em conta as dinâmicas de integração e de conflito entre, por um lado, a América espanhola e, por outro, as possessões portuguesas na América do Sul, analisando a diversidade cultural, social e jurisdicional de cada um desses âmbitos e, ainda, os nexos de articulação entre os vários territórios que integravam os domínios dos Áustrias. Para Alírio Cardoso, o Maranhão era a parcela do Brasil com mais afinidades com a América espanhola. Refira-se, a propósito, o caso da «encomenda» maranhense, com evidentes semelhanças com a *encomienda* do Novo Reino de Granada. Refira-se, igualmente, o aparecimento de projetos de união entre as duas Américas, ligando o Maranhão às Caraíbas, à capitania-general da Venezuela ou ao vice-reino do Peru. Aliás, este livro mostra que algumas destas visões de junção das duas Américas foram forjadas não só por espanhóis, mas também por portugueses e por luso-brasileiros envolvidos na colonização do Maranhão e do Pará.

O facto de, a partir da década de 1630, o Maranhão ter alcançado uma forte inserção na Monarquia espanhola torna este território um excelente caso para avaliar o modo como foi recebida a notícia da aclamação de D. João IV. Alírio Cardoso mostra que os moradores e alguns ameríndios usaram a adesão aos Bragança como um recurso retórico para obter mercês. Além disso, a rutura permitiu a expulsão dos espanhóis residentes no Maranhão e, portanto, a eliminação de alguma concorrência. A par disso, e como seria de prever, verificou-se algum distanciamento face à América espanhola e às Caraíbas. Porém, e a despeito da rutura entre Portugal e a Monarquia de Filipe IV, nota-se igualmente uma certa persistência de visões unificadoras entre o Maranhão e o Peru, presentes, por exemplo, nas propostas de jesuítas como Cristóbal de Acuña ou António Vieira. Este último chegou mesmo a acalentar a esperança de que Portugal, com o apoio da França, pudesse vir a conquistar o Peru e, talvez, também a Nova Espanha.

No fundo, o excelente estudo de Alírio Cardoso permite perceber que a rutura política na Europa não ditou grandes mudanças na governação do Maranhão e do Pará, sobretudo no que toca a uma questão central: a mão-de-obra indígena. As décadas pós-1640 foram marcadas pela continuidade e até pelo reforço da anterior política de colonização, protagonizada pelos luso-maranhenses e pelos luso-paraenses: prosseguiu a expansão para o «sertão ocidental», na senda das expedições de Pedro Teixeira; teve início a doação de sesmarias, sobretudo a partir do reinado de D. Pedro II, com a consequente ocupação de mais terras dos ameríndios, muitos dos quais, por sua vez, foram usados como mão-de-obra com um estatuto próximo da escravidão; e, finalmente, a Coroa e as ordens religiosas continuaram a procurar moderar os colonos e seus abusos sobre os povos ameríndios, embora por vezes também elas tenham estado envolvidas em práticas escravistas.

Em face do exposto, é justo dizer-se que este livro, pelo seu rigor concetual, pela exaustiva investigação em que assenta e pela novidade das suas conclusões, passa a ser uma referência obrigatória para todos aqueles que se interessam pela colonização europeia da América do Sul.

Pedro Cardim
Universidade Nova de Lisboa

Lisboa, Julho de 2016

Introdução
Monarquia Hispânica e desafio atlântico

Era 1886. Neste ano foi inaugurado na cidade de Lisboa um imponente obelisco, localizado apropriadamente na avenida chamada de Liberdade. A construção foi erguida para lembrar um dos capítulos mais controversos da "história nacional" portuguesa, a integração do reino à Monárquica Hispânica (1580-1640). Não é nenhuma novidade que monumentos servem, entre outras coisas, para tentar cristalizar versões de história.[1] Em todo caso, o "Monumento dos Restauradores" está repleto de sugestivas imagens. Não representa as várias faces do processo, senão uma em especial: a rebelião dos portugueses contra o domínio castelhano, traduzida para a linguagem política da segunda metade do século XIX.

Assim, estão dispostas as alegorias da "Independência" e da "Vitória", bem como o nome das batalhas consideradas mais importantes, Elvas (1659), Ameixial (1662), Castelo Rodrigo (1664). O obelisco também representa como partes de um único movimento: a expulsão dos holandeses do Brasil, em 1654, e a guerra de independência contra Espanha. Monumento construído apropriadamente para lembrar um aspecto daquela história, mas também engendrado para fazer esquecer outros: os intercâmbios, acordos e acertos que também ocorriam entre espanhóis e portugueses durante o período em que teve lugar a maior de todas as uniões de reinos da História Moderna.

---

1 Sobre este processo de fragmentação da memória, utilizando como ponto de partida a representação da morte de D. Sebastião de Portugal, ver: VALENSI, Lucette. *Fables de la mémoire. La glorieuse Bataille des trois rois*. Paris: Seuil, 1992.

O trabalho que agora apresentamos ao leitor, fruto da tese defendida em 2012, pretende explorar um outro aspecto da união dinástica: a percepção que tinham os portugueses que viviam no ultramar sobre a situação de vassalagem com relação a Castela. Ou seja, de que modo a integração à Monarquia Universal e as transformações políticas do período afetaram as vidas de indivíduos que estavam do outro lado do Atlântico, concretamente nas regiões de fronteira.

Como se sabe, a união dinástica havia sido ensaiada durante gerações de matrimônios entre as casas reais de Portugal e Espanha. Foi a prematura morte do rei D. Sebastião, na célebre Batalha de Alcácer-Quibir (4 de agosto de 1578), e a debilidade institucional do último dos Avis, D. Enrique, que tornaram possíveis as pretensões castelhanas de anexação do reino vizinho. Por outro lado, é verdade que a adesão portuguesa não dependeu exclusivamente de acertos políticos, muito menos de negociações diplomáticas, e a historiografia hoje discute também as consequências, no plano do imaginário, da agressiva reclamação ao trono feita por Filipe II. Assim, durante anos os portugueses ainda lembrariam detalhes não muito decorosos da conquista militar de Lisboa, coordenada pelo duque de Alba.[2]

De qualquer forma, durante sessenta anos Portugal e Espanha deram novo sentido à palavra "monarquia", permitindo com este acerto político-dinástico-militar o controle de imensas áreas ultramarinas na América, África e Ásia. Paradoxalmente, este foi o período em que a estabilidade da Monarquia Hispânica passava por sua primeira grande prova, com a rebelião nos Países Baixos e a ameaça da concorrência inglesa, francesa e neerlandesa no Índico e no Atlântico.

A ideia de uma união monárquica não é um conceito completamente novo. A reunião política de pequenos reinos e principados sob

2 Sobre a tomada de Lisboa e suas implicações políticas, ver: VALLADARES, Rafael. *La Conquista de Lisboa. Violencia militar y comunidad politica en Portugal, 1578-1583*. Madri: Marcial Pons, 2008.

a égide de um único soberano, conceito político do *aeque principaliter*, com garantias retóricas de preservação de foros, usos e costumes locais, já havia sido experimentada entre Inglaterra e o País de Gales, no século XVI. A união de reinos ocasionalmente estava baseada numa certa noção de "conformidade", embora muitas vezes não se falasse em "união de armas". Em todo caso, apesar de suas diferenças, parece ser perfeitamente possível comparar "Britanya" e "Hispanya", tal como foi proposto anos atrás por John Elliott.[3]

A possibilidade de união de reinos nem mesmo chega a ser algo completamente inédito na cultura política lusa. De fato, uma das primeiras referências à união dinástica entre Portugal e Castela surge por ocasião dos debates, em 1499, acerca dos diretos de D. Miguel, neto dos Reis Católicos, ao trono de ambas nações, precedente convenientemente lembrado durante as Cortes de 1581.[4] De todo este período, talvez o soberano mais discretamente lembrado seja Filipe III, o *piedoso*, ofuscado pelos logros bélicos de seu pai, à custa da integridade da Fazenda Real, é certo, mas sem experimentar as tensões do reinado de Filipe IV, com o ciclo de rebeliões no interior da Monarquia, e o retorno de uma campanha bélica mais ativa na Europa. É necessário, entretanto, compreender melhor as ambiguidades do período que a historiografia espanhola costuma chamar de *Pax Hispanica*. Este período seria caracterizado, em teoria,

---

3 ELLIOT, John H. "A Europe of composite monarchies". *Past and Present*, nº 137 (novembro, 1992), p. 52-62. Sobre as noções de "reino", "comunidade politica", "império", e "Monarquia", ver entre outros: THOMPSON, I.A.A. "Castilla, España y la Monarquía: La comunidad política, de la *patria natural* a la *patria nacional*". In: KAGAN, Richard L. & PARKER, Geoffrey (Eds.) *España, Europa y el mundo Atlántico. Homenaje a John H. Elliott.* Madri: Marcial Pons/Junta de Castilla y León, 2002, p. 177-216.

4 SILVA, Francisco Ribeiro da. "A preservação da identidade portuguesa a luz das cortes de 1581". *Revista Portuguesa de Historia*, tomo XXXVII (2005), p. 393-409.

pela desmobilização do exército de Flandres e pelos acordos de paz entre Espanha e seus adversários mais ativos no cenário europeu.

Entretanto, não parece razoável caraterizar este período como uma era de debilidade no que diz respeito ao cenário bélico global. Ao contrário, foi durante a *Pax Hispanica* que o sistema de defesa espanhol tornou-se mais organizado, a partir de uma administração mais racional dos recursos financeiros disponíveis. É verdade que este também foi um período de intensa atividade diplomática, forjado pela atuante política exterior do duque de Lerma.[5] Contudo, estava claro que a *Pax Hispanica* não ganhou o mesmo sentido nas conquistas ultramarinas. Pesquisas mais recentes têm demonstrado que em lugares como Chile e o vice-reinado do Peru, a chamada guerra defensiva era mais ativa e sistemática, nada a ver com o que ocorria na Europa na mesma época.[6] Assim, nas terras de ultramar passa a ser cada vez mais evidente a mobilização de tropas, de modo a manter a unidade política das imensas regiões, e responder à ameaça dos concorrentes oceânicos, França, Inglaterra, mas principalmente Holanda.

Das muitas formas de explicar a integração de Portugal à Monarquia Hispânica, aquela que mais reclamou direitos sobre a memória historiográfica foi a versão nacionalista, entre os séculos XIX e XX.[7] Esta interpretação reforçou a ideia de que a união dinástica teria

---

5 Sobre a chamada "política de efeitos" do duque de Lerma, ver: GARCÍA GARCÍA, José Bernardo. *La Pax Hispanica. Política exterior del Duque de Lerma.* Leuven: Leuven University Press, 1996, p. 27-81.

6 Para José Manuel Díaz Blanco estava claro que, enquanto a Guerra Defensiva na Europa, entre 1612 e 1626, diminuia de intensidade com o programa de desmobilização do exército, nas Conquistas do ultramar o ritmo bélico não fazia mais que aumentar. DÍAZ BLANCO, José Manuel. *Razón de Estado y buen Gobierno. La Guerra Defensiva y el imperialismo español en tiempos de Felipe III.* Sevilha: Universidad de Sevilla, 2010, p. 28-29.

7 Encontramos uma das primeiras críticas sistemáticas a essa tendência no brilhante artigo de Stuart Schwartz, de 1968. SCHWARTZ, Stuart. "Luso-Spanish

sido uma aliança exclusivamente mantida pela força, visão centrada na imagem de Filipe II, como interventor; Filipe III, como gestor; e Filipe IV, como reformador.[8] Essa maneira de explicar a união dinástica, que teve bastante impacto também sobre a historiografia brasileira do século XIX, negligenciava outras atitudes portuguesas com relação ao governo Habsburgo. Sobretudo, prestava-se pouca atenção à importância das adesões voluntárias e aos convenientes acordos políticos entre as partes envolvidas, postura bem caracterizada na figura de D. Cristóvão de Moura, e outros "filipistas" que consideravam vantajosos os termos em se apresentava a união de reinos.[9] Este grupo, anos depois, também não reconheceu a legitimidade de D. João IV, e preferiu o exílio em Madri ou Sevilha a servir um governo considerado rebelde, e uma mudança institucional caraterizada amiúde como "golpe de Estado".[10]

Nos anos em que durou o Portugal Habsburgo, houve um aumento sem precedentes na distribuição de títulos nobiliárquicos em comparação com a discreta política de nobilitação dos Avis do período ante-

---

relations in hapsburg Brazil, 1580-1640". *The Americas*, Vol. XXV, n°.1 (1968), p.33-48.

8 Sobre esta interpretação, ver: STELLA, Roseli Santaella. *O Domínio Espanhol no Brasil durante a Monarquia dos Filipes (1580-1640)*. São Paulo: Centro Universitário Ibero-Americano, 2000.

9 MARTÍNEZ HERNÁNDEZ, Santiago. "D. Cristóvão de Moura e a Casa dos Marqueses de Castelo Rodrigo. Proposta de investigação e linhas de análise sobre a figura do grande privado de D. Filipe I". In: MARTÍNEZ HERNÁNDEZ Santiago (Eds). *Governo, Política e Representações do Poder no Portugal Habsburgo e nos seus Territórios Ultramarinos (1581-1640)*. Lisboa: CHAM/Universidade Nova de Lisboa/Universidade dos Açores, 2011, p. 69-96.

10 VALLADARES, Rafael. *La rebelión de Portugal, 1640-1680. Guerra, conflicto y poderes en la monarquía hispánica*. Valladolid: Junta de Castilla y León, 1998, p. 225; BOUZA ALVAREZ, Fernando. "Entre dos reinos, una patria rebelde. Fidalgos portugueses en la Monarquia Hispánica después de 1640". *Estudios. Revista de Historia Moderna*, n.º 20 (1994), p. 83-103.

rior.[11] Não por acaso, em pleno impacto do Primeiro de Dezembro de 1640 já existia o temor de um contragolpe que poderia ser orquestrado por parte da elite portuguesa já castelhanizada, cuja preocupação eram as grandes perdas resultantes de uma mudança drástica de governo.[12] Neste sentido, não havia dúvidas de que a estratégia filipina de promover a circulação da nobreza portuguesa por diferentes lugares da Monarquia funcionou bastante bem.[13] A distribuição de cargos e mercês, tal como veremos mais tarde, não estava limitada aos grandes figurões da Corte, atingindo também os conquistadores das novas terras, em lugares tão apartados quanto o sertão da Amazônia portuguesa.

A historiografia do século XIX foi especialmente fértil na produção de obras que reforçavam o mito nacionalista e o anticastelhanismo. Naquela época, nasceram contribuições cruciais como a célebre *História de Portugal nos séculos XVII e XVIII* (1858), de Luiz Augusto Rebello da Silva. Rebello da Silva dá início a uma tradição que compreende a união dinástica como um período de decadência cultural e política e o fim do governo Habsburgo como o início de uma autêntica história de "libertação da nação". O autor também não tem dúvidas em concluir que a *união* foi mantida exclusivamente pela força das armas, e que o movimento de 1640 teria sido a "resposta da nacionalidade oprimida às victórias do Duque de Alba, e às promessas trahidas das Côrtes de Thomar".[14] Quase no mesmo período, o militar e historiador português, António Ladislau Monteiro Baena (1782-1850), autor de *Compêndio das Eras da*

11 SCHAUB, Jean-Frédéric. *Portugal na Monarquia Hispânica (1580-1640)*. Lisboa: Livros Horizontes, 2001, p. 45.

12 VALLADARES, Rafael. *La rebelión de Portugal*, p. 39-40.

13 COSTA, Fernando Dores. "Interpreting the Portuguese war of Restoration (1641-1668), in a Europe context". *E-jornal of Portuguese History*, vol. 3, nº 1 (2005).

14 REBELLO DA SILVA, Luiz Augusto. *História de Portugal nos séculos XVII e XVIII*, tomo I. Lisboa: Imprensa Nacional, 1860, p. 102-3

Província do Pará (1838), e que viveu na Amazônia brasileira durante o século XIX, resume o período filipino como uma política "fraudulenta" cuja consequência teria sido a decadência dos costumes, das ciências e da arte em Portugal.[15] Esses debates oitocentistas, cultivados por autores ansiosos por discutir o significado profundo do nacionalismo português no interior do sistema europeu, ajudaram a formular a noção segundo a qual os prejuízos da união monárquica superavam as suas vantagens.[16]

Do outro lado do Atlântico, as "Histórias do Brasil" não contavam uma versão radicalmente oposta àquela, mas apresentavam diferenças marcantes. Para os historiadores brasileiros do final do século XIX, temas como o passado colonial, as funções da Monarquia, ou a necessidade de um "Estado" centralizado, eram recorrentes e faziam parte da própria identidade historiográfica do período.[17] Para além do simples nacionalismo, algumas destas versões oitocentistas da história tentavam introduzir a gênese do caráter "brasileiro", já supostamente distinto do português. Assim, para Francisco Adolfo de Varnhagen, a ligação com a "casa de Áustria" pouco afetou a administração portuguesa do Brasil. Segundo este historiador, existiria uma total independência no que se refere à condução dos assuntos ultramarinos.[18] A mesma opinião revelava ter Oliveira Lima, que no seu *Formação histórica da nacionalidade*

---

15 BAENA, Antônio Ladislau Monteiro. *Compêndio das eras da província do Pará*. Belém: Univesidade Federal do Pará, 1969 [1838], p. 21.

16 Sobre os vários aspectos da questão nacional entre os autores portugueses da segunda metade do século XIX, ver: VALENTIM, Alexandre. *Questão nacional e questão colonial em Oliveira Martins*. Coimbra: 1999. Separata da *Revista da Universidade de Coimbra*, vol. XXXVIII, p. 351-369.

17 ODALIA, Nilo. *As formas do mesmo: ensaios sobre o pensamento historiográfico de Varnhagen e Oliveira Vianna*. São Paulo: Fundação Editora da UNESP, 1997, p. 111

18 VARNHAGEN, Francisco Adolpho. *Historia Geral do Brazil*, tomo primeiro. Rio de Janeiro: Caza de E. H. Laemmert, 1854, p. 279.

brasileira (1911) entendia que o Brasil era "mais colônia portuguesa e não uma colônia espanhola".[19]

A tradição historiográfica nacionalista também aproveitou a Restauração portuguesa para criar seus próprios mitos independentistas. Um dos melhores exemplos foi o tratamento que os historiadores deram à famosa "Aclamação de Amador Bueno", supostamente ocorrida em São Paulo no ano de 1641. Amador Bueno da Ribeira, filho de um sevilhano e uma portuguesa, teria sido aclamado pelos poderes locais como "rei de São Paulo", independente de Portugal, mas também da Espanha. A quase completa falta de documentos coevos sobre o suposto evento parece indicar que este foi muito mais uma invenção nativista posterior, possivelmente confeccionada pela intelectualidade paulista oitocentista, ávida por mostrar as diferenças ancestrais entre Brasil e Portugal.[20]

Nas primeiras décadas do século XX, o mito antiunionista ainda estava presente na historiografia portuguesa e brasileira. Na década de 1940, esta interpretação de gosto nacionalista não estava ausente nos trabalhos comemorativos dos trezentos anos da "Revolução de 1640".[21]

---

19 LIMA, Oliveira. *Formação histórica da nacionalidade brasileira*, prefácios de Gilberto Freyre, M.E. Martinenche, José Veríssimo. Rio de Janeiro: Cia Editora Leitura, 1944, p. 58

20 ALENCASTRO, Luiz Felipe de. "A alegada proclamação de Amador Bueno em 1641". In: ALENCASTRO, Luiz Felipe de. *O trato dos viventes: formação do Brasil no Atlântico sul.* São Paulo: Companhia das Letras, 2000, p. 367-8. Para Rodrigo Bentes Monteiro, apesar da insuficiência de documentos, é possível considerar o episódio como "historicamente provável". MONTEIRO, Rodrigo Bentes. "A Rochela de Portugal: São Paulo e a aclamação de Amador Bueno como espelho da realeza portuguesa". *Revista de História (São Paulo)*, nº 141 (1999), p. 21-44. Ver também: MONTEIRO, Rodrigo Bentes. *O rei no espelho: a monarquia portuguesa e a colonização da América, 1640-1720*. São Paulo: Fapesp/Hucitec/Instituto Camões, 2002.

21 Sobre o tema, ver a análise de Fernando Bouza: BOUZA ALVAREZ, Fernando. "Gramática de la crisis. Una nota sobre la historiografia del 1640 hispánico entre 1940 y 1990". *Cuadernos de Historia Moderna*, n.º 11 (1991), p. 223-246.

Entretanto, na historiografia brasileira, entre as décadas de 1930 e 1950, já existem mudanças consideráveis em relação às obras portuguesas do mesmo período. Os trabalhos de Caio Prado Jr. já iniciavam uma reflexão acerca da ideia de "sistema colonial" e "dependência". Para Caio Prado Jr., a união dinástica representou mais um capítulo da "acumulação primitiva" de capital, resultado da exploração que a Europa pré-industrial infligiu sobre o Novo Mundo. No final das contas, para aquele autor a integração de Portugal à Monarquia Hispânica perde qualquer significado mais profundo.[22] Por outro lado, Jaime Cortesão no seu *A geografia e a economia da Restauração* (1940), já começa a discutir questões que só seriam retomadas bem mais tarde. Cortesão relaciona nitidamente a Restauração portuguesa aos interesses econômicos de uma "burguesia" luso-brasileira. Segundo esta tese, os comerciantes envolvidos com o negócio do açúcar, antes coincidentes com a política atlântica castelhana, logo encontrariam maiores vantagens na debilidade de um governo brigantino pendente de legitimação. No final das contas, esta opção seria explicada como produto de um cálculo político necessário à superação dos entraves para a livre circulação do emergente mercado brasileiro.[23]

Nas décadas de 1960 e 1970, outros historiadores brasileiros começam a fugir claramente da versão nacionalista. Nesse período, ganha destaque a obra de Eulália Maria Lahmeyer Lobo, uma das primeiras historiadoras brasileiras a realizar trabalhos comparativos entre os estilos de administração e gestão econômica da América portuguesa e das Índias de Castela.[24] Também merece referência o ambicioso projeto dirigido por

22 PRADO Jr, Caio. *Formação do Brasil Contemporâneo: colônia.* São Paulo: Livraria Martins Editora, 1942.

23 CORTESÃO, Jaime. *A geografia e a economia da Restauração.* Lisboa: Seara Nova, 1940, p. 55-57.

24 LOBO, Eulália Maria Lahmeyer. *Administração Colonial Luso Espanhola nas Américas.* Rio de Janeiro: Editora Companhia Brasileira das Artes Gráficas, 1952; LOBO, Eulália Maria Lahmeyer. *Aspectos da Influência dos Homens do Negócio na Política Comercial Ibero-Americana, século XVII.* Rio de Janeiro:

Sérgio Buarque de Holanda, a já célebre *História Geral da Civilização Brasileira*. O capítulo intitulado "O Brasil no período dos Filipes", escrito por Antônia Fernanda Wright e por Astrogildo Rodrigues de Mello antecede ao "A conquista da costa Leste-Oeste", artigo escrito pelo próprio Sérgio Buarque. Para os autores, a principal mudança ocorrida com a união dinástica foi a expansão para o interior do "Brasil", sobretudo para o Nordeste e Norte. Nestes trabalhos, os anos de adesão lusa ao governo Habsburgo foram caracterizados como um dinâmico período de "penetração e conquista".[25] Esta mesma opinião tinha, anos atrás, Basílio de Magalhães que acreditava já na existência de um plano espanhol para a América portuguesa, cuja base seria o reforço das fronteiras.[26]

No Brasil, mas também em Portugal, outros autores tentaram discutir a união dinástica a partir de um enfoque mais culturalista. Gilberto Freyre abordou o tema dos intercâmbios culturais entre portugueses e espanhóis em um pequeno ensaio chamado *O Brasileiro entre outros hispanos* (1975), onde tentava definir a abrangência do que ele chamou de "cultura ibérica".[27] Antes disso, Joaquim Veríssimo Serrão, no seu *Portugueses no estudo de Salamanca*, já havia destacado os intensos intercâmbios no mundo letrado hispano-luso. Nesta obra, Serrão tam-

---

1963; LOBO, Eulália Maria Lahmeyer. *Processo Administrativo Ibero-Americano (Aspecto Sócio-Econômicos - Período Colonial)*. Rio de Janeiro: Biblioteca do Exército, 1962.

25 WRIGHT, Antônia Fernanda P. de Almeida & MELLO, Astrogildo Rodrigues de. "O Brasil no período dos Filipes". In: BUARQUE DE HOLANDA, Sérgio (Ed.). *História Geral da Civilização Brasileira*, tomo I, vol. 1. Rio de Janeiro: Bertrand Brasil, 1997, p. 181.

26 MAGALHÃES, Basílio de. *Expansão Geográfica do Brasil Colonial*. Brasilia/São Paulo: Editora Nacional/INL, 1978, p. 14. Uma primeira edição desta tese foi publicada ainda em 1915, com o título: "Expansão Geographica do Brasil até fins do século XVII"; depois, em 1935, com o título atual.

27 FREYRE, Gilberto. *O brasileiro entre outros hispanos*. Rio de Janeiro: José Olympio/INL, 1975, p. 15.

bém já admitia a presença de certo processo de castelhanização entre os setores elitizados da sociedade portuguesa, uma tendência anterior à união dinástica.[28] Em São Paulo, surge a inovadora "tese de cátedra" de Eduardo D'Oliveira França, *Portugal na época da Restauração* (1951). D'Oliveira França, antigo assistente de Fernand Braudel na Universidade de São Paulo, traça um ambicioso quadro cultural da época da ascensão dos Bragança, reconstruindo o perfil do "homem barroco" e do ideal de "hidalguía". Essas premissas, inspiradas claramente em trabalhos de autores como Huizinga e Lucien Febvre, têm como resultado um ensaio que, pela primeira vez, abordou o tema da união dinástica a partir da perspectiva da nascente "História das Mentalidades".[29] No final deste período, surge também o impressionante trabalho de João Francisco Marques sobre a oratória sacra da Restauração portuguesa. Nesta obra, seu autor cartografou e analisou os principais tópicos retórico-religiosos construídos entre 1640 e 1668, e apesar de não tratar especificamente do Brasil, Marques não deixa de fora sermonistas e tratadistas que estiveram no Maranhão, a exemplo de Antônio Vieira e Cristovão de Lisboa.[30]

A partir da década de 1990, os estudos sobre a Monarquia Hispânica no Brasil são favorecidos pela emergência de uma nova história político-institucional. Esses trabalhos têm como base fundamental a ideia de que a administração portuguesa de Antigo Regime, apesar da abrangência de sua estrutura imperial, funcionaria a partir de noções como descentralização e pluralidade jurídico-administrativa. Esta tendência historiográfica também investe na comparação entre áreas colo-

28 SERRÃO, Joaquim Veríssimo. *Portugueses no estudo de salamanca (1250-1550)*. Lisboa, 1962.

29 FRANÇA, Eduardo D'Oliveira. *Portugal na época da Restauração*. São Paulo: HUCITEC, 1997.

30 MARQUES, João Francisco. *A Parenética Portuguesa e a Restauração, 1640-1668. A revolta e a mentalidade*. Porto: Instituto Nacional de Investigação Científica/ Universidade do Porto, 1989.

niais, e na compreensão das muitas alternativas possíveis na relação dinâmica entre os "poderes locais" e os "poderes do centro". Estas obras não tratam diretamente sobre o tema da união dinástica, preferindo a análise de quadros administrativos, jurídicos e econômicos mais amplos, entre os séculos XVI e XVIII. Por outro lado, tais análises ajudaram a definir melhor o ambiente político-jurídico que possibilitou a união de Coroas. Este renovado interesse pelas fórmulas "imperiais" de administração e, ao mesmo tempo, pelas mudanças ocorridas em função de circunstâncias locais, já estava presente em obras anteriores de historiadores como: Charles Boxer,[31] Amaral Lapa,[32] Eulália Lobo, Stuart Schwartz,[33] Dauril Alden[34] e António Manuel Hespanha.[35] A compreensão desta dinâmica também não negligenciou os temas econômicos, agora revisitados a partir de uma ótica menos relacionada à noção de dependência "metrópole--colônia", ou do chamado "sistema colonial".[36] Ao contrário, estas novas versões da história "colonial", em trabalhos coletivos[37] ou nas monogra-

31 BOXER, Charles. *O império marítimo português (1415-1825).* Lisboa: Edições 70, s.f.

32 LAPA, José Roberto do Amaral. *A Bahia e a Carreira da Índia.* São Paulo: 1968.

33 SCHWARTZ, Stuart. *Burocracia e sociedade no Brasil Colonial.* São Paulo: Perspectiva, 1979.

34 ALDEN, Dauril. "Indian versus Black slavery in the state of Maranhão during the seventeenth and the eighteenth centuries". *Bibliotheca Americana*, vol. 1, nº 3 (enero, 1984), p. 91-142.

35 HESPANHA, António Manuel. *As vésperas do leviathan. Instituições e poder político. Portugal no século XVII.* Coimbra: Livraria Almedina, 1994.

36 Sobre a noção de "sistema colonial" para a América portuguesa, ver o clássico trabalho de Fernando Novais. NOVAIS, Fernando. *Portugal e Brasil na crise do Antigo Sistema Colonial (1777-1808).* São Paulo: Hucitec, 1989.

37 FRAGOSO, João; BICALHO, Maria Fernanda; GOUVEA, Maria de Fátima (Eds). *O Antigo Regime nos Trópicos: A dinâmica imperial portuguesa (séc.s XVI-XVIII).* Rio de Janeiro: Civilização Brasileira, 2001; FRAGOSO, João; GOUVEA, Maria de Fátima (Eds). *Na trama das redes: política e negócio no Império portu-*

fias individuais,[38] têm renovado o ambiente acadêmico brasileiro ao propor comparações não só entre "colônias" e "metrópoles", mas também entre as próprias regiões ultramarinas.[39]

Nos últimos anos, os estudos sobre a Monarquia Hispânica têm enfatizado processos mais globais, transoceânicos e transfronteiriços, a partir da intersecção entre os diversos territórios e indivíduos que formavam o "império" Habsburgo. De modo geral, estes novos estudos vêm tentando avaliar o impacto global da Monarquia muito além do próprio território europeu.[40] Para estes autores, o período em que Portugal inte-

---

guês. Séculos XVI-XVIII. Rio de Janeiro: Civilização Brasileira, 2009; FURTADO, Júnia (Ed.). *Diálogos oceânicos. Minas Gerais e as novas abordagens para uma História do império Ultramarino Português.* Belo Horizonte: UFMG, 2001; LARA, Silvia Hunold & MENDONÇA, Joseli Maria N. (Eds). *Direitos e justiças no Brasil.* Campinas: Editora da Unicamp, 2006.

38 BICALHO, Maria Fernanda. *A cidade e o império: O Rio de Janeiro no século XVII.* Rio de Janeiro: Civilização Brasileira, 2003; FRAGOSO, João. *Homens de grossa aventura: acumulação e hierarquia na praça comercial do Rio de Janeiro (1790-1830).* Rio de Janeiro: Arquivo Nacional, 1992; LARA, Silvia Hunold. *Fragmentos setecentistas: escravidão, cultura e poder na América Portuguesa.* São Paulo: Companhia das Letras, 2007; SOUZA, Laura de Mello e. *O Sol e a Sombra. Política e administração na América portuguesa do século XVII.* São Paulo: Companhia das Letras, 2006.

39 ALENCASTRO, Luiz Felipe de. *O trato dos viventes: formação do Brasil no Atlântico sul.* São Paulo: Companhia das Letras, 2000.

40 VALLADARES, Rafael. *Castilla y Portugal en Ásia (1580-1680), declive imperial y adaptación.* Louvain: Leuven University Press, 2001; SCHAUB, Jean-Frédéric. *La Francia española. Las raíces hispanas del absolutismo francés.* Madrid: Marcial Pons, 2004; CARDIM, Pedro. "O governo e a administração do Brasil sob os Habsburgo e os primeiros Bragança". *Hispania*, vol. LXIV, nº 216 (janeiro-abril, 2004), p. 117-156; MARQUES, Guida. "L'Invention du Bresil entre deux monarchies. Gouvernement et pratiques politiques de l'Amérique portugaise dans l'union iberique (1580-1640)". Paris: Tese de doutorado apresentada a *Ecole des Hautes Etudes en Sciences Sociales*, 2009; VENTURA, Graça M.. *A união ibérica e o mundo atlântico.* Lisboa: Colibri, 1997; RUSSELL-WOOD, A.J.R. "Centers

grou a Monarquia espanhola coincide com a emergência de novas tendências do mercado-mundo, caracterizadas pela busca de novas conexões. Deste modo, passam a ser cada vez mais indispensáveis os estudos de caráter comparativo, de modo a traçar um perfil mais verossímil sobre o fenômeno dos "impérios conectados".[41] Nesse sentido, talvez a melhor forma de entender a organização do "império" seja pensá-lo em termos de uma "Monarquia policêntrica", como sugerem Cardim, Ruiz Ibánez e Sabatini, buscando compreender em que nível ocorria o reforço da identidade entre as partes.[42]

Assim, o estudo da Monarquia Hispânica não é mais um problema português e espanhol, e atrai cada vez mais a atenção de investigadores de outros centros universitários, como França, Inglaterra, Estados Unidos, Itália, além do Brasil. Para a historiografia brasileira, aliás, só muito recentemente saiu à luz a primeira obra coletiva especificamente orientada ao estudo do impacto da Monarquia Hispânica sobre a América

and Peripheries in the Luso-Brazilian World, 1500-1808". In: DANIELS, Christine; KENNEDY, Michael V. *Negotiated Impires: centre and peripheries in the Americas, 1500-1820.* Nova York: Routledge, 2002, p. 105-142; MOLHO, Anthony; CURTO, Diogo Ramada. "Les réseaux Marchands à l'époque moderne". *Annales. Histories, Sciences Sociales*, nº 3 (maio-junho, 2003), p. 569-579. GRUZINSKI, Serge. *Les quatre parties du monde: histoire d'une mondialization.* Paris: Éditions de Martinière, 2004.

41 ELLIOTT, John H.. *España, Europa y el Mundo de Ultramar (1500-1800).* Madrid: Taurus, 2010; GRUZINSKI, Serge. "Le mondes mêles de la Monarchie Catholique et autres 'connected histories'". *Annales. Histories, Sciences Sociales*, nº 1 (janeiro-fevereiro, 2001), p. 85-117; SUBRAHMANYAN, Sanjay. "Holding the world in balance: the connected histories of the Iberian Overseas Empires, 1500-1640". *American Historical Review*, vol. 112. Nº 5 (dezembro, 2007), p. 1359-1385.

42 CARDIM, Pedro; RUIZ IBÁÑEZ, José Javier; SABATINI, Gaetano. "Introduzione". In: SABATINI, Gaetano (Ed.). *Comprendere le monarchie iberiche. risorse materiali e rappresentazioni del potere.* Roma: Viella, 2010, p. 15-34.

portuguesa.[43] Ao mesmo tempo, a própria historiografia portuguesa tem redimensionado certos lugares-comuns do estudo da união dinástica, abordando de maneira dinâmica e inovadora o problema das mudanças institucionais, culturais, e a dimensão da representação do poder.[44]

A obra que agora apresentamos ao leitor tentou contribuir para um debate mais geral sobre a inserção da América na Monarquia Hispânica.[45] Nesse sentido, talvez a mudança mais significativa ocorrida com a integração de Portugal a Castela seja a dinamização das redes de comunicação do Atlântico luso, fenômeno que alguns autores já chamaram de *atlantização*.[46] De fato, se antes de 1580 o tráfico malaio-indoné-

---

43 MEGIANI, Ana Paula Torres; SANTOS PÉREZ, José Manuel; SILVA, Kalina Vanderlei. (Org.). *O Brasil na monarquia hispânica (1580-1668):* novas interpretações. São Paulo: Humanitas, 2014.

44 Entre outros, ver: CURTO, Diogo Ramada. *Cultura política no tempo dos Filipes (1580-1640)*. Lisboa: edições 70, 2011; CARDIM, Pedro. "O governo e a administração do Brasil sob os Habsburgo e os primeiros Bragança". *Hispania*, vol. LXIV, nº 216 (janeiro-abril, 2004), p. 117-156. CARDIM, Pedro. *Cortes e cultura política no Portugal do Antigo Regime*. Lisboa: Edições Cosmos, 1998; OLIVEIRA, António de. *Poder e posição política em Portugal no período Filipino (1580-1640)*. Lisboa: DIFEL, 1990. MARTÍNEZ HERNÁNDEZ, Santiago (eds). *Governo, política e representações do poder no Portugal Habsburgo e nos seus Territórios Ultramarinos (1581-1640)*. Lisboa: CHAM/Universidade Nova de Lisboa/ Universidade dos Açores, 2011, p. 69-96.

45 Sobre algumas dessas mudanças estruturais para o Estado do Brasil, no período da transição de governos, ver: CARDIM, Pedro. "O governo e a administração do Brasil sob os Habsburgo e os primeiros Bragança", *Hispania*, vol. LXIV, nº 216 (janeiro-abril, 2004), p. 117-156. VALLADARES, Rafael. "El Brasil y las Indias españolas durante la sublevación de Portugal (1640-1668)". *Cuadernos de Historia Moderna*, nº 4 (1993), p. 151-172. MARQUES, Guida. *"L'Invention du Bresil entre deux monarchies"*.

46 Este processo é definido, entre outros, por Godinho que enfatizou a superlatividade das rotas atlânticas após o final do século XVI. GODINHO, Vitorino Magalhães. *Mito e mercadoria, utopia e prática de navegar (séculos XIII-XVIII)*. Lisboa: DIFEL, 1990, p. 447-448.

sico de especiarias e tecidos ainda podia ser considerado rentável para Portugal (apesar de pouco ultrapassar as duas mil toneladas por ano), ao longo do século XVII a carreira da Índia Oriental perderá importância para o açúcar, a madeira e o tabaco atlânticos.[47] É verdade que a mudança não foi tão rápida, e durante todo este período ainda existe um ativo comércio asiático em pleno funcionamento.[48] Ainda assim, será difícil não relacionar a emergência do Atlântico português a sua integração à Monarquia Hispânica.[49] Como consequência, ao longo das últimas décadas do século XVI a circulação de prata, escravos, madeira, açúcar tornava as relações comerciais entre as duas partes cada vez mais simbiótica, favorecendo amiúde a livre associação entre homens de negócios portugueses e espanhóis.[50]

---

47 SERRÃO, José Vicente. "O quadro económico. Configurações estruturais e tendências de evolução". In: HESPANHA, Antonio Manuel. *História de Portugal. O Antigo Regime (1620-1807)*. Lisboa: Editorial Estampa, 1993, p. 97-98.

48 BOYAJIAN, James C.. *Portuguese Trade in Asia under the Habsburgs, 1580-1640*. Baltimore/Londres: The Johns Hopkins University Press, 2008, p. 172.

49 Sobre a polêmica ver: RAMOS, Fabio Pestana. *No tempo das especiarias. O império da pimenta e do açúcar.* São Paulo: Contexto, 2006, p. 224. Sobre as articulações possíveis entre o Brasil e a Carreira da Índia, ver o clássico: LAPA, José Roberto do Amaral. *A Bahia e a Carreira da Índia*. São Paulo, 1968. Para questões mais amplas envolvendo o comércio luso-africano e seu impacto sobre a América Portuguesa, ver: ALENCASTRO, Luiz Felipe de. *O trato dos viventes*. São Paulo: Companhia das Letras, 2000.

50 SCHWARTZ, Stuart B. "Prata, açúcar e escravos: de como o império resgatou Portugal". *Tempo*, vol. 12, nº 24 (2008), p. 201-223; ALENCASTRO, Luiz Felipe de. "Le versant brésilien de l'Atlantique-sud. 1550-1850". *Annales. Histories, Sciences Sociales*, nº 2 (março-abril, 2006), p. 339-385. Sobre a dinâmica dos fluxos inter-regionais, ver: COSTA, Leonor Freire. "Entre o açúcar e o ouro: permanência e mudança na organização dos fluxos (séculos XVII e XVIII)". In: FRAGOSO, João; FLORENTINO, Manolo; JUCÁ, Antônio Carlos; CAMPOS, Adriana (orgs). *Nas rotas do Império. Eixos mercantis, tráfico e relações sociais no mundo português*. Vitória/Lisboa: Edufes/ IICT, 2006, p. 97-134.

A integração à Monarquia Hispânica, apesar do seu caráter político-dinástico, e muitas vezes militar, também pode ser considerada uma expressão tardia da enorme circulação mundial de pessoas, conhecimentos e mercadorias, ensejada pela dinamização dos circuitos oceânicos a partir do século XV, chamemos isso de "mundialização", "ocidentalização" ou até mesmo "globalização".[51] Assim, estava claro que a união dinástica poderia criar com o tempo uma rede comercial interdependente entre Portugueses e Espanhóis. Além disso, muito antes do vínculo monárquico, Portugal e Espanha já compartilhavam interesses comuns no mundo oceânico, participando de um mesmo movimento global.[52] Aos olhos de muitos comerciantes portugueses, as vantagens desta relação eram claras: o acesso à circulação de mercadorias do vice-reinado do Peru, ou ao fluxo da prata hispano-americana.[53]

Também é possível encontrar na documentação portuguesa, como veremos, comparações positivas entre a forma de governo luso-

51 GRUZINSKI. Serge. *As Quatro Partes do Mundo. História de uma mundialização.* Belo Horizonte/São Paulo: Editora UFMG/Edusp, 2014; PUTNAM, Lara. "To study the fragments/whole: microhistory and Atlantic world". *The Journal of Modern History*, vol. 39, nº 3 (verão de 2006), p. 615-630. Sobre a relação entre as conquista oceânicas e o conceito de globalização, ver: GINZBURG, Carlo. "Memoria e Globalizzazione". *Quaderni Storici*, nº 120, año XL, fasc. 3 (Dezembro, 2005), p. 657-669.

52 SUBRAHMANYAN, Sanjay. "Holding the world in balance: the connected histories of the Iberian Overseas impires, 1500-1640". *American Historical Review*, vol. 112. Nº 5 (Dezembro, 2007), p. 1359-1385; MOLHO, Anthony; CURTO, Diogo Ramada. "Les réseaux Marchands à l'époque moderne". *Annales. Histories, Sciences Sociales*, nº 3 (Maio-Junho, 2003), p. 569-579; GRUZINSKI, Serge. "Le mondes mêles de la Monarchie Catholique et autres 'connected histories'". *Annales. Histories, Sciences Sociales*, nº 1 (Janeiro-Fevereiro, 2001), p. 85-117; GRUZINSKI. Serge. *As Quatro Partes do Mundo...*; ELLIOTT, John H.. *España, Europa y el Mundo de Ultramar (1500-1800)*. Madri: Taurus, 2010.

53 De fato, neste período surgem diversos projetos a respeito. Ver, por exemplo: *AGS, Secretarias Provinciales*, 1476, flºs 156-159.

-brasileira e o estilo de gestão dos negócios do ultramar castelhano. Sob a Monarquia Hispánica parece haver, até o dezembro de 1640, cada vez menos espaço para os nacionalismos e mais oportunidades para intercâmbios.[54] Nesse jogo, entravam também componentes considerados *tabu*, como o contrabando, quase uma instituição nas Índias de Castela, e o trato bilateral América-África, mas também América-América. O exemplo castelhano também foi pedagógico aqui, ao demonstrar que a relação dinâmica entre as rotas oficiais e as reexportações bilaterais eram, em fim, opções sustentáveis para uma administração financeira sempre mediada pela distância.[55]

De modo geral, portugueses e espanhóis são muito mais colaboradores que grandes rivais no complexo oceânico, associados de diversas maneiras para conter o avanço francês, inglês e holandês no Novo Mundo, antes mesmo da união dinástica.[56] Evidentemente não se pode exagerar essas relações amistosas. Durante todo o período, houve exemplos de rivalidade e conflitos por espaço de atuação, principalmente nas fronteiras.[57] Entretanto, a Monarquia Hispânica foi frequentemente considerada uma oportunidade entre os contemporâneos, às vezes para obtenção de prestígio político, outras vezes de riqueza fácil, como foi o caso dos grandes e médios traficantes que atuavam nas rotas atlânticas. Para estes negociantes, quer sejam de Cartagena de Índias, quer sejam de Buenos Aires, a Restauração portuguesa não parece ter representado muito mais que um imenso prejuízo. No período da união monárquica, como se sabe, os mer-

54 SUBRAHMANYAN. "Holding the world in balance", p. 1363.

55 ALENCASTRO, Luiz Felipe de. "Le versant brésilien de l'Atlantique-sud. 1550-1850". *Annales. Histories, Sciences Sociales*, nº 2 (Março-Abril, 2006), p. 339-385.

56 LUCAS VILLANUEVA, Oscar. "Las relaciones financieras entre España y Portugal, 1563-1580". *Studia Historica*, vol. 23 (2001), p. 173-198.

57 KUHN, Fábio. "A fronteira em movimento: relações luso-castelhanas na segunda metade do século XVIII". *Estudos Ibero-Americanos*, Revista da PUCRS, v. 25, (1999), p. 91-112

cados do Rio de Janeiro e de Buenos Aires se relacionavam de maneira simbiótica, interdependentes de prata, escravos e grãos, com a participação ativa de ricos imigrantes portugueses na cidade castelhana.[58] Tais relações impossibilitam levar a sério o mito oitocentista de um anticastelhanismo ortodoxo, ou como chamou Bouza Alvarez, o mito do "Antiunionismo iberista".[59] Muitos dos processos narrados aqui estavam presentes na ocupação da Amazônia portuguesa, como veremos a seguir.

Ao contrário do que sugerem alguns trabalhos clássicos, a Amazônia lusa não faz parte do Atlântico Sul. Esta região deve ser considerada a última fronteira entre a América portuguesa e as Índias castelhanas na parte meridional do Atlântico Norte. A partir de agora, chamaremos esta macrorregião de Atlântico equatorial.[60] Ao fim do século XVI, antes da união dinástica, essa fronteira era completamente des-

---

58 Há informações importantes relacionadas ao comércio entre o Rio de Janeiro e o rio da Prata nas *Secreatarias Provinciales* do *Archivo General de Simancas*. Ver, por exemplo: SP, 1476. Para um estudo completo sobre o tema, ver o clássico trabalho de Alice Canabrava: CANABRAVA, Alice Piffer. *O comércio português no Rio da Prata (1580-1640)*. São Paulo: Editora Itatiaia/Editora da Universidade de São Paulo, 1984. Para outras informações acerca da presença portuguesa em Buenos Aires, ver: TEJERINA, Marcela. *Luso-brasileños en el Buenos Aires Virreinal. Trabajo, negócios e intereses en la plaza naviera y comercial*. Bahía Blanca: Editorial de la Universidad Nacional del Sur, 2004.

59 BOUZA ALVAREZ, Fernando Jesús. "Gramática de la Crisis. Una nota sobre la historiografía del 1640 hispánico entre 1940 y 1990". *Cuadernos de Historia Moderna*, nº 11, (1991), p. 223-249.

60 A expressão foi utilizada pelo Doutor Rafael Chambouleyron. A noção de fronteira que utilizamos parece muito mais próxima da definição de Covarrubias, como "raya" ou "limite" compartilhado entre dois reinos, de onde deriva termos como "frontero", "frontal", "frontispício". COVARRUBIAS OROZCO, Sebastian de. *Tesoro de la lengua Castellana o Española*, Editorial castalia/Nueva Biblioteca de erudición y crítica, 1995 [1611], p. 561. Essa definição nos parece mais apropriada, no caso da documentação sobre o antigo Maranhão, que a noção de "confim" utilizado por Raphael Bluteau en seu *Vocabulário Português e Latino*.

conhecida, alimentando uma série de especulações.[61] A documentação hispano-lusa, a sua maneira, inicia um esforço considerável para definir alguns destes limites espaciais. Entre o final do século XVI e o início do século XVII, as cartas, crônicas, e memoriais costumavam identificar estas terras a partir de comparações com as Índias espanholas. Este mesmo acervo documental admite, muitas vezes, que o chamado "Maranhão" preserva uma distância física em relação ao Estado do Brasil, e não participa naturalmente dos seus circuitos de navegação.

Entretanto, a palavra Amazônia, no sentido de região, ainda não existe no vocabulário político do século XVII e, por outro lado, o que os documentos chamam simplesmente de "Maranhão" não é objeto fácil de definir, antes da conquista hispano-lusa de 1614-15. O Maranhão já aparece em 1535 como uma das "capitanias hereditárias", criadas pelo rei de Portugal, D. João III, para incrementar a defesa e aproveitamento produtivo da costa luso-brasileira. Originalmente, o Maranhão faria parte de uma tríplice cessão de terras que deveria ser administrada por João de Barros (1496-1570), famoso historiador da Índia portuguesa; Aires da Cunha, antigo capitão-mor de Málaca; e ainda Fernando Alvares de Andrade. Apesar de algumas tentativas de ocupação, organizadas por esses donatários, o Maranhão permanecerá como região virtualmente desconhecida até a época de Filipe III. A tentativa portuguesa mais célebre de ocupação destas terras, anterior à jornada de 1614-15, foi a de João de Barros. Este donatário tentou chegar ao Maranhão em duas ocasiões, entre 1536 e 1556, ambas

---

61 Para um estudo sobre a fronteira amazônica entre os séculos XVI e XVIII, ver: REIS, Arthur Cézar Ferreira. *Limites e demarcações na Amazônia brasileira,* Belém, Secult, vol. 1, 1993; ver também: RUIZ-PEINADO ALONSO, José Luis. "El control de territorio. Misiones en la demarcación de fronteras amazónicas". *Boletín Americanista,* año LVIII, nº 58, (2008), p. 115-131; ROUX, Jean Claude. "De los limites a la frontera: los malentendidos de la geopolítica amazónica". *Revista de Indias,* vol. LXI, nº 223 (Setembro-Dezembro, 2001), p. 513-539. CARDOSO, Alirio & SOUZA, César Martins de. (eds), *Histórias do Xingu: fronteiras, espaços e territorialidades (séc. XVII-XXI).* Belém: Editora da UFPA, 2008.

malogradas. Segundo Charles Boxer, uma forte inspiração para ocupar o Maranhão na época de João de Barros foram as notícias que chegavam a Portugal sobre as conquistas do Peru e da Nova Espanha.[62]

Nas crônicas da época de Filipe II, esse território era quase sempre identificado como uma zona de transição. Nem era propriamente "Brasil", nem chegava a ser Índias de Castela. Em dias de hoje, o que esses cronistas chamavam de "Maranhão" seria um território excepcionalmente grande, e corresponderia (mais ou menos) aos atuais Estados brasileiros de Pará, Amazonas, Acre, Amapá, Tocantins, Piaui, Maranhão e uma parte do Mato-Grosso (ao norte do paralelo 16º).[63] Além disso, eventualmente a Capitania do Ceará fazia parte desta macrorregião. No que diz respeito à união monárquica, quase todo esse território está localizado a oeste do meridiano de Tordesilhas.[64]

Apesar da tradição historiográfica, e do uso corrente, não se pode chamar sem custos esta parte da América de "Amazônia brasileira". A expressão foi criada no século XX para definir certas áreas do norte do Brasil, supostamente detentoras das mesmas características físicas e socioculturais, e que abrangeria mais de 40% do atual território nacional brasileiro.[65] Apesar disso, a palavra "Amazônia" é utilizada em muitos trabalhos como referencial, mesmo indireto, para pensarmos espacialmente o que seria o antigo "Maranhão".[66] Como afirma Arthur Cezar Ferreira Reis, mesmo aquilo que chamamos hoje de "Amazônia" inclui

62 BOXER, Charles. *João de Barros. Portuguese humanist and historian of Asia*. New Delhi: Concept Publishing Company, 1980, p. 30.

63 REIS, Arthur Cézar Ferreira. *A Amazônia e a integridade do Brasil*. Brasília: Senado Federal, 2001, p. 18.

64 REIS, Arthur Cézar Ferreira. *Limites e demarcações na Amazônia brasileira*, p. 12.

65 REIS, Arthur Cézar Ferreira. *A Amazônia que os Portugueses revelaram*. Belém: Secretaria de Estado de Cultura, 1994, p. 25.

66 Por exemplo em: KIEMEN, Mathias, OFM.. *The Indian Policy of Portugal in the Amazon Region, 1614-1693*. Washington, D.C: The Catholic University of America Press, 1954.

sub-regiões com importantes diferenças no que concerne a relevo, topografia, vegetação, mas também formação sociocultural e colonização.[67] Para esta publicação, diferentemente do que foi feito na tese, utilizaremos a palavra "Amazônia", reconhecendo seu ônus, em função do potencial didático deste termo em relação à complexidade da entidade geográfica seiscentista chamada "Maranhão".

Nosso principal objeto de estudo neste trabalho, a Amazônia portuguesa, ou o antigo Estado do Maranhão, estava antes de 1621 dividido em duas unidades políticas independentes, chamadas de "capitanias reais". Estas duas unidades administrativas eram: a "Capitania Real do Maranhão", cuja capital será a cidade de São Luís, tomada aos franceses em 1615; e a "Capitania Real do Grão-Pará", cuja sede será a cidade de Belém, fundada pelos portugueses em 1616, em desdobramento das ações militares de tomada do litoral atlântico. Além disso, existiam também outras unidades administrativas, capitanias particulares obtidas por mercê real, em retribuição ao serviço dos primeiros moradores. Eram elas: Tapuitapera, Cametá, Caeté, Ilha de Joanes e o Cabo do Norte (este último, mais ou menos equivalente ao atual Estado do Amapá). A fronteira natural entre o Estado do Brasil e o do Maranhão seria a serra de Ibiapaba, localizada entre os atuais estados de Ceará e Piauí. Por outro lado, a fronteira entre o Maranhão e as Índias espanholas sempre foi motivo de diversas especulações, gerando dúvidas também a respeito dos limites entre os rios Amazonas e o Marañón.

A conquista do Maranhão ocorre em um período em que estas terras eram frequentemente visitadas pelos concorrentes europeus, holandeses, franceses, ingleses, irlandeses, e até mesmo italianos, realizavam ali seus experimentos comerciais. A jornada de conquista, organizada em 1614, contou com a participação de militares experientes que também prestaram serviço em outros pontos da Monarquia. Tal como veremos, um dos aspectos mais interessantes desta operação militar será

67 REIS, Arthur Cézar Ferreira. *A Amazônia e a integridade do Brasil*, p. 15.

a adesão voluntária a ela, no interior de um projeto que também era espanhol. Na sua dimensão mais global, a tomada do Maranhão pode ser entendida como parte de uma estratégia defensiva da Coroa espanhola, interessada em blindar as zonas ao norte do vice-reinado do Peru, ou seja, a rota da prata castelhana.[68] Assim, o processo que criou o Estado do Maranhão não é tão distinto das estratégias castelhanas de intervenção, direta ou indireta, em lugares como São Paulo[69], Rio de Janeiro[70], Angola, ou Reino do Congo.[71]

Em 1621, esta macrorregião ganharia finalmente um estatuto jurídico definido. O "Estado do Maranhão e Grão-Pará" seria então a última grande unidade administrativa criada por Filipe III na América, separada formalmente do Estado do Brasil. Não por acaso, muitas crônicas, cartas, memoriais e planisférios do período chegam a representar o Maranhão como uma espécie de "não-Brasil", em função das dificuldades de comunicação entre as duas partes. Antes de 1621, a região também era conhecida por diversos nomes: "Terra do rio das Amazonas", "terra dos tupinambás", "Pais das Amazonas", ou mesmo "Terra dos Caraíbas".

---

68 CARDOSO, Alirio. "A Conquista do Maranhão e as disputas atlânticas na geopolítica da União Ibérica (1596-1626)". *Revista Brasileira de História*, v. 31, nº 61, 2011, p. 317-338. A possibilidade já havia sido especulada por: MAGALHÃES, Basílio de. *Expansão Geográfica do Brasil Colonial*. Brasilia/São Paulo: Editora Nacional/INL, 1978, p. 14.

69 RUIZ GONSALEZ, Rafael. "La política legislativa con relación a los indígenas en la región sur de Brasil durante la unión de las coronas (1580-1640)". *Revista de Indias*, vol. LXII, nº 224 (Janeiro-abril, 2002), p. 17-40; RUIZ GONSALEZ, Rafael. *São Paulo na Monarquia Hispánica*. São Paulo: Instituto Brasileiro de Filosofia e Ciência Raimundo Lulio, 2004.

70 TEJERINA, Marcela. *Luso-brasileños en el Buenos Aires Virreinal. Trabajo, negócios e intereses en la plaza noviera y comercial*. Bahía Blanca: Editorial de la Universidad Nacional del Sur, 2004.

71 CORTÉS LOPEZ, José. "Felipe II, III y IV, reyes de Angola y protectores del Reino del Congo (1580-1640). *Studia Historica, historia moderna*, vol. IX (1991), p. 223-246.

Ao mesmo tempo, não eram poucos os documentos que identificavam estas terras como parte virtual das Índias castelhanas, como na representação da costa brasileira de Arnoldus Fiorentinus, em 1595.[72] Na cartografia quinhentista, os nomes *Maranon, Maralion, Marallon, Maraon, Maranhon*, e *Marañón* são utilizados para definir os limites do Estado do Brasil, ou para nomear o rio que faria a divisão entre Brasil e Maranhão.[73] Não por acaso, para cronistas como Carvajal, Lopez de Gómara, Cieza de León, Oviedo y Valdés, e António Herrera, a ligação entre as Índias espanholas e o Atlântico seria possível a partir de uma região de possessão lusa, localizada entre o Peru e o Brasil.[74] A Amazônia portuguesa também preservava diferenças cruciais em relação ao Estado do Brasil. Entre estas diferenças quatro merecem destaque:

1. A Amazônia possui uma maior capacidade de navegação fluvial, atividade arriscada e inconsistente para a rede fluvial luso-brasileira.
2. Na Amazônia, existe uma maior distância entre as capitanias, mesmo que interligadas pela enorme rede fluvial.
3. Na Amazônia, as táticas de comércio poderiam variar entre a *plantation* e a exploração de produtos da terra ao modo das especiarias asiáticas.
4. Na Amazônia, a presença indígena é mais abrangente, característica marcante do comércio, da força de trabalho disponível, das forças militares e, em geral, da sociedade luso-maranhense.

---

72 LANGEREN, A. F. van. "Map of South America" [1595]. In: BAGROW, Leo. *History of Cartography*. New Brunswick/Oxford: Transaction Publishers, 2009 (segunda edição ampliada), p. 103.

73 DERBY, Orville. "O Nome Maranhão". *RIC* (1918), p. 130-131.

74 REIS, Arthur Cezar Ferreira. *Limites e demarcações na Amazônia brasileira*, p. 26.

Para o Estado do Brasil, uma parte da historiografia tem concordado que a integração de Portugal à Monarquia Hispânica significou aumento do complexo burocrático, reforço da hierarquia militar e incremento na construção de fortes. Entretanto, para o extremo norte da América portuguesa, carente ainda de mais trabalhos monográficos a respeito, persistem muitas dúvidas. Apesar do esforço de antigos historiadores, como Arthur Cézar Ferreira Reis, possivelmente a maior obra de conjunto sobre a "Amazônia Colonial", e do empenho e talento de jovens pesquisadores de várias universidades[75], este ainda é um campo que reclama mais exploradores.

As hipóteses principais deste trabalho têm relação com as quatro questões elencadas acima, acrescentando outra: a possibilidade de conexão entre a Amazônia portuguesa e as Índias espanholas. Nossa hipótese principal: a conquista da Amazônia foi impulcionada por uma política mais ampla da Monarquia que tentou articular e incrementar a defesa das zonas castelhana e portuguesa, nas fronteiras do Atlântico equatorial, contra o assédio holandês. Este projeto tinha como objetivo principal reforçar a segurança do tráfego oceânico, mas acabou por favorecer tentativas de integração comercial e política entre os habitantes da região.

Portanto, a Monarquia Hispânica teria dotado a Amazônia portuguesa de condições favoráveis à circulação de ideias, modelos culturais, mercadorias e indivíduos. O melhor exemplo desta iniciativa foi a

---

75 O resultado destas pesquisas já pode ser visto em algumas obras coletivas, ver por exemplo: SANTOS PEREZ, José Manuel; PETIT, Pere (Eds.). *La Amazonia Brasileña en Perspectiva Histórica.* Salamanca: Ediciones Universidad de Salamanca, 2006; RUIZ-PEINADO ALONSO, José Luis & CHAMBOULEYRON, Rafael (Eds.). *T(r)ópicos de história: gente, espaço e tempo na Amazônia (séculos XVII a XXI).* Belém: Açaí/Centro de Memória da Amazônia/PPHIST-UFPA, 2010; PRIORE, Mary Del & GOMES, Flávio dos Santos (Orgs.). *Os senhores dos rios. Amazônia, margens e histórias.* Rio de Janeiro: Campus, 2003; CARDOSO, Alirio; BASTOS, Carlos Augusto; NOGUEIRA, Shirley Maria Silva. *História Militar da Amazônia.* Guerra e Sociedade (séculos XVII-XIX). Curitiba: Editora CRV, 2015.

transferência de mão-de-obra, militares, burocracia e famílias políticas, que saíram do Estado do Brasil, mas também dos Açores e do reino, para ocupar postos no recém-criado Estado do Maranhão. Portanto, apesar das distâncias entre a Amazônia e o Estado do Brasil, paradoxalmente, as políticas filipinas ajudaram a integrar melhor as duas partes isoladas da América portuguesa.

No entanto, o tema da integração mais ativa entre os reinos que formavam a Monarquia Hispânica não era consenso na burocracia castelhana, nem mesmo na época do conde-duque de Olivares. Amiúde existiam debates sobre a própria natureza da união dinástica, e sobre os prejuízos que esta acarretava algumas vezes a Castela. Para Geoffrey Parker, o próprio Filipe II não pensava numa integração total entre Castela e os reinos anexados. Esta aliança, segundo o historiador britânico, não ocorreu sem muitos inconvenientes. A incorporação de Portugal, por exemplo, havia gerado um aumento sem precedentes nos gastos com defesa e atraiu a desconfiança generalizada dos reinos europeus.[76] Por outro lado, como lembra I. A. A Thompson, apesar de tudo sempre existiu uma facção castelhana profundamente unionista que acreditava, como foi o caso de frei Juan de Salazar, autor da *Política Española* (1619), na necessidade de uma unidade político-religiosa efetiva contra os inimigos da comunidade católica.[77] Ao mesmo tempo, como afirma Anthony Pagden,

---

76 PARKER, Geoffrey. "David o Goliat: Felipe II y su Mundo en la década de 1580". In: KAGAN, Richard L. & PARKER, Geoffrey (Eds.). *Op. cit.*, p. 321-346.

77 THOMPSON, I.A.A. "Castilla, España y la Monarquía: La comunidad política, de la *patria natural* a la *patria nacional*". In: KAGAN, Richard L. & PARKER, Geoffrey (Eds.). *Op. cit.*, p. 200-201. Sobre os conceitos de "pátria", "*natio/nação*" e as aspirações de formação de uma comunidade católica supranacional, ver: GIL PUJOL, Xavier. "Un rey, una fe, muchas naciones. Patria y nación en la España de los siglos XVI y XVII". In: ÁLVAREZ-OSSORIO ALVARIÑO, Antonio & GARCÍA CARCÍA, Bernardo J. (Eds). *La Monarquía de las Naciones. Patria, nación y naturaleza en la Monarquía de España.* Madrid: Fundación Carlos de Amberes, 2004, p. 39-76.

a ideia de uma integração espiritual, mais que bélica e fiscal, estava presente entre grandes eruditos da época. Não por acaso, no mesmíssimo *De Monarchia Hispanica*, Campanella defendia já a necessidade de se promover uma *hispanização* das regiões anexadas, única fórmula para garantir a continuidade, a longo prazo, da própria Monarquia.[78] Assim, se é verdade que os Monarcas Habsburgo não tinham uma política específica de integração, isto não significa que estes não tenham fornecido ferramentas aos vassalos para concebê-la.

No caso da conquista do Maranhão português, uma das questões mais significativas, como já foi dito, havia sido o processo de adesão voluntária de diversos setores da sociedade luso-brasileira, interessados no desenvolvimento de um mercado inter-regional a partir do contato entre as experiências "maranhense", "peruana" e "brasileira". Parece claro, portanto, que não se pode pensar a conquista da Amazônia fora dos quadros da Monarquia Hispânica. Nesse sentido, a pergunta primordial formulada por Parker, Allen, Pagden, entre outros, sobre a existência de uma estratégia global para a Monarquia espanhola ainda cobra sentido.[79] Uma estratégia, tal como definiu Parker, não implica apenas em atividade bélica, senão nas "decisiones de un determinado Estado sobre su seguri-

78 PAGDEN, Anthony. *El imperialismo español y la imaginación política. Estudios sobre teoría social y política europea e hispanoamericana (1513-1830)*. Barcelona: Planeta, 1991, p. 94. Na *Biblioteca General* da Universidad de Salamanca existe uma edição de 1641 de *Monarchia Hispanica* de Campanella. Ver: CAMPANELLA, Thommaso. *De Monarchia Hispanica*. Editio nouissima, aucta et emendata ut praefatio ad lectorem indicat. Amsterdam: Ludouicum Elzeuirium, 1641. Para consulta, utilizamos a edição española de 1982. CAMPANELLA, Tommaso. *La Monarquía Hispánica*. Traducción del latín, prólogo y notas críticas de Primitivo Mariño. Madrid: Centro de Estudios Constitucionales, 1982.

79 PARKER, Geoffrey. *La gran estrategia de Felipe II*. Madrid: Alianza Editorial, 1998; ALLEN, Paul C. *Felipe III y la Pax Hispanica, 1598-1621. El fracaso de la gran estrategia*. Madrid: Alianza Editorial, 2001; PAGDEN, Anthony. *Señores de todo el mundo. Ideologías del imperio en España, Inglaterra y Francia (en los siglos XVI, XVII y XVIII)*. Barcelona: Ediciones Península, 1997.

dad general – las amenazas percibidas por él, los medios que utiliza para afrontarlas".[80] Nesse sentido, uma estratégia não necessariamente implica em gastos excessivos, e pode incluir uma certa dose de improviso nas ações concretas, tal como claramente ocorre na preparação da conquista hispano-lusa da cidade de São Luís, em 1614. Por seu turno, Anthony Pagden não concorda com a concepção de um "império" carente de objetivos gerais. Segundo este autor, "Ni los imperios del Nuevo Mundo, ni en mi opinión ninguna otra clase de imperio que haya existido, se fundaron sin objetivos". Pagden acrescenta ainda que tais objetivos quase sempre estavam relacionados ao sentido da expansão territorial. Os "impérios" nem sempre estariam fundamentados exclusivamente no uso da força, embora sempre legitimados por uma "linguagem da guerra".[81]

Assim, no que concerne ao planejamento político, ao empenho diplomático e ao engajamento de setores da sociedade luso-brasileira, sobretudo a luso-pernambucana, para a construção de uma rede defensiva contra os holandeses na fronteira entre Caribe, Brasil e Peru, não se pode deixar de reconhecer elementos de uma autêntica estratégia. Tal estratégia baseava-se na retórica da recompensa aos vassalos, e a expansão promovida por ela foi impulsada também por interesses particulares. No caso da Amazônia, consideramos, tal como demonstrou António Manuel Hespanha sobre outras regiões,[82] que não existia contradição entre os projetos imperiais, concebidos por uma parte da burocracia hispano-lusa, e os interesses particulares de homens que simplesmente buscavam riquezas, novas oportunidades, cargos e mercês.

80 PARKER, Geoffrey. *La gran estrategia de Felipe II*, p. 31.

81 PAGDEN, Anthony. *Señores de todo el mundo*, p. 87.

82 HESPANHA, António Manuel. "A constituição do império português. Revisão de alguns enviesamentos correntes". In: FRAGOSO, João; BICALHO, Maria Fernanda; GOUVEA, Maria de Fátima (Eds). *O Antigo Regime nos Trópicos: A Dinâmica Imperial Portuguesa (séc.s XVI-XVIII)*. Rio de Janeiro: Civilização Brasileira, 2001, p. 163-188.

Este trabalho também tentou fugir da explicação clássica que compreende a conquista da Amazônia como uma resposta automática à invasão francesa ao norte do Brasil, em 1612, que contaria com objetivos mais limitados. Esta, sem dúvida, foi uma das muitas motivações para a conquista, mas não foi a única, e nem a mais relevante. Por isso, escolhemos como marco temporal para este trabalho o período que vai de 1580 (início da união dinástica, mas também começo do esforço cartográfico internacional pela descrição mais precisa do Atlântico equatorial) a 1655 (ano que corresponde à última etapa de reformas do governo de D. João IV na região, com a eleição de André Vidal de Negreiros para assumir o recém-unificado Estado do Maranhão e Grão-Pará).

Por fim, este trabalho insere-se num amplo debate sobre a invenção da "Amazônia brasileira", expressão concretamente anacrônica para o século XVII, mas que hoje está repleta de inegável sentido político.[83] Não por acaso, a historiografia mais clássica tentou definir as disputas seiscentistas sobre essa região como um fenômeno de longa duração, refletido ainda hoje na cobiça internacional pela riqueza da floresta.[84] Para fugir destes atalhos perigosos, o mais justo seria não utilizar o termo "Amazônia", já carregado de sua acepção contemporânea. Como dissemos antes, utilizaremos a palavra "Amazônia" tão somente como estratégia imediata para aproximar o leitor ao, muitas vezes, estranho mundo seiscentista em que o *Maranhão* era considerado muito próximo de terras castelhanas e distante demais do resto do *Brasil*.

83 GONDIM, Neide. *A invenção da Amazônia*. São Paulo: Marco Zero, 1994.

84 REIS, Arthur Cézar Ferreira. *A Amazônia e a cobiça internacional*. São Paulo: Companhia Editora Nacional, 1960.

1ª Parte

Castelhanização e Conquista

Capítulo I
Crônicas fluviais: mito cartográfico e mercadoria tropical (séculos XVI-XVII)

O Rio-mar na *crônica* espanhola

Estamos no final do século XVI, em pleno começo da união dinástica. Nesta época, ao contrário do que se pode pensar, não cessou o esforço intelectual em torno da definição dos limites entre a América portuguesa e as Índias castelhanas. Além de limites territoriais, a busca agora também é por alternativas de conexão entre as duas partes. Esta diligência erudita parece ser evidente sobre zonas consideradas próximas demais do tráfico hispano-americano para a questão ser ignorada, como eram a Capitania de São Vicente (ao Sul) e o Estado do Maranhão (ao Norte).[1] Sobre este último, entre os séculos XVI e XVII surgiram mapas, planisférios, crônicas e relações que paulatinamente estabelecem as suas rotas, limites, caminhos fluviais e marítimos, origem de muitos dos arraigados debates sobre esta fronteira nos anos vindouros.

A produção cartográfica e a escrita de crônicas sobre a região jamais foram exclusividade espanhola e portuguesa. Os limites entre os rios Marañón, Negro, Orinoco, e as possíveis ligações entre Maranhão, Peru e Caribe chamaram a atenção de uma miríade de cronistas, cartógrafos e navegantes de outras nações, a exemplo de Raleigh, Bry, Hondius,

1 Sobre as capitanias do Sul no contexto da Monarquia Hispânica, ver: RUIZ GONSALEZ, Rafael. *São Paulo na Monarquia Hispánica*. São Paulo: Instituto Brasileiro de Filosofia e Ciência Raimundo Lulio, 2004; VILARDAGA, José Carlos. *São Paulo no império dos Felipes:* conexões na América Meridional (1580-1640). São Paulo: FAPESP/Intermeios, 2014.

Schangen, Jansson, e Arnoldus Fiorentinus van Langeren, só para citar alguns dos mais célebres. Por outro lado, a própria crônica espanhola do *siglo de oro* jogou um papel importante, não só por narrar pela primeira vez as características físicas do novo território, mas também por oferecer um modelo a ser seguido pelos primeiros cronistas luso-maranhenses, como veremos a seguir. O objetivo principal deste capítulo é analisar como estas fontes, entre o final do século XVI e início do século XVII, ajudaram a criar duas percepções não antagônicas sobre a fronteira amazônica: a noção de que esta região poderia ser uma das chaves da integração hispano-lusa; e a ideia de que a terra abrigava uma infinidade de riquezas ocultas, possivelmente gêneros de valor comercial na Europa.

Antes de ser conquista de Filipe III, já existiam informações sobre uma entidade geográfica chamada "Maranhão" nas crônicas da época de Carlos V e Filipe II. Os relatos quinhentistas sobre o Peru e as fantásticas expedições de Diego Lepe (1500), Lope de Aguire e Pedro de Ursúa (1560-1561), Pizarro e Orellana (1541-1542), constituem as primeiras tentativas de tomada de consciência dos limites entre o norte do Estado do Brasil e as Índias espanholas.[2] Estas expedições ensejaram a construção de verdadeiros relatos de fronteira, ainda repletos de tópicas medievais sobre a ordem ideal do Mundo, e a natureza monstruosa das zonas tórridas do Globo. Nos relatos que surgiram a partir da segunda metade do século XVI, germinam também as primeiras especulações sobre os limites do "Rio Grande", como era chamada as vezes a rede fluvial Marañon-Amazonas.[3]

---

2 Para um estudo mais geral sobre a contribuição da crônica quinhentista para o conhecimento do antigo Maranhão, ver: UGARTE, Auxiliomar Silva. *O mundo natural e as sociedades indígenas da Amazônia na visão dos cronistas ibéricos (séculos XVI-XVII).* São Paulo: Tese de doutorado (história) apresentada à *Universidade de São Paulo* (USP), 2004.

3 Sobre o tema ver: RÍO PARRA, Elena del. *Una era de monstruos. Representaciones de lo deforme en el Siglo de Oro español.* Madrid/Frankfurt: Universidad de Navarra, Iberoamericana/Vervuert, 2003.

O primeiro cronista desta fronteira, o qual influenciará todos os outros, foi o dominicano Gaspar de Carvajal (1500-1584). Carvajal foi um dos sobreviventes da dramática viagem de nove meses comandada por Francisco de Orellana (1511-1546). A dita jornada, que saiu de Quito a 4 de fevereiro de 1541, foi a primeira viagem europeia de descida sistemática do complexo Marañón-Amazonas, dos Andes ao oceano Atlântico. Toda esta "aventura", como qualificou o seu cronista, foi contada em detalhes pelo frei Carvajal na sua *Relación del nuevo descubrimiento del famoso Rio Grande* (1542)[4], que serviu de base narrativa para muitas obras posteriores sobre esta parte do Globo. Este conhecido texto mescla uma cuidadosa descrição da natureza amazônica com antigas fórmulas retóricas do mundo letrado europeu. Mais conhecida dos historiadores pela narrativa que faz das guerreiras Amazonas,[5] a *Relación del nuevo descubrimiento* é também uma surpreendente crônica geopolítica. A partir desta obra, têm início muitas das teorias cartográficas sobre a localização de alguns rios. O próprio Carvajal dá diferentes nomes a esse corredor fluvial, "rio Negro", "rio Trinidad", "rio Grande" e, finalmente, "Marañón".

---

4 A edição *princeps* da *Relación de* Gaspar de Carvajal é, todavia, de 1894 e foi organizada e comentada pelo erudito chileno José Toribio Medina. A dita *Relação* então chamava-se: *Descubrimiento del rio de las amazonas segun la relación hasta ahora inédita*. Sevilla: Imprenta de E. Rasco, 1894. PÉREZ, Maria Teresa. *El descubrimiento del Amazonas. História y mito*. Sevilla: Alfar, 1989, p. 101-3. Utilizaremos aqui uma edição de 1944, atualizada a partir daquela de Toríbio: CARVAJAL, Gaspar de, fr.. *Relación que escribió fr. Gaspar de Carvajal, fraile de la Orden de Santo Domingo de Guzmán, del Nuevo descubrimiento del famoso Rio Grande que descobrió por muy gran aventura el capitán Francisco de Orellana, desde su nacimiento hasta salir a la Mar, con cincuenta y siete hombres que trajo consigo y se echó a su aventura por el dicho rio, y por el nombre del capitán que le descubrió se llamó el Rio Orellana*. Madrid: Consejo de la Hispanidad, 1944. Para efeito de citação, utilizaremos a forma mais conhecida: *Relación del Nuevo Descubrimiento del famoso Rio Grande*".

5 SAMPAIO, Fernando G. *As Amazonas, a tribo das mulheres guerreiras: a derrota do matriarcado pelos filhos do sol*. São Paulo: Aquarius Editora, 1975.

Embora seja a mais conhecida e comentada, a jornada de Orellana em busca do "Pais da Canela" não foi a primeira a revelar o Amazonas às autoridades de Madri. O próprio Carvajal deixa claro que a jornada de 1541 foi um "nuevo descubrimiento" de um rio que já era "famoso". Entre janeiro e fevereiro de 1500, o conhecido navegador de Palos, Vicente Yáñez Pinzón (1462-1514) teria atingido o rio Amazonas. Esta informação, mesmo com todos os dados secretos e as dificuldades técnicas que impossibilitavam saber o rumo exato da jornada, havia conhecido certa difusão na metade do século XVI. De fato, muitos cronistas e cartógrafos do período preferem chamar o Amazonas de "Mar Dulce de Pinzón", demonstrando que a história daquela primeira jornada gozava já de alguma fama.[6]

Pouco tempo depois, em 1538, houve uma outra tentativa de reconhecimento deste corredor fluvial. Foi a viagem capitaneada por Alonso Mercadillo que na altura da "Província de Maina" dividiu-se gerando uma segunda jornada (esta última liderada pelo capitão português Diogo Nunes). A expedição Mercadillo-Nunes teria chegado a uma província do Alto Amazonas peruano, talvez atingindo já território luso.[7] A diferença entre estas viagens prévias e a jornada de Orellana reside na fama que esta última obteve após o detalhado registro que fez o seu cronista oficial. A seguir, analisamos alguns aspectos da obra de Carvajal.

A *Relación del nuevo descubrimiento* inicia-se com a descrição das providências tomadas pelo capitão Gonzalo Pizarro, principal responsável pela expedição, para o início da viagem. A jornada não foi barata, e teria custado ao capitão espanhol um total de 48 mil pesos em ouro.[8]

---

6 SANTOS, Domingos Mauricio dos. "Quem notificou para a Europa a ligação do Orenoco com o Amazonas?". *Revista Portuguesa de História*, tomo XIV, vol. III (1974), p. 65-71.

7 PEDRO, Juliana de Castro. "Embates pela memória: narrativas de descoberta nos escritos coloniais da Amazônia ibérica". *São Paulo*: Dissertação de Mestrado (História) apresentado à *Pontifícia Universidade Católica de São Paulo* (PUC-SP), *2006, p. 33*.

8 CARVAJAL, Gaspar de. *Relación del Nuevo Descubrimiento, p. 12*.

Carvajal segue imediatamente à narrativa da saída de Orellana e Pizarro da cidade de Quito em direção ao leste, a favor da corrente.

A *Relação* é, por excelência, uma narrativa fluvial. A maior parte da história se passa no rio, ou na sua margem. Inclusive quando Carvajal utiliza os verbos "andar" e "caminhar", estes ganham um significado de deslocamento pela água.[9] A obra também desenvolve uma relação fundacional com a região, narrando supostamente pela primeira vez suas características e nomeando cada rio segundo seus atributos.[10] Esses nomes serão, entre o final do século XVI e início do século XVII, base importante para mapas e planisférios que, amiúde, contribuíram para consolidar a própria fama posterior do relato.

O grande problema de uma leitura cartográfica da *Relação* de Carvajal é saber em que parte do rio exatamente se desenvolve determinada ação. A mudança de clima e de topografia registrada ao longo do texto seria um bom indício, mas este de modo algum é um sistema preciso. No final das contas, não é possível saber os limites entre engenho retórico e narrativa "real".[11] Entretanto, em determinado momento do relato, o cronista anuncia algumas mudanças importantes no registro da

9 Falando sobre os índios encontrados na margem do rio: "Otro dia, pasados los tres, salimos deste pueblo y caminamos por nuestro río à vista de buenos pueblos". CARVAJAL, Gaspar de. *Relación del Nuevo Descubrimiento, p. 19*. Em outro parte: "Fuimos caminando por el rio, y a cabo de dos días dimos en un pueblo pequeño donde los indios se nos defendieron (...)". *Idem, ibídem*, p. 42. Ou também: (...) hemos andando por este rio, desde donde salimos hasta la mar (...)". *Idem, ibídem*, p. 44.

10 *Idem, ibídem*, p. 30.

11 Sobre o tema, ver: JOYCE, Patrick. "The end of social history?". *Social History*, vol. 20, nº. 1 (Janeiro, 1995), p. 73-91. Para uma outra posição a respeito, ver. STONE, Lawrence. "History and post-modernism". *Past and Present*, nº. 135 (Maio, 1992). Ver ainda: GINZBURG, Carlo. *Relações de força: história, retórica, prova*. São Paulo: Companhia das Letras, 2002; PÉCORA, Alcir. *Máquina de Gêneros*. São Paulo: EDUSP, 2001.

paisagem: "Aquí [comenta Carvajal] comenzamos a dejar la buena tierra y sabanas y tierra alta, y comenzamos a entrar en tierra baja de muchas islas, auque pobladas no tanto como las de arriba".[12] Ao longo do caminho, portanto, o cronista reconhece a mudança de ares, o aumento do volume do rio, e sensação de entrar por primeira vez em terras virgens. Por outro lado, o próprio cronista afirma ter dúvidas a respeito da localização exata dos bergantins que integravam a jornada: "y de esta manera nos pusimos a punto de navegar por la mar por donde la aventura nos guiase y echase, porque nosotros no teníamos piloto, ni aguja, ni carta ninguna de navegar, ni sabíamos por que parte ó a que cabo habiamos de echar".[13]

Ao final da jornada, segundo conta Carvajal, os bergantins conseguem sair da boca principal do rio (dia de *San Luiz*, 26 de agosto). Carvajal conclui nas últimas páginas da *Relação que* este rio é, na verdade, o "Marañón", que tem origem a poucas léguas de Quito e termina seu curso já em águas oceânicas. Após chegar à ilha de Cubagua, Nueva Cádiz, Carvajal dá por finalizada também sua narrativa:

> Desta isla acordó el Capitán de ir a dar cuenta a su Majestad deste nuevo y gran descubrimiento y deste río, el cual tenemos que es Marañon, porque hay desde la boca hasta la isla de Cubagua cuatrocientas cincuenta leguas por la altura, porque así lo hemos visto después que llegamos.[14]

A imensa quantidade de caminhos fluviais, aliada à reinvenção retórica do mito do *El Dorado*, transladado para além das fronteiras peruanas, acabaria por convencer outros navegantes sobre as possibilidades comerciais da região. Um deles foi Sebastian Cabot, que em 1543 residia em Sevilha e ali tinha o ofício de piloto-mor da *Casa de Contratación*. Cabot,

12 CARVAJAL, Gaspar de. *Relación del Nuevo Descubrimiento, p.44.*

13 CARVAJAL, Gaspar de. *Relación del Nuevo Descubrimiento, p.* 46.

14 *Idem, p. 47.*

impressionado com os relatos que chegavam à Europa, concebia ele mesmo a possibilidade de ingleses explorarem a rota Andes-Maranhão.[15]

Outros cronistas do período, inspirados pela *Relación del nuevo descubrimiento* de Carvajal, também escreveram sobre a fronteira Marañón-Amazonas. Diego Lopez de Gómara, por exemplo, demonstrou bastante interesse pelas histórias contadas por Carvajal, e fez referências sobre a viagem de Orellana na sua *Historia General de Indias* (1552). A obra de López de Gómara é, sem dúvida, mais abrangente e universal que aquela escrita por Gaspar de Carvajal. A diferença entre os dois cronistas está no fato de que López de Gómara nunca esteve no Novo Mundo. Sua obra, como enfatizou Bénat-Tachot, carece da dimensão empírica presente em Bernal Diaz, Cieza de León, ou Las Casas.[16] Na primeira parte da *Historia General de Indias,* por exemplo, López de Gómara tem sérias dúvidas sobre a associação entre os rios narrados por Carvajal, mas concorda com a ideia de que esse complexo fluvial fazia a conexão entre o Peru e o mar do Caribe. Segundo diz o cronista:

> El rio de Orellana, si es como dicen, es el mayor rio de las Indias y de todo El mundo, aun que metamos entre ellos al Nilo. Unos llaman mar dulce, y le ponen de boca cinquenta y más leguas; otros afirman ser el mismo que Marañón, diciendo que nace en Quito, cerca de Mullubamba, y que entra en la mar

15 LORIMER, Joyce, *English and Irish Settlement on the River Amazon, 1550-1646.* Londres, The Hakluyt Society, 1989, p. 3-5. EDMUNDSON, G., "The Dutch on the Amazon and Negro in the seventeenth century", Em: *English Historical Review*, nº 18, vol. 72 (outubro, 1903), p. 642-663. Sobre os projetos ingleses em relação às Indias e o Brasil, ver ainda: Madrid, 12 de abril de 1615. *AGS, Estado (Inglaterra), 2514 y 2520.*

16 BÉNAT-TACHOT, Louise. "La Historia General de las Indias de Francisco López de Gómara: identificación de las Fuentes y elaboración textual". In: ARELLAN, I. & RODRÍGUEZ GARRIDO *(eds.). Edición y anotación de textos coloniales hispano-americanos.* Madrid/Frankfurt: Iberoamericana/Vervuert, 1999, p.75.

> pocas más de trescientas leguas de Cubagua. Pero aún no está del todo averiguado.[17]

Anos antes, na opinião de Gonzalo Fernandez de Oviedo y Valdés (1478-1557), autor da *Historia General y Natural de Indias* (1535), o "Marañón" seria uma indefinida parte da América onde abunda a canela e, possivelmente, a prata. Além disso, este cronista confirma duas lendas relacionadas à região: a existência das guerreiras amazonas, e a conexão entre o rio Marañón e o rio da Prata.[18]

Dentre os cronistas que fizeram referência a essa zona de fronteira, um dos mais importantes foi o antigo reitor do colégio jesuíta de Salamanca, padre José de Acosta (1540-1600). De fato, sua famosa *Historia Natural e Moral de las Indias* (1590) serviu de inspiração à *Relação Sumaria das Cousas do Maranhão (1624)*, do português Simão Estácio da Silveira, que segue seu mesmo modelo retórico-narrativo.[19] Acosta afirma que a abundância do complexo Marañón-Amazonas contradiz a ideia clássica de que as terras tropicais, pelo eterno verão que caracteriza essa parte do Mundo, seriam débeis em fontes de água. Além

---

17 LÓPEZ DE GÓMARA, Francisco. *Historia General de las Indias.* Barcelona: Linkgua ediciones, 2006[1552], LXXXVI p. 161.

18 Segundo comenta o cronista: "este Estado destas mugeres está en la Tierra Firme, entre el rio Marañon y el rio de la Plata (...)". OVIEDO Y VALDÉS, Gonzalo Fernandez de. *Historia General y Natural de las Indias, islas y Tierra Firme del Mar océano.* Madrid: Imprenta de la Real Academia de la Historia, 1855 [1535], tercera parte, tomo IV, libro XLIX, p. 389.

19 "Affirmome que como de vista, que nenhũas aguas destas nossas partes, podem cõpetir em nada com as desta terra: de que faz grande encarecimẽto o padre Ioseph da Costa, na sua historia, natural & moral das Indias". SILVEIRA, Simão Estácio da. *Relação Sumaria das Cousas do Maranhão. Escripta pello capitão Symao Estácio da Sylveira. Dirigida aos pobres deste Reyno de Portugal [1624]*, Separata dos *Anais da Biblioteca Nacional*, vol. 94 (1974). Rio de Janeiro: Biblioteca Nacional, 1976, p. 39.

disso, o padre Acosta não deixa de reconhecer o extraordinário potencial dos corredores fluviais do Amazonas. Segundo afirma o jesuíta:

> Mas hablandose de rios, con razón pone silencio a todos los demás aquel gran rio, que unos llaman de las Amazonas, otros Marañón, otros el rio Orellana, a qual hallaron y navegaron los nuestros españoles; y cierto estoy en duda, si le llame rio, ó si mar. Corre este rio deste las sierras del Perú, de las quales coge, inmensidad de aguas, de lluvias y de ríos, que va recogiendo en sí, y pasando los grandes campos y llanadas del Paytiti, y del Dorado, y de las Amazonas, sale en fin al Océano, y entra en el quasi frontero de las Islas Margarita y Trinidad. Pero van tan estendidas sus riberas, especial en el postrer tercio, que hace en medio muchas y grandes Islas; y lo que parece increíble, yendo por medio del rio, no miran los que miran, sino Cielo y rio; aun cerros muy altos cercanos a sus riberas, dicen que se les encubren con la grandeza de este rio. La anchura y grandesa tan maravillosa de este rio, que justamente se puede llamar de Emperador de los ríos.[20]

Sobre o Maranhão, a abundância de caminhos aquáticos perfeitamente navegáveis chamou a atenção de outros cronistas do período. Na opinião de Pedro de Cieza de León (1520-1554), o rio Ganges seria o mais largo do Mundo, com 7 léguas de extensão. Entretanto, o autor de *La Crónica del Perú* (1553) admite que se forem corretas as informações de Orellana, existiria um rio na fronteira luso-peruana com mais

20 ACOSTA, Pe. José de, S.J.. *Historia Natural y Moral de las Indias, en que se tratan las cosas notables del Cielo, elementos, metales, plantas y animales de ellas; y los ritos, ceremonias, leyes, gobierno y guerras de los indios.* Madrid: Pantaleon Aznar, sexta e edición, 1792, p. 84-85.

de 25 léguas, capaz de unir o Peru ao Atlântico.[21] Antonio de Herrera y Tordesillas (1559-1625) foi outro representante do *siglo de oro* espanhol que demonstrou interesse pelo complexo Marañón-Amazonas. Na *Historia general de los hechos de los castellanos en las islas y Tierras Firme del Mar oceano* (1601), Herrera discute as polêmicas sobre a fixação da fronteira entre Portugal e Espanha na América, concluindo que um dos grandes motivos da disputa era a aceitação ou não dos meridianos que colocavam o "rio Marañón" mais a Oriente, ou mais a Ocidente. De qualquer forma, este cronista também compreendia perfeitamente a natureza transfronteiriça da região em questão.[22]

Evidentemente, o que chamamos de "crônicas" são em realidade obras que pertencem a distintos gêneros letrados. A obra de Carvajal era uma *Relação*, que seria um escrito formal acerca do andamento de negócios de Estado. A *Relação* é, por excelência, um documento apresentado a uma autoridade, militar, civil ou eclesiástica. Outros chamaram seus escritos de *crônica*, gênero letrado utilizado para narrativas mais simples e bem definidas no tempo e espaço. Outros autores, como López de Gómara, chamaram suas obras de *História General*, o que sugere uma

---

21 Segundo o cronista: "el cual rio conmumente se llama de las Amazonas o del Marañon". Utilizamos aqui a nova edição de 2009. CIEZA DE LEÓN, Pedro de. *Crónica del Perú*. Barcelona: Linkgua Ediciones, 2009 [1554], p. 100-101. Como se sabe, a chamada *Parte primera de la chrónica del Peru* foi impressa em Sevilla no ano de 1553, após a obtenção das licenças do *Consejo de Indias*. Depois, já em 1554, é publicada *La Chrónica del Peru* na tipografia de Matín Nucio. GARCÍA-ROMERAL, Carlos. *Diccionario de Viajeros Españoles, desde la Edad Media a 1970*. Madrid: Ollero y Ramos, 2004, p. 134-135.

22 Segundo afirma Herrera y Tordesillas num trecho específico: "los portuguezes hizieron sus cartas, achando la línea de la repartició, por la parte Occidental, que passa por la boca del rio Marañon, dexando toda la boca a parte del Oriente yua a cortar la costa del Brasil, por la costa de los baxos (...)". HERRERA Y TORDESILLAS, Antonio. *Historia General de los hechos de los castellanos en la islas i Tierras Firme del Mar océano*. Madrid: Emplenta Real, 1601, p. 235.

abordagem mais universal e de recorte temporal mais vasto.[23] A própria utilização exaustiva da palavra "descobrimento" nestes textos parece ser um dado relevante. Neste período, como afirma Luís Filipe Barreto, as crônicas ganham audiência exatamente em função das "novidades" que narram, bem como pela "desestabilização" das normas e saberes.[24]

Muitos cronistas portugueses também participam deste esforço ibérico de reconhecimento erudito das novas terras da Monarquia. Alguns deles eram, evidentemente, leitores das obras do *siglo de oro* espanhol.[25] Em 1587, quando Gabriel Soares de Sousa estabeleceu um "roteiro geral" para a costa brasileira, definindo seus limites, o rio Amazonas foi claramente identificado como o fim do Brasil, início daquilo que Sousa chamou de "terra dos Caribas". Em várias partes do seu *Tratado descriptivo do Brazil*, estão presentes informações emprestadas de narrativas espanholas, com suas conhecidas tópicas sobre o corredor fluvial amazônico.[26]

De fato, é bem difícil identificar o Maranhão do século XVI, sem utilizar a fórmula que define essa região como "fim do Brasil" ou início das Índias. Contudo, apesar da enorme importância dos relatos quinhentistas, muitos deles carecem de uma dimensão empírica e incorrem em

---

23 Para uma explicação resumida sobre estes gêneros, ver: ROSS, Kathleen, "Historians of the conquest and colonization of the New World: 1550-1620". In: GONZÁLEZ ECHEVARRÍA, Roberto; PUPO-WALKER, Enrique (Ed.). *The Cambridge History of the Latin American Literature*, vol. 1. Cambridge: Cambridge University Press, 1996, p. 107-108

24 BARRETO, Luis Filipe. *Os descobrimentos e a ordem do saber. Uma análise sociocultural.* Lisboa: Gradiva, 1987, p. 12. Ver também: BARRETO, Luis Filipe. *Descobrimentos e Renascimento - Formas de ser e de pensar nos séculos XV e XVI.* Lisboa: 1983.

25 Sobre o fenômeno ver: BUESCO, Ana Isabel. "Aspectos do bilinguismo português-castellano na época moderna". *Hispania*, LXIV, nº 216 (Janeiro-Abril, 2004), p. 13-38.

26 SOUSA, Gabriel Soares de. *Tratado descriptivo do Brazil em 1587*. Rio de Janeiro: Typographia Universal de Laemmert, 1851, p. 17-19.

certas generalizações. Foi durante o reinado de Filipe III que surgiu um maior número de relatos fidedignos acerca do Maranhão, todos contemporâneos ao planejamento para a sua conquista.

A rede Amazonas-Marañón

A história da conquista da Amazônia, avaliada a partir do quadro geral das relações entre portugueses e espanhóis no ultramar, não pode ser definida como uma história local.[27] Ao contrário, nos relatos de época o antigo Maranhão parece ser uma área estratégica, potencialmente favorável ao futuro da articulação econômica entre portugueses e castelhanos na região. Paradoxalmente, muitas vezes, o interesse no Maranhão não é algo fácil de entender. Naquelas terras não havia provas da existência de ouro ou prata, em lugar disso, uma grande quantidade de índios rebeldes, recursos naturais ainda mal avaliados, e uma natureza tão exuberante quanto perigosa. Entretanto, nos relatos da época da conquista, A Amazônia apresentava duas outras vantagens: sua localização geográfica, exatamente entre o Brasil e o Vice-Reinado do Peru; e a condição de seus caminhos fluviais que, à diferença da realidade do restante da América portuguesa, eram quase completamente acessíveis a navios de grande porte.[28] Essa condição, ao ser reconhecida pelas autoridades portuguesas e castelhanas, permitiu aos novos habitantes do Maranhão especularem

---

27 Sobre o tema, ver: CARDOSO, Alirio. "A Conquista do Maranhão e as disputas atlânticas na geopolítica da União Ibérica (1596-1626)". *Revista Brasileira de História*, v. 31, nº 61, 2011, p. 317-338.

28 A capacidade de navegação do complexo do rio Amazonas pouco se compara às condições dos rios do Estado do Brasil, estes últimos claramente pouco acessíveis a embarcações de grande porte. Entretanto, muitos outros cronistas exageraram as características da própria navegação amazônica. A fácil circulação pela Amazônia portuguesa dependia da região fluvial específica por onde se navegava, e da época do ano em que se realiza determinada jornada. Muitas vezes rios como o Tocantins, o Tapajós, o Madeira, ou o Negro, sofrem diminuição brusca de profundidade, o que compromete o tráfego de navios largos ou de grande

sobre a possibilidade da navegação regular para as Índias espanholas. De certa forma, a narrativa sobre os caminhos fluviais ajudou a definir ou inventar uma vocação oceânica para o comércio luso-maranhense na primeira metade do século XVII.

Sobre o Amazonas, a maior parte dos cronistas mal consegue identificar os limites entre este rio e o seu irmão mais velho, o *Marañón*. Esta tópica simboliza bem a complexidade das definições jurídico-territoriais das áreas pertencentes à Monarquia Hispânica na América. Com efeito, em fontes espanholas os rios Amazonas e *Marañón* são quase sinônimos. Esses documentos, na verdade, fazem referência a um complexo fluvial mais amplo (Marañón-Amazonas, e mais tarde: Marañón-Amazonas-Orinoco). No mesmo sentido, também é amplamente conhecido o fato de que as fontes espanholas costumam chamar indistintamente a região do Maranhão português por seu nome espanhol, "Marañón", inclusive quando os informes, crônicas, relações e memoriais são traduzidos do português para o castelhano.[29]

As especulações sobre a capacidade produtiva do Maranhão, aproveitando suas características geográficas e geopolíticas, não são mais que linhas gerais, portanto ausentes de maior sistematicidade. Por outro lado, essas linhas gerais são fiéis testemunhos do clima de possibilidades franqueado pela união de Coroas. Tais especulações iniciam pouco antes da conquista efetiva da região. Nesta época, o capitão português Manuel de Sousa de Eça enviou um memorial ao Conselho de Índias, que foi traduzido para o espanhol pelo secretário de Filipe III, Tomás Gracián Dantisco. Neste informe, o capitão Eça resume as três questões mais emblemáticas sobre a geopolítica luso-amazônica. Em linhas gerais, segundo afirma Eça:

capacidade de carga. REIS, Arthur Cézar Ferreira. *A Amazônia e a integridade do Brasil*. Brasília: Senado Federal, 2001, p. 16.

29 Por exemplo, nas conhecidas traduções feitas pelo secretário Thomaz Gracian Dantisco.

1. A rota amazônica já é praticada livremente por várias nações inimigas, incluindo holandeses, franceses e ingleses;
2. Na região, as nações "estrangeiras" exploravam certos produtos naturais à maneira de especiarias;
3. O Amazonas é, na verdade, um conjunto de estradas fluviais que poderia favorecer a integração entre as partes da Monarquia, e sua defesa contra as nações inimigas.[30]

Eça explica também que o rio Amazonas corre em duas direções opostas: a primeira é norte-sul, ligando o extremo norte da América portuguesa aos portos do Estado do Brasil. A segunda direção é leste-oeste, ligando potencialmente o Atlântico aos sertões do Vice-Reinado do Peru. Além das conclusões de navegadores experimentados como o capitão Eça, as afirmações acerca do impacto da conquista da Amazônia sobre a geopolítica castelhana não são marginais à opinião dos Conselhos reais. Ao contrário, a fronteira luso-maranhense não é um tema ausente na documentação produzida pela Corte espanhola, ganhando destaque nos pareceres de D. Iñigo de Cardenas ou do marquês de Alenquer. Por isso, o próprio Filipe III conhecia bem o tema. Em carta régia, enviada ao governador do Brasil, Gaspar de Sousa, o soberano chega a admitir que a conquista do Maranhão seria uma questão de "conservação das Índias Ocidentais".[31] Em outra missiva, datada de 21 de março de 1615, o monarca afirma ainda que da ocupação do Maranhão dependeria não só a conservação do Estado do Brasil, mas também a da Nova Espanha e do Peru.[32] De fato, essa documentação sugere claramente a ideia de que a conquista do Maranhão poderia fazer parte de um projeto mais amplo que não incluiria apenas os territórios portugueses.

---

30 "Roteiro do Rio das Amazonas, dado pelo capitão M.el de Souza Dessa al S.or Vizorrey". Madrid, 7 de julho de 1615. *AGI*, Patronato, 272, R5. Para a tradução do secretário Gracian, ver: *ABNRJ*, vol. 26, p. 278.

31 "Para o governador do Brazil". *CASGS*, doc. 170, p. 279.

32 "Para o Governador do Brazil". *CASGS*, doc. 149, p. 255.

Em um memorial chamado *Intentos da Jornada do Pará* (1618), o capitão português Simão Estácio da Silveira analisa o tema da multifragmentação dos rios do Maranhão. Estácio da Silveira propõe, mais de cem anos antes do Tratado de Madri, que a referência para a demarcação da fronteira entre Espanha e Portugal na América deveria ser o rio Amazonas, em razão de sua correspondência com os rios Marañón e, supostamente, o Prata. Estácio da Silveira também admite que essa separação seria apenas formal, de modo a permitir que todos, portugueses e espanhóis, tivessem acesso às possibilidades de riqueza a partir desta conexão natural entre os dois reinos. Semelhante a outros cronistas do período, Estácio da Silveira também admite a relativa proximidade entre o Maranhão e a serra de Potosi, apesar de subestimar as grandes distâncias entre as regiões.[33]

Se compararmos o texto de Estácio da Silveira com outras narrativas do mesmo período, não é difícil chegar a um lugar-comum sobre a geografia luso-maranhense do século XVII. Esses cronistas reconheciam a necessidade de estabelecer uma fronteira fiável entre as terras de Portugal e as castelhanas, mas também defendiam relações mais estáveis com os vizinhos hispano-peruanos. Nestes termos, a própria ocupação da Amazônia aparece como uma necessidade urgente para a criação de uma linha defensiva hispano-lusa para esta fronteira.

Por outro lado, as autoridades espanholas demonstravam certo receio com relação à presença portuguesa nas fronteiras. Para D. Francisco de Tejada y Mendoza, do *Consejo Real*, a ocupação portuguesa do Maranhão cumpriria algumas importantes funções. Em primeiro lugar, prevenir o avanço de estrangeiros pelas Índias de Castela; em segundo lugar, os portugueses poderiam estabelecer contato com os índios

---

33 SILVEIRA, Simão Estácio da. "Intentos da Jornada do Pará", Lisboa, 21 de setembro de 1618. *BNE, mss 2349, flº174v-175.*

da região, favorecendo a adesão nativa à causa castelhana.[34] De outro modo, para o embaixador espanhol na França, D. Iñigo de Cárdenas, a presença portuguesa nesta fronteira era ainda pior que a francesa, pois os lusos facilmente retirariam "cuanto oro y plata hubiera en las Indias".[35] Entretanto, D. Iñigo concordava com o argumento segundo o qual os portugueses realizariam uma função estratégica de vigilância que, pela falta de contingente, os castelhanos não poderiam sozinhos. De qualquer forma, em novembro de 1615, em outro parecer, D. Iñigo admitia claramente que sem portugueses no "rio Marañón", franceses e ingleses poderiam facilmente tomar postos importantes nas Índias, e não havia mais remédio que permitir o avanço luso.[36]

Para conquistar o rio Amazonas era necessário antes conhecê-lo, mas a confusão cartográfica ainda era evidente nas crônicas do período. As opiniões estavam divididas. Segundo o capitão Juan Tomás Milute, os rios Marañón e Amazonas seriam rios distintos. Milute afirmava que o rio Marañón estaria a 90 léguas a leste do rio Amazonas, e este último dividiria o Brasil em duas partes, como também acreditavam muitos cartógrafos do período.[37] Por sua vez, o informe feito por D. Alonso de Bacas afirmava o contrário, que o rio que desagua no Atlântico, onde supostamente existiriam cidades e inicia o domínio português, era o

34 "Carta Del L.do D. Francisco de Texada y Mendoza, sobre la poplacion del Rio Marañon – Acompaña una "relacion de lo que parece por los ynformes que ha remitido la Casa de la Contratacion, de personas practicas, sobre la poplacion que los portugues intentan hacer, 50 leguas adentro del Rio Marañon; y de lo que contiene un memorial del padre Xptoval de Acuña, sobre el descubrimiento del Rio de las Amazonas. Fecha de la carta – en Sevilla à 14 de febrero 1617". *ABNRJ*, vol.26, p. 368-9.

35 *"El conss° de Estado. Inclusa una consulta de la Junta de Guerra de Yndias sobre el descubrim.to del Marañon". AGS, Estado (Portugal), 2644.*

36 "Lettres de D. Inigo de Cardenas su les affars de Marañon et le Indy". Madrid, a 13 de noviembre de 1615". *AGS, Estado K (Francia), 1611.*

37 *ABNRJ*, vol. 26, p. 370.

Marañón, não o Amazonas.[38] Para o conselheiro D. Juan de Melo, tanto o rio Marañón quanto o Amazonas são braços do rio da Prata. Segundo explica este conselheiro: "estos dos rios dividen y hacen como isla el Estado del Brasil".[39]

Esses testemunhos de conteúdo cartográfico eram, muitas vezes, produto do pouco conhecimento sobre o antigo Maranhão, e seus corredores fluviais. Entretanto, os diversos relatos sobre esta fronteira alimentavam também a produção cartográfica disponível. Os mapas e planisférios que de alguma forma representaram as conexões entre Maranhão, Brasil, Peru e Caribe tinham como fonte de inspiração algumas conhecidas crônicas do período. Assim, o lavor cartográfico nunca esteve à margem deste clima geral de especulações e formulações míticas.

Cartografia mítica

Tal como se sabe, desde o início do século XVI as autoridades espanholas responsáveis pela navegação ultramarina incentivaram amplamente o desenvolvimento da cartografia e da cosmografia, ao buscar uma representação mais detalhada do território americano.[40] A partir de 1503, toda a atividade relacionada à cartografia já seria responsabilidade da *Casa de Contratación* de Sevilha, sobretudo após a criação do cargo de *piloto mayor*, principal autoridade no que diz respeito à elaboração de *cartas de marear*.[41] Anos depois, em 1552, já existia em Sevilha sob a

38 *Idem*, p. 372.

39 *Idem*, p. 373.

40 Sobre o tema da cosmografia europeia, conceito fundamental para o período, ver: LESTRINGANT, Frank. *A oficina do cosmógrafo*, ou a imagem do mundo no Renascimento. Rio de Janeiro: Civilização Brasileira, 2009.

41 SÁNCHEZ MARTÍNEZ, Antonio. "Los artífices del *Plus Ultra*: pilotos, cartógrafos y cosmógrafos en la Casa de La Contratación de Sevilla durante el siglo XVI". *Hispania. Revista Española de Historia*, vol. LXX, nº 236 (set-dez, 2010), p. 607-632; SANDMAN, Alison. "Spanish Nautical Cartography in the Renaissance".

égide de Filipe II uma cátedra de cosmografia, cujo primeiro responsável foi Jerónimo Chaves (1523-1574).[42] A própria cartografia portuguesa experimentou um intenso intercâmbio com a produção castelhana, antes e depois de 1580. O resultado destas permutas entre os dois reinos pode ser encontrada nas obras de algumas das maiores dinastias de cartógrafos de Portugal: os Reinel, os Homem e, sobretudo, os Teixeira Albernaz.[43]

No entanto, o conhecimento cartográfico, entre os séculos XVI e XVII, não estava limitado a uma junção de dados astronômicos, físicos, espaciais e matemáticos. A cartografia do período amiúde reproduzia certas tópicas existentes nas crônicas.[44] Com efeito, foi a partir de uma

---

In: WOODWARD, David (ed.). *The History of Cartography. Volume three: Cartography in the European Renaissance.* Chicago/Londres: The University of Chicago Press, 2007, p. 1095-1142.

42 SÁNCHEZ MARTíNEZ, Antonio. "La institucionalización de la cosmografía Americana: la Casa de la Contratación de Sevilla, el Real y Supremo Consejo de Indias y la Academia de matemáticas de Felipe II". *Revista de Indias*, vol. LXX, nº 250 (2010), p. 715-748.

43 Sobre as famílias de cartógrafos portugueses, ver entre outros: ALEGRIA, Maria Fernanda; DAVEAU, Suzanne; GARCIA, João Carlos; RELAÑO, Francesc. "Portuguese Cartography in the Renaissance". In: WOODWARD, David. *Op. cit.*, p. 975-1068.

44 BIGGS, Michael. "Putting the state on the map. Cartography, territory and european state formation". *Comparative Studies in Society and History*, vol. 41, nº 2 (abril, 1999), p. 374-405. QUINN, David, "Artists and illustrators in the early mapping of America". *Mariner's Mirror*, vol. 72, nº 3, (1986), p. 244-273. Sobre cartografia brasileira ver, entre outros: ADÓNIAS, Isa. *Imagens da formação territorial brasileira.* Rio de Janeiro: Fundação Odebrecht, 1993. Sobre a documentação cartográfica referente a América Portuguesa em arquivos espanhóis, ver: BACHILLER CABRIA, Juan Vicente. *Cartografia Manuscrita de Brasil (1500-1822).* Salamanca: Centro de Estudios Brasileños, 2008; Sobre fundos cartográficos na Iberoamérica, ver: HILTON, Sylvia L. & CASASNOVAS, Ignacio Gonzales. "Fuentes manuscritas para la cartografia historica iberoamericana: guia de instrumentos descriptivos". *Anuario de Estudios Americanos*, tomo LIV, nº 1 (Janeiro-Junho, 1997), p. 263-293. Para uma introdução geral à cartogra-

cartografia imaginária, carente de dados empíricos mais sólidos, que muitas autoridades portuguesas e espanholas tentaram convencer Filipe III sobre a necessidade de conquistar militarmente o Maranhão.[45]

Uma das tópicas mais reproduzidas pela cartografia foi a representação da união entre o Amazonas e o rio da Prata, bem como sua consequência lógica: o mito da Ilha Brasil. Lugar-comum da cartografia histórica portuguesa, o mito da ilha Brasil era a conhecida ideia de que a América lusa estaria dividida em duas partes por um imenso braço do rio Amazonas (rio Tocantins ou rio Xingu), tornando o sertão luso-brasileiro completamente navegável. Se fosse confirmado o mito, a Ilha Brasil resolveria um problema típico da época: permitir a navegação norte-sul pelo interior do continente, inviabilizada na costa Atlântica pelos ventos alísios contrários.[46] De fato, era tal a importância do tema que acabou

---

fia amazônica, ver: ADÓNIAS, Isa. *A cartografia da região amazônica: catálogo descritivo: 1500-1961*. Rio de Janeiro: Conselho Nacional de Pesquisas/INPA, 1963. CHAMBOULEYRON, Rafael . "O historiador e os mapas. Perspectivas de pesquisa e ensino". In: HENRIQUE, Márcio Couto. (Org.). *Diálogos entre história e educação*. Belém: Editora Açaí, 2014, p. 35-67. Ver também: OLIVEIRA, Roberto Monteiro de. *A Cartografia da Amazônia Colonial e a Definição de suas Fronteiras*. Rio Claro: Dissertação de Mestrado (História) apresentada à Universidade Estadual Paulista Julio Mesquita Filho, 1984.

45 Por exemplo: "El Sr Duque de Lerma.// con la conss.ª del conss.º de Portugal". 2 de mayo de 1615. "(...)Tambien se apunta en esta consta q. olandeses e ingleses comenzavan a tratar en el rio de las Amazonas, dice el conssº q. este es el negº mas importante q. de presste se offrece por ser aquel Rio el limite q. [teve] el estado del Brasil del Peru, q. conviene tratar del al mismo tpo q. lo del Marañon sin alçar la mano dell antes q. se ymposiblite por los grandes daños q. sepodrian ser// acuerda el conssº se escriva a Dom Inigo haga offios [...]. *AGS, Estado (Portugal), 260*.

46 CORTESÃO, Jaime. *História do Brasil nos Velhos Mapas*. Rio de Janeiro: Ministério das Relações Exteriores/Instituto Rio Branco, tomo I, 1957. BUARQUE DE HOLANDA, Sergio. "Um mito geopolítico: a ilha Brasil". In: BUARQUE DE HOLANDA, Sergio. *Tentativas de Mitologia*. São Paulo: Perspectiva, 1979.

ressurgindo no século XVIII, durante a definição das fronteiras da antiga Colônia do Sacramento.[47]

Alguns mapas da época ilustram bem a força das tópicas sobre a produção cartográfica.[48] No caso do extremo norte da América portuguesa, ganha destaque a forma exagerada da representação do complexo Marañón-Amazonas. Convidamos o leitor a uma breve análise de algumas das mais emblemáticas representações cartográficas do período, e de como estes documentos reproduziram a tese da ligação entre o Maranhão e as Índias espanholas a partir do rio Amazonas.

Em muitos mapas do século XVI, o rio Amazonas tem pouca expressão ao ponto de ser quase inexistente. Entretanto, já nas primeiras décadas do século XVII esta tendência muda radicalmente. Ainda em 1600, o Amazonas surge discreto na representação da costa brasileira feita por Cornelis Wyfliet. Nesse mapa, publicado na segunda edição de *Descriptionis Ptolemaicæ augmentum sive,* os rios "Maragnon", "Negro", e "Orellana" já formam uma mesma teia fluvial, mas ainda não são gigantes caudalosos como ocorre em outras representações. No mapa de Wyfliet, também merece destaque o registro de "Nazareh", um núcleo urbano representado em muitos mapas como a primeira cidade portuguesa do Maranhão, anterior à chegada dos franceses. As cidades aparecem quase sempre de maneira idealizada, com muralhas, castelos e torres, imagem

---

47 KANTOR, Iris. "Usos Diplomáticos da Ilha Brasil. Polêmicas cartográficas e historiográficas". *Varia Historia*, vol. 23, nº 37 (Janeiro-Junho, 2007), p. 79.

48 Este acervo iconográfico também estava inundado de representações sobre o canibalismo brasílico e natureza monstruosa destas terras CRISTÓVÃO, Fernando. "A Literatura de Viagens e a História Natural". In: CRISTÓVÃO, Fernando (Ed.). *Condicionantes Culturais da Literatura de Viagens. Estudos e Bibliografias.* Coimbra: Almedina/Centro de Literaturas de Expressão Portuguesa da Universidade de Lisboa, 2002, p. 187. Sobre o tema, ver também: VILLORIA APARICIO, Carmen. *La representación del indígena brasileño en la iconografía europea del siglo XVI.* Salamanca: Trabajo de Grado apresentado à Universidad de Salamanca, 2009.

também presente em outros planisférios, a exemplo da *Accuratissima Brasiliae Tabula* de Jan Jansson.[49] Não há nenhuma novidade nisto. Para o período, é comum nos mapas a representação das cidades de forma genérica, ilustradas mais como símbolo prototípico da presença político-militar de determinada nação.[50]

Dentre todas as representações do complexo Marañón-Amazonas, uma das mais sugestivas é a de Johann Theodor de Bry (1528-1598), publicada em *Americae Pars Magis Cognita* (1624).[51] Além de conectar claramente, através de uma extensa rede fluvial, o Maranhão ao Peru, Bry também concebe o Marañón e o Amazonas como rios paralelos. Estes dois rios correm no sentido oeste-leste, desde as terras castelhanas até o oceano Atlântico, desaguando na altura exata da Linha do Equador (*circulus aequinocialis*). Nesta representação, as três denominações deste complexo fluvial (rio Grande, rio Marañón e rio Amazonas) aparecem como estruturas independentes. Bry, tipógrafo conhecido por suas ilustrações sobre o canibalismo brasílico, além de confeccionar um mapa de destacada qualidade artística, também traça uma perspectiva geopolítica de enorme alcance, pois sua imensa autopista fluvial encontra seu termo já próximo às minas de Potosi.

Mais tarde, encontraremos no trabalho de outros cartógrafos a mesma representação de dois rios paralelos que correm do Peru para o Atlântico. No mapa de Hendrik Hondius (1597-1651), *Americae pars Meridionalis* (1640), os rios Amazonas e Mearim também seguem o

49 JANSSON, Jan. *Accuratissima Brasiliae Tabula*, 1630. *FBN*. Disponível em: http://consorcio.bn.br/cartografia/index.html

50 CORNEJO, Francisco J. "Cuando la vista engaña: los grabados de vistas de ciudades en los primeros tiempos de la imprenta". In: POSADA SIMEÓN, José Carlos & PEÑALVER GÓMEZ, Eduardo. *Cartografía histórica en la Biblioteca de la Universidad de Sevilla*. Sevilla: Universidad de Sevilla, 2010, p. 149-163.

51 BRY, Theodor. *Americae Pars Magis Cognita*. 1624. *FBN*, disponível em: http://consorcio.bn.br/cartografia/index.html.

mesmo movimento em direção ao Atlântico.[52] Entretanto, muitos outros cartógrafos apostaram na clássica representação do Amazonas como um enorme corredor solitário. Neste caso, o rio Marañón aparece como um mero tributário ou, por vezes, é completamente ignorado. Na cartografia holandesa, por exemplo, não é incomum encontrar esse tipo de representação em que o rio Amazonas aparece ao modo de um imenso canal ligando o Atlântico ao Peru. É exatamente o que vemos num mapa manuscrito, provavelmente elaborado por Evert Gijsbertsz de Edam, em 1595.[53] Sobre o tema, Richard Unger recentemente analisou a influência da cartografia lusa sobre a produção cartográfica holandesa, demonstrando que os Países Baixos eram consumidores habituais dos princípios fornecidos pela ciência náutica portuguesa.[54]

Anos depois, num belíssimo mapa de Jan Jansson (1588-1644), publicado em *America Naviter Delineata* (1623),[55] o padrão se repete. No mesmo sentido, na esplendida *Carte de l'Océan Atlantique* (1613) de Pierre de Vaulx, o "riviere des Amazones" é um rio de dimensões titânicas que inicia seu percurso para o Atlântico a partir de um imenso lago peruano.[56] É curioso que o próprio Bry também adotara, em sua *America sive novus orbis* (1624)[57], o Amazonas como único corredor entre o Peru

52 HONDIUS, Hendrik (1597-1651). *Americae pars Meridionalis*, 1640. *FBN*. disponível em: http://consorcio.bn.br/cartografia/index.html.

53 "Manuscriptkaart van Amerika", circa 1595. *Biblioteca Real de Haia*. Cortesia do professor Raymond Buve, da *Universidade de Leiden*, a quem o autor aproveita para agradecer.

54 UNGER, Richard W.. "Dutch nautical sciences in the Golden Age: the Portuguese influence". *e-Journal of Portuguese History*, vol. 9, nº 2 (Inverno, 2011), p. 68-83.

55 JANSSON, Jan. *America Naviter Delineata*, 1623. Disponível em: http://www.memoriachilena.cl.

56 VAULX, Pierre. *Carte de l'Océan Atlantique*, 1613. Colección de mapas de la Biblioteca Nacional de Francia. Disponível em: http:cartanciennes.free.fr/.

57 DE BRY, Theodor. *America sive Novus Orbis*, 1624. Colecion de Juan y Pessy Rada, Biblioteca Nacional de Chile, Disponível em: http://memoriachilena.cl.

e o Atlântico. Neste mapa, que representaria o conhecimento do Novo Mundo por volta de 1596, aparecem as Américas do Norte, Central e do Sul, e as ilhas do Pacífico até a "Terra Austral". Na mesma representação, Bry entende que o rio Marañón é o principal afluente do Amazonas em terras castelhanas, separados na altura da linha dos 10° sul.

Entretanto, somente no final do século XVII é possível encontrar mapas que representem claramente uma conexão fluvial entre Maranhão e Caribe. Esta possibilidade pode ser vislumbrada no planisfério de Vicenzo Coronelli, *L'Amerique Meridionale* (1689), que converte metade da Terra Firme (incluindo talvez as Guianas e o Cabo do Norte), numa enorme ilha localizada logo acima da região do Maranhão. No *Corso del fiume dell'Amazoni* (1691), também de Coronelli, existe ainda a possibilidade de conexão entre o Atlântico e o Pacífico (*Mare del sud*), através de uma escala na cidade de Quito.[58] Por seu turno, a ligação entre o Orinoco e o Amazonas será melhor explorada apenas no século XVIII, a exemplo do mapa de Guillaume de L'Isle (1716). Esta conexão é mais clara ainda num mapa anterior, *La terre ferme et le Pérou avec le Pays des Amazones et le Brésil...* (1705) de Nicolas de Fer, em que existe a representação de um imenso corredor fluvial ligando o Atlântico equatorial ao mar do Caribe.[59]

A representação iconográfica das conexões entre o Maranhão e as Índias castelhanas são testemunhos insólitos das possibilidades abertas

58 CORONELLI, Vicenzo. *Corso del fiume dell Amazoni*, 1691. *FNB*. Disponível em: http://consorcio.bn.br/cartografia/index.html.

59 FER, Nicolas de. *La Terre Ferme et le Pérou avec le Pays des Amazones et le Brésil dans l'Amerique Meridionale/par N. de Fer, Geographe de Monseigneur le Dauphin*. In: L'Atlas Curieux ou le Monde dressé et dédié a Nosseigneurs les Enfans de France. Paris, 1705, 2° vol., mapa 45. *BNP*, Cartografia, CA, 71v. Para uma síntese sobre o cenário cartográfico setecentista, ver entre outros: GAMA, Orlando. "Imagens cartográficas do Brasil na historiografia setecentista". In: *A Nova Lusitânia. Imagens Cartográficas do Brasil nas colecções da Biblioteca Nacional (1700-1822)*. Lisboa: CNCDP, 2001, p. 81-106.

com a integração de Portugal à Monarquia Hispânica. Na mesma época, chegavam aos Conselhos espanhóis quantidades de crônicas, cartas, pareceres e pequenos informes cujo tema principal era a capacidade de aproveitamento econômico das novas terras. Os autores desses documentos mantinham um diálogo aberto com a produção cartográfica do período, mas realizavam uma livre tradução de seus dados e conclusões.

Crônica das riquezas

Hoje em dia, qualquer especialista sabe que sem técnicas avançadas a agricultura amazônica de grande escala teria rendimentos escassos, em função da pouca produtividade média de seu solo, além de outros problemas ambientais.[60] Entretanto, há quase quatrocentos anos atrás diversos cronistas afirmavam insistentemente a ideia de que esta terra poderia reproduzir plantas de todas as partes do mundo, com grandes vantagens para a Monarquia.

O *topos* da fertilidade quase ilimitada do solo amazônico é contemporâneo à conquista da região. Em 1615, os portugueses passam a cultivar imediatamente a terra com sementes fornecidas pelos próprios franceses que então ocupavam o Maranhão.[61] Além disso, muitos já afirmavam que os chamados "frutos da terra" poderiam ser comercialmente aproveitados. Os cronistas alimentavam a expectativa em torno de três

---

60 DEAN, Warren. *Brazil and the struggle for rubber: a history in the environment history.* Cambridge: Cambridge University Press, 2002, p. 106.

61 "El Sr Duque de Lerma.// Con la conssta del Conss° de Portugal// Dice el coss° que el Virrey de Portugal ha avisado que quedava con gran cuiydado tratando de embiar el socorro que se le ha ordenado para yr a lo Rio Marañon.// Avisa el Virrey q. en un navio avia llegado allí un capitán de los que fueron a lo del Marañon des=pachado por Germo de Albuquerq a dar q.ta a Gaspar de Sosa del estado en que aquello quedava, E en cartas que el Albuquerq escrivia al Sosa le decía q. començaria a plantar mantenimtos con simientes q. le avia offrecido Rabardieri y q. entendía seria fácil reducille al [ser°] de su Md". 2 de mayo de 1615. *AGS, Estado (Portugal), 260.*

produtos: o açúcar, a madeira e as "drogas". Entretanto, nestes primeiros anos ainda existe a esperança de encontrar ali minas de prata e ouro. Numa carta régia de setembro de 1616, Filipe III resume um pouco das informações que chegavam à Corte sobre a exploração comercial da nova conquista. Segundo o Monarca:

> É a terra fertilíssima de todos os mantimentos que costuma haver no Brasil, infinito gentio muy doméstico e diferente de todo o daquele estado e muito acomodado pera efeito de se plantarem canas e se fazerem engenhos e ainda pera se poderem semear todos os mais frutos de Europa, e que de presente há quantidades de algodões, pita, tabacos uma tinta vermelha de certas frutas que os estrangeiros vão buscar. E que também há pérolas, muitos sinais de mina de prata e de outras riquezas.[62]

Este texto é, na verdade, um comentário do informe do capitão Alexandre de Moura, um dos oficiais responsáveis pela conquista.[63] O rei era constantemente informado por indivíduos que acreditavam na relação entre a sustentação financeira da nova conquista e a segurança das Índias espanholas. A estabilidade e proteção dessa região dependiam da capacidade de obter lucro com esse novo empreendimento atlântico.

As crônicas e informes oficiais também alertavam sobre a exploração da terra pelos "invasores" estrangeiros. Um dos produtos mais co-

---

62 "Carta Regia sobre a expedição de Francisco Caldeira". 4 de setembro de 1616. Códice da Bibliotheca de Eduardo Prado. Publicado em: STUDART, Barão de. *Documentos para a história do Brasil, especialmente para a do Ceará. RIC* (1920), doc. 232, p. 234. Atualizamos o texto para o português atual.

63 Entre tantos outros informes, ver: *"El sr Duque de Lerma - con una consulta del consº de Portugal, para q. se vea en este en q. da aviso de haver llegado al Rio Marañon Alexandro de Mora (...)"*. 6 de mayo de 1616. *AGS, Estado (Portugal)*, 437, flº 166.

mercializados na Europa era a madeira, sobretudo os gêneros que produziam tinta. Na *Relação do que há no Grande Rio das Amazonas novamente descoberto* (1616), do capitão André Pereira, existe constância do potencial das madeiras até aquele momento encontradas no rio Amazonas. Segundo o capitão Pereira:

> "O rio parece capaz para mui grandes coisas por ser da largura que digo, as terras muito fertilíssimas com muita diversidade de madeiras, como as do Brasil, e mais avantajadas, per serem árvores notavelmente grandes, entre as quais há um pau a que o Gentio chama Cotiara mui lindamente [dibuxado] e gracioso a vista".[64]

No mesmo documento, André Pereira alerta sobre o interesse de irlandeses, ingleses, franceses e holandeses na exploração das tais madeiras. É bom lembrar que Portugal passava por uma grave crise relativa à quantidade de madeiras que servia à carreira da Índia Oriental.[65] O tema da falta de embarcações do Império, e as estratégias para resolver o problema, aparecem com frequência em documentos do período.[66] Por isso, os informes sobre a qualidade e quantidade de madeiras existentes na nova conquista tinham boa aceitação na Corte.

O Maranhão também sempre foi uma região pensada para o cultivo e aclimatação de plantas de outras partes da Monarquia. De grande importância no início da conquista, a história do cultivo do açúcar na

---

64 Capitão Andre Pereyra."Relação do que hâ no Grande Rio das Amazonas novam.te descuberto", 1616. *BNE, mss 3015, fl. 136v.*

65 Ver por exemplo: *AGS, Secretarias Provinciales*, 1508.

66 "Sobre el apresto de la Arm.da de la recuperacion del Brasil, y medios de q. se ha de sacar din.º para ese effe.to". Madrid, 8 de abril de 1635. *AGS., Secretarias Provinciales, 1478.*

Amazônia ainda espera por trabalhos mais sistemáticos.[67] No princípio, essa cultura havia sido pensada como uma grande alternativa comercial para as novas terras. Em 1612, o então governador do Brasil, Diogo de Menezes, já considerava que no Maranhão seria possível fazer, em pouco tempo, "engenhos e canaviais, assim de água como de trapiche".[68] Em 1619, os oficiais da câmara de São Luís afirmavam que a proteção dos fortes e presídios dependeria da construção de mais engenhos de açúcar, que pudessem sustentar seus moradores e financiar a proteção do território.[69] Não se pode esquecer que a primeira burocracia que se estabelece na região havia sido formada por autoridades luso-pernambucanas, os grandes produtores de açúcar da América portuguesa.

Em pouco tempo, os engenhos ganham protagonismo no cenário das capitanias reais do Grão-Pará e do Maranhão e, mais tarde, nas capitanias particulares (Tapuitapera, Cametá, Caeté, Ilha de Joanes e Cabo do Norte). A noção clássica que entende ser a Amazônia seiscentista um *enclave* do Capitalismo, fiel a uma economia regional e regionalizante,

---

67 Ver por exemplo: CRUZ, Ernesto. "A influência do açúcar na História do Pará". In: CRUZ, Ernesto. *Historia do Pará*. Belém: Editora da Universidade Federal do Pará, 1963, p. 86-1. CHAVES, Maria Anunciada Ramos. *O açúcar na história do Brasil*. Belém: Editora da Universidade Federal do Pará, 1999; MARQUES, Fernando Luiz Tavares. "Modelo da agroindústria canavieira colonial no estuário amazônico: estudo arqueológico de engenhos dos séculos XVIII e XIX". Porto Alegre: Tese de doutorado apresentada à Pontifícia Universidade Católica do Rio Grande do Sul, 2004. CUNHA, Ana Paula Macedo. "Engenhos e engenhocas: atividade açucareira no Estado do Maranhão e Grão-Pará (1706-1750)". Dissertação de Mestrado apresenta à Universidade Federal do Pará, 2009.

68 "Carta de Diogo de Menezes". Bahia, 1 de março de 1612. *ANTT, maço 115, doc. 129. Também disponível em: ABNRJ*, vol. 26, p. 310. Atualizamos a grafia.

69 "Consulta do Conselho da Fazenda ao Rei Filipe II sobre as cartas de Diogo Costa Machado e da Câmara da cidade de São Luis do Maranhão referente às necessidades da sua Conquista". 9 de dezembro de 1619. *AHU, Maranhão* (Avulsos), cx 1, doc. 34.

pouco explica a insistente busca dos luso-maranhenses pela instalação de mais engenhos de açúcar.[70]

Outra queixa constante dizia respeito à ausência de escravos africanos.[71] A plantação sistemática de cana-de-açúcar, com utilização de escravos de Angola, é uma das condições exigidas por D. Diego de Cárcamo, primeiro governador eleito do Maranhão, para assumir imediatamente a nova conquista. O Conselho da Fazenda resumiu assim uma das suas petições:

---

70 Por exemplo: "CARTA do capitão-mor do Maranhão, Diogo da Costa Machado, ao rei Filipe II, sobre as necessidades do Maranhão: fabrico de engenhos, construção de navios, mineiros, alimentos para visitantes, animais, armas e munições". 10 de diciembre de 1619. *AHU, Maranhão (avulsos)*, cx 1, doc. 35, ou "CARTA dos oficiais da câmara da cidade de São Luis do Maranhão ao rei Filipe III, sobre o estado de pobreza em que se encontrava o Maranhão". *AHU, Maranhão (avulsos)*, cx1, doc. 77. "CARTA do procurador do conselho da câmara do Maranhão, Alvaro Costa, ao rei Filipe III, sobre as varias necessidades do Maranhão, inclusive da construção de dois engenhos de açúcar". 31 de enero de 1624. *AHU, Maranhão (avulsos)*, cx 1, doc. 73.

71 Sobre a presença africana no Grão-Pará e Maranhão, entre os séculos XVII e XVIII, ver: REIS, Arthur Cézar Ferreira. "O negro na empresa colonial dos portugueses na Amazónia". In: *Congresso internacional de história dos descobrimentos, vol. 5, parte II.* Lisboa: CIHD, 1961, p. 347-357; VERGOLINO-HENRY, Anaíza & FIGUEIREDO, Arthur Napoleão. *A presença africana na Amazônia Colonial: uma noticia histórica.* Belém: Arquivo Publico do Pará, 1990. BEZERRA NETO, José Maia. *Escravidão Negra no Grão-Pará, sécs. XVII-XVIII.* Belém: Paka-Tatu, 2001; ALDEN, Dauril. "Indian versus Black slavery in the state of Maranhão during the seventeenth and the eighteenth centuries". *Bibliotheca Americana*, vol. 1, nº 3 (Janeiro, 1984), p. 91-142. MEIRELLES, Mario. *Os negros no Maranhão.* São Luis: Editora da Universidade Federal do Maranhão, 1983; GOMES, Flávio dos Santos. *A Hidra e os Pântanos: Quilombos, Mocambos e Comunidades de Fugitivos no Brasil. Séculos XVII-XIX.* São Paulo: Unesp, 2005. Sobre a rota do tráfico de escravos para o Maranhão, ver: CHAMBOULEYRON, Rafael. "Escravos do Atlântico equatorial. Tráfico negreiro para o Estado do Maranhão e Pará (século XVII e inicio do século XVIII)". *Revista Brasileira de Historia*, v. 26, nº 52 (2006), p. 79-114.

> Senhor. O Marquês e vice-rei remeteu a este Conselho uma petição de Dom Diogo de Cárcamo que Vossa Majestade tem nomeado para o governo do Maranhão para se ver e consultar o que perecer, na qual petição diz que esta prestes para ir servir a Vossa Majestade e conforme a informação que tem de as terras serem boas e sadias pode Vossa Majestade fazer nelas um novo Império (...) E que para em breve tempo haver na terra rendimentos e poder ir em muito crescimento e haver menos gasto da Fazenda de Vossa Majestade deve ser servido mandar que por esta vez mande o governador de Angola ao Maranhão dez mil cruzados da fazenda empregados em escravos pelos quais se descontam aos soldados vinte mil dando-lhes em seus pagamentos. E que também vão do remanescente do Estado do Brasil dez mil cruzados empregados de toda sorte em cana-de-açúcar para assim a terra dar de si em breve tempo muito rendimento.[72]

No mesmo período, Antônio de Albuquerque, um dos muitos filhos de Jerônimo de Albuquerque, primeiro capitão-mor do Maranhão, pediu ao Conselho de Portugal o pagamento de 232 mil reis como compensação pelas despesas contraídas na instalação de um engenho de açúcar que, segundo diz, tinha "muito rendimento" na cidade de São Luís.[73] Estava claro que entre os primeiros projetos sobre o que deveria ser o

72 *Do cons° da Fazenda sobre hua petição de Dom Dio° de Carcamo g.or do Maranhão*". 4 de febrero de 1620. *AGS, Secretarias Provinciales*, 1474, fl° 84. Ver também: "*Responde ao que se lhe escreveu sobre cousas do Maranhao*". 4 de abril de 1620. *AGS, Secretarias Provinciales*, 1552, fl° 128.

73 "*Cons° da Faz^a^ sobre Ant° de Albuquerq*". 2 de mayo de 1620. *AGS, Secretarias Provinciales*, 1474, fl° 383-384. Ver também: 26 de agosto de 1620. *AGS, Secretarias Provinciales*, 1517, fl° 35.

Maranhão, existia um lugar privilegiado para o comércio do açúcar com utilização do trabalho africano.

Quer seja com trabalho africano, ou mais bem com mão-de-obra indígena, o açúcar vai ser um produto de importância nas cartas e crônicas do período. No reinado de Filipe IV, por exemplo, o então governador do Estado, Jácome Raimundo de Noronha, afirma que a partir das "fertilíssimas terras" da região "se pode tirar mais açúcar do que até agora se tirou de todas as mais terras que o produziram". Noronha também concordava que o futuro do Maranhão passaria pelas conexões fluviais, por onde seria possível "correr por toda a costa das Índias, adonde em 15 dias podem estar e pelos rios acima podem penetrar até o Peru".[74]

Anos mais tarde, a câmara da cidade de São Luís aprovará uma série de medidas para conservar a produção de açúcar, entre as quais figurava a reforma das balanças da cidade, a proibição da fabricação de aguardente, e até mesmo a proibição de doces em dias festivos. Eram também comuns os atrasos nas reuniões da câmara de São Luís em função da ausência de vereadores que costumavam viajar para cuidar dos seus engenhos de açúcar, localizados fora desta cidade.[75]

O açúcar não era o único produto elogiado pela crônica seiscentista. Ao longo do período, outros gêneros passam a atrair a atenção dos

---

74 "Relação de Jacome Raimundo de Noronha, sobre as cousas pertencentes a conservação e augmto do Estado do Maranhão". 1637. *BNP, Coleção Pombalina, códice 647, fl°s 111-114*. Também disponível em: In: STUDART, Barão de. *Documentos para a história do Brasil, especialmente para a do Ceará. Revista Trimensal do Instituto do Ceará* (1920), doc. 243, p. 276.

75 *LIVRO DE ACÓRDÃOS*. São Luís, *APEM*, livros 1646-1649 e 1654-1657. Sobre a Câmara de São Luís no século XVII, ver entre outros: CORRÊA, Helidacy Maria Muniz. "Para aumento da conquista e bom governo dos moradores. O papel da câmara de São Luís na conquista, defesa e organização do território do Maranhão (1615-1668)". Niteroi: Tese de doutorado (História) apresentada à Universidade Federal Fluminense, 2011; XIMENDES, Carlos Alberto. "Sob a mira da Câmara: viver e trabalhar na cidade de São Luís (1644-1692)". Niteroi: Tese de doutorado (História) apresentada à Universidade Federal Fluminense, 2010.

portugueses: o tabaco, o anil, o algodão e o cacau nativo.[76] Por outro lado, os metais preciosos nunca foram negligenciados como possibilidade de riqueza, e durante os primeiros anos as especulações sobre a existência de minas de ouro e prata não faziam mais que aumentar. Vitorino Magalhães Godinho, não sem razão, chamou o século XVII de "um século da prata".[77] Apesar disso, nunca foi perdida a esperança de encontrar ouro em quantidades no Estado do Brasil. Esta expectativa, como tantas outras, foi rapidamente transplantada para as novas terras do Maranhão.

Contudo, surge também o interesse por outros metais menos preciosos. Em junho de 1616, o Conselho da Fazenda fez uma avaliação sobre umas amostras de cobre trazidas do Maranhão. O próprio Filipe III teria apreciado a iniciativa, sugerindo o envio de um prático fundidor de Sevilha, caso não houvesse nenhum disponível nas novas terras. Segundo considerou o Monarca:

> Sobre cobre que se fundiu das pedras que vieram do Maranhão e havendo considerado como daquela conquista se pode tirar todo o cobre necessário para a artilheria das armadas e fortalezas da Coroa desse Reino e que com isso se fica poupando a despesa que cada ano se faz de minha fazenda em se com-

---

76 ALDEN, Dauril. "The significance of cacao production in the Amazon Region during the late colonial period: an essay in comparative economic history". *Proceedings of the American Philosophical Society*, vol. 120, nº 2 (abril, 1976), p. 103-135; ALDEN, Dauril. *O significado da produção de cacau na região amazônica*. Belém: Editora da UFPA/NAEA, 1974; CHAMBOULEYRON, Rafael. "Portuguese Colonization of Amazon Region", p. 184-200; CHAMBOULEYRON, Rafael. "Conquista y colonización de la Amazonia Portuguesa (siglo XVII)". In: SANTOS PÉREZ, José Manuel & PETIT, Pere (Eds). *La Amazonia Brasileña en Perspectiva histórica*. Salamanca: Ediciones Universidad de Salamanca/ Aquilafuente, 2006, p. 11-22.

77 GODINHO, Vitorino Magalhães. *Mito e mercadoria: utopia e prática de navegar. Séculos XIII-XVIII*, Lisboa: DIFEL, 1990, p. 482.

> prar para esse efeito Ei por bem de me conformar com a dita Consulta E vos encomendo ordeneis que se busque ali um fundidor q. [documento deteriorado] em companhia da pessoa que Eu nomear por provedor da Fazenda da dita conquista para que por sua ordem funda o mesmo cobre. E que não se achando necessidade se mande logo buscar a Sevilha, ou a outras quaisquer partes que parecer fazendo-se toda a diligência que convenha para que com efeito se ache.[78]

As informações sobre a existência de metais de valor econômico, bem como sobre outros gêneros, vegetais e minerais, podem ser encontradas em praticamente todo o período. O problema é que este quadro de possibilidades não atraiu apenas portugueses e espanhóis. Com efeito, entre o final do século XVI e início do século XVII, vários outros países financiaram expedições entre as Guianas e o Maranhão, montaram entrepostos comerciais ou, como no caso dos franceses, tentaram construir uma ocupação militar-civil fixa. No imaginário de muitos destes navegadores, militares e homens de negócios, genericamente chamados de "piratas" pela burocracia hispano-lusa, estava a memória das crônicas e outros gêneros de relatos sobre a existência de riquezas na tríplice fronteira entre as Índias, o Brasil e o Maranhão. Assim, antes de tratarmos da conquista do Maranhão propriamente dita, é necessário analisar os projetos não hispano-lusos existentes sobre a região.

78 "Cobre q. se fundio das pedras q. vieirão do Maranhão". Madri, a 13 de julho de 1616". AGS, SP, 1513.

Capítulo II
Concorrência europeia

Disputa pelo Atlântico Equatorial

No período em que Portugal integrou a Monarquia Hispânica, portugueses e castelhanos não eram os únicos que tinham projetos para o extremo norte da América lusa.[1] De fato, desde o final do século XVI, os reinos ibéricos sabiam que outras nações europeias circulavam pelas águas do Atlântico equatorial. A navegação "estrangeira" tinha objetivos que variavam desde o simples tráfico de produtos específicos, como tabaco e madeiras de tintas; passando pela construção de entrepostos comerciais pensados para apoiar outras rotas norte-atlânticas; chegando mesmo aos projetos de ocupação efetiva do território, estes últimos considerados mais perigosos na perspectiva hispano-lusa. Estas atividades deixaram diferentes vestígios, entre documentos diplomáticos, mapas, planisférios, crônicas e cartas disponíveis hoje em variados idiomas. Este acervo, fragmentado como poucos, informa não só a respeito do interesse comercial dos não ibéricos pelas novas terras, também constitue um testemunho indireto de como holandeses, franceses, ingleses, irlandeses e italianos percebiam a integração de Portugal aos domínios do Rei Católico.

---

1 Para um resumo sobre estes diferentes projetos, em comparação com os planos de conquista dos reinos ibéricos, ver: CARDOSO, Alírio. "A Conquista do Maranhão e as disputas atlânticas na geopolítica da União Ibérica (1596-1626)". *Revista Brasileira de História*, v. 31, nº 61, 2011, p. 317-338.

De fato, após 1580 o quadro de ameaças ao domínio da Monarquia no Atlântico não faz mais que agravar-se. Na documentação de época, os diversos concorrentes são classificados de acordo com os critérios disponíveis, nem sempre sistemáticos, que variavam com as circunstâncias. Assim, em geral, os grupos que circulavam por águas luso-espanholas no ultramar são classificados como: "invasores" (franceses), "piratas" (ingleses e irlandeses), "rebeldes" (holandeses) e, ainda, traficantes e "aventureiros" (italianos). Para a burocracia hispano-lusa, cada grupo entrava numa e outra categoria dependendo do quadro internacional vigente. No final das contas, o que vai diferenciar o nível de gravidade das atividades da concorrência são as relações diplomáticas específicas que cada país mantinha com a Monarquia Hispânica.

Para o Atlântico equatorial, a presença francesa mereceu no seu momento, a partir principalmente da década de 1610, as maiores preocupações por parte da burocracia hispano-lusa. Entretanto, os franceses claramente incomodavam menos que a atividade holandesa e zelandesa, mesmo antes de 1621. Por outro lado, ingleses e irlandeses, que estavam especializados na construção de entrepostos comerciais entre a Guiana e o Maranhão, começam a chamar mais a atenção na medida em que passavam a desenvolver projetos apoiados pelos Países Baixos. Na verdade, o maior temor da burocracia hispano-lusa era exatamente a livre associação entre os diversos inimigos da Monarquia. Esse medo manifesto não era novidade nas possessões ultramarinas, como se pode entender a partir das várias cartas sobre mercadores e negociantes não luso-espanhóis, na África e Ásia, disponíveis no *Archivo General de Simancas*.[2] O historiador oitocentista João Adolpho de Varnhagen descreve assim o contexto do final do século XVI:

2 Por exemplo: "Cartas de S.M de 1613-1614". *AGS, Secretarias Provinciales*, 1508.

> "Cabe aqui dizer que por todas as capitanias os receios de alguma invasão estrangeira era como um sentimento público. Temiam-se franceses, temiam-se inglezes, temiam-se hollandezes, e até se chegavam a temer Mouros e Turcos.(...) Era a própria metrópole quem ajudava a inspirar tantos temores, incluindo os de corsários argelinos, ora recommendando toda a vigilância com os cristãos-novos, ora mandando internar até onde não houvesse perigo ou expulsar do Brasil os estrangeiros (...)".[3]

No mesmo sentido, Vitorino Godinho verificou que a cultura militar hispano-lusa dedicou entre os séculos XVI e XVII grande atenção ao tema da "pirataria".[4] De fato, o temor de uma invasão por diferentes flancos não era incomum na documentação do período. No início do século XVII, já chegavam notícias alarmantes a Madri sobre a suposta formação de uma "*Junta General*" de protestantes, que incluiria Holanda, Inglaterra, Irlanda e partes da Alemanha. A *junta* supostamente estaria

---

3 VARNHAGEN, Francisco Adolpho. *Historia Geral do Brazil,* tomo I. Rio de Janeiro: Caza de E. H. Laemmert, 1854, p. 335.

4 GODINHO, Vitorino Magalhães. "As incidências da pirataria no sistema português do século XVI". In: *Mito e Mercadoria: Utopia e prática de navegar. Séculos XIII-XVIII.* Lisboa: DIFEL, 1990, p. 460-475. Autores como Janice E. Thomson apostaram na interpretação do fenômeno pirata, entre os séculos XVI e XVIII, como uma expressão máxima da violência não-estatal, anterior então ao monopólio da própria violência pelos sistemas políticos nacionais. Entretanto, estava claro que a pirataria atendia bastante bem aos interesses de certos países em ocasiões específicas. De qualquer forma, o coletivo que chamaremos ocasionalmente de "piratas" refere-se mais a forma com que a atividade mercantil estrangeira era denominada pela burocracia hispano-lusa. Para um estudo mais sociológico da questão da pirataria, ver entre outros: THOMSON, Janice E. *Mercenaries, Pirates, and Sovereigns. State-building and extraterritorial violence in early Modern Europe.* Princeton: Princeton University Press, 1994.

planejando um ataque coordenado ao norte da América portuguesa.[5] Também existiam na época informes a respeito de navios holandeses pilotados por capitães ingleses, ou piratas ingleses financiados por italianos. Entre os muitos testemunhos, chama atenção as referências a um tal "Juan Peeter" (John Peter?), inglês que supostamente havia sido um espião dos Países Baixos contratado para passar detalhes aos holandeses sobre a fronteira entre o Maranhão e as Índias castelhanas.[6]

A documentação diplomática, por sua própria natureza, também foi fértil na difusão deste tipo de medo. Sobre o tema, há informações relevantes na correspondência de embaixadores como D. Iñigo de Cardenas, representante do Rei Católico na Corte de França a partir de 1609.[7] Para o caso inglês, o mais importante embaixador do período que nos interessa foi D. Diego Sarmiento de Acuña, Conde de Gondomar, que representou os interesses espanhóis em Londres entre 1613 e 1622. Esta época caracteriza-se exatamente pela vulgarização da figura do representante diplomático residente, ao mesmo tempo em que as linhas

---

5 "Le Roi a Iñigo de Cardenas", 30 de noviembre de 1613. *AGS, Estado (Francia), K 1453, A59.*

6 "Avizos tocantes à la India Occidental. Explican los progressos que olandeses, franceses e ingleses, hacian en las riberas del rio de las Amazonas &". Palácio, 24 de maio de 1615. *AGI*, Patronato 272, R3. Disponível também em: *ABNRJ*, vol. 26 (1905), p. 337.

7 Cardenas foi a Paris depois de ter atuado na embaixada espanhola de Veneza, trasladado por instrução real de 31 de março de 1607. Assumiu efetivamente o cargo apenas em 22 de março de 1609 e teve participação ativa na negociação do casamento entre a infanta dona Ana de Áustria e o rei Luís XIII de França. Na embaixada de Cardenas ocorre os episódios mais importantes da ocupação do Maranhão pelos franceses e os primeiros preparativos que terminaram na jornada de 1614-15. "DOM IÑIGO DE CARDENAS". In: PAZ, Julián. *Secretaria de Estado (Capitulaciones con Francia y negociaciones diplomáticas de los embajadores de España con aquella corte, seguido de una serie cronológica de éstos.* Madri: Junta para Ampliación de Investigaciones Científicas/Centro de Estudios Históricos, 1914, p. 726-735.

gerais de sua atuação são definidas nos primeiros grandes tratados sobre o tema. Apesar da experiência dos representantes espanhóis, a noção de diplomacia entre os monarcas Habsburgo não consegue desvincular-se de uma tendência alargada ao domínio político e à profunda desconfiança com relação aos reinos protestantes da Europa, o que fica claro no tom agudo e alarmista utilizado muitas vezes pelos embaixadores.[8] Existiu também uma forte relação entre a atividade diplomática filipina e certos objetivos definidos pelas reformas pós-tridentinas, onde era evidente o discurso sobre a necessidade de defesa dos territórios ultramarinos contra a expansão dos Estados não católicos.[9]

Estas questões não estavam ausentes na documentação sobre o norte da América portuguesa. Na mesma época em que tinham lugar os primeiros combates entre franceses e luso-espanhóis pela posse do Maranhão, em 1615, D. Iñigo de Cárdenas escreveu uma carta a Filipe III em que desenhava um quadro bastante alarmante das relações entre espanhóis e demais países europeus. Em resumo: Cárdenas afirmava que os franceses no Maranhão, coligados com os ingleses na Virgínia, poderiam facilmente "apretar la garganta de las Índias".[10]

A seguir, faremos um breve resumo acerca da atividade das principais nações europeias que desenvolveram projetos alternativos ou con-

8 Sobre o tema ver: CARDIM, Pedro. "A prática diplomática na Europa do Antigo Regime". In. RODRIGUES, Luís Nuno & MARTINS, Fernando (Eds.). *História e relações internacionais.* Lisboa: Edições Colibri/Universidade de Évora, 2004, p. 11-53. Sobre a natureza da diplomacia na Monarquia Hispânica, ver também: OCHOA BRUN, Miguel Angel. *Historia de la diplomacia española., La diplomacia de Felipe II,* vol. VI. Madrid: Ministerio de Asuntos Exteriores, 2000.

9 OCHOA BRUN, Miguel Angel. *Historia de la diplomacia española*, p. 46-47.

10 "Lettres de D. Inigo de Cardenas su les affars de Marañon et le Indy". Madrid, a 13 de noviembre de 1615". *AGS, Estado K (Francia), 1611.* Sobre a ocupação inglesa do Atlântico-Norte, e seus conflitos de interesses com a Coroa espanhola, ver entre outros o clássico de A.L Rowse: ROWSE, A.L. *The expansion of elizabethans England.* Londres, 1955.

correntes ao hispano-luso no Maranhão, antes de 1621. Para esta breve apresentação, analisaremos o caso da navegação italiana, inglesa e irlandesa, reservando menos espaço a franceses e holandeses, cuja presença será melhor detalhada em outras partes deste trabalho. Entendidos classicamente como "ciclos de invasão", na verdade esses grupos atuavam quase que simultaneamente, e nem sempre coordenadamente ou com objetivos claros.

Italianos e toscanos

Apesar da grande preocupação com relação aos Estados protestantes, os italianos também tinham planos comerciais para a região localizada entre as atuais Guianas e o Maranhão.[11] Sérgio Buarque de Holanda foi um dos primeiros historiadores a fazer referência, ainda na década de 1960, às tentativas de navegação e comércio toscanos para o Maranhão no início do século XVII.[12] No acervo do *Archivio di Stato di Firenze* é possível encontrar uma parte da documentação existente sobre a expedição ítalo-inglesa que navegou, em 1608, entre os rios Orinoco e Amazonas, aventura financiada pelo grão-duque da Toscana, Fernando I (1549-1609), provavelmente com ajuda de capital holandês. Tal como en-

11 Para mais informações, ver: CARDOSO, Alírio. "'UN PICCOLO PATACCIO AL RIO DELL AMAZZONI': Pirataria europeia e projetos italianos na Amazônia na época da Monarquia Hispânica". *Revista de Historia (USP)*, v. 170 (2014), p. 175-199.

12 Sérgio Buarque e o italiano Roberto Ridolfi são dois dos primeiros a divulgar a documentação sobre os projetos toscanos para a América Portuguesa. RIDOLFI, Roberto. "Pensieri Medicei di Colonizzazione nel Brasile". *Veltro. Rivista della civiltà italiana*, vol. VI, nº. 4 (Agosto de 1962), p. 705-720; HOLANDA, Sérgio Buarque de. "Os projetos de colonização e comércio toscanos no Brasil ao tempo do Grão-duque Fernando I (1587-1609)". *Revista de História (São Paulo)*, nº 71 (1967), p. 61-84. No ano 2000, a *Revista de História* fez uma republicação do precioso artigo de Sérgio Buarque (nºs 142-143, p. 95-122). Doravante citaremos as páginas referentes a esta última versão.

fatizam Zeron e Camenietzki, não se trata de nenhuma curiosidade histórica, mas de um episódio que teve sua importância na definição das relações diplomáticas entre a Toscana seiscentista e a Monarquia Hispânica no que tange aos direitos sobre o comércio atlântico, mas também com relação à própria soberania espanhola na Península Itálica.[13]

Para alguns autores, sobretudo no caso de Sicília e Nápoles, o domínio espanhol sobre o território "italiano" efetivava-se a partir de um equilíbrio fino entre centralização e mediação estratégica dos poderes locais, com consequências nos campos militar, econômico e social.[14] De fato, o domínio territorial dos Habsburgo abrangia quase metade da Itália, mas sobretudo Nápoles, Milão, Sicília, Sardenha e Toscana, lugares onde os monarcas espanhóis foram obrigados a construir desde cedo uma eficiente rede diplomática capaz de conter as rebeliões ocasionais, como as que ocorreram em Gênova entre 1558 e 1566.[15]

Em fevereiro de 1591, Filipe II havia proibido o comércio e navegação de estrangeiros na costa do Estado do Brasil, sem as devidas licenças, o que excluía os vassalos italianos do negócio.[16] Por isso mesmo, tanto o grão-duque, Fernando I, quanto seu embaixador florentino na Espanha, o arcebispo Sallustio Tarugi, resolveram manter completo sigilo sobre a

---

13 ZERON, Carlos Alberto Ribeiro & CAMENIETZKI, Carlos Ziller. "Nas sendas de Sérgio Buarque de Holanda: Documentos sobre uma expedição florentina à Amazônia, em 1608". *Revista de História (São Paulo)*, nº 142-143, (2000), p. 125-27.

14 MUSI, Aurelio. *L'Italia dei viceré. Integrazione e resistenza nel sistema imperiale spagnolo*. Cava dei Tirreni: Avagliano, 2000, p. 26-28. Para o caso dos integrantes dos *seggi* napolitanos, ver: MUTO, Giovanni. "La nobleza napolitana en el contexto de la Monarquía Hispánica: algunos planteamientos". In: YUN CASALILLA, Bartolomé (dir.). *Las redes del imperio. Élites sociales en la articulación de la Monarquía Hispánica, 1492-1714*. Madrid: Marcial Pons/Universidad Pablo de Olavide, 2009, p. 135-171.

15 OCHOA BRUN, Miguel Angel. *Historia de la Diplomacia Española*, p. 234-35.

16 HOLANDA, Sérgio Buarque de. "Os projetos de colonização e comércio toscanos no Brasil ao tempo do Grão-duque Fernando I (1587-1609)", p. 109.

expedição de 1608. Entre setembro e outubro daquele ano, sob o comando direto do inglês Robert Thornton, um navio de nome *Santa Lucia Bonaventura* teria navegado pela rede fluvial do "rio dell'Amazzone". A organização geral da expedição ficou a cargo de outro inglês residente na Toscana, sir Robert Dudley, cartógrafo e navegador que, segundo se diz, havia estado na região do Maranhão no final do século XVI.

Os objetivos da aventura eram principalmente a busca de metais preciosos, além de outras mercadorias de interesse, e o estabelecimento de uma nova rota comercial livre da intermediação hispano-lusa. Todo o percurso, que incluía escalas na Trindade e nas Guianas, teria durado quase um ano. O retorno do "galeão" *Santa Lucia* ocorre por volta de 12 de julho de 1609, com sua chegada ao porto da cidade de Livorno. Na ocasião, o capitão Thornton trouxe consigo alguns animais e plantas exóticas, e cerca de seis índios. Era a primeira vez que nativos da região pisavam terras da Península Itálica.[17]

O interesse italiano pela navegação e comércio atlânticos não era nenhuma novidade. Como se sabe, a própria cartografia italiana e florentina participou ativamente do esforço coletivo de descrição das regiões do Novo Mundo entre os séculos XVI e XVII.[18] Além disso, a partir da década de 1550 surgiram traduções italianas de alguns dos mais importantes cronistas espanhóis e portugueses, a exemplo de Cieza de León, López de Gomara e João de Barros, publicadas principalmente nas casas editoriais de Veneza e Roma. Estes textos sobre o Vice-Reinado do Peru, a Nova Espanha ou o Brasil aproximavam o público leitor italiano de uma realidade que, à exceção de homens como Girolamo Benzoni, praticamente só viajantes e militares pertencentes à Monarquia dual tinham

---

17 *Idem, ibidem*, p. 98-99.

18 No caso da cartografia florentina, que nos interessa neste momento, ver por exemplo: GENTILE, Sebastiano. *Firenze e la scoperta dell'America. Umanesimo e geografia nell'400*. Firenze: Olschki, 1992.

experimentado *in loco*.[19] Por outro lado, estava claro que a recepção favorável a estes textos na cultura do Renascimento acabou por instigar o interesse de comerciantes e aventureiros pela navegação ultramarina hispano-lusa.[20] Com efeito, mercadores e financistas florentinos, cujo exemplo clássico seria a conhecida família Cavalcanti, que atuava em Londres e em Lisboa, começavam a participar do rentável negócio do açúcar do Brasil.[21]

Quatro anos antes da expedição de 1608, foram valiosas as informações coligidas na obra *Descrizione dell'America o vero Indie occidentali* (Valladolid, 1604)[22], de Orazio Della Rena (1564-1630), que foi

19 Segundo afirma Rosario Romeo, *La Historia del Mondo Nuovo* de Benzoni, de 1565, foi para o cenário erudito italiano o "último escrito de relevo, na literatura do século XVI dedicada à América, que derivou de uma direta experiência de viagem". ROMEO, Rosario. *Le scoperte americane nella coscienza italiana del Cinquecento*. Prefácio de Rosario Villari. Roma/Bari: Editori Laterza, 1989, p. 89. Para referência ao trabalho de Benzoni, utilizamos a edição espanhola de 1989: BENZONI, Gerolamo. *Historia del Mundo Nuevo*. Introducción y notas de Manuel Carrera Díaz. Madrid: Alianza Editorial, 1989.

20 A respeito do impacto destas traduções sobre a cultura erudita italiana quinhentista, ver entre outros: ROMEO, Rosario. *Op. cit.*, p. 65-89; DONATTINI, Massimo. "Orizzonti geografici dell'editoria italiana (1493-1560)". In: REINHARD, Wolfgang & PROSPERI, Adriano (Eds.). *Il Nuovo Mondo nella coscienza italiana e tedesca del Cinquecento*. Bologna: Il Mulino, 1992, p. 79-154.

21 HOLANDA, Sérgio Buarque de. "Os projetos de colonização e comércio toscanos no Brasil ao tempo do Grão-duque Fernando I (1587-1609)", p. 103-104.

22 *Descrizione dell'America o vero Indie occidentali. Biblioteca Nazionale Centrale di Firenze*, Magliabechiana, Cl. XXIV, códice 53, nº 20. Também disponível em: GUARNIERI, Giuseppe G. *La Spagna al tempo di Filippo II. Le navigazioni degli spagnuoli di Castiglia nelle Indie Occidentali e un manoscritto inedito di Orazio Della Rena*. Livorno: G. Meucci, 1910. Existe edição brasileira, coordenada por ZERON & CAMENIETZKI, titulada: "Descrição da América, ou melhor, das Índias Ocidentais ao sereníssimo Grão duque da Toscana Senhor meu Horazio della Rena". In: ZERON, Carlos Alberto Ribeiro & CAMENIETZKI, Carlos Ziller. *Op. cit*, p. 142-159.

secretário diplomático toscano na Corte do Monarca Católico entre 1593 e 1605.[23] Esta obra, como tantas outras do período, é um exercício de descrição à distância. Della Rena, que não esteve na América, constrói uma narrativa minuciosa sobre as coisas do Novo Mundo, seus governos, suas rotas e riquezas, a partir tão somente de informes indiretos, publicações da época e testemunhos orais coletados no período em que aquele secretário esteve na Corte espanhola. Na *Descrizione dell'America* já existe referência explícita ao "Maranhão" e às possibilidades de navegação e conexão oceânica através da rede fluvial do rio Amazonas. Devemos ter em conta, portanto, que esta não era uma rota completamente desconhecida para os toscanos da época, ao menos quatro anos antes da expedição comandada por Robert Thornton.

Em 1614, o cirurgião-barbeiro de Londres, William Davies, publicou um dos poucos testemunhos conhecidos sobre a jornada de 1608. Trata-se de *A verdadeira relação das viagens e do mais miserável cativeiro*

---

23 Para mais informações tanto sobre a atividade político-diplomática de Orazio Della Rena, quanto sobre sua atividade como informante toscano das notícias do Novo Mundo, ver: VOLPINI, Paola. "Uomini di governo e mutamenti politici: notizie, stereotipi e pregiudizi sul governo della Spagna fra cinque e seicento". In: PROFETI, Maria Grazia (ed). *Giudizi e Pregiudizi: Percezione dell'altro e stereotipi tra Europa e Maditerraneo.* Vol I. Firenze: Alinea, 2009, p. 119-133. Della Rena, é bom lembrar, foi autor de diversas outras obras nos 12 anos em que foi secretário diplomático na corte espanhola. Em 1605, por exemplo, publicou um precioso informe titulado *Relazione segreta delle cose della corte di Spagna*, em que detalha os assuntos diplomáticos mais relevantes do período, e a ascensão do duque de Lerma como valido de Filipe III. Ver: RENA, Orazio Della. "Relazione segreta delle cose della corte di Spagna". 1605 (Biblioteca Nazionale Centrale, Firenze. Magl. Cl. XXV, cod. 796)". Publicado em: GOLDBERG, Edward. "State Gifts from the Medici to the Court of Philip III. The *Relazione segreta* of Orazio della Rena". In: COLOMER, José Luis (Eds). *Arte y Diplomacia de la Monarquía Hispánica en el siglo XVII.* Madrid: Fernando Villaverde Ediciones, 2003, p. 120-133. Para informações adicionais sobre o texto, ver. *Idem, ibidem*, p. 115-119.

de William Davies[24], que narra as aventuras, e desventuras, deste inglês por estranhas terras de além-mar. A *Relação* de Davies não foi composta como uma narrativa sistemática, ou uma crônica detalhada das viagens de seu autor e, em determinados momentos, está mais próxima dos gêneros anedóticos, "baixos", dos séculos XVII e XVIII.[25] Ainda assim, há valiosas informações sobre os objetivos da jornada. A história da expedição faz parte da narrativa das "misérias" do cirurgião-barbeiro de Londres que, após ser capturado pela marinha do grão-duque, e passar mais de oito anos em regime de servidão na cidade de Livorno, foi finalmente libertado por Fernando I, por sugestão expressa do capitão Thornton, para servir na tripulação do navio *Santa Lucia Bonaventura*.

A partir do relato de William Davies, sabemos que o rio Amazonas era um dos objetivos iniciais da expedição toscana pelas Índias, cujo escopo era o estabelecimento de uma nova rota comercial.[26] Não se trata, portanto, de um erro de cálculo fruto do conhecimento inadequado da posição das correntes oceânicas, como costumava ocorrer algumas vezes na navegação ocasional por esta parte do Atlântico.[27] A expedição teria permanecido no rio Amazonas por cerca de dez semanas, suficientes para observar, segundo conta Davies, os "costumes de seus habitantes e a

24 Utilizamos a edição brasileira, publicada por ZERON & CAMENIETZKI. "A Verdadeira Relação das Viagens e do mais miserável Cativeiro de William Davies, cirurgião-barbeiro de Londres, sob o Duque de Florença ". In: ZERON, Carlos Alberto Ribeiro & CAMENIETZKI, Carlos Ziller. *Op. cit*, p. 160-193.

25 Para um estudo de caso acerca do sistema de decoros dos chamados "gêneros baixos", ver: PÉCORA, Alcir. "Parnaso de Bocage, Rei dos Brejeiros". In: *Máquina de Gêneros*. São Paulo: Edusp, 2001, p. 203-245. Para mais detalhes sobre a Relação de William Davies, ver a introdução feita por: ZERON, Carlos Alberto Ribeiro & CAMENIETZKI, Carlos Ziller. *Op. cit*, p. 135-140.

26 "A Verdadeira Relação das Viagens e do mais miserável Cativeiro de William Davies...". In: ZERON, Carlos Alberto Ribeiro & CAMENIETZKI, Carlos Ziller. *Op. cit*, p. 176.

27 Sobre o estudo das rotas oceânicas para o Maranhão, ver nosso 5º capítulo.

região".[28] O capítulo "descrição e descoberta do rio das Amazonas" é, no entanto, bastante lacônico. O texto limita-se a descrever algumas poucas características físicas da região, a navegabilidade dos rios; certos produtos vegetais; a fauna local (que incluía, segundo Davies, "leões", "ursos" e "lobos"!) e os costumes dos nativos.

Sabemos pouco sobre a rota percorrida pelo *Santa Lucia* ou sobre as escalas realizadas por este galeão. Podemos apenas especular o caminho a partir da lista de lugares que William Davies afirma ter conhecido durante a viagem. Partindo deste critério, um recorrido razoavelmente lógico seria: rio Amazonas (*"river of Amazons"*), rio Arauca (*"Aruacca"*), rio Orinoco ("Arinocho") e, em seguida, Trinidad (*"Trinidade"*). Se confiarmos nestes dados, esta seria uma das grandes jornadas fluviais do século XVII. De qualquer forma, não é possível confirmar este percurso pela falta de detalhes e de uma cronologia exata no texto da Relação de William Davies. Para piorar, Davies afirma ter conhecido também lugares do Estado do Brasil, Bahia (*"Baye"*) e Pernambuco (*"Fernandobuck"*), já fora da rota regular de retorno do Caribe. A narrativa sobre o rio Amazonas é complementada pelo capítulo "descrição e descoberta de Morria", uma suposta ilha governada por mulheres guerreiras. O cirurgião-barbeiro de Londres nos fornece, assim, sua particular versão da lenda das Amazonas, já explorada por outros cronistas anteriores.[29] Apesar do seu peculiar estilo, o relato de William Davies não deixa de ser um importante registro das pretensões toscanas sobre a fronteira norte da América portuguesa, anos antes de franceses, holandeses e hispano-lusos disputarem a posse efetiva da região.

Existem outros documentos que fazem referência à expedição anglo-toscana. Segundo as "instruções" passadas por Robert Dudley ao

---

28 "A Verdadeira Relação das Viagens e do mais miserável Cativeiro de William Davies...". In: ZERON, Carlos Alberto Ribeiro & CAMENIETZKI, Carlos Ziller. *Op. cit*, p. 181.

29 *Idem, ibidem*, p. 191-92.

capitão do *Santa Lucia*, Robert Thornton, a viagem deveria ser planejada a partir de dados fornecidos por um holandês, prático nesta navegação, chamado "Jan Vanharllem". O retorno, dependendo das circunstâncias, deveria ser feito pela costa seguindo sempre em direção norte ("*per tramontana*").[30] Por sua vez, o Grão-Duque, numa carta enviada ao seu embaixador na Espanha, o bispo Sallustio Tarugi, confirma que os objetivos gerais da expedição eram: o estabelecimento de novas rotas comerciais entre as Guianas e o rio Amazonas; e a obtenção do apoio indígena, considerado fundamental para a empresa toscana. Segundo explica o próprio Fernando I:

> Alcuni mercanti habitatori di Livorno, i quali si vanno sempre ingegnando d'aprir la strada a nuovi traffichi e guadagni, feceró risoluzione di spedire [una nave] un piccolo pataccio al Rio dell'Amazzone per trattare con quelli uomini salvatichi e piutosto per riconoscere [l'utilitá] che si potesse fare in quel luogo con la mercatura, che con alcuno stabile fondamento.[31]

---

30 "Instruzzione dil Conte di Varuich andar° all'[Indie]". *ASF, Mediceo del principato, pezzo 1829, cc. 458r-460v*. 1608?. Firma do Conde de Warwick.

31 "Alguns comerciantes moradores de Livorno, os quais sempre pensaram em abrir o caminho a novos mercados e lucros, resolveram enviar [un navio] um pequeno patacho ao rio das Amazonas para tratar com aqueles homens selvagens e antes para reconhecer a utilidade que se pode obter daquele lugar com o comércio, com alguma base firme". [A tradução é nossa]. 9 de dezembro de 1608. *ASF, Mediceo del principato, pezzo 4939, c.646r.* A ortografia foi atualizada. Em outra carta ao embaixador Tarugi, datada de 9 de novembro, o Grão Duque confirma a disponibilidade dos toscanos em estabeceler negócios em "qualche luogo alla Nuova Spagna o alla costa del Brasil, dove con i [nostri] denari si potesse andar ampliando a dosso a quelli indiani, i quali mediante questo, si potrebbono induri alla fede christiana et all' obbidienza di S. m.[ta] catt.[ca]". 9 de novembro de 1608. *ASF, Mediceo del principato, pezzo 4939, cc. 638r-639v*. De fato, a correspondência de Tarugi para este período está repleta de referências aos negócios

Um dos únicos informes conhecidos sobre o regresso do *Santa Lucia* ao porto de Livorno foi escrito pelo provedor local, Niccolini, supostamente em 12 de julho de 1609. Este informe traz alguma informação sobre a rota e as escalas, com os dias em que a tripulação permaneceu em cada local. Niccolini escreve também, laconicamente, sobre os problemas internos da jornada, incluindo uma conspiração de assassinato organizada pela tripulação contra o capitão Thornton. Segundo ainda o provedor de Livorno:

> É comparso la nave Santa Lucia Buonaventura, Capitano Ruberto Tortone Inglese, abitante in Livorno con 47 tra soldati, e marinai e sei indiani. Viene dal Rio della Amazzoni, dove sono stati 42 Gioni di poi andarono a Guiana, e vi stettono 12 gioni et di poi a [Orinoco] e vi stettono 10 gioni e di poi alla Trinitá e vi stettono 15 gioni (...) lo scrivano della nave, è venuto in terra et io sono andato alla bocca, dove mi ha dato raguaglio d'una congiura che fu scoperta in nave, nell' andata, che volevano amazare il Capitano e gli ufficiali e menare via la nave con le mercantile come poi particularmente vedrà per questi processi.[32]

dos portugueses nas Índias, oriental e ocidental. Ver, por exemplo: ASF, Mediceo del Principato, pezzo 4938, cc. 493-496; 497r-499.

32 "Chegou o navio Santa Lucia Buonaventura, do capitão Robert Thornton inglês morador em Livorno com 47 entre soldados, marinheiros e seis índios. Veio do Rio das Amazonas, onde estiveram 42 dias depois [foram] a Guiana, e ali estiveram 12 dias e depois ao Orinoco e ali estiveram 10 dias e depois a Trindade e ali estiveram 15 dias (...) O escrivão do navio desembarcou e eu fui à escotilha, onde me foi dado informe de uma conspiração que foi descoberta no navio, na viagem de ida, o qual queria matar o capitão e os [oficiais] e levar embora o navio com as mercadorias como depois constará particularmente destes processos". [A tradução é nossa]. 12 de julho de 1609. *Archivio Storico di Livorno. Magistrali al governo, rescritti per la contumacia, nº 5. Anno 1606-1611, c. 142*. A ortogra-

De modo geral, as tentativas toscanas de estabelecer uma rota regular, como queria o Grão-Duque, entre Itália, América portuguesa e as Guianas não tiveram o efeito desejado. Tudo indica que a aventura toscana pelas Índias Ocidentais não sobreviveu às iniciativas do seu primeiro promotor, Fernando I, morto já em 1609. Na verdade, o campo de ação dos italianos era bastante limitado. De certa forma, todos os envolvidos parecem ter consciência das dificuldades da empresa, principalmente pela concorrência de franceses, ingleses, holandeses, além de espanhóis e portugueses.

Ingleses e irlandeses

Durante o século XVI, a diplomacia filipina na Inglaterra, como afirma Ochoa Brun, passou por etapas bem diferentes, desde a tentativa de um amplo acordo político por ocasião do matrimônio entre Maria, a católica, e Filipe II, até os anos de desconfiança e crescente hostilidade que caracterizaram as relações no reinado de Isabel I. Neste período, embaixadores como D. Gómez Suárez de Figueroa, conde de Feria; D. Álvaro de La Quadra, bispo de L'Aquila, ou D. Diego Guzmán de Silva, de Ciudad Rodrigo, tentavam encontrar soluções a questões da geopolítica continental, sobretudo as religiosas, mas também à pirataria inglesa ultramarina.[33]

Se, tal como argumenta John Elliott, as próprias conquistas internas, de Irlanda e Andaluzia, respectivamente, tornaram os reinos de Inglaterra e Castela experientes no que concerne ao domínio territorial e à construção de um estatuto jurídico para os povos conquistados, este processo no que diz respeito aos domínios de ultramar gerou resultados

fia foi atualizada. Também disponível em: ZERON, Carlos Alberto Ribeiro & CAMENIETZKI, Carlos Ziller. *Op. cit*, p. 207-8.

33 OCHOA BRUN, Miguel Angel. *Historia de la diplomacia española, p.* 145-181. Ver também FERNÁNDEZ ÁLVAREZ, Manuel. *Tres embajadores de Felipe II en Inglaterra.* Madrid: Instituto Jerónimo Zurita, 1951.

e expectativas bem diferentes.[34] Por exemplo, os projetos ingleses para a Amazônia não eram os mesmos que animavam a portugueses e espanhóis. Os ingleses estavam centrados na construção de redes de circulação comercial oceânica, mas com objetivos mais pontuais. Ainda assim, não parece ser possível contar a história da presença europeia nesta parte da América lusa sem uma referência à navegação inglesa.

Na América portuguesa, o início da atividade de corsários e bucaneiros ingleses e irlandeses remete talvez ao ano de 1530, com a expedição de William Hawkins que, com um navio de 250 toneladas chamado *Paul of Plimouth*, navegou por estas costas estabelecendo comércio com os índios da região.[35] Na época da Monarquia Hispânica, em 1583, surgiria o primeiro confronto de importância entre portugueses e ingleses, durante as tentativas de Edward Fenton de estabelecer comércio ao Sul do Estado do Brasil (na atual região entre Santa Catarina e São Vicente).[36]

No século XVII, as atividades comerciais inglesas em solo luso--americano podem ser confundidas facilmente com as incursões de outros adversários da Monarquia Hispânica. De fato, a maior preocupação de portugueses e espanhóis com relação à pirataria inglesa diz respeito à capacidade que estes demonstravam de associação com outros projetos, sobretudo, de franceses e holandeses. O mesmo é possível dizer sobre a atividade corsária irlandesa. Esta última é bem mais difícil de precisar em função da relação ambígua que tinham, por exemplo, os irlandeses católicos com a Monarquia Hispânica. Sabemos que, desde a batalha de Kinsale (1601), o Rei Católico tentou apoiar as comunidades irlandesas contrárias à política religiosa de Isabel I, inclusive recebendo refugiados

34 ELLIOTT, John H. "Inglaterra y España en América: colonizadores y colonizados". In: ELLIOTT, John H., *España, Europa y el mundo de Ultramar (1500-1800)*. Madrid: Taurus, 2010, p. 201-229.

35 SOUTHEY, Roberto. *História do Brazil, tomo segundo*. Rio de Janeiro: Livraria de B.L. Garnier, 1862, p. 7.

36 *Idem*, p. 9-12.

em território espanhol, como ocorreu na Galícia.[37] Por outro lado, sabe--se que a participação de mercenários irlandeses no próprio exército espanhol, chamados algumas vezes de "gansos selvagens", não era incomum.[38] De qualquer forma, os irlandeses aparecem em muitos dos projetos de navegação e comércio ingleses para a região do Maranhão, mas também era comum a associação entre irlandeses e holandeses, como correu, por exemplo, no rio Xingu no início do século XVII.

Em 1604, com o fim do governo de Isabel I, foi estabelecido um tratado de paz hispano-inglês, em cujas instruções ficaram mais que evidentes as pretensões inglesas sobre o comércio das Índias castelhanas. O Tratado de Londres, como se sabe, estabelecia o fim das hostilidades que caracterizaram os últimos anos do governo de Filipe II, garantindo liberdade de contratos comerciais entre os súditos das duas partes, incluindo a possibilidade de acesso inglês às Índias ocidentais, com as permissões necessárias, um dos itens mais polêmicos do tratado

---

37 A operação naval conhecida como o "socorro de Kinsale", ocorrida durante o reinado de Filipe III, contou com um total de 33 navios espanhóis que tentavam invadir as ilhas britânicas em outubro de 1601. Este episódio, fundamental nas futuras relações hispano-irlandesas, e suas consequências políticas, econômicas e culturais, foi objeto de um Congresso Internacional, ocorrido no Instituto de Historia do CSIC em Madrid entre 1º e 3 de março de 2001. Ver: GARCÍA HERNÁN, Enrique; ÁNGEL DE BUNES, Miguel; RECIO MORALES, Óscar; GARCíA GARCíA, Bernardo J. (Eds). *Irlanda y la Monarquía Hispánica: Kinsale 1601-2001. Guerra, política, exilio y religión.* Madrid: Universidad de Alcalá/ CSIC, 2002; Ver informe em: PI CORRALES, Magdalena de Pazzis. "Irlanda y la Monarquía Hispánica. Kinsale, 1601-2001. Guerra, política, exilio y religión". *Cuadernos de Historia Moderna*, nº 28 (2003), p. 215-118.

38 Para uma aproximação sobre a participação irlandesa no exército espanhol, ver: STRADLING, R.A. *The Spanish Monarchy and Irish mercenaries: the wild geese in Spain, 1618-1668.* Dublin: Irish Academic Press, 1994; HENRY, Gráinne. *The Irish militar community in Spanish Flanders, 1586-1621.* Dublin: Irish Academic Press, 1992.

anglo-espanhol.[39] Nos anos seguintes, mesmo durante o período da *Pax Hispanica* de Filipe III, e na primeira fase da Guerra dos Trinta Anos, a diplomacia espanhola receberia constantemente informações acerca de projetos ingleses para o comércio e navegação com as Índias, com ou sem permissão espanhola, tal como alerta em diversas ocasiões o embaixador D. Diego Sarmiento de Acuña.[40]

Com efeito, a América lusa passa rapidamente a fazer parte da escala de embarcações inglesas. Ainda em 1615, numa carta régia do mês de maio, Filipe III demonstra grande preocupação com as notícias que chegavam à Espanha sobre dois navios do porto de Londres que estariam já preparados para ir à costa do Estado do Brasil, e cuja missão seria a construção de dois fortes entre o Rio de Janeiro e Santa Catarina.[41] No governo de Filipe IV, as dificuldades financeiras dos dois países, os temores de uma aproximação entre Inglaterra, França e Países Baixos acabaram por construir um clima favorável a um novo acordo de paz, celebrado em Madri a 15 de novembro de 1630. Este último acordo previa certa aber-

39 A negociação do Tratado de Paz, assinado em Londres no dia 28 de Agosto de 1604, ficou a cargo do conde de Villamedina, D. Juan Bautista de Tassis, e representou uma tentativa de construção de uma nova etapa para os projetos de expansão ingleses no Novo Mundo após o governo isabelino. Sobre o tema, ver: GOMEZ-CENTURION JIMENEZ, Carlos. *Felipe II, la empresa de Inglaterra y el comercio septentrional (1566-1609)*. Madrid: Editorial Naval, 1988, p. 351-353.

40 SANZ CAMAÑES, Porfirio. *Diplomacia hispano-inglesa en el siglo XVII. Razón de Estado y relaciones de poder durante la Guerra de los Treinta años, 1618-1648*. Cuenca: Ediciones de la Universidad de Castilla-La Mancha, 2002, p. 45. Antes, tais informações também não deixavam de circular. Ver por exemplo: "El Consejo de Estado//Sobre lo que escribe Don Diego de Sarmiento de Acuña". Madrid, 12 de abril de 1615, *AGS, Estado (Inglaterra)*, 2514.

41 "Para o govenador do Brasil". Lisboa, 26 de maio de 1615. *CASGS*, doc. 163, p. 268-9.

tura para o comércio inglês na Ásia e nas Américas, uma forma eficaz de conseguir a neutralidade inglesa no conflito hispano-holandês.[42]

Com relação ao norte da América portuguesa, o acervo documental sobre a presença inglesa e irlandesa é fragmentado e difuso. Apesar disso, durante os séculos XVI e XVII não paravam de chegar à Corte informações sobre supostos projetos para a região. É possível que os navegadores ingleses obtivessem os primeiros dados sobre o Maranhão nas ilhas atlânticas portuguesas. No final do século XVI, existia uma próspera comunidade de mercadores ingleses que utilizavam a rota dos Açores como escala para viajar à América, negociando com as ilhas São Miguel e Terceira.[43] Estes traficantes ingleses certamente conheciam as informações sobre a atividade francesa e holandesa no Atlântico equatorial. Os Açores, tal como veremos, era uma escala fundamental para chegar ao Maranhão e esta rota gozava de uma excelente condição de navegabilidade em função das correntes oceânicas sempre favoráveis.

Entretanto, a primeira referência mais ou menos segura sobre um projeto inglês para a região nos remete à época de Carlos V. Trata-se do informe enviado ao imperador pelo navegante veneziano Sebastián Caboto (1484-1557), em novembro de 1553. Na verdade, Caboto escrevia acerca das pretensões anglo-francesas sobre as terras do rio Amazonas, e a respeito de um possível plano de ocupação a ser organizado pelo Duque de Northumberland.[44] No período em que residiu em Sevilha como piloto-maior da *Casa de Contratación*, no início da década de 1540, Caboto provavelmente teve contato com detalhes da viagem de

42 SANZ CAMAÑES, Porfirio. *Diplomacia hispano-inglesa en el siglo XVII*, p. 102-108.

43 RODRIGUES, José Damião. "Off the Islands": os Açores no contexto da primeira expansão inglesa". In: RODRIGUES, José Damião. *Histórias Atlânticas. Os Açores na primeira modernidade*. Ponta Delgada: Cham/Universidade Nova de Lisboa/ Universidade dos Açores, 2012, p. 45-60.

44 LORIMER, Joyce. *English and Irish Settlement on the River Amazon, 1550-1646*. Londres: The Hakluyt Society, 1989, p. 1.

Francisco de Orellana pelo "rio Grande" ou "Marañón". Caboto estaria interessado a tal ponto pela jornada de Orellana, que incluiu o "rio das Amazonas" como destaque no seu *mapa-mundi* de 1544.[45] As informações sobre aquela região de fronteira, apesar do sigilo das autoridades hispano-lusas, provavelmente chegavam sem problemas aos ouvidos atentos de comerciantes ingleses instalados em Sevilha e Lisboa.[46]

No final do século XVI, a curiosidade inglesa por aquela região foi fortemente alimentada pela viagem de Sir Walter Raleigh (1552-1618) ao rio Orinoco, em 1595. Como se sabe, o fruto mais conhecido desta jornada foi a publicação de *The Discoverie of the large, rich and bewtifull Empyre of Guiana* (1596), em que seu autor apresenta ao público inglês as possíveis vantagens de ocupar uma região cujas riquezas ainda esperavam por exploradores. Ao mesmo tempo, Raleigh trata na *The discovery* de potencializar as expectativas em torno da lendária cidade dourada de *Manoa*.

A relação de Raleigh é uma narrativa de viagem, mas também não deixa de ser uma coleção de tópicos presentes em outros textos do período e fortemente baseada na crônica espanhola. De fato, na *The discovery* são recorrentes as referências aos cronistas e navegantes espanhóis, diretamente a Cieza de León, López de Gómara, Francisco Pizzaro e Diego Almagro. Além da familiaridade que Raleigh tinha com esses escritos, sabe-se também que já circulavam pela Inglaterra traduções de obras espanholas, o que demonstra a popularidade das histórias sobre as Índias castelhanas.[47]

Em boa medida, a obra de Raleigh é uma carta de intenções sobre a forma como a Inglaterra deveria proceder com relação aos territórios pertencentes à Monarquia Hispânica. Raleigh explica a relação entre a exploração das terras ultramarinas e o poder político-militar que o Rei

---

45 *Idem*, p. 3.

46 *Idem*, p. 5.

47 LORIMER, Joyce. *English and Irish settlement on the river Amazon*, p. 11-12 (nota 3).

Católico acumulou na Europa, opinando que a Inglaterra deveria seguir, em diversos aspectos, o mesmo modelo de atividade mercantil-militar que levou os reis de Castela a tal hegemonia. Não foi sem motivos que o grupo político de *sir* Walter Raleigh foi o principal opositor das primeiras negociações de paz entre Espanha e Inglaterra, que só evoluíram após sua prisão em 14 de julho de 1603. Raleigh queixava-se de que Filipe III negava aos ingleses um acesso mais livre às Índias.[48] Estava claro para o capitão inglês que foi a partir do reconhecimento do potencial econômico de lugares como as Guianas e o Maranhão que o reino de Castela obteve todo o seu poder na Europa. Segundo Raleigh, os ingleses deveriam seguir o mesmo passo:

> Por extraño que nos parezcan estos relatos, si consideramos los muchos millones que diariamente se saca del Perú para España, podemos creerlos fácilmente; pues vemos como, gracias a los abundantes tesoros de aquel país, el rey de España puede tener en jaque a todos los príncipes de Europa; y como, en unos pocos años, de ser un pobre rey de Castilla ha pasado a ser el monarca más grande de esta parte del mundo.[49]

A obra de Raleigh também pode ser considerada um sucesso editorial. *The discovery* ganha novas edições já a partir de 1599, pela imprensa de Robert Robinson.[50] Por isso, não surpreende que outros ingleses

---

48 GOMEZ-CENTURION JIMENEZ, Carlos. *Felipe II, la empresa de Inglaterra y el comercio septentrional (1566-1609)*, p. 351.

49 Utilizamos aqui uma nova edição, traduzida por Betty Moore, com notas de Demetrio Ramos, que também inclui cartas e outros documentos sobre a expedição inglesa. RALEIGH, Walter. *The Discovery.* In: RAMOS PEREZ, Demetrio. *El Mito Del Dorado. Su Genesis y proceso.* Caracas: Academia Nacional de la Historia, 1973, p. 532-533.

50 *Idem*, p. 479.

seguissem os seus passos e arriscassem projetos de navegação para as terras do Atlântico equatorial. Com efeito, em 1598 o inglês John Ley já havia navegado pelo Baixo Amazonas, chegando possivelmente até o rio Xingu, uma zona que ficaria conhecida pela constante presença dos súditos da Inglaterra, para desespero da burocracia hispano-lusa.[51]

Na primeira metade do século XVII, não paravam de chegar informes sobre novas tentativas de atingir o rio Amazonas, algumas gozariam de certa fama. Em 1610, uma expedição saiu de Londres capitaneada por Sir Thomas Roe para confirmar as descobertas narradas no *The discovery*. Raleigh pessoalmente contribuiu para o financiamento da viagem, ajudando a aparelhar um navio de 200 toneladas e pagar os serviços de cerca de 124 marinheiros. Esta expedição provavelmente percorreu 320 km na contracorrente do rio Amazonas. Dez anos depois, o capitão Roger North e mais uma centena de ingleses e irlandeses tentaram construir um entreposto comercial nas margens do mesmo rio, que deveria exportar, com o auxílio indígena, quantidades de canela e tabaco para Europa. No mesmo período, circulavam notícias sobre a expedição de um jovem irlandês chamado Bernard O'Brien, que chegou à região em companhia do capitão Roger North. O'Brien teria subido mais de 65 km pelo rio Amazonas, ocasião em que obteve apoio de índios Aruak para sua empresa. Este irlandês teria atingido zonas do rio Trombetas e partes da costa do atual Suriname. Na documentação portuguesa do século XVII, o nome de O'Brien esteve associado também aos holandeses, pois o irlandês estaria envolvido na criação de praças-fortes batavas nas margens do rio Xingu, especialmente o chamado *Forte Orange*. Não por acaso, O'Brien teve participação ativa na criação em Londres da *Guiana Company* (1627), companhia responsável pelos novos empreendimentos nesta região.[52]

---

51 LORIMER, Joyce. *English and Irish Settlement on the River Amazon*, p. 133.

52 HEMMING, John. *Red Gold. The conquest of Brazilian Indians*. Londres: Papermac, 1995, p. 224-230.

Nas primeiras décadas do século XVII, ainda são frequentes os informes sobre embarcações inglesas e irlandesas pela bacia do Amazonas, sempre associados a outros projetos, sobretudo holandeses. É difícil saber pelas fontes disponíveis qual o nível de associação entre os grupos que traficavam ou desenvolviam os mesmos projetos na região. Contudo, há evidências de conflitos ocasionais. Em 1616, por exemplo, o capitão português André Pereira, na relação que fez sobre a conquista do Maranhão, alertando sobre a presença de holandeses e franceses no rio Amazonas, comenta o curioso caso de umas pedras preciosas encontradas pelos piratas franceses e roubadas por piratas ingleses.[53]

Neste quadro geral, a pior associação possível era aquela formada por ingleses e holandeses. Antes mesmo de 1616, quando termina na prática a conquista militar do Maranhão aos franceses, já existe na Corte espanhola uma forte tendência favorável a uma ação específica para o rio Xingu e para o Cabo do Norte contra a presença anglo-holandesa. O motivo principal eram notícias alarmantes acerca da instalação de fortificações estrangeiras, e do amplo apoio logístico que holandeses e ingleses recebiam dos índios da região. Este era exatamente o parecer do capitão português Manoel de Sousa de Eça:

> O que de presente se deve procurar, he o descobrimento do rio Gurupá, onde esta a força do gentio e dizem aver gente branca, porẽ nen portugueses aviso ate agora; e o descobrimento do Cabo do Norte que dista pouco do rio Gurupá, onde vão todos os annos ingleses e Olandeses ao resgate do tabaco, e de algumas tintas, como são Orucú e Cariurú, e de algumas madeiras, e disto não há que duvidar, do que dei já algumas relações a Vossa Magestade sendo Viso Rey o arcebispo Primâs, vindo eu aqui com

53 Capitão Andre Pereyra. "Relação do que hâ no Grande Rio das Amazonas novam.[te] descuberto". [1616] BNE, mss 3015, fl. 135-137v.

> o primeiro aviso do sucesso do Maranhão por via das Índias, onde foi ter uma caravela de portugeses, que os ingleses tinham robado vindo do Brasil e a deixarão dentro do Cabo do Norte do rio das amazonas (...).[54]

A década de 1620 significou um momento decisivo na expansão europeia não luso-castelhana para a Amazônia portuguesa. Neste período, o grande temor recorrente na documentação hispano-lusa diz respeito à possibilidade de associação entre dois grandes rivais da Monarquia Hispânica: a França, que na década anterior construiu ali uma ocupação civil-militar cujos objetivos transcendiam a simples implantação de entrepostos comerciais; e, por outro lado, os Países Baixos que desde o início do século XVII realizavam experimentos comerciais na região. A união entre os recursos holandeses e a experiência francesa não era uma possibilidade remota, e foi objeto de apreciação de algumas consultas em Lisboa e Madri.[55] Para a burocracia espanhola, a presença franco-holandesa na região tinha princípios diferentes, e mais perigosos, em relação a toscanos, irlandeses e ingleses.

Aliança franco-holandesa?

Para a América portuguesa, durante os séculos XVI e XVII, os franceses estabeleceram uma política relativamente agressiva no Atlântico Sul e no Atlântico equatorial. Neste período, o tráfego de naus no litoral da Bahia, São Vicente, Rio de Janeiro, Pernambuco, alarma-

---

54 EÇA, Manoel de Sousa de. "Sobre as cousas do Gram Pará", 1619. *ABNRJ*, vol. 26, p. 345.

55 Tal como afirma, entre outros, um documento anônimo de 1621: "*Avis anonyme - Nouvelle de Portugal*". 28 (?) de abril de 1621, [sin firma]. AGS, Estado K (de Francia) 1431, A42, n°s. 116-143. Entretanto, discutiremos as repercussões desta proposta no 3° capítulo deste trabalho.

va as autoridades portuguesas e espanholas.[56] Com relação ao Estado do Brasil, os projetos franceses já eram bem conhecidos desde a segunda metade do século XVI. Em 1555, como se sabe, uma pequena frota capitaneada por Nicolas Durand de Villegagnon, com ordem de Henrique II, tomou a Baia da Guanabara, no Rio de Janeiro, dando início a uma das primeiras tentativas de urbanização não portuguesa desta parte da América. Chamado de *França Antártica*, este projeto foi detalhado pelos relatos de Andre Thevet e Jean de Léry.[57]

No final do século XVI, os franceses já tinham informações mais ou menos seguras sobre o litoral maranhense. Em 1579, o cartógrafo Jacques de Vau de Claye já havia produzido um mapa, parte da coleção dos mapas de Dieppe, em que expõe diversos detalhes sobre aquela costa. Nesse documento, aparece o escudo de Catarina de Médicis e um semicírculo que identificava a região onde deveria ocorrer uma possível ocupação francesa. No Mapa de Claye, não faltam também detalhes sobre as nações indígenas e sobre os produtos de possível valor comercial na Europa.[58]

No final do século XVI, entre 1596 e 1597, os franceses já tentavam construir fortificações ao norte da capitania de Pernambuco, travando batalhas com portugueses no Rio Grande do Norte e na Paraíba.[59] Em 1604, franceses já iniciavam atividades de exploração de uma região próxima ao Maranhão português, nas atuais Guianas.[60] Mais tarde, um grupo de militares, autoridades civis e religiosas, financiado por franceses católicos,

---

56 VARNHAGEN. *Historia geral do Brazil*, p. 228.

57 LOPEZ, Adriana. *Franceses e tupinambás na terra do Brasil.* São Paulo: Editora SENAC, 1999, p. 95-99.

58 CLAYE, Jacques de Vau de. "Carte d'une partie de océan atlantique ouest ou carte donnant la partie septentrionale du Brésil", 1579. *Bibliothèque Nationale de France* (Paris), GE D 13871 RES.

59 VARNHAGEN. *Historia geral do Brazil*, p. 311.

60 Tais atividades só seriam concretizadas com o fim da participação lusa na Monarquia Hispânica, quando as disputas entre ingleses e franceses pela posse de Caiena, fundada em 1643, chegariam ao seu termo. Para um quadro geral

efetivariam uma ocupação permanente do Maranhão, entre 1612 e 1615. O projeto ficou conhecido na historiografia como a *França Equinocial*.[61].

À diferença da *França Antártica*, a *França Equinocial* era uma empresa majoritariamente católica. Na *França Antártica*, todo o planejamento esteve a cargo do converso huguenote Gaspar de Coligny, com ampla participação de calvinistas da recém-anexada Bretanha.[62] Contudo, é possível também que bretões tenham chegado ao Maranhão na companhia do general Daniel de La Touche, comandante das ações militares francesas durante a *França Equinocial*, e um reconhecido calvinista. Essa tentativa de ocupação não era isolada. Quase no mesmo período, os franceses também avançaram para outros pontos do Atlântico Norte, estendendo-se desde o vale do Mississipi e Flórida, até a Nova França, no atual Canadá.[63] Por isso, ainda que menos sistemática que o ciclo de ocupação holandesa, a empresa francesa na América não deixava de preocupar pela recorrência com que estas ações se desenvolviam.

Com relação aos neerlandeses, na primeira metade do século XVII já há informes sugerindo a existência de uma ação simultânea para a tomada de territórios na África, Ásia, e Nordeste do Estado do Brasil. Sabe-se que a preocupação com o "socorro" da Índia e a ameaça ao Estado do Brasil eram temas obrigatórios na documentação portuguesa, sempre que existiam holandeses e franceses envolvidos.[64] O norte da América portuguesa não era uma exceção ao quadro geral.

---

desta história, ver: HENRY, Arthur. *La Guyanne Française, son histoire, 1604-1949*. Cayenne: Le Mayoury, 1987.

61 Trataremos especificamente da natureza e da organização interna desta tentativa de ocupação no 3° capítulo deste trabalho.

62 PALAZZO-ALMEIDA, Carmen Lícia. *Entre mitos, utopías e razão: olhares franceses sobre o Brasil (séculos XVI a XVIII)*. Porto Alegre: EDIPUCRS, 2002, p. 93.

63 Sobre o tema, ver: ECCLES, Wiliam John. *France in America*. Nova York: Harper & Row, 1972; TRUDEL, Marcel. *Histoire de la Nouvelle-France. Les vaines tentatives, 1524-1603*. Montreal/Paris: Fides, 1963.

64 Madrid, 12 de junio de 1625. *AGS, Secretarias Provinciales*, libro 1519, flº. 51.

Apesar de certa rivalidade entre os projetos holandeses e franceses que, no final das contas, disputavam os mesmos espaços no amplo cenário que era a América portuguesa, existe uma tendência marcante na documentação hispano-lusa em considerá-los projetos conjuntos e associados. A sensação de que os inimigos da Monarquia orquestravam um amplo acordo militar nunca deixou de estar presente na diplomacia da época, ainda mais se lembrarmos dos frequentes contatos entre D. Antônio, Prior do Crato, e Catalina de Médicis, e o jogo ambíguo que insistia em fazer a casa real francesa sobre o tema da sucessão ao trono português, mas também sobre a rebelião dos Países Baixos.[65] Desconsiderando as simples especulações sobre o tema, abundantes na documentação diplomática, para a região norte da América lusa França e Holanda representavam ameaças reais para a hegemonia dos Habsburgo.

No caso holandês, os primeiros informes verossímeis sobre sua presença na Amazônia portuguesa datam da segunda metade do século XVI. Por volta de 1598, já existem notícias sobre a circulação de naus holandesas e zelandesas que traficavam entre os rios Orinoco e Amazonas.[66] De fato, as primeiras notícias sobre atividade corsária holandesa no Maranhão ocorrem décadas antes da própria invasão neerlandesa a Bahia, em 1624, e em plena Trégua dos Doze Anos, iniciada em 1609. Anos depois, já em 1615, as consultas do Conselho de Portugal admitiam claramente que os Paises Baixos tinham interesse na região. Por sua vez, o Conselho de Estado era plenamente favorável à implantação de um sistema defensivo que pudesse conter o ânimo batavo.[67] Estas não eram informações vagas, ao contrário, muitos informes traziam já

65 OCHOA BRUN, Miguel Angel. *Historia de la diplomacia española, p.* 272-276.

66 EDMUNDSON, G.. "The Dutch on the Amazon and Negro in the seventeenth century". *English Historical Review*, nº 18, vol. 72 (outubro, 1903), p. 642-663; LORIMER. *English and Irish settlement on the river Amazon*, p. 24-28.

67 "Pareceres do conselho de estado da Hespanha a respeito da empresa do Maranhão. 1615". *FBN, II-32, 18, 25.*

detalhes sobre as atividades batavas na região, e até mesmo o número de homens envolvidos. Em 1616, o capitão português André Pereira revelava a existência de fortificações holandesas nas proximidades do rio Gurupá. Segundo o capitão, seriam cerca de 300 homens, bem armados e organizados, que contariam ainda com amplo apoio indígena.[68]

Nos informes luso-maranhenses disponíveis, o *topos* da ameaça estrangeira se repete. O elenco de sugestões para providências defensivas, enviado à Corte, incluía: a disponibilidade maior de recursos financeiros para a região; a construção de novas fortificações ao longo do litoral; a compra de armas e a disponibilização de mais navios para a rota fluvial amazônica. Entretanto, passa a ser cada vez mais importante a obtenção do apoio indígena pelos portugueses, única forma eficaz de manter holandeses e franceses à margem. De fato, mais grave até que uma suposta ação coordenada franco-holandesa era a possibilidade de uma associação franco-holandesa-tupinambá. Por isso, outros informes alertavam ao Conselho de Portugal sobre os perigos de uma completa adesão nativa à causa holandesa nas capitanias do Grão-Pará e Maranhão.[69]

Não se pode esquecer também que a própria documentação diplomática ajudou a criar certas especulações sobre supostos acordos envolvendo franceses, ingleses e holandeses para a retomada do Maranhão nos últimos anos da década de 1610. Este foi um dos motivos pelo qual o general Daniel de Touche, um dos conquistadores da Guiana e o principal articulador da *França Equinocial*, permaneceu tanto tempo preso em Lisboa já no final do conflito luso-francês. Naquela altura, o general foi acusado de manter perigosa correspondência com

68 "Capitão Andre Pereyra. "Relação do que hâ no Grande Rio das Amazonas novam.[te] descuberto". 1616. *BNE, mss 3015, fl. 135-137v.*

69 [Petição do capitao Simão Leittão]. 27 de junio de 1624. *AGS, Secretarias Provinciales*, Libro 1467, flº. 501.

representantes de Holanda e Zelanda, preparando assim seu retorno triunfal ao Maranhão.[70]

Desconsiderando o simples tom alarmista que caracterizou certas fontes portuguesas e espanholas sempre que o tema da pirataria franco-holandesa surgia, o certo é que a comparação entre as ações navais francesa e holandesa deve considerar certas diferenças fundamentais no que concerne à própria relação entre os dois países e a Monarquia Hispânica. É bem verdade que, após a regência de Maria de Médicis, as relações hispano-francesas eram cada vez mais tensas, culminando com a declaração de guerra de abril de 1635, resultado da agressiva política do cardeal Richelieu.[71] Entretanto, antes disso, é necessário levar em consideração que bem diferente do caso holandês, nação considerada em todo caso "rebelde", a França tinha relações diplomáticas mais estáveis com a Monarquia Católica e o próprio duque de Lerma sempre tentou evitar um conflito direto com aquele reino até onde foi possível.[72] De fato, não parece ser impróprio falar de uma influência espanhola sobre a formação política francesa durante o século XVII.[73] Também não se pode esquecer que existia um acordo matrimonial entre o rei menino, Luís XIII, e a infanta Dona Ana de Áustria. Este acordo, iniciado já em 1608 pelo embai-

---

70 Ver por exemplo: *"Avis anonyme - Nouvelle de Portugal"*. 28 (?) de abril de 1621, [sem autógrafo]. *AGS, Estado K (de Francia) 1431, A42, nos. 116-143.*

71 Entretanto, esta política foi francamente exagerada pela historiografia que tentava ver nela uma antecessora da centralização do período de Luís XIV. PARROTT, David. "France's War against the Habsburgs, 1624-1659: the Politics of Military Failure". In: GARCÍA HERNÁN, Enrique & MAFFI, Davide (Eds). *Guerra y sociedad en la monarquía Hispánica. Política, estrategia y cultura en la Europa Moderna (1500-1700)*. Vol. 1, Madrid: Laberinto/Fundación Mapfre/CSIC, 2006, p. 31-48.

72 GARCÍA GARCÍA, José Bernardo. *La pax hispanica. Política exterior del Duque de Lerma*. Leuven: Leuven University Press, 1996, p. 89-90.

73 SCHAUB, Jean-Frédéric. *La Francia española. Las raíces hispanas del absolutismo francés*. Madrid: Marcial Pons, 2004.

xador extraordinário em Paris, Pedro de Toledo, marquês de Villafranca, só foi confirmado em outubro de 1610, alentando as esperanças de Filipe III de uma possível aliança defensiva franco-espanhola.[74]

De modo geral, não existem registros seguros sobre uma livre associação entre franceses e holandeses para a tomada de territórios ao norte da América portuguesa. Não há informes claros sobre fortificações franco-holandesas ou ações navais conjuntas dos dois países nos rios da Amazônia lusa durante a primeira metade do século XVII. Este tipo de ação conjunta costumava ocorrer entre holandeses e mercenários ingleses e irlandeses, tal como ficou evidente nas notícias sobre as fortalezas localizadas nas margens do rio Xingu.[75] A teoria sobre a existência de uma "união de armas" entre inimigos da Monarquia Hispânica, tal como claramente sugeria os informes de D. Iñigo de Cárdenas e D. Diego Sarmiento de Acuña, é por vezes o produto da livre interpretação da burocracia hispano-lusa sobre o que, em realidade, eram disputas entre diversas nações sobre o imenso tabuleiro de xadrez que era o Atlântico. Por isso, não causa nenhuma surpresa que a tese da "união de armas" anti-castelhana tenha atingido o seu auge exatamente durante o programa de remobilização do exército nos tempos do Conde-Duque.[76]

No entanto, em momentos distintos e com diferentes projetos, tanto França quanto Holanda chegariam a tomar militarmente o território do Maranhão. Os franceses, na sua *França Equinocial* (1612-1615); e os holandeses que, entre 1641 e 1644, dominaram efetivamente a capi-

74 GARCÍA GARCÍA, José Bernardo. *La pax hispanica.*, p. 90-93.

75 Por exemplo em: "Relação que faz Antonio Vicente Cochado do descobrimento do rio das Almazonas, e Cabo do Norte, que foi fazer por orden de V.Mag[de]". 27 de Julho de 1624. *AGS, Secretarias Provinciales*, 1467, flº 688-691v.

76 Sobre o programa de Olivares para a reestruturação do exército da Monarquia, ver: THOMPSON, I. A. Anthony. "Aspects of Spanish Military and naval organization during the ministry of Olivares". In: THOMPSON, I. A. Anthony. *War and society in Habsburg Spain*. Aldershot: Variorum, 1992, p. 1-26.

tania do Maranhão, mas não a do Grão-Pará, defendida ferrenhamente pelas milícias luso-indígenas.

O perigo das incursões estrangeiras pelo litoral luso-maranhense é apenas um dos fatores presentes na conquista e posterior criação do Estado do Maranhão e Grão-Pará. Nesse sentido, é possível dizer que os projetos europeus concorrentes foram o combustível retórico e a oportunidade para iniciar um projeto que a burocracia hispano-lusa, e certos grupos políticos luso-brasileiros, já destilavam há algum tempo: a conquista militar definitiva da Amazônia. A seguir, analisaremos melhor quais as motivações em jogo nesta que foi, ao seu modo, uma pequena "união de armas" entre diferentes setores da sociedade luso-brasileira em nome de Filipe III.

Capítulo III
Uma "união de armas": a invenção de uma nova conquista

Negociações com os franceses

Chegou a hora de analisar mais detidamente o chamado "problema francês".[1] De modo geral, o projeto da *França Equinocial* tem sua origem relacionada às informações de um certo navegador que teria visitado umas terras ao norte da Capitania de Pernambuco. Seu nome era Charles de Vaux. Vaux esteve muito tempo perdido entre os índios da nação tupi-

1 Parte da historiografia redimensionou o confronto entre luso-maranhenses e franceses, entre 1614-15, exagerando alguns aspectos da presença dos vassalos de Luis XIII na ilha do Maranhão, sobretudo no que concerne a sua estrutura militar e sua organização logística. Dentre todos os projetos não luso-castelhanos para o Maranhão, a ocupação francesa da primeira metade do século XVII foi a que mais cristalizou-se na memória historiográfica local. Assim, entre o fim do século XIX e o início da República Brasileira, já era popular a ideia de que a cidade de São Luís havia sido a única capital da América portuguesa fundada por franceses. Para uma excelente análise deste mito de fundação, ver: LACROIX, Maria de Lourdes Lauande. *A fundação Francesa de São Luis e seus mitos*, 2ª edição, São Luis: Lythograf, 2002. Sobre o tema, ver também: AMARAL, José Ribeiro do. *Fundação do Maranhão*. São Luiz: Typografia Teixeira, 1912; MEIRELLES, Mario Martins. *França equinocial*. São Luís: SECMA/Civilização Brasileira, 1982; PIANZOLA, Maurice. *Os papagaios amarelos: os franceses na conquista do Brasil*. São Luís: SCEM/Alhambra, 1992; FORNEROD, Nicolas. *São Luis, sur la France Équinoxiale*. São Luis: Alliance Française/Academia Maranhense de Letras, 2001; OBERMEIER, Franz. "Documentos sobre a Colônia francesa no Maranhão (1612-1615). As partes censuradas do livro de Yves D'Evreux Suitte de L'Histoire". In: COSTA, Wagner Cabral. *Historia do Maranhão: Novos Estudos*. São Luis: EDUFMA, 2004, p. 33-50.

nambá, suficiente para conhecer as condições da navegação a noroeste do Estado do Brasil. Na sua volta à França, o navegador convenceu Henrique IV e outros investidores a iniciar planos para a ocupação do Maranhão.[2] Em 1611, a regente Maria de Médici passa instruções gerais para a efetivação do projeto. A organização militar estaria sob o comandado de Daniel de La Touche, experiente navegador que nas fontes de época é chamado por seu pomposo título: "Senhor de La Ravardiere". La Touche contava ainda com o apoio de Nicolas Harley e François de Rassilly.

Maria de Médici, que governava a França durante a menoridade de seu filho, Luís, garantiu a esta "Nova França" uma inclinação majoritariamente católica, à diferença do que ocorreu anos atrás com a *França Antártica*.[3] A armada francesa de três navios saiu do porto de Cancale, na Bretanha, em março de 1612, fez uma primeira escala na ilha de Fernando de Noronha, passando depois à Capitania do Ceará. No total, a frota era constituída por cerca de 500 homens, transportados nas naus: *Regente* (homenagem à própria Maria de Médici); *Charllote* e, ainda, na *Saint-anne*.[4] Os franceses chegam ao Maranhão em julho de 1612, ocupando uma das ilhas menores (Santa Ana), mais tarde passando à Ilha Grande, onde fundaram o forte de *Saint Louis*.[5]

Em outubro de 1612, o governo espanhol já tinha informações seguras acerca das atividades francesas na ilha do Maranhão. Então, Filipe III tratou de apressar os projetos já existentes sobre a conquista do território.[6] No final de 1612, o soberano passou instruções precisas ao governador do Brasil, Gaspar de Sousa, a respeito da jornada de conquista. Em carta régia de 9 de outubro, motivado por informações que chegavam da

---

2 LACROIX. *A fundação francesa de São Luis e seus mitos*, p. 100-101.

3 FORNEROD. *São Luis, sur la France Équinoxiale*, p.31.

4 BERREDO, Bernardo Pereira de. *Anais históricos do Estado do Maranhão*. São Luis: Alumar, 1988 [1749], § 129, p. 55.

5 VARNHAGEN. *Historia Geral do Brazil*, p. 326.

6 *Idem*, p. 328.

embaixada espanhola na França, o Monarca Católico enfatiza a necessidade de resolver definitivamente o problema francês:

> "E por conseguinte pera que os franceses que costumam hir comercear aquellas terras partes se não poderem de tudo e cessem de infestar a navegação como fazem, e assy se entende de algũas informações que sobre isso mandey tomar e que se deve por em effeito o dito descobrimento e conquista".[7]

Como dissemos, parte da historiografia exagerou certos aspectos da estrutura militar construída pelos franceses nas terras do extremo norte da América portuguesa. Ao contrário do que se pode pensar, o fato que mais chama atenção nas fontes disponíveis sobre a tomada de São Luís não é a violência desenfreada, e sim os acordos que tiveram lugar entre portugueses e franceses, com as primeiras trocas de informações sobre aquela desconhecida região. No dia 27 de novembro de 1614, uma trégua foi negociada num amistoso banquete, uma mesa que, segundo diz o cronista Berredo, "merecia bem o nome de polida, assim nas iguarias de que se compunha, como no asseio com que era servida".[8] Sabe-se também que o capitão português, Jerônimo de Albuquerque, e o general francês, Daniel de La Touche, trocaram várias correspondências durante o conflito, decidindo cancelar as hostilidades até que novas ordens chegassem da Europa. Para tanto, os dois comandantes resolveram enviar agentes às respectivas Cortes para saber dos reis de França e Espanha suas "voluntades, tocante a quien debe quedar en estas tierras del Marañón".[9] Assim, foi enviado a Paris o capitão Du Pratz, na companhia do português Gregório Fragoso de Albuquerque; e para Lisboa par-

---

7 "Instrução para Gaspar de Sousa, guovernador do Brasil, sobre a conquista do Maranhão". Lisboa, 9 de outubro de 1612. *CASGS, doc.* 58, p. 159.

8 BERREDO. *Anais Históricos do Estado do Maranhão*, § 332, p. 99.

9 *Idem*, § 336, p. 100.

tiram Diogo de Campos e o oficial francês Maillart.[10] Para esta viagem, os portugueses foram obrigados a comprar, por 200 mil reis, uma das caravelas francesas anteriormente tomada na Batalha de Guaxenduba, ocorrida na madrugada do dia 19 de novembro de 1614.[11]

Segundo o acordo, a trégua luso-francesa deveria durar até o fim de dezembro de 1615, quando chegariam novas instruções sobre como deveriam atuar os dois comandantes. A trégua estabelecia a libertação imediata dos prisioneiros, incluindo os combatentes indígenas, e também a livre circulação, com permissão prévia dos generais franceses e portugueses, entre os acampamentos.[12]

Na Corte, os oficiais enviados do Maranhão entregaram as cartas de Jerônimo de Albuquerque ao Conselho de Portugal. Estas missivas revelam alguns dos detalhes das negociações franco-portuguesas, que incluíam até mesmo a possibilidade de alguns dos "invasores" permanecerem no Maranhão como moradores, no caso de Filipe III considerar conveniente. O capitão Jerônimo de Albuquerque opinava que os franceses

---

10 SOUTHEY, Roberto. *História do Brazil, tomo segundo.* Rio de Janeiro: Livraria de B.L. Garnier, 1862, p. 111.

11 Há, de fato, diversos mitos a respeito da Batalha de Guaxenduba, a maioria criados pelos cronistas do século XIX, absorvidos por certa memória de exaltação das habilidades bélicas "brasileiras". A batalha teria contado, ao que tudo indica, com apenas 200 soldados franceses, comandados pelo capitão francês Pezieu, e acompanhados por um número impreciso de índios (talvez entre 1500 e 2000 homens). A força portuguesa era menor em número, dividida em duas partes, cada uma destas lideradas por Jerónimo de Albuquerque e Diogo de Campos Moreno (num total de, talvez, 500 homens). O número de mortos e feridos não aparece precisamente nas fontes coevas. Segundo Varnhagen, a partir de Berredo, seriam 100 franceses mortos, enquanto que, do lado português, foram apenas 11 ao total. VARNHAGEN, Francisco Adolpho. *Historia Geral do Brazil*, p. 329-330. Muitas das primeiras informações sobre a batalha chegam ao conhecimento das autoridades hispano-lusas através dos emissários, enviados a Espanha, Lisboa e França, após a trégua franco-portuguesa.

12 *Idem*, § 334-344, p. 99-100.

poderiam ser de "provecho", e que o próprio Daniel de La Touche poderia ser convencido a passar para o lado espanhol.[13] O Monarca considerou a proposta conveniente, num primeiro momento, pois "se acabaria a empresa sem custar muito sangue", e além disso, "se aseguraria também que o dito Ravardiere pela notícia que tem das cousas dessas partes não fosse ocupar outra em que obrigasse a igual ou maior cuidado".[14]

Nem todos estavam de acordo com a forma pouco belicosa com que a questão estava a ser resolvida. O marquês de Villa Franca, do Conselho de Portugal, foi explícito ao dizer que: "las personas que envió pelearon bien, pero hicieron mal concierto". O marquês da Laguna também recomendou que o francês Maillart, emissário que veio da cidade de São Luís, continuasse detido em Lisboa até que mais reforços fossem enviados do Brasil ao Maranhão.[15] De modo geral, todos os conselheiros estavam de acordo com que a expulsão dos franceses deveria ser acelerada, pois já chegavam informações de que a França estava disposta a enviar mais 18 navios para socorrer Daniel de La Touche.[16]

---

13 "El S[r] Duque de Lerma.//E en cartas que el Albuquerq escrivia al Sosa le decía q. començaria a plantar mantenim[tos] con simientes q. le avia offrecido Rabardieri y q. entendía seria fácil reducille al [ser°] de su M[d] , y q. muchos franceses le avian dado palavra quedarían allí por moradores / el conss° dice q. conside=rando que los franceses pueden ser allí de provecho si seganan, ordeno luego q. se escriviese al Sosa e tregandole los fuertes q. franceses tienen y dexando las armas los admitan en servi° de Su M[d] y los señale tierras en [diban], adbirtiendo q. los divida y si posible no quede ningúno en el Marañon." 2 de mayo de 1615, *AGS.*, *Estado (Portugal)*, 260.

14 "Para o governador do Brasil". Madri, 5 de abril de 1615, *CASGS*, doc. 158, p. 263. Atualizamos a ortografia.

15 *"El Cons° de Estado a 2 de abril de 1615 con la cons[ta] inclusa del de Portugal tocante alo del Rio Marañon"* 2 de abril de 1615. *AGS, Estado (Portugal)*, 260.

16 "La consulta inclusa del Consejo de Portugal sobre el aviso q. se ha tenido de 18 navios q. se arman en francia para socorrer a los franceses q. están en el Marañon, manda Su M[d] que luego se vea en el Consejo de estado y sele avise loq.° pareziere Dios q.[d] a [sua] de Pal.° a 28 de mayo de 1615". *AGS.*, *Estado (Portugal)*, 260.

Após o retorno dos emissários, tanto da França, quanto de Portugal, a trégua entre as duas Coroas começa a ser definitivamente negociada. Aliado ao esforço diplomático, as iniciativas militares não cessavam. No início de 1615, chegaram reforços enviados pelo governador do Brasil, Gaspar de Sousa, da Bahia e de Pernambuco, comandados pelo capitão Francisco Caldeira Castelo Branco. Estes homens deveriam integrar a frota de sete navios e cerca de 600 soldados que saídos de Olinda chegaram a São Luís em novembro de 1615, capitaneados por Alexandre de Moura.[17]

Finalmente, foi assinado um novo acordo de paz no dia 2 de novembro de 1615, com a entrega definitiva do forte de São Luís aos portugueses, e a rendição incondicional do general francês. O pedido de indenização feito pelos franceses não teve boa acolhida em Alexandre de Moura, pois as novas instruções recebidas do reino não falavam nada sobre dar aos vassalos do Cristianíssimo a quantia que pediam, cerca de 2000 ducados. Esta indenização, solicitada por Daniel de La Touche, dizia respeito aos investimentos feitos na fortaleza, que na ocasião estaria abastecida de vários produtos, incluindo madeiras, especiarias, armas e munição.[18] Mais tarde, com a formalidade adequada, o forte de São Luís foi definitivamente entregue aos militares portugueses.

Após a trégua de novembro de 1615, a relação entre franceses e hispano-lusos foi mais amistosa. De fato, os franceses tornar-se-iam os primeiros guias dos portugueses no Maranhão. É provável que as notícias mais detalhadas, que o capitão Francisco Caldeira Castelo Branco recebeu, sobre a rota entre São Luís e o delta do rio Amazonas tenha sido obra de informantes franceses. Como se sabe, a necessidade de fortificar esta rota foi o que deu origem, em 1616, à fundação da cidade de Belém. Além de guias, os franceses também foram, provavelmente, os primeiros

---

17 BERREDO, Bernardo Pereira de. *Anais Históricos do Estado do Maranhão*, § 377 e 382, p. 101 e 112.

18 FORNEROD. *São Luis, sur la France Équinoxiale*, p. 88-89.

intérpretes disponíveis na comunicação entre portugueses e índios da nação tupinambá.

Daniel de La Touche foi um hábil negociador da rendição francesa. O general soube aproveitar as muitas rivalidades que os portugueses traziam de Pernambuco para estabelecer novos e proveitosos acordos. Sabe-se que La Touche, por exemplo, insuflou o antagonismo existente entre os capitães Jerônimo de Albuquerque e Francisco Caldeira Castelo Branco, e tentou tirar algum proveito desta situação. Em determinado momento, a astúcia do general francês irritou ao comandante português Alexandre de Moura. Em diversos momentos, Moura confessou a má impressão que tinha sobre a condução das negociações luso-francesas. Segundo Moura, o objetivo do astuto general francês não era outro senão ganhar tempo:

> Ao outro dia segunda feira me vi em terra co o frances onde senão resolveo nenhua couza ficando tudo rezervado para a terza feira e queixandosse o sargento moor do estado Dioguo de Campus moreno ao ditto Ravardiere porque lhe alterava os concertos que co elle fizera celebrando novos contratos de pazes co fr.co Caldeira de Castel Branco home que nenhu poder tinha para lhe fazer observar nada do nellas contheudo Respondeo lhe estava be fazer cada dia novos tratos co qualquer pessoa que lhe offerecesse so affeito de entretener o tempo te lhe vir o socorro que esperava.[19]

La Touche também tirou proveito de uma clara deficiência da armada lusa: a sua dispersão hierárquica. No total, entre frota de reconhecimento (capitaneada por Jerônimo de Albuquerque), frotas de socorro (uma liderada por Francisco Caldeira Castelo Branco, e a principal por Alexandre de Moura), o comando não estava claramente definido.

19 "RELATORIO de Alexandre de Moura sobre a expedição a ilha do Maranhão e expulsão dos francezes". Lisboa, 24 de outubro de 1616. *ABNRJ*, vol. 26, p.197.

A chegada das novas ordens com Alexandre de Moura apenas agravou a situação. Essa indefinição no comando português, sem falar no declarado risco de motim entre os oficiais lusos, foi a grande vantagem de La Touche em toda a negociação de paz.[20]

Pelo que informavam os comandantes portugueses, o general francês era um especialista em navegação maranhense, prático em rotas completamente desconhecidas para os marinheiros lusos. Por isso, sua liberdade passa a ser considerada cada vez mais um negócio de Estado. Após o fim do conflito, o "senhor de La Ravardière" foi enviado como prisioneiro de Alexandre de Moura, para entrevistar-se com Gaspar de Sousa, então governador do Brasil, que aguardava impaciente em Pernambuco. Após uma breve permanência naquela capitania, temporariamente convertida em capital do Brasil, Daniel de La Touche foi enviado a Lisboa, permanecendo na Torre de Belém à disposição das autoridades hispano-lusas. Resolvida a questão no Maranhão, a pergunta passa a ser: o que fazer com o general francês? A negociação a respeito, realizada em Portugal, Espanha e França é relativamente bem documentada. O tema passa a ser constante nas reuniões do Conselho de Portugal. O governo espanhol tinha de responder às recorrentes demandas francesas pela libertação de La Touche. Na prisão, o general francês entrevistou-se com o próprio marquês de Alenquer, D. Diego de Silva y Mendoza, que assim descreveu as suas impressões a respeito do antigo comandante da França Equinocial:

> Andando yo con este cuidado me vino a ver estos días el señor de la Ravardiere que es el general que el Rey de Francia envió al Marañón y entregó a Vuestra Majestad la parte que allí tenia y fue traído a esta

20 "TRESLADO do requerimento que fizerão alguns oficiaes e soldados desta Conquista ao capitão mor Francisco Caldeira Castellobranco a efeito, de que fosse adjunto, e collega do Capitão mor Hieronimo de Dalbuqueque". *ABNRJ*, vol. 26, p. 206-229.

> Corona según el dice por trato, y según otros porque no se podía defender, y pidiome pasaporte para poder se embarcar en uno de los navíos franceses que estaban en este puerto, y aunque no se le pude negar por escusar quejas del Rey de Francia todavía repare en que si este hombre se iba no haría ninguna falta la noticia a que se enviaba a buscar con los dos capitanes: porque el la tiene muy grande así de las cosas de este Reino, de la situación de los castillos, flaquezas, y padrastos de ellos y sabe que tienen apeada la artillería y ninguna gente para su defensa: y todas las otras circunstancias que el más inteligente puede penetrar, es también muy platico de las cosas del Brasil, y particularmente del Marañón y el Pará: porque a medido a palmos aquella tierra y con las naciones de ella tiene particular comunicación y conocimiento: y aunque no le tengo por hombre de manos ni corazón es tan experimentado y de tan buena cabeza que me da cuidado su salida de aquí: mayormente con la nueva que se ha tenido de que el Pará está levantado, pues podría volver allá y darnos el cuidado que nos dio en el Marañón.[21]

As mesmas preocupações a respeito eram compartilhadas por outros membros do Conselho de Portugal. Além da possibilidade de reedição da França Equinocial, as autoridades hispano-lusas temiam outras consequências da libertação do general francês. Na mesma época, começam a circular informações sobre um possível acordo entre Daniel de La Touche e as Províncias Unidas, mediado pela mulher do general.[22] Segundo uma das versões, La Touche, sabedor das pressões francesas

21 "*Carta del Marques de Alenquer a el Rey sobre los franceses en el Marañon*", 11 de febrero de 1619. AGS, Estado K (Francia), 1431, A2.

22 "*Al Marques de Alenquer*". 19 de febrero de 1620. *AGS, Estado (Portugal)*, 2710.

por sua libertação e da possível concretização desta, pensava retornar ao Maranhão com o apoio militar e logístico holandês. Assim afirma um aviso anônimo enviado ao Conselho de Portugal:

> Aviso// Hace tenido aviso que Mos. de La Rabardier que es el capitán francés que trajeron preso a Lisboa del Marañón ofrece a los estados de Holanda de volver con gente y vasallos a fortificarse en el Marañón y representa grandes utilidades de esta jornada y les asegura el buen servicio en ella por el descuido que ve de España y también se ha entendido que algunos particulares [de San Malo] (...) y la Rochela están de acuerdo con Rabardier y le ofrecen algunos vasallos pero el busca mayores fuerzas en Holanda y se entiende que se la darán.[23]

De fato, num primeiro momento essa notícia parece não convencer muita gente. Entretanto, em plena década de 1620 a referência aos holandeses era mais do que suficiente para chamar a atenção de portugueses e espanhóis. No início daquela década, o clima de medo foi consideravelmente agravado em função dos informes sobre motins indígenas no Maranhão e no Grão-Pará, cuja máxima expressão foi o grande motim Tupinambá de Cumã (na parte continental, oposta à Ilha do Maranhão), ocorrido em 1617.[24] As autoridades hispano-lusas sabiam que aqueles que obtivessem o apoio das nações indígenas, no Maranhão e no Grão-Pará, conquistariam com facilidade estas terras. Sobre o tema, D. Diego de Cárcamo conta que Daniel de La Touche, que aparentemente estava enfermo na Torre de Belém, quando soube dos motins indígenas que estavam ocorrendo no Maranhão: "levantou da cama e se foi ban-

23 *"Avis anonyme - Nouvelle de Portugal"*. 28 (?) de abril de 1621, [sin firma]. AGS, Estado K (de Francia) 1431, A42, n°s. 116-143.

24 IBÁÑEZ BONILLO, Pablo. "Desmontando a Amaro: una re-lectura de la rebelión tupinambá (1617-1621)". *Topoi*, vol. 16, nº. 31, (jul./dez. 2015), p. 465-490.

quetear com os franceses companheiros que haviam estado com ele na dita conquista".[25] No sentido de evitar os possíveis danos de uma ação franco-holandesa, ou ainda pior, franco-holandesa-tupinambá, as autoridades em Lisboa tratam de retardar ao máximo a libertação de La Touche, apesar dos protestos do reino francês. O marquês de Alenquer chega a considerar seriamente a proposta de contratação dos serviços de La Touche como forma de mantê-lo fora da zona de influência holandesa. Ao mesmo tempo, segundo esta proposta, La Touche não deveria voltar ao Maranhão. Estava claro que, neste clima de medo favorecido pelas iniciativas holandesas em outras partes do mundo, o navegador com mais experiência nas terras do Maranhão deveria ser controlado. La Touche sabia demais, e por isso já era considerado o homem potencialmente mais perigoso naquele momento.

Por volta de 1619, os protestos do reino de França aumentavam, ao ponto de Filipe III solicitar ao marquês de Alenquer a exposição dos motivos que ainda justificavam a permanência do general francês na Torre de Belém.[26] Em resposta, o vice-rei de Portugal insiste no argumento de que a libertação de La Touche seria bastante inconveniente aos interesses espanhóis. Em carta, enviada ao secretário de Filipe III, Juan de Ciriza, o marquês de Alenquer confessa as dificuldades desta dura negociação:

> según mi memoria, la poca confianza que del se tiene y los indicios referidos son la causa de prisión y por el Consejo de Estado envié a Su Majestad a manos de

25 Carta de Don Diego de Carcamo. Lisboa, [sin fecha] 1620, [Firma: Don Di^{o} de Carcamo]. *AGS, Estado K (Francia)*, 1477.

26 *"Juan de Ciriça au M.^{quis} de Alanquer"*. "Ha me mand.^{do} Su M.^{d} saver de [V.E] si halla causa su=fiçiente para detener en la prisión a Mos. De la Rabar=diere cabo q. fue de la gente franzesa en el mrañon." En Belen (la torre) a 24 de junio de 1619, n°s 34-76. *A.G.S., Estado K (Francia)*, 1431, A 42. Tambem: *"Juan de Ciriça a Gaspar de Sosa sobre lo de Ravardiere", 22 de junio de 1619. n°s 34-76. AGS, Estado K (Francia)*, 1431, A 42.

> VM una carta sobre esta materia, cuya copia va con este papel// Y porque de ella se infiere lo que entiendo de la persona no lo refiero aquí, el es huguenote, todos los caminos que he podido para reducirle así a mi Santa Fe como al servir a Su Majestad he intentado. Queriendo saber del si le contentaría servir en Italia, o en las armadas, nunca me salió a ninguna cosa su entendimiento y noticia reducido al servir de Su Majestad pueden ser de provecho: yendo fuera de gracia, es persona que puede dar cuidado porque las conquistas de Portugal y Indias de Castilla las sabe mejor que los que más cursan en ellas: es fácil en la conversación y sabe obligar en el trato, y mientras esta dependiente parece humilde en dejándolo de estar naturalmente es soberbio cabezudo; no admite medios y como digo en la carta tengole por de poco corazón y de mucho arte.[27]

Outra vez, Daniel de La Touche tentou tirar proveito da situação. Sabemos que o general francês tinha correspondência com autoridades de seu país natal, e que em ocasiões tentou obter favores inclusive da própria princesa Ana de Áustria.[28] Além disso, mesmo preso na Torre de Belém, La Touche pretendia garantir para si a indenização que, em 1615, lhe foi negada pelo capitão Alexandre de Moura, referente à entrega do

---

27 "*Le M.quis de Alanquer à Juan de Ciriça*", Lisboa 26 de junio de 1619". [Firma: Marquez de Alenquer]. nos 34-76. *AGS., Estado K (Francia)*, 1431, A 42.

28 "Le Mquis de Alenquer a Jn de Ciciça". "(…) La instancia que haze el Rey de Francia por una persona que conocidamente fue traydor fundado en favorecerle y no en castigarle [rabardiere] (…) es que vaya el preso a eccharse a los pies de la princesa nra Señora de cuyas instancias se da muy favorecido (…) Y yo no puedo dilatar lo que manda la infanta de Francia sino por servir mejor a la princesa de españa (…)". *AGS, Estado K (Francia)*, 1477. Lisboa, 25 de enero de 1620.

forte de São Luís. Também é possível que La Touche ainda alimentasse a expectativa de voltar ao Maranhão.[29]

Claramente, a questão mais importante nas negociações com o reino francês sobre a libertação do Senhor de La Ravardière são as referências a uma possível trama franco-holandesa, com a união de armas entre huguenotes franceses e representantes das Províncias Unidas.[30] Por outro lado, as especulações a respeito do suposto acordo que La Touche teria com os holandeses, embora nunca comprovadas, e mesmo desqualificadas pelo embaixador espanhol na França, D. Iñigo de Cárdenas, não deixavam de preocupar as autoridades espanholas. Por isso, era mais que compreensível a cautela exagerada em relação ao general francês. Personalidades do governo, como o Marquês de Alenquer, o secretário Juan de Ciriza, ou o embaixador D. Iñigo de Cárdenas, tinham em conta que além de grande especialista em navegação amazônica, La Touche era um dos conquistadores da Guiana, e as informações que possuía poderiam servir bem aos interesses neerlandeses na região.

Por fim, há poucas dúvidas de que a *França Equinocial* representou uma tentativa efetiva de ocupação civil-militar da fronteira entre o Brasil e as índias castelhanas. Os franceses não tinham como único objetivo a instalação de feitorias, ao modo do sistema inglês. Para Filipe III, tratava-se de um perigoso precedente capaz de atrair a inimigos mais perigosos da Coroa.

A estratégia de Filipe III

A incorporação do Maranhão à Monarquia ajudaria a amenizar algumas ameaças globais que pairavam sobre o governo de Filipe III. A ocupação desta região fazia parte de uma logística de defesa do litoral norte do Estado do Brasil, iniciado nas últimas décadas do século XVI.

---

29 *"Al Marques de Alenquer"*. 19 de febrero de 1620, *A.G.S., Estado (Portugal)*, 2710.

30 "Le Roi a Inigo de Cardenas", 30 de noviembre de 1613. *AGS, Estado (Francia), K* 1453, A59.

Sobre o tema, duas questões eram fundamentais para o governo espanhol: a expulsão imediata dos franceses, mas sobretudo as providências para travar o avanço holandês. O medo de uma invasão neerlandesa ao Maranhão não era diferente das preocupações gerais sobre a presença batava no resto dos territórios ultramarinos. Entretanto, à diferença de outras partes, o extremo norte da América portuguesa era uma região quase completamente desconhecida, o que aumentava exponencialmente o perigo. Para piorar, muitos acreditavam que os holandeses já tinham informações sobre a *França Equinocial*. As notícias corriam rápido, principalmente porque os próprios vassalos de Luís XIII fizeram pouco mistério sobre a empresa francesa.[31] Não se pode esquecer que, em 1614, já havia sido publicada em Paris a *Histoire de la mission des Pères capucins en l'isle du Maragnan et terres circonvoisins*, do padre Claude de Abbeville, uma narrativa minuciosa sobre a aventura dos vassalos do Rei Cristianíssimo no Maranhão.[32]

No início, curiosamente, a presença francesa não parece tão grave como para justificar a formação de um grande exército de conquista. De fato, a conquista do Maranhão parece ter sido o resultado de certas informações bem mais assustadoras que começavam a chegar aos Conselhos reais. Dizia-se, por exemplo, que os inimigos de Castela estariam formando uma "junta general" de protestantes que uniria forças de Holanda, Irlanda, Inglaterra e Alemanha com o objetivo de tomar a costa norte de Pernambuco.[33] Por tudo isso, o governo espanhol começa a pensar melhor sobre o que fazer com os franceses da costa maranhense.

---

31 "Philippe III a Inigo de Cardenas. Rive Marañon"// "A Inigo de Cardenas// San Lorenzo, 30 de julio de 1614, *AGS, Estado K (Francia)*, 1453, A 59.

32 Para este trabalho, utilizaremos uma edição brasileira revisada: D'ABBEVILLE, Claude. *História da missão dos padres capuchinhos na ilha do Maranhão* [1614]. Belo Horizonte/São Paulo: Itatiaia/Edusp, 1975.

33 "Le Roi a Inigo de Cardenas", 30 de noviembre de 1613. *AGS, Estado (Francia), K* 1453, A59.

Em função destas notícias, foram organizadas viagens de reconhecimento, expedições realizadas com ou sem a permissão expressa de Madri. A mais conhecida foi a jornada feita pelo capitão e alcaide do Ceará, Martim Soares Moreno. Este português tinha grande fama de especialista em línguas indígenas e prático na navegação pelo litoral norte do Brasil.[34] Em 1613, Martim Soares realizou, por ordem do governador do Brasil, Gaspar de Sousa, uma jornada de reconhecimento da costa do Maranhão para, segundo explicou, "sondarle e ver de que porte podrían ser los navios que entrase en el". Sua pequena frota, de 25 portugueses e apenas 7 índios, experimentou o grande problema da navegação entre o Brasil e o Maranhão: os fortes ventos contrários desta parte do Atlântico. Levados pelas correntes, que aqui sempre seguem em direção ao Caribe, a viagem termina em agosto de 1613 na cidade de Santo Domingo. Ali, Martim Soares apresenta-se como navegador com ordens de Sua Majestade. Por isso, seu navio foi concertado com custo de 230 ducados que deveriam ser pagos pela *Casa de Contratación* de Sevilha. Mais tarde, o próprio Martim Soares justificaria sua iniciativa como um fundamental ensaio para a futura tomada do Maranhão.[35] No início das atividades militares de tomada da cidade de São Luís, seu tio, Diogo de Campos, ganhará um posto destacado na empresa hispano-lusa.[36]

A conquista efetiva do Maranhão foi planejada na administração de D. Diogo de Menezes e Siqueira (1608-1612), e concluída por D. Gaspar de Sousa (1612-1617), ambos governadores do Estado do Brasil.

34 PEIXOTO, Afrânio Peixoto. *Martim Soares Moreno: Fundador do Ceará, iniciador do Pará, herói da Restauração do Brasil, contra franceses e holandeses.* Lisboa: Agência Geral das Colónias, 1940.

35 "CARTA del presidente de la Española con testimonio de informacion del Capitan Martin Suarez Moreno, que fué á examinar el Rio Marañon, por orden del Gobernador del Brasil". Santo Domingo, 15 de dezembro de 1613. *ABNRJ*, vol. 26, p. 151-154.

36 *"Sobre nome ou titulo em que Diogo de Campos Moreno deve embarcar ao Brasil".* 13 de noviembre de 1613. *AGS, Secretarias Provinciales, 1506.*

Antes disso, houve certas consultas ao embaixador espanhol na França, D. Iñigo de Cárdenas, para averiguar a gravidade da ocupação francesa à ilha de São Luís.[37] Entre outubro e novembro de 1612, D. Gaspar de Sousa ganha autorização real para mudar temporariamente a capital do Brasil para Pernambuco, de modo a poder coordenar as ações de conquista a partir de um centro gestor mais próximo ao Maranhão.[38] Na verdade, sabemos que Filipe III esperava que o próprio Gaspar de Sousa viajasse ao Maranhão para dirigir as ações militares pessoalmente.[39]

Algumas cartas régias de Filipe III são esclarecedoras sobre o projeto hispano-luso, e revelam certas expectativas do rei acerca de como deveria ser realizada a ação militar no Maranhão. Em outubro de 1612, o soberano passa algumas instruções gerais. Segundo estas, a conquista deveria ser feita por mar; seria conveniente ir mais de 600 soldados arcabuzeiros, acompanhados de cerca de 1000 índios flecheiros de Pernambuco; também deveriam ir, segundo Filipe III, oficiais mecânicos de "todos os ofícios", e até "homens nobres" e de "cabedal" que pudessem fabricar engenhos e iniciar comércio nas novas terras.[40] A conquista também deveria ser financiada com os dízimos do pau-brasil, num total estimado de 50 mil cruzados, uma parte deste montante seria da responsabilidade

---

37 Por exemplo: "Philippe III a Inigo de Cardenas. Rive Marañon"// "A Inigo de Cardenas// Por la bia de la Junta de Guerras de Indias he entendido lo que de las [...] por como el papel de q. [ba copia esta] a cerca de estar fortificados françe=ses en la Isla del Marañon y desde allí hacer daño a súbditos mios y por que esto es de muy gran y [...] los encargo y mando agais los oficios que conbengan con la xri=anisima para que no permita que salgan de los puertos desse Reyno sus súbditos a hazer semejantes poblaciones en lo que es desta coro=na y abisarerime lo que resultare dela diligencia que en esto hiziereyis:". [sin firma]. San Lorenzo, 30 de julio de 1614, *AGS, Estado K (Francia), 1453, A 59.*

38 VARNHAGEN, Francisco Adolpho. *Historia Geral do Brazil,* tomo primeiro, p. 328.

39 "Para o Governador do Brasil", *CASGS,* doc. 149, p. 255.

40 "Instrução para Gaspar de Sousa, guovernador do Brasil, sobre a conquista do Maranhão". Lisboa, 9 de outubro de 1612. *CASGS,* doc. 58, p. 159-160.

da Capitania de Pernambuco.[41] Na falta deste dinheiro, o soberano recomenda o uso do "dinheiro mais pronto que houver nesse Estado que pertença a minha Fazenda".[42]

Estas recomendações reais são, em grande parte, comentários sobre os pareceres do Conselho de Portugal. Desde o início, o soberano tem muito claro que deve ouvir certos conselheiros privilegiados, especialistas no tema da conquista do Maranhão. Essa comissão não formal era composta por navegadores, como Martim Soares Moreno; militares, como Diogo de Campos e Alexandre de Moura; membros do Conselho Real, como Gaspar de Sousa; e nobres de prestígio, como o marquês de Alenquer. A importância destes conselheiros nas "cousas do Maranhão" de modo algum resumir-se-ia à conquista. Com efeito, Filipe III dependerá destes pareceres na tomada de decisões sobre a proteção militar, a definição política, ou as opções econômicas apropriadas às novas terras.[43]

Em diversas cartas régias, Filipe III também incentiva publicamente a cooperação dos vassalos. De fato, o soberano tinha claro que a incorporação do Maranhão à Monarquia deveria ser feita com o máximo empenho pessoal dos portugueses, inclusive com investimento financei-

---

41 *CASGS*, doc. 58, p. 160.

42 "Pera Gaspar de Sousa do Estado do Brasil". Lisboa, 8 de novembro de 1612. *CASGS*, p. 165. Atualizamos a ortografia.

43 1 de febrero de 1618. *"Sobre cousas tocantes ao Maranhão e Rio Pará"*, A.G.S., *Secretarias Provinciales, 1516, flº 12*. Essa opinião é, sobretudo, recorrente quando o rei se refere aos serviços de Gaspar de Sousa, um dos mais bem informados entre conselheiros reais de Felipe III, a respeito do tema Maranhão. "(...) e de vos tenho por certo por vossa experiência e por quão bem me tendes servido em todas as occasiões que nesta se a ouver procedereis de maneira e com tanto valor que a tenho eu de vos fzer merce e honra nas que se offerecerem". *"Por el Rey a Gaspar de Sousa do seu Conselho e seu Gentil homen da boca, governador e capitão geral do estado do Brasil 1ª via"*. Lisboa, 23 de mayo de 1613. *CASGS*, doc. 87, p. 190.

ro particular.[44] Em novembro de 1612, em uma carta enviada a Gaspar de Sousa, o rei volta a exaltar o compromisso dos vassalos portugueses com a nova conquista:

> Pera melhor poder conseguir a comquista e descobrimento das terras e rio do Maranhão (que vos tenho commetida conforme a minhas instruções), a qual he de tanta importância a meu serviço como deixa ver, e se animarem todos a ir servir nella com mais vontade sabendo que mandarei ter conta com o serviço que nisso me fizerem, ey por bem e me praz que signifiqueis per esta minha parte que me haverei por bem servido de todas as pessoas que forem nesta jornada pera lhe fazer as mercês e honras que conforme a seus serviços e qualidades merecem, e vos mando e a todos meus ministros a que pertencer que assy o cumprao e façais cumprir.[45]

De fato, a conquista do Maranhão vai ser realizada a partir de investimentos particulares, efetivados por uma fração da burocracia luso-pernambucana que buscava nas novas terras oportunidades de obtenção de cargos, mercês e riquezas. Houve uma verdadeira transferência burocrático-militar de lugares como Bahia, Pernambuco e Rio Grande do Norte para a conquista do Maranhão. Essa transferência também diz

44 Em carta de Filipe III para Gaspar de Sousa, essa opção foi apresentada: "E que sendo forçado pera esta occasião valerdes vos de algũ outro dinheiro [para a conquista do Maranhão], o possães haver por empréstimo de pessoas particullares que o queiro fazer por me servir (...)". Lisboa, 8 de novembro de 1612. *"Pera Guaspar de Sousa, governador do estado do Brasil"*. *CASGS*, doc. 61, p. 165.

45 "Ordena Vossa Magestade a Gaspar de Sousa, guovernador do estado do Brasil, signifique da parte de Vossa Magestade se haverá por bem servido de todas as pessoas que forem na jornada, conquista e descobrimento das terras e rio do Maranhão pera o que lhe fará as mercês e onras que conforme a seus serviços e qualidades merecem. 8 de novembro de 1612. *CASGS*, 63, p. 168-169.

respeito às famílias políticas brasileiras, como os Sousa, os Albuquerque Coelho, ou os Castelo-Branco. Na prática, a conquista foi ao mesmo tempo a resposta a um "chamado real",[46] mas também a visualização por parte destes grupos políticos de diversas vantagens na construção de uma outra oligarquia, independente das do Estado do Brasil.

Vários projetos em jogo

Se não considerarmos a expedição de Martim Soares Moreno (1613), o primeiro ensaio geral para a conquista do Maranhão ocorreria, na verdade, em 1603. Foi a jornada ao Ceará organizada pelo açoriano Pero Coelho de Sousa, em tempos do governador Diogo Botelho (1602-1607). É possível, se acreditarmos no relato feito pelo sargento-mor Diogo de Campos, que Pero Coelho tivesse pretensões de chegar ao Maranhão pela via terrestre, atravessando a perigosa serra de Ibiapaba, que tinha fama de ser um dos piores núcleos de tapuias rebeldes daquela parte da América portuguesa. Segundo o mesmo Diogo de Campos, esta expedição contaria com 80 soldados portugueses, 800 índios flecheiros, divididos em dois "caravelões", um cálculo que hoje considera-se exagerado.

De qualquer forma, na expedição de Pero Coelho já é possível encontrar certos elementos que estariam presentes também na jornada ao Maranhão: o investimento particular, sem grandes custos para a Fazenda Real; a necessidade de apoio militar nativo; e as primeiras tentativas de negociação com os índios *principais*. Foi também nesta expedição que os portugueses conheceram de perto o problema do fluxo de barcos piratas na rota entre o Maranhão e as Guianas.

46 Nesse sentido, a conquista do Maranhão não seria tão diferente do ambiente político encontrado na Restauração da Bahia, nos tempos do Conde-Duque. Véase: SCHWARTZ, Stuart, "the Voyage of the vassals, royal power, noble obligations, and merchant capital before the Portuguese Restoration of the independence, 1624-1640". *The American Historical Review*, vol. 96, nº 3 (Junho, 1991), p. 735-762.

A expedição de 1603 contava com a presença de um jovem Martim Soares Moreno que, dez anos depois, seria um dos primeiros portugueses a fazer o caminho por via marítima entre o Estado do Brasil e o Maranhão.[47] Um dos resultados imediatos da jornada ao Ceará foram as informações prestadas por Diogo de Campos que, entre 1604 e 1606, realizou viagens à Espanha para informar pessoalmente a Filipe III sobre a situação da presença "estrangeira" naquela costa. Estas informações foram fundamentais para o planejamento da conquista, entre 1612 e 1614.

A conquista do Maranhão, apesar das instruções de Filipe III, não escapou de uma certa improvisação. Em certa ocasião, o próprio Diogo de Campos reclamou que a armada de Sua Majestade contava, no início, com apenas 3 mil alqueires de "farinha da terra" (mandioca), e não levava quantidade suficiente de carne e azeite, nem tinha cirurgião-barbeiro a bordo, além de contar com poucos soldados portugueses. Aliás, foi pela falta de recursos apropriados que a jornada do Maranhão ganhou o título de "milagrosa". Por isso, as chaves para entender o sucesso desta operação são: em primeiro lugar, a participação indígena; e, em segundo lugar, a adesão de particulares que embarcaram em Pernambuco por sua própria conta. Na última hora, graças a uma carga que chegou ao Recife, proveniente do Rio de Janeiro, a jornada acrescentou aos seus bastimentos

47 Sobre seus serviços, ver: "REQUERIMENTO do ex-capitão-mor do Ceará, Martim Soares Moreno, ao rei [D. Filipe II], a pedir ajuda de custo para remediar suas misérias, necessidades e dívidas, tendo em atenção os serviços prestados na conquista e povoamento do Ceará e como capitão-mor na jornada do Grão-Pará". 1618. *AHU, Ceará (avulsos) cx 1, doc. 1.* Moreno permanece durante muito tempo ligado ao governo da Capitania do Ceará, sendo um informante privilegiado também sobre as primeiras atividades francesas e depois holandesas ali. Ver: "REQUERIMENTO do capitão-mor do Ceará, Martim Soares Moreno, ao rei [D. Filipe II], a pedir equiparação do seu ordenado ao do capitão-mor do Rio Grande". Ceará, 6 de março de 1619. AHU, cx 1, doc. 2; "CARTA do capitão-mor do Ceará, Martim Soares Moreno, ao rei [D. Filipe II], a pedir o envio de cinquenta soldados para a construção de uma fortificação". Ceará, 1 de novembro de 1621. *AHU, Ceará (avulsos), cx 1, doc. 6.*

mais 6 mil alqueires de farinha, 100 arrobas de peixe, 20 quintais de pólvora, quantidade de arcabuzes, mosquetes, chumbo e morrão.

Muitas dúvidas e problemas foram resolvidos ao longo do percurso. A maior de todas as preocupações recaia sobre o número insuficiente de índios que formavam a milícia de apoio. Entretanto, outras questões como a quantidade inadequada de barcos, ou a pouca ração de guerra disponível não deixavam de tirar o sono dos oficiais. A escolha de Jerônimo de Albuquerque como comandante da armada portuguesa pareceu a mais acertada aos olhos dos contemporâneos, em função da fama que tinha este militar português de ser fluente no estilo de guerrear dos índios e falante contumaz das suas línguas. O comando deveria ser compartilhado, entretanto, com Diogo de Campos, conhecido sargento-mor do Estado do Brasil.

No momento em que os preparativos para a jornada estavam quase concluídos, não se sabia o paradeiro do capitão Martim Soares Moreno, responsável pela expedição de reconhecimento em 1613. Desta forma, a armada lusa resolveu partir sem o seu mais experiente navegador, um dos únicos que conhecia o rumo a seguir. Assim, a jornada foi dividida em duas partes. A primeira, comandada por Jerônimo de Albuquerque, deveria esperar na Capitania do Rio Grande, com homens, barcos e bastimentos; a segunda força, a principal, foi comandada pelo sargento-mor Diogo de Campos. O Rio Grande, como veremos mais tarde, era uma fortaleza estratégica pela suposta garantia de adesão de índios flecheiros. Ou, assim pensavam os portugueses.

A força militar principal saiu do porto do Recife na manhã do dia 23 de agosto de 1614 (um sábado). Contando todos os soldados, aqueles que partiram do Recife e os demais que esperavam no porto do Rio Grande, a armada teria um número bastante reduzido de soldados brancos, cerca de 300 homens, divididos em cinco caravelões. No Rio Grande, as milícias voltariam a separar-se. Uma parte resolve fazer o caminho até a fortaleza do Ceará por terra; os demais fariam o percurso pelo mar. Esta escolha tática ilustra bem o diferente perfil dos comandantes da jornada:

de um lado estava o sertanista Jerônimo de Albuquerque, acostumado com as práticas da guerra indígena; de outro, Diogo de Campos, mais adepto do modo convencional da guerra europeia. É justo dizer que a conquista do Maranhão foi acima de tudo uma operação híbrida, em que os recursos da guerra convencional deveriam caminhar lado a lado com as estratégias da guerra nativa, pois até mesmo a sobrevivência material da tropa dependia de índios aliados.

Apesar de certa improvisação, esta ação militar contou com o apoio político de destacados personagens da burocracia portuguesa, com o esforço pessoal do governador Gaspar de Sousa, e com os recursos financeiros aplicados pela família Albuquerque Coelho, de Pernambuco. Por outro lado, cada parte integrante desta empresa parecia ter seus próprios planos para o Maranhão, e muitas vezes estas visões não eram complementárias ou harmônicas.

Tal como foi dito, a ocupação do extremo norte da América portuguesa cumpria certos objetivos gerais no interior da nova situação político-militar gerada com a união dinástica. Sabe-se que a iniciativa militar de Pernambuco era apenas uma das opções para resolver o problema francês. De fato, para a expulsão definitiva dos franceses surgiram na época outras soluções possíveis. Em 1615, quando chegavam à Corte as primeiras informações sobre o andamento do conflito franco-português no Maranhão, o conde de Salinas, futuro marquês de Alenquer, embebido no clima de covassalagem favorecido pela Monarquia Hispânica, defendeu uma outra proposta de socorro aos portugueses daquelas terras:

> Con una consulta del Consejo de Portugal, el cual refiere que respeto de haber entendido que en la Rochela se prevenían dieciocho navíos para socorrer los franceses que están en el Marañón avisa el Consejo ordenando al Virrey de Portugal que despachase a Gaspar de Sosa que es Gobernador del Brasil que con suma brevedad se partiere a acabar esto del Marañón antes que se imposibilitase, y por

> ser esta materia de tan gran importancia para ambas Indias pone el Consejo en consideración si convendrá que por la Corona de Castilla se acuda también a él con navíos y gente o con los 1000 hombres que han de ir a Chile.[48]

A proposta de enviar ao Maranhão soldados castelhanos do Chile foi objeto de apreciação pelo Conselho de Portugal. Esta ideia tem como base as informações que asseguravam a viabilidade da rota Maranhão-Índias espanholas.[49] Ao final, o Conselho avalia ser inconveniente o envio de soldados do Chile, pelo perigo de deixar um caminho aberto ao avanço holandês nas partes do Sul, com a saída de tantos homens da região.[50]

---

48 28 de mayo de 1615. *AGS, Estado (Portugal)*, 260.

49 "Al conss.º de Portugal pareció q. si se ganasen aquellos franceses podrían ser ally deprovecho y assi ordeno q. luego se escriviese al Sosa q. si le entregasen franceses los fuertes y deixasen las armas los admitiese y seña=las y tierras en q. viniesen y siendo posible los divi=diese y no quedase ninguno en el Marañon y el Con=de de Salynas amidio q si yvan a Chile los mil hombres que trataba de enviar podrían acudir a este y a lo effeto y a lo del rio de la Amazonas/ esta conss.[ta] 2ª de Portugal se vio tambien en el conss.º de estado (como su M[d] mando) y se conformo con el de Portugal y dijo el de estado q. convendría q. a los mil hombres de Chile se añadiese la gente q. hubiese de // quedar ally por pobla.[en] como lo apuntava el Conde de Salinas/ y su M[d] se conformo con ello y lo mando responder asi al conss.º de Portugal (...)". *"Resumen de lo consultado en lo tocante al Rio Marañon"*. Valladolid, 4 de julio de 1615. *AGS, Estado K (Francia), 1611.*

50 *"Avis du Conseil D'Etat au Roi. Inclusa una consulta del de Portugal sobre lo de Marañon"*. "Sñor// En el Consejo se ha visto como V.M[d] lo mando, la consulta ynclusa del de Portugal q. trata del aviso q. se ha tenido de los na=vios q. se previenen en Francia para socorrer los franceses q. están en el Marañon y lo que conviene acudir a la prevención de este daño, y ha parecido al Consejo consultar a VM[d] que no podrá tener effecto lo que se apunta en la dicha consulta de que se acuda a eso del Mara=ñon con la gente q. ha de yr a Chile, porque el [levantar ca] para aquella parte es solo por dar cubierta para q. se haga mejor lo que toca al pasaje de la que ha de yr a Flandes y a assy no se puede acudir por este me=dio a lo del Rio Marañon y por lo mucho que ymporta prebenir allí de la Rochela

Estava claro que, para o conde de Salinas, a conquista do Maranhão fazia parte de um amplo projeto defensivo contra os inimigos de Castela. De fato, existe uma boa aceitação da fórmula filipina de intervenção armada, de modo a ser possível falar de uma representação positiva da imagem de Filipe III no processo de conquista.[51]

A ideia original para a integração do Maranhão à Monarquia incluía a participação ativa dos espanhóis. Com relação ao Estado do Grão-Pará e Maranhão, autônomo em relação ao Estado do Brasil, sabemos que desde 1613 já existe uma disposição favorável à criação daquela nova unidade política. No ano de 1614, a criação de um novo Estado era uma solução plenamente aceita. Para este novo governo, Filipe III já tinha candidato, era o espanhol D. Diego de Cárcamo. Fato pouco comentado pelos historiadores e eruditos dos séculos XIX e XX, o primeiro governador eleito do Maranhão foi um castelhano.[52] D. Diego de Cárcamo era um funcionário real que havia sido secretário de D. Antônio, Prior do Crato, com atuação importante nas primeiras negociações entre Portugal e Espanha, em agosto de 1580.[53] O primeiro governador eleito do

conviene cargar la mano al Conss° de Portugal para q.// por aquella via se haga el esfuerço posible con suma brev.[d] diziendole quan enbaraçada se halla a VM[d] en otras partes.// VM[d] lo mandara ver y prover lo que mas fue servido, en Madrid a 4 de junio de 1615. [hay cinco firmas]. *AGS, Estado K (Francia), 1429, A 40.*

51 MARQUES, Guida. "L'invention du Bresil entre deux monarchies", p. 159-177.

52 De fato, parece significativo que obras do século XIX e início do século XX, sobre a narrativa política da conquista do Maranhão, pouco ou nada falem sobre o tema, a exemplo de: Varnhagen (*Historia Geral do Brazil*), Southey (*História do Brasil*), João Francisco Lisboa (*Obras.* Lisboa: Editores Luis Carlos Moreira de Castro e Henriques Leal, 1901), Cesar Marques (*Apontamentos para o Dicionário Histórico,Geográfico, topográfico da Província do Maranhão.* São Luis, Typografia Frias, 1864), Jose Ribeiro do Amaral (*Fundação do Maranhão),* Barbosa Godois (*História do Maranhão para uso dos alumnos da escola normal,* tomo I. São Luis: Typografia de Ramos D'Almeida, 1904).

53 SERRÃO, Joaquim Veríssimo. *O reinado de D. António Prior do Crato (1580-1582)*, vol. 1. Coimbra, 1956, p.81.

Maranhão era natural de Córdoba, filho de Pedro de Tovar. Naturalizado português, era casado com dona Antónia de Vilhena, e já tinha vínculos importantes com a burocracia lisboeta.[54]

Ainda em meados de 1620, Cárcamo aparece na documentação do Conselho de Portugal como governador eleito do novo Estado. Naquele ano, o virtual governador já fazia exigências para assumir a conquista, entre elas: a garantia de ter escravos africanos, investimentos em segurança, investimentos na construção de engenhos, além de um empréstimo de 10 mil cruzados.[55] D. Diego de Cárcamo também elabora diversos pareceres sobre diferentes temas relativos ao governo do Maranhão, a exemplo da negociação com a Corte francesa, ou sobre a ameaça holandesa no Cabo do Norte.[56]

Em carta enviada a D. Juan de Ciriza, secretário de Filipe III, D. Diego de Cárcamo alerta sobre os perigos dos atrasos de sua viagem, alegando ter informação segura de que "en la tierra [do Maranhão] andaban Holandeses que [abian] venido en demanda de minas que dicen las hay allí del Cabo del Norte donde tienen fortaleza". Em função disso, pedia ao rei "que me despache de aquí como conbiene".[57] Em outra carta, escrita em português, enviada ao próprio Filipe III, o cordovês volta a demonstrar sua disposição favorável a assumir o Estado do Maranhão,

---

54 BERREDO, Bernardo Pereira de. *Anais Historicos do Estado do Maranhão*, §516, p. 137-8.

55 *"Do cons° da Fazenda sobre hua petição de Dom Dio° de Carcamo g.or do Maranhão". 4 de fevereiro de 1620. AGS, Secretarias Provinciales, 1474, fl° 84; "Responde ao que se lhe escreveu sobre cousas do Maranhao". 4 de abril de 1620, AGS, Secretarias Provinciales, 1552, fl° 128;* " Cons.ta sobre hũa petição de dom Dg° de Carcamo g.or do Maranhão". Lisboa, 9 de fevereiro de 1620. *AHU, códice 32.*

56 *"Al Marques de Alenquer".* Madrid, 19 de febrero de 1620. *AGS, Estado (Portugal), 2710.*

57 Carta de Don Diego de Cárcamo a Juan de Ciriça. Lisboa, 1 de marzo de 1620. *AGS, Estado K (Francia), 1477.*

ao pedir "todas as provisões e despachos que me são necessários para o dito governo".[58]

Em outros documentos do ano de 1621, Cárcamo ainda é considerado "capitão general" do Estado do Maranhão, até ser substituído por outros candidatos prévios, e finalmente pelo luso-pernambucano Francisco Coelho de Carvalho que chegou à cidade de São Luís em 1626. Não estão totalmente claros os motivos da desistência de Cárcamo, ainda mais em razão do silêncio de cronistas minuciosos como Berredo ou Bethendorf. Em abril de 1621, um "aviso anônimo" enviado ao Conselho de Portugal nos dá, contudo, uma ideia sobre o tema:

> Aviso// Tambien apuntan los avisos que Don Diego de Carcamo que esta nombrado por capitán general de aquello no es a propósito así por su mucha edad como por faltale experiencia y inclinación a esas materias, y se debe también considerar que fue criado de Don Antonio y que holandeses en estos días resucitan su memoria en la persona de Don Manuel su hijo.[59]

Portanto, não parecia ser inconveniente um Maranhão português governado por um espanhol. Entretanto, parecia bastante incômoda a perspectiva de entregar essa nova unidade da Monarquia a um antigo servidor do Prior do Crato. Esse "aviso anônimo" também tira proveito do medo que tomava conta da burocracia de Madri com relação à possível existência de partidários de D. Antônio nas conquistas ultramarinas, principalmente nas Ilhas Atlânticas.[60]

58 Carta de Don Diego de Cárcamo. 1620. *AGS, Estado K (Francia), 1477*. Esta carta foi escrita em português e tem firma do próprio Cárcamo.

59 *"Avis anonyme - Nouvelle de Portugal"*. 28 (?) de abril de 1621, [sin firma]. AGS, Estado K (de Francia) 1431, A42, n°s. 116-143.

60 Ver: 21 de abril de 1606. *AGS, SP*, 1476, fl° 82.

A participação indígena

Os portugueses sabiam que não era uma boa ideia ir à guerra sem índios. Por isso mesmo, a jornada ao Maranhão deveria incluir guerreiros nativos das capitanias do norte do Estado do Brasil, sem os quais não seria possível expulsar os franceses, nem garantir a proteção da região contra a concorrência europeia. A participação indígena existiu em diversos níveis: no transporte fluvial e terrestre; na intermediação junto a outros grupos nativos; e nas escaramuças contra os regimentos franceses, que também contavam com um grande número de índios flecheiros nas suas filas. A primeira expectativa era reunir cerca de 1000 guerreiros, que deveriam ser arregimentados ao longo do caminho mediante diferentes mecanismos que incluíam a negociação direta com os chefes nativos, os *principais*. Sobre o tema, a documentação é bastante fragmentada. Faltam dados mais seguros sobre o número exato de índios envolvidos, sobre as nações que forneceram guerreiros para esta empresa, e sobre o papel reservado aos líderes militares nativos, problemas recorrentes na História Indígena brasileira.[61]

Os índios eram os únicos guias disponíveis para esta rota. O próprio governador do Brasil, Gaspar de Sousa, quando esteve em Olinda coordenando de perto a jornada do Maranhão considerou que a forma mais eficiente de proteger a região seria evitar qualquer contato entre índios e "estrangeiros". Os portugueses temiam a possibilidade de que "piratas" pudessem obter a ajuda de guias nativos na passagem furtiva entre o norte do Brasil e o Maranhão.[62] Entre outras coisas, sabia-se que parte daquela navegação, sobretudo os trechos fluviais, só poderia ser feita com

---

61 Para uma síntese sobre estas questões teóricas, a partir também de estudos de caso, ver: MONTEIRO, John M. "Tupis tapuias e historiadores: Estudos de História indígena e do indigenismo". Campinas: Tese de Livre Docência (história) apresentada à Universidade Estadual de Campinas, 2001.

62 "Carta de Gaspar de Sousa a EL REY em que falla nas differentes materias do governo e da fazenda, e tratta da Conquista do Maranhão, e do modo com que

o auxílio de canoas nativas. Em todo caso, aqui é necessário levar em conta o fato de que poucos portugueses conheciam realmente o caminho. Em 1613, por exemplo, o capitão Martim Soares Moreno levou consigo guias indígenas, "práticos naquela costa" do Maranhão, com quem havia estabelecido contato ainda nas terras do Ceará.[63]

É possível dividir o corpo de apoio indígena em cinco grupos: *principais*, flecheiros, remeiros, *línguas* e, ainda, os que tratavam exclusivamente dos mantimentos. Esta divisão não é muito precisa e sabemos que, na verdade, um único índio poderia desempenhar distintas funções. Não é tarefa fácil estimar o número de guerreiros recrutados. Sobre o tema, não se pode fazer mais que aproximações baseadas nos dados fornecidos pela documentação portuguesa e, eventualmente, francesa. Nesta época, a fortaleza do Rio Grande, uma das escalas mais importantes da jornada, contava com uma quantidade relativamente pequena de índios flecheiros. No dia 28 de agosto de 1614 foi feito um censo sobre o número de índios disponíveis naquela fortaleza. Pelos cálculos do sargento-mor Diogo de Campos havia apenas 234 flecheiros, liderados por 12 *principais* que representavam diferentes nações.[64] Contudo, esta estimativa não incluía, ainda, aqueles que foram recrutados no Ceará. Na chegada à Capitania do Ceará, o próprio Jerônimo de Albuquerque, em companhia de Belchior Rangel, *língua* português natural do Rio de Janeiro, estabeleceram contato com os índios da região e tentaram convencer os *principais* a participar da jornada.[65]

---

se deve proceder nella, vista estar da sorte que se acha, feita em Olinda a 31 de janeiro de 1615". *ABNRJ*, vol. 26, p. 319-20.

63 "Relação do Ceará" [1618]. In: "Documentos para a história de Martim Soares Moreno". *RIC*, vol. XIX (1905), p. 69.

64 "Jornada do Maranhão por Diogo de Campos Moreno Sargento-Mór do Estado do Brazil". *RIC*, tomo XXI, anno XXI (1907), p. 229-30.

65 As informações deste parágrafo estão em: BERREDO, Bernardo Pereira de. *Anais Históricos do Estado do Maranhão*, § 215-252, p. 71-79.

Nas fontes sobre a jornada, consta pouca informação também sobre os nativos que passaram para o lado português já no Maranhão, em pleno calor da luta. Os portugueses estavam seguros de conseguir vantajosas alianças explorando a rivalidade entre índios tupinambá, da ilha do Maranhão, e os índios da nação tremembé, da parte continental.[66] Por isso, parece pouco provável a mítica inferioridade numérica na Batalha de Guaxenduba, muitas vezes alardeada como signo da capacidade militar lusa, ocasião em que algumas centenas de portugueses derrotaram cerca de 2000 índios aliados dos franceses![67] Ainda na primeira jornada, no dia 28 de setembro de 1614, foi realizado um segundo censo para avaliar o número de índios reunidos no Ceará. Com alguma frustração, o sargento-mor Diogo de Campos constata que, mesmo contando com a experiência de Jerônimo de Albuquerque, e a influência dos aliados *principais*, a contribuição do Ceará não passava de 220 guerreiros, a maior parte provavelmente de nação tabajara. Ao mesmo tempo, os portugueses tiveram de lidar constantemente com o perigo da deserção entre os seus quadros nativos.[68]

A segunda armada, saída de Pernambuco em outubro de 1615, era bem maior. Sob o comando de Alexandre de Moura, contava já com a presença do afamado Martim Soares Moreno e com cerca de 900 homens. Deste total, mais uma vez não há informações precisas sobre a quantidade de flecheiros. Sabe-se, na comparação com jornadas seme-

66 "Jornada do Maranhão por Diogo de Campos Moreno Sargento-Mór do Estado do Brazil", p. 245.

67 Não há consenso nas fontes acerca do número exato de combatentes nativos especificamente envolvidos nesta batalha, ocorrida em 19 de novembro de 1614. Apesar disso as cifras apresentadas são bastante aproximadas entre si, variando sempre entre 1500 a 2500 índios partidários dos franceses contra cerca de 200 índios aliados dos hispano-lusos. Ver por exemplo: "Para o governador do Brasil". Madri, 21 de março de 1615, *CASGS*, *doc.* 149, p. 254.

68 "Jornada do Maranhão por Diogo de Campos Moreno Sargento-Mór do Estado do Brazil", p. 236.

lhantes, que o número de guerreiros indígenas era quase sempre bem superior à quantidade de combatentes brancos. Não há indícios para considerar aqui o contrário. Tal como na primeira jornada, nesta segunda expedição a tática dos portugueses consistia em arregimentar o maior número possível de nativos ao longo do caminho, utilizando para este fim o poder de convencimento dos *línguas*.[69]

Para obter a adesão nativa, a comunicação não deveria ser um problema. Os *línguas* trazidos de Pernambuco, Rio Grande e Ceará resolveriam em parte a questão. As duas jornadas ao Maranhão contavam também com portugueses falantes de línguas indígenas, principalmente: Jerônimo de Albuquerque, Melchior Rangel e Martim Soares Moreno.[70] O problema da comunicação também deveria ser solucionado com os missionários jesuítas que acompanharam a armada. Do lado francês, a comunicação com os nativos já estava num estágio mais avançado, com os serviços do Mons. Tureou, língua-mor do exército do Rei Cristianísssimo.[71] Portugueses e espanhóis também tinham informações que indicavam que o mesmíssimo general, Daniel de La Touche, era um *prático* nas línguas indígenas, habilidade que teria garantido aos france-

69 BERREDO, Bernardo Pereira de. *Anais Históricos do Estado do Maranhão*, § 215-252, p. 71-79.

70 Segundo o relatório de Alexandre de Moura, para defesa da região era conveniente que homens como Martim Soares Moreno estivessem a frente das negociações com os nativos. "OFÍCIO do capitão-mor do Maranhão, Alexandre de Moura, ao rei Filipe II, sobre a tomada da fortaleza francesa de São Luís. Faz referências ao estado geral do Maranhão; ao estabelecimento de índios em Tapuitapera; ao reconhecimento de alguns rios e ilhas; à qualidade das terras e à importância do povoamento desta região". Lisboa, 24 de setembro de 1616. *AHU, Maranhão (avulsos), cx. 1, doc. 8.*

71 "Jornada do Maranhão por Diogo de Campos Moreno Sargento-Mór do Estado do Brazil", p. 273.

ses a adesão de muitos grupos nativos.[72] De fato, soube-se depois que, no convento dos padres capuchinhos, franceses e índios tupinambá costumavam celebrar reuniões onde "aprendiam as línguas uns dos outros".[73]

Uma das grandes preocupações do exército francês era exatamente a eficiência que demonstravam os *línguas* portugueses no recrutamento de novos guerreiros. Esta foi provavelmente uma das chaves da vitória portuguesa. Não por acaso, um dos artigos do tratado de paz de 27 de novembro de 1614, estabelecido para que ambos grupos obtivessem novas instruções nas suas respectivas Cortes, proíbe expressamente que os *línguas* portugueses tivessem qualquer contato com índios da ilha do Maranhão ou do continente (Tapuitapera).[74] Não por acaso, Filipe III, informado sobre a importância destes mediadores nativos, decidiu que o governador a ser escolhido para assumir o Estado do Maranhão deveria ser "pessoa que tenha experiência do gentio".[75]

72 Estava claro, ao menos para algumas autoridades hispano-lusas, que Daniel de La Touche pelo conhecimento acumulado sobre os índios da região era um dos homens mais perigosos para os interesses da Monarquia no extremo Norte da América Portuguesa, mesmo anos depois de sua saída da região. Ver, por exemplo: "Carta del Marques de Alenquer a el Rey sobre los franceses en el Marañon". Firma: Mrz de Alenquer. Lisboa, 11 de fevereiro de 1619". *AGS., Estado K (Francia), 1431, A 42.* nºs 34-76.

73 "Jornada do Maranhão por Diogo de Campos Moreno Sargento-Mór do Estado do Brazil", p. 312. Atualizamos a grafia.

74 Segundo a compilação feita por Diogo de Campos, o artigo estabelece que: "Los señores d'Albuquerque, y de Campos prometten al Señor de la Ravaidière de no tratar alguna cosa com los Salvajes de la isla, ni de Tapitaperá, ni Comat, la qual no sêa tratada por las *Lenguas* del Señor de la Ravardière, ni los consentirán poder los pies en tierra à menos de díez leguas de sus fortalezas, di de sus puertos, sin la permission del dicho Señor". Rio Marañon, 27 de novembro de 1614, a*pud* CAMPOS MORENO, Diogo de. "Jornada do Maranhão por Diogo de Campos Moreno Sargento-Mór do Estado do Brazil", p. 293.

75 *"Materias do Maranhão"*. Madri, 20 de junho de 1618. *AGS, Secretarias Provinviales, 1516, flº. 78.*

Uma das responsabilidades dos *línguas*, sejam eles brancos ou não, era a negociação com os índios *principais*. De fato, ao longo do percurso, sobretudo entre o Rio Grande e o Ceará, foram recrutados índios de diversas nações sempre acompanhados dos seus respectivos chefes militares. Dentre os *principais* que integraram a armada portuguesa, alguns deles mereceriam destaque na documentação, quer seja pelo recrutamento de novos guerreiros, a exemplo dos irmãos Camarão e Jacaúna, quer seja pela capacidade bélica demonstrada em campo de batalha, como ocorreu no caso do *principal* dos tabajara, Mandiocapúa, cujas qualidades impressionaram a Diogo de Campos.[76] Por outra parte, esta negociação nem sempre funcionou como os portugueses esperavam, a julgar pelo que ocorreu com os índios do Ceará, sobretudo aqueles liderados pelo *principal* Diabo Grande da serra de Ibiapaba, que retiraram na última hora seu apoio militar à armada.[77]

A participação indígena na conquista do Maranhão pode ser considerada, para as capitanias de Rio Grande, Ceará, Maranhão e Grão-Pará, como um dos ensaios prévios para a guerra hispano-holandesa na região. Em ambos casos, algumas estratégias são recorrentes: a negociação com os *principais;* a adoção de táticas militares híbridas, com acentuado valor atribuído ao sistema indígena de emboscadas; e a valorização de militares portugueses habituados com o trato nativo. Ao mesmo tempo, como veremos mais tarde, estes índios estavam cada vez mais conscientes de que os portugueses eram dependentes das milícias

76 "Jornada do Maranhão por Diogo de Campos Moreno Sargento-Mór do Estado do Brazil", p. 258.

77 *Idem, ibidem*, p. 239-40. O *principal Diabo Grande* também aparece na *Relação da missão do Maranhão* do jesuíta Luís Figueira. Este padre da Companhia foi recebido por aquele *principal* na aldeia de Ibiapaba onde esteve cerca de quatro meses (até outubro de 1607), obtendo também informações acerca da atividade francesa na região. FIGUEIRA, Luís. "Relação da missão do Maranhão [1608-1609?]". In: LEITE, Serafim. *Luiz Figueira, sua vida heróica e sua obra Literária.* Lisboa: Agência Geral das Colônias, 1940, p. 131-32.

nativas. Com efeito, muitos destes índios reconheceram vantagens nesta situação, obtendo ganhos coletivos ou individuais.

De qualquer forma, continua a ser um desafio estabelecer o número de índios que saíram do Estado do Brasil para combater franceses em nome de Filipe III, principalmente em função da falta de cifras confiáveis. Um problema parecido ao de um outro grupo que também participou da jornada de conquista: os espanhóis.

Índios principais e flecheiros reunidos no Rio Grande para a conquista do Maranhão (até o dia 28 de agosto de 1614)

Principal	**Aldeia de origem**	**Número de flecheiros sob seu comando**
Marcos Mariguy	Ibatatan	22
Arco Verde	Ibatatan	9
Alexandre	Paravasú	10
D. Francisco	Tambepé	35
Jorge	Pindauná	18
Pau Seco	Joacocá	22
Mandiocapúa	Joacocá	16
André	Jacarcuná	9
Mucurapirá	Pirary	12
Minásu	Maritanguá	7
Beyjú	Guaramasio	16
Tambor	Tambásuramá	24
Patacú	Rio Grande	20
Não registrado	Paranasú	14

FONTE: "Jornada do Maranhão por Diogo de Campos Moreno Sargento-Mór do Estado do Brazil", p. 229-30.

A participação espanhola

As fontes disponíveis sobre a conquista do Maranhão não permitem saber quantos espanhóis integraram efetivamente a jornada.[78] As próprias cifras referentes ao número de soldados não são seguras. O cronista Berredo, por exemplo, faz poucas referências à origem dos soldados e oficiais. Entretanto, existem algumas exceções. Ao falar da Batalha de Guaxenduba, o principal confronto entre portugueses e franceses no Maranhão, Berredo comenta o sacrifício de alguns oficiais castelhanos que morreram ou foram feridos no campo de batalha: João de Salinas, "natural de Marciana" (Andalucía); Francisco de Beça, "do reino de Castela", Luiz de Guevara, natural de Tánger, João de Mandiola e Francisco de Velasco, "ambos castelhanos".[79] Outros nomes sugestivos aparecem em diversos documentos: Fernandez Guárate, Fernam de Versoza, Diego Dares, sem que seja definida claramente a origem de cada oficial. O sargento-mor Diogo de Campos, por seu turno, informa que o caravelão que levou o capitão Manoel de Sousa de Eça à jornada do Maranhão partiu do Recife com 30 soldados, dos quais 14 eram portugueses e 16 eram castelhanos vindos das Filipinas.[80] Na verdade, a pre-

78 Alguns dos documentos sobre a jornada apresentam listas incompletas de soldados e oficiais. Por ocasião do conflito entre o capitão Caldeira Castelo Branco e o capitão Jerônimo de Albuquerque, conhecemos os nomes de alguns dos soldados e oficiais de maior destaque na tomada do forte de São Luís, sem que se possa saber sua origem. Nos demais documentos, por vezes, aparece nome e origem do oficial, mas não a função que desempenhava.

79 BERREDO, Bernardo Pereira de. *Anais Históricos do Estado do Maranhão*, §304-308, p. 92-93.

80 "Jornada do Maranhão por Diogo de Campos Moreno Sargento-Mór do Estado do Brazil". *RIC*, tomo XXI, anno XXI (1907), p. 219.

sença de oficiais e soldados castelhanos não era nenhuma novidade neste tipo de operação, e ocorreu em diversas outras partes.[81]

Origem de parte dos oficiais que integraram a jornada de conquista do Maranhão e Grão-Pará (1614-1616)

Nome	**Posto**	**Origem**
Alexandre de Moura	Capitão	Olinda (Estado do Brasil)
André Pereira Tamudo	Capitão de Esquadra	Alentejo (Portugal)
Antonio Grisante	Oficial	Braga (Portugal)
Antonio Vicente Cochado	Capitão de Esquadra	Bahia (Estado do Brasil)
Bartolomeu Ramires	Incerto	Ilhas dos Açores
Bento Maciel Parente	Capitão de Mar e Guerra	Viana do Castelo (Portugal)
Diogo Botelho da Vide	Sargento-Mor	Beira (Portugal)
Diogo de Campos Moreno	Sargento-Mor	Ilha Terceira?
Domingos Correia	Mestre de Caravela	Ilha Graciosa
Francisco Caldeira Castello Branco	Capitão	Castelo Branco? (Portugal)
Francisco de Azevedo	Incerto	Lisboa (Portugal)
Francisco de Beça	Incerto	Espanha
Francisco Frias de Mesquita	Engenheiro-Mor/Auditor Geral/Provedor da Fazenda	Portugal
Francisco de Velasco	Incerto	Espanha
Gregório Fragoso de Albuquerque	Capitão	Olinda (Estado doBrasil)
Jerônimo de Albuquerque Maranhão	Capitão-Mor	Olinda (Estado do Brasil)
Jerônimo de Albuquerque, "o moço", ou "o sardo".	Capitão	Olinda (Estado doBrasil)
João de Mandiola	Incerto	Espanha
João de Salinas	Sargento	Andalucia (Espanha)
Luiz Guevara	Incerto	Tanger (Marrocos)

81 PEREZ-MALLAINA, Pablo Emilio. "La Carreira de Indias: incovenientes y ventajas del sistema español de comunicaciones transatlánticas". In: VENTURA, Maria da Graça. (Eds) *Viagens e viajantes no Atlântico quinhentista.* Lisboa: Edições Colibri, 1996, p. 23.

Manuel da Guarda Cabreira	Capitão	Abrantes (Portugal)
Manuel de Loureiro	Incerto	Abrantes (Portugal)
Manuel de Sousa de Eça	Capitão de Infantaria	Ilhas dos Açores
Manuel Gonçalves "Regueifeiro"	Piloto-Mor	Leça (Portugal)
Martim Soares Moreno	Capitão	Santiago do Cacém (Portugal)
Mateus Gonçalves	Incerto	Lisboa (Portugal)
Matias de Albuquerque	Capitão	Olinda (Brasil)
Pedro Álvares	Incerto	Viana (Portugal)
Pedro Teixeira	Alferes	Villa de Cantanhede (Portugal)
Simão Carvalho	Incerto	Porto (Portugal)

Fonte: BERREDO, *Anais Históricos do Estado do Maranhão..*, entre outras.

Embora não se possa afirmar que o forte construído pelos portugueses era de estilo castelhano, pois nada restou dos desenhos elaborados pelo engenheiro-mor Francisco Frias de Mesquita, há muitos testemunhos que corroboram esta tese. O engenheiro também teria desenhado, a pedido do capitão Alexandre de Moura, um forte em estilo hexagonal, chamado pelos portugueses de Santa Maria.[82] O engenheiro-mor do Brasil seria o responsável pela redefinição do traçado urbano da cidade de São Luís, logo após a tomada do forte francês em 3 de novembro de 1615.[83] Os luso-pernambucanos conservaram parte da estrutura inicial da fortaleza, mas realizaram mudanças, alterando o nome de forte São Luís para São Felipe. Tais mudanças ficariam a cargo de Francisco Frias, como consta no informe feito pelo capitão Alexandre de Moura. Neste documento, o capitão Moura apresenta o estado da fortaleza francesa original:

82 VARNHAGEN, Francisco Adolpho. *Historia Geral do Brazil*, tomo primeiro, p. 329.

83 A historiografia local, desde o século XIX, discute a importância dessa intervenção urbana castelhana. LACROIX, Maria de Lourdes Lauande. *A fundação Francesa de São Luis e seus mitos*. 2ª edição. São Luis: Lythograf, 2002.

> Esta situada [a fortaleza] em hũa ponta de terra oposta a dous braços do rio sitio alto e dezabafado ella em si posto que feita de estacadas he forte per arte de grandes terraplenos cõ seus grandes baluartes, altos e casas matas, cõ fosso de quarenta palmos de larguo, e des de alto que não estava ainda acabado cõ sua ponte lavadissa os alojamentos erão de palha, e so avia meas paredes, de hũa casa não tẽ agoa dentro mas mas tẽ hu posso immediato a ella que facilmente defendẽ de cima.

Logo depois, Alexandre de Moura descreve as mudanças realizadas por Frias de Mesquita:

> Ordenei nella por traça do Ingen.º mor do Estado do Brazil Francisco Frias de Mesquita hua plataforma baixa oposta ao porto em que assentei quatro pessas de artilharia fiz asi mesmo nas paredes levantandoas, mas hu armazẽ para mantimentos, moniçois, e pólvora, tudo be resgoardado e cuberto de telha q. la mandei fazer, coisa ate então não vista. Fiz um corpo de goarda e outra segunda porta furtando a primera co hũa parede cõ suas seteiras reformey os terraplenos em mutas partes, e lhe fiz parapeitos de cestões o q. tudo ficou acabado deixei para fazer hu baluarte que lhe faltava para defesa de duas cortinas, e da porta E que todo o forte se sengisse pela parte de fora co parede grossa competentemente a sustentar os terreplenos e que os alojamentos e que os alojamentos se fizessẽ de pedra para que lhe deixei ordẽ para fazerẽ cal e feita mais de outenta pipas.[84]

84 "RELATORIO de Alexandre de Moura sobre a expedição a ilha do Maranhão e expulsão dos francezes". Lisboa, 24 de outubro de 1616, *ABNRJ*, vol. 26, p.197- 98.

Frias de Mesquita também aparece em outros documentos sobre a construção de engenhos e obras de proteção da cidade de São Luís (contra os holandeses). Faltam, todavia, documentos para afirmar que o traçado urbano da antiga cidade de São Luís, que depois será a capital do Estado do Maranhão, seguiu o projeto feito pelo capitão Frias de Mesquita. Sabe-se, por outro lado, que o tal projeto incluía duas praças alinhadas em ruas de quadras regulares, concebidas ao modo das cidades espanholas.[85] Ainda em 1616, o capitão Alexandre de Moura havia deixado instruções claras para que inclusive a distribuição de sesmarias aos futuros moradores fosse realizada: "seguindo em tudo a traça" feita pelo "D. Engenheiro-mor".[86] Por fim, a tal planta do forte de São Felipe, e da cidade antiga, espanhola ou não, teria viajado a Sevilha em posse do próprio Frias de Mesquita, acompanhado na ocasião por Manuel de Sousa de Eça.[87]

---

85 LACROIX, Maria de Lourdes Lauande. *A fundação Francesa de São Luis e seus mitos*, p. 80; MOTA, Antonia da Silva & MANTOVANI, José Dervil. *São Luis do Maranhão no século XVIII: a construção do espaço urbano sob a lei das Sesmarias.* São Luis: Edições FUNC, 1998.

86 "Regimento que o Capitão Alexandre Mor Moura deixa ao Capitão Mor Hieronimo de Dalbuquerque por serviço de sua Mag.[de] para bem do Governo desta Província do Maranhão", *ABNRJ*, vol. 26, p. 234

87 "Diz mais o Viso-Rey que naquella somana viera ao porto de Lisboa, com força do tempo hum navioque hia em direitura à Sevilla, e nelle Manoel de Souza de Eça, hum dos capitaes que por ordem de Gaspar de Sousa tinha hido com Hieronimo de Albuquerque ao Maranhão, e que com elle hum engenheiro que diz que deu ordem a fabrica do forte que alli se edificou de que com esta consulta vay hua planta e que ambos hiam mandados por Hieronimo D'Albuquerque a dar conta a Gaspar de Souza do sucedido na jornada", Madrid, 6 de abril de 1615, *AGI, Patronato*, 2.5, 1/7. Também em: *ABNRJ*, vol. 26, p. 292.

Uma conquista para os vassalos

A conquista do Maranhão chamou a atenção de outros vassalos de Filipe III. Gaspar de Sousa, por exemplo, escreve ao rei comunicando que um oficial do Reino de Nápoles chamado Constantino Paulo Garrafa, "bem nascido" e que já havia servido na campanha de Flandres, pedia para ir ao Maranhão como capitão de artilharia. Sousa estava inclinado a enviar o capitão napolitano em função da necessidade de povoar as novas terras, e por "não ser ele dos estrangeiros proibidos".[88] Em realidade, na conquista do Maranhão, para além dos já citados oficiais castelhanos, não se sabe ao certo que outros vassalos não-portugueses integravam a jornada.

De fato, o chamado real para o serviço naquelas novas terras teve rapidamente resposta. Muitos portugueses, que já tinham circulado por outras partes da Monarquia, começam a pedir postos na Capitania do Maranhão. Há muitos exemplos a respeito. Um deles foi Agostinho Ferreira (natural de Lisboa), que já serviu a Filipe II na Bretanha, e que agora solicitava um cargo de sargento-mor no Maranhão.[89] Outro português, André Soares, que havia estado nas Índias espanholas e em Sevilha, e que foi "voluntariamente" ao Maranhão com mulher, filhos e "escravos", e que lá vive, segundo diz, a "lei da nobreza", pede ao rei o cargo de escrivão da câmara de São Luís.[90]

Além dessas petições, feitas por soldados ou oficiais pouco conhecidos, também existem pedidos de recompensa feitos por oficiais de maior importância, como os filhos do capitão-mor Jerônimo de

---

88 "Sobre Constantino Paulo Carrafa", 30 de mayo de 1620. *AGS, Secretarias Provinciales, 1552*. flº. 290

89 "*Do Conselho de Portugal*", 15 de marzo de 1624. *AGS, Secretarias Provinciales, 1467*, flº. 27

90 "*Andre Soares casado e morador no Maranhão*", 15 de marzo de 1624, flº. 30. *AGS, Secretarias Provinciales, 1467*, flº 30.

Albuquerque,[91] e do ex-governador Gaspar de Sousa.[92] Também é significativo que o próprio D. Diego de Cárcamo, governador eleito que jamais foi ao Maranhão, tenha pedido (em 1620) a comenda da Ordem de Avis, assim como cargos na nova conquista para seus filhos e netos.[93]

Esse sistema de recompensa, comum na Monarquia Hispânica, acabou criando uma memória recente da conquista do Maranhão, assim como um panteão formado por Alexandre de Moura, Martim Soares Moreno, Vicente Cochado, e representantes da família Albuquerque Coelho. Essa memória não parece ser tão diferente daquela formada pelos restauradores de Pernambuco, logo após o fim da invasão holandesa.[94] Por fim, essa pequena "união de armas" formada por ocasião da conquista do Maranhão pode ser, na sua definição mais geral, comparada com a "jornada dos vassalos" da Bahia, de 1625.[95] Em ambos casos, tanto a adesão voluntária quanto os projetos particulares tinham seu lugar, ao lado do escudo do Monarca Católico.

---

91 *"Do Consº da Fazª sobre Antº de Albuquerq"*. 2 de mayo de 1620, *A.G.S., Secretarias Provinciales, 1474*, flsº 383-384. Véase también: "Outra sobre Antonio Dalbuquerque, Fidalgo de miha casa filho mais velho de Jeronimo de Albuquerque já falecido, que foi capitão mor da conquista do Maranhao", 26 de agosto de 1620. *AGS, Secretarias Provinciales*, 1517, flº 35.

92 Entre outros, ver: "Sobre Gaspar de Sousa, 7 de julho de 1623". *AGS, Secretarias Provinciales, 1518*, flº. 37

93 "*Para sua MAg.de. Com hua petição de Dom D.º de Carcomo sobre merce que pede*". Pide a el Rey la "comenda das Galveas da Orden de Avis". Lisboa, 16 de mayo de 1620". *AGS, Secretarias Provinciales, 1552*, flº. 213.

94 Por exemplo, sobre a memória dos restauradores André Vidal de Negreiros, João Fernandes Vieira, D. Filipe Camarão, e D. Henrique Dias. CABRAL DE MELLO, Evaldo. *Rubro Veio: O Imaginário da Restauração Pernambucana*. Rio de Janeiro: Topbooks, 2ª edição, 1997, p. 195

95 Sobre o tema, ver: SCHWARTZ, Stuart. "The Voyage of the vassals, royal power, noble obligations, and merchant capital before the Portuguese Restoration of the independence, 1624-1640". *The American Historical Review*, vol. 96, nº 3 (junho, 1991), p. 735-762.

2ª Parte

Rotas e Riquezas

Capítulo IV
A Amazônia e a carreira das Índias

> El descubrimiento del Pará, es en la misma costa del Marañón contracosta del Peru, en el continente del Trinidad, principio de las Indias de Castilla (...).[1]

Rotas possíveis

No início do século XVII, o conhecimento acerca das vicissitudes da navegação oceânica já é razoavelmente confiável.[2] Desta forma, em tese, as novas regiões da Monarquia Hispânica não teriam problemas em rapidamente identificar uma vocação comercial, ajustando-se às rotas pré-existentes.[3] Por outro lado, muitos conselheiros do Monarca Católico não tinham dúvidas de que a integração econômica de territórios de fronteira era a única forma realmente eficaz de protegê-los do assédio dos concorrentes europeus. Esta foi claramente a expectativa so-

---

1 *Carta do Marquês de Alenquer a Juan de Ciriza.* Lisboa, 26 de Julho de 1619. *AGS, Estado K (Francia), 1431, A 42,* n°s 34-76 (original em espanhol).

2 Ver entre outros: MAURO, Frédéric. "A marinha à vela". In: *A expansão Europeia.* Lisboa: Estampa, 1995, p. 69-76.

3 Segundo a síntese feita por Russell-Wood, é possível definir três rotas inter-regionais para América Portuguesa durante o século XVII: 1. O comércio local de provisões, que combinaria rotas marítimas e fluviais pela costa do Estado do Brasil; 2. O comércio costeiro, que transportava os gêneros que chegavam da Europa e África; 3. A troca de produtos específicos entre as capitanias. RUSSEL-WOOD, A.J.R,. *Um mundo em movimento. Os portugueses na África, Ásia e América (1415-1808).* Lisboa: DIFEL, 1992, p. 65.

bre o Maranhão. Parte dos moradores desta nova conquista, tal como vimos, já havia circulado por outras regiões, e alguns deles conheciam bem as rotas comerciais possíveis do mundo hispano-luso. Este capítulo trata exatamente de como estes moradores tentaram, a partir de conhecimentos prévios, inventar uma vocação oceânica para o Maranhão no seio da Monarquia dual.

Tal como afirma Russell-Wood, as condições naturais para a circulação marítima influenciaram significativamente os padrões e a cronologia das próprias conquistas ultramarinas.[4] Com efeito, era perfeitamente possível para um navegador experiente comparar os limites impostos pelos anticiclones do Atlântico, que separavam a América portuguesa em duas zonas de ocupação, quase isoladas, ao sistema de monção presente, por exemplo, na navegação pelo oceano Índico.[5] De fato, os portugueses estavam bem acostumados com estas circunstâncias do mar. No caso do Maranhão, qualquer navegador sabia que viajar de Lisboa para São Luís era bem mais fácil que viajar de São Luís para Salvador, em função dos ventos alísios de nordeste. Os limites impostos ao acesso à rota do Estado do Brasil acabam por alimentar outras opções. Mas, antes de qualquer coisa, é necessário identificar exatamente que limites eram estes.

O Maranhão não pertence ao sistema de ventos e correntes oceânicas que define os espaços possíveis da carreira do Brasil. Esta nova conquista inclina-se naturalmente ao sistema alimentado pela corrente Norte Equatorial, e pela contracorrente Equatorial. Além disso, outras duas correntes oceânicas têm influência aqui: a corrente dos Açores, que

---

4 RUSSELL-WOOD, A.J.R.. "Padrões de Colonização no Império Português, 1400-1800". In: BETHENCOURT, Francisco & CURTO, Diogo Ramada (dir.). *A expansão marítima portuguesa, 1400-1800*. Lisboa: Edições 70, 2010, p. 177.

5 REID, Anthony. *Southeast Asia in the Age of Commerce, 1450-1680. Volume One: The lands below the winds*. New Haven/London: Yale University Press, 1988. Para uma crítica a esta análise ver, entretanto: SUBRAHMANYAM, Sanjay. *Comércio e conflito. A presença portuguesa no Golfo de Bengala, 1500-1700*. Lisboa: Edições 70, 1994.

corre de leste para oeste, e a corrente das Guianas, que corre em direção noroeste e potencializa a conexão entre o norte da América portuguesa e o mar do Caribe. Tais limites não eram, de modo algum, desconhecidos. Ao contrário, há inúmeros testemunhos de época que afirmam existir uma separação física entre o Estado do Brasil e o Maranhão. Para resumir, de uma forma bem direta, o padre jesuíta Luís Figueira, em 1609, definiu bem a situação: "os que lá forem não podem ter comércio com esta província do Brasil, porque de Pernambuco para lá todos os ventos são em popa, e de lá não se navega para cá".[6] No mesmo tom, o capitão Alexandre de Moura, no primeiro informe oficial sobre a conquista, explica a Filipe III que o Maranhão está "longe do Brasil", e que "mais facilmente se vai a Portugal do que vai a ele".[7] Neste caso, a principal barreira é a corrente do Atlântico Sul, que corre em sentido contrário aos ponteiros do relógio, como é bem conhecido, e que favorece a conexão rápida entre o Estado do Brasil e Angola, mas deixa poucas alternativas à conexão com o Maranhão. Nesse sentido, tal como alertavam os informes oficiais, sempre foi bem mais fácil ir do Maranhão ao reino.

Uma viagem entre Lisboa e São Luís durava cerca de 5 semanas, um percurso bastante rápido e seguro para os padrões da época. Em comparação, um navio que viajasse de Lisboa para o Recife tardava cerca de 65 dias; de Lisboa a Salvador uma embarcação poderia levar 70 dias. Tudo dependia da monção favorável, com chegada limite até o mês de

6 "Carta de Luis Figueira sobre as dificuldades da missão do Maranhão. 26 de Agosto de 1609". In: STUDART, Barão de. *Documentos para a história do Brasil, especialmente para a do Ceará*. Fortaleza: Typographia Studart, 1904, vol. 1, p. 43-45. Atualizamos a grafia.

7 "OFÍCIO do capitão-mor do Maranhão, Alexandre de Moura, ao rei Filipe II, sobre a tomada da fortaleza francesa de São Luís. Faz referências ao estado geral do Maranhão; ao estabelecimento de índios em Tapuitapera; ao reconhecimento de alguns rios e ilhas; à qualidade das terras e à importância do povoamento desta região". Lisboa, 24 de Setembro de 1616. *AHU, Maranhão (avulsos)*, cx. 1, doc. 8.

junho, pois a partir deste limite a viagem tornar-se-ia mais arriscada.[8] Na costa do Estado do Brasil, entre Pernambuco e Bahia, os deslocamentos oceânicos são facilitados pelos ventos de sudeste que sopram com regularidade entre abril e outubro.[9] Estes ventos tornam a comunicação regular com o Maranhão virtualmente impraticável. Entre o Maranhão e o reino os melhores meses para a travessia são abril, maio e junho. Nesta rota as ilhas atlânticas funcionam como escala natural, sobretudo os Açores.[10] As ilhas também serviam de rota de migração. Com efeito, as cidades do Estado do Maranhão receberiam contingentes de população açoriana principalmente entre os anos de 1619 e 1677.[11] Este movimento migratório é incentivado pela Monarquia, motivado por diferentes fatores, e sobrevive até a primeira metade do século XVIII.[12]

---

8 RUSSEL-WOOD, A.J.R.. *Um mundo em movimento,* p. 52-55. LAPA, José Roberto do Amaral. *A Bahia e a Carreira da Índia.* São Paulo: Companhia Editora Nacional/Editora da Universidade de São Paulo, 1968, p. 140.

9 Para estas informações ver, entre outros: MAURO, Frédéric. *Portugal, o Brasil e o Atlântico, 1570-1670.* Lisboa: Editorial Estampa, vol.1, 1997, p. 112.

10 É preciso dizer que, pela posição geográfica das ilhas dos Açores, o tráfico entre estas e o Estado do Brasil também foi constante desde o início do século XVII, aumentando durante o século XVIII, intercambiando produtos como azeite, vinho, peixe, farinha e madeiras, sobretudo a partir da instituição dos "navios do privilégio", criados em 1652 pela *Companhia geral de comércio do Brasil.* RODRIGUES, José Damião. *São Miguel no século XVIII. Casa, elites e poder.* Ponta Delgada: Instituto Cultural de Ponta Delgada, 2003, p. 150-1.

11 Como lembra Coates, o Maranhão recebeu durante este período, tanto migração livre, quanto forçada (degredados). No século XVII, uma parte deste contingente foi transferido para o extremo Norte da América Portuguesa em função dos numerosos terremotos que abalaram os Açores. COATES, Timothy J. *Degredados e órfãos: colonização dirigida pela coroa no império português. 1550-1755.* Lisboa: CNCDP, 1998, p. 145-46.

12 CHAMBOULEYRON, Rafael. "A Amazônia Colonial e as Ilhas Atlânticas". *Canoa do Tempo,* vol. 2, nº 1 (jan-dez, 2008), p. 187-204; RODRIGUES, José Damião & MADEIRA, Artur Boavida. "Rivalidades imperiais e emigração: os

Se a ligação entre o Brasil e o Maranhão é dificultosa pelo mar, por terra os desafios são ainda piores. Até o final do século XVIII, não há estradas ou caminhos de mata ligando efetivamente o Estado do Brasil à Amazônia portuguesa.[13] A única ligação possível seria através da perigosa serra de Ibiapaba, entre o Ceará e o Piauí. Ibiapaba, por sua vez, estava longe de ser uma opção segura. Em 1608, o padre Francisco Pinto tornar-se-ia o primeiro "mártir" da Companhia de Jesus no Maranhão ao morrer nas mãos dos índios "cararijus", quando tentou atravessar esta perigosa serra.[14] No entanto, nos conturbados anos da guerra hispano-holandesa, o Ceará poderia servir de escala na comunicação forçosa entre o Estado do Brasil e o Estado do Maranhão. No regimento passado ao capitão Domingos Lopes Lobo, em 1617, D. Luís de Sousa deixa patente esta condição especial. Sousa, então governador do Estado do Brasil, adverte de que uma das obrigações do capitão do Ceará é receber bem os viajantes desta rota, tornando a passagem ao Maranhão cômoda e segura.[15] Em 1619, outro capitão-mor, o já famoso Martim Soares Moreno, na carta que enviou a Filipe III solicitando reformas para a proteção da

açorianos no Maranhão e no Pará nos séculos XVII e XVIII". *Anais de História de Além-Mar*, vol. I (2003), p. 247-263.

13 RUSSEL-WOOD, A.J.R,. *Um mundo em movimento, p. 79.*

14 CARDOSO, Alirio & CHAMBOULEYRON, Rafael. "Fronteiras da Cristandade: Relatos jesuíticos no Maranhão e Grão-Pará (século XVII)". In: DEL PRIORE, Mary & GOMES, Flavio. *Senhores dos Rios. Amazônia, Margens e História.* Rio de Janeiro: Elsevier, 2003, p. 33-62.

15 Diz o regimento: "E porque também se teve consideração no dito Seara para que servise de escala aos que vão e vem a conquista do Maranhão, sucedendo que nesa dita parage portem pesoas algũas por terra e por mar as favorecereis e ajudareis em tudo o que puderdes para com melhor comodidade e segurança posão seguir sua viagem e caminho". "Copia do regimento que leva o cappitam do Siara". Olinda, 9 de Setembro de 1617. *Livro 2.º do Governo do Brasil (1615-1634).* Lisboa: CNCDP/Museu Paulista/USP, 2001, doc.19, p. 66-7.

capitania, descreve o Ceará como "necessária escala dos navios e caminhantes que vão do Brasil ao Maranhão".[16]

Contudo, o mesmo Martim Soares, já experimentado nesta rota, nunca concordou com a decisão de Filipe IV de sujeitar a Capitania do Ceará à jurisdição do Estado do Maranhão. Em 1626, o capitão deixa claro o seu desacordo, por julgar ser esta rota "inavegável".[17] Evidentemente, não se pode reduzir a complexidade da situação política da Capitania do Ceará a uma questão de ventos e correntes oceânicas. Martim Soares Moreno tentava, ao mesmo tempo, construir uma posição política independente em relação ao Estado do Brasil, consciente dos privilégios que poderia obter governando, desta forma, uma capitania de fronteira, aliás, rica em salinas e com capacidade de transferência de contingentes indígenas para a Guerra do Brasil.[18] De qualquer forma, uma estadia no Ceará era fundamental para quem quisesse viajar com alguma segurança entre o Brasil e o Maranhão. Um dos recordes desta rota pertence ao navio que transportava o frei Cristovão de Lisboa, novo custódio dos franciscanos do Estado do Maranhão. O navio do Frei Lisboa saiu do

16 "REQUERIMENTO do Capitão-mor do Ceará, Martim Soares Moreno, ao rei [D. Filipe II], a pedir meios para reconstruir a fortaleza, soldados e seus oficiais, armas, munições e pólvora para defesa dos ataques dos holandeses e franceses, e escala dos navios que do Estado do Brasil vão ao do Maranhão". Ceará, 25 de Maio de 1619. *AHU, Ceará (avulsos)*, caixa 1, doc. 3.

17 "REQUERIMENTO do Capitão-mor do Ceará, Martim Soares Moreno, ao rei [D. Filipe II], a pedir que a capitania do Ceará, por facilidade de comunicação, pertença ao estado do Brasil e não ao do Maranhão". Ceará, 11 de fevereiro de 1626. *AHU, Ceará (avulsos)*, caixa 1, doc. 7.

18 Sobre o tema, ver: CARDOSO, Alirio. *Insubordinados, Mas Sempre Devotos: poder local, acordos e conflitos no Antigo Estado do Maranhão* (1607-1653). Dissertação de Mestrado (História) apresentada à Universidade Estadual de Campinas (Unicamp), Brasil, 2002.

Recife em 12 de julho, fazendo escala no Ceará no dia 17, deixando aquela fortaleza no dia 30, e chegando a São Luís no dia 5 de Agosto de 1624.[19]

Tal como veremos, a participação do Maranhão nas rotas sul-atlânticas nunca foi completamente descartada. Entretanto, as conexões sonhadas por alguns dos seus primeiros moradores tinham como alvo o Caribe e o Vice-Reinado do Peru. Seriam, em tese, carreiras interfluviais, com uma parte da jornada feita também por mar, e outra, talvez, por terra. Estas rotas foram pensadas para tirar vantagem de uma conhecida peculiaridade da Amazônia portuguesa, seu complexo sistema de rios. Diferentemente do Estado do Brasil, os rios do Maranhão apresentam um nível de navegabilidade inigualável, semelhante a certos rios asiáticos.[20] No final da década de 1630, surge um imenso debate sobre as rotas fluviais amazônicas, por ocasião da espantosa viagem de Pedro Teixeira, entre Belém e Quito (1637-1639). Em 1639, são produzidos diversos informes "peruanos" sobre o tema. D. Martin de Saavedra y Guzmán, governador do Novo Reino de Granada, nas cartas e relações que escreveu a respeito, especulou acerca dos limites do rio Amazonas, comparando-o com outros grandes rios do mundo: o Ganges, o Nilo, o Eufrates, e os rios do golfo de Bengala. Ao final, Saavedra y Guzmán admite que aquele rio parece não ter limites, podendo sua extensão chegar à serra de Potosí e às ilhas do Caribe.[21] Foi exatamente esta condição especial da rede fluvial

19 BERREDO, Bernardo Pereira de. *Anais Históricos do Estado do Maranhão*, § 519-520, p. 138-9; KIEMEN, Mathias, OFM.. *The indian policy of Portugal in the Amazon Region*, p. 32.

20 Sérgio Buarque de Holanda corrobora esta ideia: "O aproveitamento dos rios brasileiros para a navegação andou sempre aquem das possibilidades que à primeira vista oferece a nossa rede hidrográfica. É certo, no entanto, que fora da Amazônia, raramente chegaram aqueles cursos d'água a representar caminho ideal para transportes a longa distância". HOLANDA, Sérgio Buarque de. "O transporte fluvial". In: *Monções*. São Paulo: Brasiliense, 2000, p. 207.

21 "Relacion del descubrimiento del Rio de las Amazonas, y San Francisco del Quito, y declaracion del mapa donde esta pintado". Santa Fe, julho de 1639. *BA*,

amazônica que inspirou diversas ideias e especulações acerca da vocação econômica da região.

O próprio mito cartográfico que sustenta a existência de uma "Ilha Brasil", popular entre os cosmógrafos do período, parece ser uma expressão extrema do potencial destes corredores fluviais, e de como estavam presentes no imaginário dos contemporâneos. Se, de um lado, este mito reforça a noção de que o Estado do Brasil estava fisicamente separado do Maranhão, por outro lado, reafirma a aproximação entre o Maranhão e as zonas que participavam das rotas castelhanas, como o rio da Prata. Entretanto, navegar por estas águas implicava outras dificuldades, como veremos a seguir.

Naus, caravelas e canoas

Tais rotas só seriam possíveis se existissem transportes apropriados. Com efeito, desde o início da conquista as autoridades locais sabem que, além de moradores e soldados, o Maranhão necessitava urgentemente de navios. Nada mais lógico para um território dominado constantemente pelas águas. Entretanto, durante todo o século XVII, e até inícios do século XVIII, o Maranhão recebe um número insuficiente de embarcações por ano. Em parte, esta é uma consequência de estar fora dos circuitos regulares da carreira do Brasil. No fim do século XVII, mesmo a comunicação com a Corte torna-se irregular, como fica claro nas diversas queixas dos moradores luso-maranhenses ao longo do período.[22] Entretanto, existiu um fluxo maior de embarcações nos primeiros anos de conquista, consequência das demandas necessárias à formação da nova unidade política, e das contingências da guerra hispano-holandesa. Nesta época, o Maranhão é visitado por caravelas do reino, responsáveis pela transferência do corpo burocrático; naus francesas e inglesas, traficando entre os braços do

---

códice 54-XI-26 (nº 4), fl. 19.

22 CHAMBOULEYRON, Rafael. *Portuguese Colonization of Amazon Region*, p. 209-215.

rio Amazonas; ou, ainda, com a movimentação defensiva das décadas de 1630-1640, anos quentes da Guerra do Brasil. Seja como for, nos primeiros anos as águas maranhenses estavam mais agitadas.

Não há muitas informações sistemáticas sobre o tipo de transporte e a tonelagem média das embarcações que frequentavam os portos de São Luís e Belém até 1655. Em função da ecologia local, o uso de naus de grande calado, como veremos, não era incentivado. Apesar de, no século XVII, existir uma tendência geral para o aumento do tamanho médio das embarcações,[23] sabe-se que as circunstâncias da guerra hispano-holandesa impulsionaram o ressurgimento da caravela, pequena e ágil, em muitos sentidos mais útil que as grandes naus.[24] A navegação amazônica é, por excelência, uma transição entre o mar e o rio, conveniente às caravelas de pequeno e médio porte (até 300 toneladas) parecidas com as utilizadas pelos portugueses na navegação pela costa africana.[25]

É necessário, também, diferenciar as embarcações da travessia oceânica, daquelas que faziam as rotas internas entre as capitanias. Na

---

23 MAURO, Frédéric. *Portugal, o Brasil e o Atlântico*, p. 79-80. No século XVII, esta tendência verifica-se também nos navios de guerra. UNGER, Richard W. *Ships and shipping in the North Sea and Atlantic, 1400-1800*. Aldershot/Brookfield: Ashgate, 1997, p. 25

24 COSTA, Leonor Freire. *O transporte no Atlântico e a Companhia Geral do Comércio do Brasil (1580-1663)*. Lisboa: CNCDP, vol. 1, 2002, p. 606-7. Para o período anterior: COSTA, Leonor Freire. *Naus e galeões na Ribeira de Lisboa. A construção naval no século XVI para a Rota do Cabo*. Caiscais: Patrimónia, 1997. Para uma síntese rápida sobre as transformações técnicas no uso da caravela, com ênfase sobre os dois tipos de velas utilizados até o século XVI, ver: BALLABARBA, Sergio. "Le navi portoghesi nel periodo delle scoperte". In: CECCUCCI, Piero. *Le Caravelle Portoguesi sulle vie delle Indie*. Roma: Bulzoni Editore/Consiglio Nazionale delle Ricerche/ CNCDP, 1993, p. 99-123.

25 RUSSEL-WOOD, A.J.R,. *Um Mundo em Movimento*, p. 47. Para aspectos mais gerais sobre o tema da navegação pelos rios e costas da África Ocidental, ver entre outros: CARREIRA, António. *Os portugueses nos rios da Guiné (1500-1900)*. Lisboa, 1984.

Capitania do Maranhão, como de resto costumava ocorrer, era a câmara de São Luís que regulamentava as embarcações que faziam o transporte de pessoas ou mercadorias, sobretudo na pequena "carreira", como era chamada a travessia entre a ilha de São Luís e a "terra firme" de Tapuitapera.[26] Em 1656, por exemplo, a câmara manda passar aviso aos mestres de barcos para que não partissem sem antes prestar contas aos oficiais sobre a renda proveniente destas travessias.[27] A câmara também regulava, em tese, os barcos que faziam a jornada para a Capitania do Pará, onde muitos "homens bons" tinham seus negócios e para onde se deslocavam com certa regularidade.

Os portugueses rapidamente aprenderam nos encontros com traficantes e piratas que a tecnologia das embarcações nativas não deveria ser ignorada. O sistema de navegação utilizado na região amazônica, assim, inclinava-se a uma mescla de conhecimentos europeus e indígenas. É verdade que o uso de embarcações nativas não era novidade entre os portugueses, habituados aos barcos de junco das Molucas ou aqueles da passagem dos estreitos de Macau.[28] No caso do Maranhão, a dependência das embarcações indígenas vai ser agravada pela falta generalizada de carpinteiros nos primeiros anos, queixa reiterada em diversos documentos.[29]

Barcos pequenos eram fundamentais, e os portugueses rapidamente dão conta disso. Ainda em 1612, num parecer sobre a tomada de

26 CORRÊA, Helidacy Maria Muniz. "Para aumento da conquista e bom governo dos moradores. O papel da câmara de São Luís na conquista, defesa e organização do território do Maranhão (1615-1668)". Niterói: Tese de doutorado (História) apresentada à *Universidade Federal Fluminense*, 2011, p. 130.

27 "barcos" [à margem]. São Luís, 20 de fevereiro de 1656. *Livro de Acórdãos. APEM*, fl. 41a.

28 RUSSEL-WOOD, A.J.R. *Um mundo em movimento*, p. 48.

29 "CARTA do capitão-mor do Maranhão, Diogo da Costa Machado, ao rei Filipe II, sobre as necessidades do Maranhão: fabrico de engenhos, construção de Navios, mineiros, alimentos para os visitantes, animais, armas e munições". 10 de Dezembro de 1619. *AHU, Maranhão (avulsos)*, cx. 1, doc. 35.

São Luís aos franceses, D. Diogo de Menezes afirma que a navegação pelo interior da costa do Maranhão é "impossível a navios grandes redondos, e dificultosa aos latinos grandes, e fácil a embarcações pequenas de remos".[30] Em 1615, na chegada da frota de socorro comandada por Alexandre de Moura, os navios maiores foram guiados por um batel e uma lancha, por não haver, segundo explica o piloto-mor Manuel Gonçalves, "piloto que se atrevesse a meter tamanhas naus por dentro".[31] Não só os portugueses conheciam as circunstâncias da navegação amazônica. Os primeiros franceses que se estabeleceram na região sabiam perfeitamente que as naus maiores eram de pouca utilidade, e deveriam ser substituídas pela lancha, o lanchão, ou o batel. Em 1615, esta foi justamente a advertência que fez o general francês Daniel de La Touche a Alexandre de Moura, quando perguntado sobre as condições de navegabilidade entre São Luís e o rio Amazonas. Segundo uma certidão do general francês, traduzida depois para o espanhol: "del Marañón hasta dichas barras y puertos no tenemos pilotos que sepam llevar naos grandes por de fuera de los bajos, y por de dentro no navegan, sino navíos pequeños".[32] Entre os "navios pequeños" utilizados pelos portugueses, mas também por franceses, ingleses e holandeses, estava a canoa indígena.

A história da expansão portuguesa pelo interior da Amazônia não poderia ser devidamente contada sem referência à canoa.[33] Este tipo de transporte nativo era fundamental como embarcação guia entre os canais estreitos, e na identificação das zonas de baixios. Tal a funcionalidade

30 "Carta de Diogo de Menezes, feita em a Bahia a 1 de Março de 1612". *ABNRJ*, vol. 26, p. 310.

31 "Roteiro de Pernambuco ao Maranhão". 5 de outubro de 1615. *Livro 1º do Governo do Brasil (1607-1633)*. Lisboa: CNCDP/MRE, 2001, doc. 25, p. 154. Atualizamos a grafia.

32 "Certidão do Francês". São Luís, 8 de Dezembro de 1615. *ABNRJ*, vol. 26, p. 237.

33 Ver, por exemplo: DELSON, Roberta Marx. "Inland navigation in Colonial Brazil: using Canoes on the Amazon". *International Journal of Maritime History*, 7, nº 1 (jun/1995), p. 1-28.

A canoa também poderia atingir tamanhos maiores de acordo com o percurso e as condições oferecidas por cada curso de rio específico. Em todo caso, era bem mais eficiente no transporte rápido de mercadorias e homens pelos canais estreitos. Segundo Sérgio Buarque de Holanda, as *igaras* amazônicas feitas de jatobá eram leves e resistentes, podendo carregar 500 kg de peso, e navegar mais de 130 km ao dia.[38] Este tipo de transporte tradicional será um recurso importante para o comércio da região até o século XIX, rivalizando com os primeiros vapores.[39] No século XVII, torna-se cada vez mais comum a utilização de canoas de guerra, adaptadas para uma abordagem rápida e furtiva. De fato, no *Vocabulário Português Latino* de Raphael Bluteau, canoa é definido como "embarcação de que usam os gentios da América para a guerra".[40] Tal a importância atribuída à canoa como embarcação de primeiro ataque, que não seria exagerado dizer que a guerra hispano-holandesa na Amazônia inventou uma espécie de infantaria fluvial.[41]

38 HOLANDA, Sérgio Buarque de. "O transporte fluvial". In: *Op. cit.*, p. 208-9.

39 Segundo Tavares Bastos: "No Amazonas uma canoa grande caminha regularmente vinte legoas por dia descendo, e mais facilmente estando bem carregada". TAVARES BASTOS, Aureliano Cândido. *O Valle do Amazonas. Estudo sobre a livre navegação do Amazonas. Estatistica, producções, commércio, questões fiscaes, do valle do Amazonas.* Rio de Jeneiro: B.L Garnier, 1866, p. 279. Este transporte barato e versátil será, durante um longo período, fundamental no comércio de regatão pelos rios da região. Sobre a importância das rotas fluviais no século XIX, ver: BASTOS, Carlos Augusto & LOPES, Siméia de Nazaré. "Nas rotas do Xingu e do Tapajós: desertores, remeiros e regatões no Grão-Pará do pós-Cabanagem". In:. & CARDOSO, Alírio & SOUZA, César Martins de (Eds.). *HISTÓRIAS DO XINGU: Fronteiras, espaços e territorialidades: séculos XVII-XXI.* Belém: EDUFPA, 2008, p. 159-188.

40 BLUTEAU, Pe. Raphael. *Vocabulario portuguez e latino.* Coimbra, Collegio das Artes da Companhia de Jesus, 1712. (Ed. fac-simile, CD-Rom, Rio de Janeiro, UERJ, s.d.).

41 Ver capítulo VI.

É possível encontrar bons exemplos desta estratégia nos relatos sobre o assédio português aos fortes holandeses do Maranhão.[42] Em 1624, por exemplo, durante o ataque ao forte Nassau, nas margens do rio Xingu, os portugueses colocaram à prova a utilidade destas pequenas embarcações, combatendo navios holandeses de mais de 100 toneladas. Na ocasião, os vassalos de Filipe IV deixaram no porto do Pará uma caravela de 60 toneladas, e seguiram viagem em um pequeno barco, uma lancha e mais 40 canoas de guerra, segundo o capitão Antônio Vicente Cochado: "por assim ser mais conveniente".[43] Por outro lado, é difícil saber com certeza quais tipos de embarcações foram utilizadas na campanha de 1624. Os navios holandeses, por exemplo, são genericamente chamados pelos portugueses de "naus". Sabe-se que, a partir do século XVII, o barco de guerra regular dos holandeses era a fragata.[44] Entretanto, os navios holandeses encontrados na campanha de 1624 pareciam ser embarcações de transporte de mercadorias. Tratar-se-ia, talvez, dos cargueiros conhecidos como *fleuten*.[45]

Embora as embarcações pequenas fossem mais eficientes e versáteis no acesso às zonas fluviais, e na vigilância de áreas críticas, os portos mais importantes do Estado do Maranhão (São Luís e Belém) eram identificados como ideais para circulação de navios de grande calado. O

42 Para um estudo acerca dos Fortes existentes no Maranhão no século XVII, ver: SANTOS PÉREZ, José Manuel. "Colonial fortifications in the State of Maranhão: historical Research in Spain and Portugal". In: *Atlas of Dutch Brazil*. Amsterdam: New Holland Foundation, 2009.

43 "Relação que faz Antonio Vicente Cochado do descobrimento do rio das Almazonas, e Cabo do Norte, que foi fazer por orden de V.Mag[de]". 27 de Julio de 1624. *AGS, Secretarias Provinciales*, 1467, flº 688-688v.

44 PARKER, Geoffrey. *La revolución militar. La innovación militar y apogeo de Occidente, 1500-1800*. Madrid: Alianza Editorial, 2002, p. 139.

45 WÄTJEN, Hermann. *O domínio colonial holandês no Brasil. Um capítulo da história colonial do século XVII*. Recife: Governo de Pernambuco/Companhia Editora de Pernambuco, 2004, p. 526-27.

próprio Claude D'Abbeville, cronista da França Equinocial, afirma que o porto da ilha de São Luís, em 1614, poderia abrigar navios de 1200 toneladas.[46] Acreditava-se que os próprios índios construtores de canoas poderiam ser utilizados na fabricação de grandes navios. No manuscrito anônimo *Descripción de la Província del Brasil* (1629), dedicado a "obras de naturaleza" da América portuguesa, seu autor estima que nos portos de Pará, Maranhão e Ceará seria possível fabricar, cada ano, 12 galeões de 1000 toneladas cada que sairiam da região "cargados de madera labrada para hacer otros galeones en España, porque hay muchas y mui buenas y fáciles de traer adonde se hubiere de hacer la fabrica, y costará 4U escudos de a diez R[s] cada una toneladas".[47] No mesmo sentido, João de Almeida, construtor de navios do reino, com mais de 30 anos de experiência, explica que, pelas informações que tinha, "a pouco custo se podem fazer grande quantidade de embarcações". Segundo Almeida, não seria necessário enviar do reino trabalhadores de ofícios mecânicos, pois os índios da região poderiam ser carpinteiros, ferreiros ou torneiros.[48]

Além da possibilidade de utilização do trabalho indígena, o Maranhão teria outra vantagem: a enorme quantidade de madeiras adequadas à construção naval. Tal como afirma Mauro, o século XVII foi um período de aumento considerável do número de estaleiros na América portuguesa. A Monarquia esperava com isso aproveitar a excelência das madeiras do Brasil e do Maranhão e, ao mesmo tempo, diminuir a importação deste produto dos países do norte da Europa.[49] Na época, os

46 D'ABBEVILLE, Claude. *História da missão dos padres capuchinhos na ilha do Maranhão, p. 58.*

47 "Discripcion de la Provincia del Brasil". Madri, 30 de setembro de 1629. BNE, mss *3015, flº 2v.*

48 "CONSULTA do Conselho Ultramarino para o rei D. João IV, sobre uma memória acerca da fabricação de navios no Pará". Lisboa, 1 de junho de 1644. *AHU, Pará (avulsos)*, cx. 1, doc. 51.

49 MAURO, Frédéric. "Os estaleiros". In: *Portugal, o Brasil e o Atlântico*, p. 73-83.

estaleiros portugueses tinham excedido sua capacidade, e a Ribeira das Naus encontrava-se em situação lastimável. Em 1616, por exemplo, o Conselho de Portugal foi obrigado a pedir emprestado galeões de Castela para suprir as necessidades da frota da Índia Oriental.[50] Para piorar, desde inícios do século XVII, há notícias sobre a carência de madeiras para construção naval até mesmo em Pernambuco, pelo excessivo uso que os engenhos faziam delas.[51] Por isso, existia a esperança de que as novas conquistas da América portuguesa pudessem resolver, em parte, o problema. Assim, em 1622 já houve uma tentativa de transportar madeira do Maranhão para o reino nos navios de torna-viagem.[52] Nos anos posteriores, encontramos outras tantas proposições semelhantes.

Ao menos no reinado de Filipe IV, o alvo privilegiado dessas propostas sobre o aproveitamento das madeiras do Maranhão foi a carreira das Índias espanholas. Numa carta enviada ao soberano, em 1637, o então governador do Maranhão, Jácome Raimundo de Noronha, expõe suas ideias a respeito. Noronha considera que os rios do Grão-Pará são os melhores para a construção de uma nova fábrica de naus, por onde seria possível chegar a Sevilha em 40 dias.[53] Por outro lado, para o governador

---

50 SALGADO, Augusto António Alves. "Portugal e o Atlântico. Organização militar e acções navais durante o período filipino (1580-1640)". Lisboa: Tese de doutorado (História) apresentada à Universidade de Lisboa, 2009, p. 79-80.

51 HUTTER, Lucy Maffei. "A madeira do Brasil na construção e reparos de embarcações". Separata da *Revista da Universidade de Coimbra*, vol. XXXIII (1985), p. 418-419.

52 "OFÍCIO de Roque da Silveira, sobre os navios que vão para o Maranhão e que na viagem de regresso transportariam madeira para a fábrica das naus". Lisboa, 16 de Abril de 1622. *AHU, Maranhão (avulsos)*, cx. 1, doc. 38.

53 "Relação dada por Jacome Raymundo de Noronha sobre cousas tocantes ao governo do Maranhão". 10 e 23 de maio de 1637. In: STUDART, Barão de. *Documentos para a história do Brasil, especialmente para a do Ceará*. Fortaleza: *Revista Trimensal do Instituto do Ceará* (1910), doc. 22, p. 260.

Noronha, o Pará teria outra vantagem: os índios poderiam fazer às vezes de carpinteiros.[54]

Tais ideias seriam retomadas inclusive após o fim da união dinástica. Em 1647, surge outra proposição. O governador do Estado, Francisco Coelho de Carvalho, escreve uma carta ao rei D. João IV, apreciada pelo Conselho Ultramarino em fevereiro de 1648, sobre a possibilidade de construção de uma fábrica de galeões na cidade de São Luís. A tal fábrica poderia abastecer a frota da carreira da Índia oriental, pois, segundo afirma o governador, os portos de São Luís e de Belém poderiam abrigar todos tipos de embarcações por "grandes que sejam".[55] Assim, mesmo no período da Restauração Portuguesa estas propostas conservavam, ainda, uma grande semelhança com aquelas proposições do período filipino.

Copiar Castela: o caso da *encomienda* maranhense.

Tal como lembra Serge Gruzinski, um dos aspectos mais interessantes da Monarquia Católica é a importação e difusão de modelos castelhanos entre as regiões vassalas. Este fenômeno, nuclear na afirmação da própria Monarquia, pode ser encontrado no estilo das crônicas, na representação cartográfica, nas artes, mas também nas estratégias de sobrevivência econômica.[56] No caso do Maranhão, houve uma tentativa, bem documentada aliás, de importação de um modelo econômico específico das Índias de Castela. Este foi o debate em torno da adoção da *encomienda* peruana, principalmente entre as décadas de 1620 e 1640. Neste período, alguns moradores do Maranhão seiscentista não se li-

54 *Ibidem*, p. 262.

55 "CONSULTA do Conselho Ultramarino ao rei D. João IV, sobre o estabelecimento da fábrica de galeão, no Estado do Maranhão. Anexo, 2 consultas.". Lisboa, 17 de Fevereiro de 1648. *AHU*, Maranhão (Avulsos), caixa 3, doc. 241.

56 GRUZINSKI, Serge. "Le mondes mêles de la Monarchie Catholique et autres 'connected histories'". *Annales. Histories, Sciences Sociales*, nº 1 (janeiro-fevereiro, 2001), p. 93.

mitaram a detectar a proximidade com o Peru, e tentaram efetivamente tirar vantagem disso, copiando seu antigo sistema de administração do trabalho indígena. Ainda pouco conhecida pela historiografia brasileira, a proposta da *encomienda* maranhense estava centrada não apenas no controle sobre a numerosa mão-de-obra nativa, sem interferência missionária, mas também na possibilidade de controle sobre os principais soldados da guerra hispano-holandesa, os índios que habitavam o imenso território entre o Ceará e o Cabo do Norte.

Apesar de um certo caráter exótico, estas propostas não eram desprovidas de fundamentação e coerência interna. Como se sabe, um dos principais debates sobre a criação do Estado do Maranhão girou em torno da sua capacidade de sustentação financeira, pois esta região deveria ser, com o tempo, completamente independente da Fazenda do Estado do Brasil. Dito de outro modo: o próprio Maranhão deveria pagar todas as suas despesas concernentes à manutenção da estrutura física, conservação da burocracia local e uma possível expansão para o Oeste. É exatamente no interior deste debate que surgem as primeiras especulações acerca da adoção da *encomienda*. Contudo, foi o próprio Monarca Católico quem deu o exemplo. Numa carta régia, de outubro de 1612, Filipe III discute a questão da manutenção econômica da nova conquista. Neste documento, o soberano concorda com os pareceres anteriores que afirmavam que a despesa da tomada do Maranhão deveria ser paga com os dízimos do pau-brasil, e principalmente com a Fazenda de Pernambuco.[57] Mais adiante, na mesma carta, o monarca sugere a repartição dos índios do Maranhão em "encomendas entre os povoadores na forma e modo dos do Peru".[58]

57 Sobre o tema da conservação do Maranhão relacionado com os dízimos de Pernambuco, ver também: "Materias do Maranhão". Madrid, 20 de junho de 1618. *AGS, Secretarias Provinciales*, 1516, flº 78.

58 "Instrução para Gaspar de Sousa, guovernador do Brasil, sobre a conquista do Maranhão". CASGS, p. 159-161.

A ideia de controlar o trabalho indígena, ao modo das *encomiendas* peruanas, não vai agradar a certos grupos religiosos, sobretudo jesuítas e franciscanos, mas será defendida por outras autoridades luso-maranhenses, nomeadamente capitães-mores e oficiais da câmara. No entanto, tais propostas só seriam claramente defendidas no reinado de Filipe IV. Na década de 1630, o capitão do Grão-Pará, e depois governador do Estado, Bento Maciel Parente, foi o principal defensor do método peruano.

Bento Maciel nasceu em Viana do Castelo, mas viveu em Pernambuco, destacando-se no combate a holandeses e tapuias rebeldes em Pernambuco, Paraíba e Rio Grande.[59] Sua ascensão na vida política maranhense deve-se à violenta repressão que liderou, como capitão-de-guerra, contra as rebeliões indígenas de 1617-1621, iniciadas com o grande motim tupinambá de Cumã. Segundo informa o historiógrafo José Honório Rodrigues, quando Bento Maciel esteve em Madri escreveu quatro "memoriais", todos em espanhol.[60] Não há originais dos primeiros escritos, apenas cópias, algumas delas feitas pelo Barão de Studart no início do século XX, conservadas na Fundação Biblioteca Nacional (Rio de Janeiro).[61] Talvez o primeiro escrito de Bento Maciel sobre o tema seja um memorial de 1627.[62] No *Memorial para conservar y augmentar la conquista y tierras del Marañón*, possivelmente de 1630, e claramente

59 RODRIGUES, José Honório. "Bento Maciel Parente". In: *História da história do Brasil. 1ª parte: historiografia colonial.* São Paulo: Companhia Editora Nacional, 1979, p. 82-84.

60 RODRIGUES, José Honório. "Bento Maciel Parente", p. 83.

61 De fato, há diferentes cópias destes documentos publicados como se fossem textos independentes. Tudo leva a crer que, na verdade, se trate do mesmo *Memorial* disponível em diferentes versões. Para uma rápida comparação, ver por exemplo: "Memorial// Para conservar y aumentar la Conquista y tierras del Marañon, y los Indios que en ellas conquistó el capitán Benito Maciel Pariente// son necesarias las cosas siguientes// año 1630. [cópia]. FBN, II-35, 28.

62 REIS, Arthur Cézar Ferreira. *A política de Portugal no valle Amazônico*, vol. 1, p. 27. Ver também: "Memorial para conservar e aumentar la conquista y tieras del

influenciado pela leitura das relações de Simão Estácio da Silveira, Bento Maciel nos apresenta três propostas. Primeiramente: utilizar a madeira e as condições ecológicas da região para construir navios para a carreira das Índias espanholas; depois: fornecer gêneros para a frota das Índias (tabaco, açúcar, madeiras, etc.); e por fim, "repartir los pueblos de índios por encomienda, como se hace en las Indias".[63]

Pouco tempo depois, Bento Maciel voltaria à carga. Em 1635, solicita a Filipe IV permissão para administrar pessoalmente o serviço de 3000 casais de índios, de diversas nações do rio Xingu. Este enorme contingente de nativos seria utilizado na fabricação de novos engenhos e na proteção militar da região. Na opinião de Bento Maciel, "encomendar os índios daquelas partes" seria a única forma de prover a conservação do Estado, ameaçado constantemente por índios rebeldes e piratas.[64] Em 1636, Bento Maciel sistematiza melhor suas ideias na sua *Relação do Estado do Maranhão*. Neste documento, escrito provavelmente em Madri, o capitão explica que "encomendar" os índios do Maranhão resolveria, supostamente, os principais problemas do Estado: evitaria o comércio entre índios e navegadores estrangeiros; e amenizaria o problema da "falta de gente" nas novas conquistas. Segundo Bento Maciel,

---

Marañon de Bento Maciel Parente". FBN, II-32, 13, 24. [versão provavelmente transcrita pelo Barão de Studart no início do século XX].

63 "Memorial, para conservar y augmentar la conquista y tierras del Marañon, y los indios que en ellas conquistó el Capitan Maior Bento Maciel Parente, son necesarias y convenientes las cosas siguientes". *RIC*, tomo XXI, anno XXI (1907), p. 182-188.

64 "REQUERIMENTO do governador do presídio do Cabo de Santo Agostinho, Bento Maciel Parente, para o rei [D. Filipe III], pedindo por remuneração dos seus serviços nos estados do Brasil e Maranhão, a mercê de poder administrar mil casais de índios da província dos guarajaras, para trabalharem nos engenhos do estado do Maranhão, bem como a administração de outros dois mil casais de índios da província do Pacajés, Reguape e Gurupá na capitania do Pará". 4 de agosto de 1635. *AHU, Pará (avulsos), cx. 1, doc. 37*.

a *encomienda* maranhense deveria ser feita mediante quatro regras, que resumidas seriam as seguintes:

1. Os índios encomendados são principalmente os resgatados (chamados *índios de corda)*, que supostamente morreriam nas mãos de outros índios.
2. Os índios resgatados teriam o seu preço fixado por uma junta especial, talvez nos mesmos moldes das juntas ligadas ao Conselho da Fazenda de Portugal.
3. Os resgatados deveriam servir aos moradores por um prazo de dez anos.
4. Após dez anos de serviço, os índios seriam libertados. Entretanto, permaneceriam nas regiões onde prestaram serviço.[65]

De modo geral, o Maranhão é a única região da América portuguesa, apesar de existirem demandas parecidas na Capitania de São Vicente, ao sul, a solicitar formalmente a adoção do sistema de *encomienda*. Seria muito fácil atribuir este fenômeno ao pouco acesso que os moradores do Maranhão tinham às principais rotas de distribuição de escravos africanos. Contudo, sabemos que a demanda pelo trabalho indígena coexistiu com o próprio trabalho africano, como ficou claro nos anos de atividade da Companhia de Comércio do Maranhão, com a introdução de escravos oriundos da rota da Guiné e Cacheu (final do século XVII).[66] Até onde se pode entender, tanto o trabalho africano quanto o trabalho

65 "Relação do Estado do Maranhão feita por Bento Maciel Parente". Madri, 4 de Agosto de 1636. *ABNRJ*, vol. 26, p. 355-359.

66 CHAMBOULEYRON, Rafael. "Escravos do Atlântico equatorial. Tráfico negreiro para o Estado do Maranhão e Pará (século XVII e início do século XVIII)". *Revista Brasileira de História*, v. 26, nº 52 (2006), p. 100-101.

especializado indígena eram formas complementárias de servidão na Amazônia portuguesa.

Assim, é necessário buscar outras explicações. Em primeiro lugar, a memória do poder da aristocracia mineira peruana foi sempre uma forte motivação para os moradores do Maranhão. No Peru, a relação entre defesa da região e acúmulo de poder pessoal sempre esteve ligado ao governo dos índios.[67] Por outro lado, tal como demonstrou o estudo de García Bernal para a província de Yucatán, a *encomienda* era também uma eficiente forma de mercê real, uma considerável retribuição ao serviço dos vassalos em territórios de pouco incentivo econômico.[68]

A proposta de *encomienda* maranhense talvez tivesse como remota inspiração o antigo modelo antilhano, ou mesmo o método dos primeiros tempos do *repartimiento* peruano. Em ambos, o benefício era uma retribuição real aos serviços dos primeiros conquistadores ou povoadores dos territórios virgens.[69] Entre os moradores luso-maranhenses também deveria existir a consciência de que, em todo caso, seria improvável um hipotético retorno ao estilo das *encomiendas* anteriores às *Leyes Nuevas*, em regime perpétuo e hereditário. Os proponentes mais bem informados, como era o caso de Bento Maciel Parente, sabiam que o resultado da super-exploração do sistema trouxe como principal consequência uma

---

67 ACOSTA, Antonio. "Estado, clases y Real Hacienda en los inícios de la Conquista del Peru". *Revista de Indias*, vol. LXVI, n.º 236, (Janeiro-Abril, 2006), p. 57-86.

68 GARCÍA BERNAL, Manuela Cristina. *Poblacion y encomienda en Yucatan bajo los Austrias*. Sevilla: Escuela de Estudios Hispano-Americanos, 1978, p. 170

69 Tal como explica José de La Puerta Brunke, embora o *repartimiento* conservasse uma relação conceitual com antigos sistemas oriundos da Espanha da Reconquista, para o Peru dos séculos XVI e XVII *repartimiento* e *encomienda* eram praticamente termos equivalentes. Este sistema ao longo do século XVI passa a ser convertido num tributo coletivo muito mais que uma mercê pessoal, perdendo aos poucos inclusive seu caráter perpétuo e hereditário. LA PUENTE BRUNKE, José de. *Encomienda y encomenderos en el Perú. Estudio social y político de una institución colonial*. Sevilha: Diputacion Provincial de Sevilla, 1992, p. 14-38.

séria crise demográfica nas Índias espanholas, e este argumento deveria ser devidamente respondido na correspondência com a Corte. Do outro lado da questão, estavam as comunidades nativas que de forma organizada ou individualmente não deixavam de combater os abusos relativos aos sistemas de trabalho compulsório existentes na América hispânica. Em regiões peruanas como Huamanga, os índios já tinham inclusive lançado mão de contestações jurídicas para evitar a aplicação pontual da *mita* entre finais do século XVI e inícios do século XVII.[70]

Assim, a versão luso-maranhense da *encomienda* tinha apenas uma relação nominal com o modelo peruano. No mais, o que queriam estas autoridades era o estabelecimento de um sistema próprio, aliás, diferente segundo quem apresentava cada proposta. Talvez a única identidade entre as diferentes propostas era a noção de que o trabalho indígena estaria regulado pelos agentes laicos, com pouca ou mesmo nenhuma intervenção missionária. Entretanto, nem mesmo isso era realmente consensual, e nas propostas apresentadas por Bento Maciel Parente não se excluía completamente o papel das Ordens religiosas. Nesse sentido, não deveria ser desconhecida a situação de outros territórios castelhanos nos quais conviviam padres não-jesuítas e *encomenderos*. Em Corrientes, na região do Prata, as missões franciscanas, por exemplo, estavam localizadas próximas do núcleo urbano possibilitando a funcionários e moradores solicitarem o serviço das populações guaranis, mediante negociação com os frades.[71]

O modelo pretendido por aqueles portugueses também parecia ser semelhante ao da pequena ou "microencomienda" existente na vizinha *Nueva Granada*, cujo serviço indígena era negociado entre as comu-

70 STERN, Steve J.. *Los pueblos indígenas del Perú y el desafío de la conquista española. Huamanga hasta 1640*. Madri: Alianza Editorial, 1986, p. 185-218.

71 SALINAS, María Laura. "Encomienda, trabajo y servidumbre indígena en corrientes. Siglos XVII-XVIII". Dissertação de Mestrado (História) apresentada à *Universidad Internacional de Andalucía*, 2008, p. 131.

nidades nativas e um morador proprietário de terras.[72] No *Nuevo Reino*, sabe-se também que a *encomienda* como serviço pessoal, e não como tributo, durou mais tempo em comparação com a Nova Espanha e o Vice-Reinado do Peru, prolongando-se à margem das leis restritivas até a primeira metade do século XVII.[73] Mesmo na Nova Espanha, até início dos seiscentos, em províncias sem grandes incentivos econômicos e com reduzida população, como era o caso de Tabasco, a *encomienda* ainda era considerada uma das únicas fontes de riqueza e de recompensa aos primeiros povoadores.[74]

Os habitantes portugueses do Maranhão tinham consciência de que o modelo da grande *encomienda* estava em crise, em função das grandes perdas demográficas geradas pelo sistema. Para estes moradores, estava claro que a adoção daquele modelo de governo dos índios também apostava tudo na continuidade da união dinástica. Sem esta premissa, tais projetos são ininteligíveis. Por outro lado, não se pode analisar de forma verosímil a questão da *encomienda* luso-maranhense sem a devida atenção a sua condição de fronteira. Nesse sentido, é possível que os portugueses já tivessem informações sobre a atividade de "encomenderos" castelhanos nas proximidades da Amazônia portuguesa.[75] No final das contas, imitar o aparente êxito dos vizinhos não parecia uma ideia tão estranha. De qual-

72 RUIZ RIVERA, Julian B. *Encomienda y mita en Nueva Granada en el siglo XVII*. Sevilla: Escuela de Estudios Hispano-Americanos, 1975, p. 215.

73 GAMBOA M., Jorge Augusto. "La encomienda y las sociedades indígenas del Nuevo Reino de Granada: el caso de la Provincia de Pamplona (1549-1650)". *Revista de Indias*, vol. LXIV, nº 232 (2004), p. 749-770.

74 JIMÉNEZ ABOLLADO, Francisco L. "Implantación y evolución de la encomienda en la provincia de Tabasco, 1522-1625". *Anuario de Estudios Americanos*, tomo LVII, nº 1 (2000), p. 13-39.

75 TORRES-LONDOÑO, Fernando, "Trabalho indígena na dinâmica de controle das reduções de Maynas no Marañon do século XVII". *História (São Paulo)*, vol. 25 (2006), p. 16.

quer forma, o fim da união das Coroas e a política pró-jesuítica de D. João IV tornaram tais propostas completamente fora de contexto.

Estava claro, também, que a importação do modelo peruano integrava um grupo maior de proposições, cuja base retórica era a proximidade entre o Maranhão e o Vice-Reinado. Ao mesmo tempo, os moradores luso-maranhenses alimentavam outra possibilidade: participar das rotas de distribuição de prata, escravos, madeira ou especiarias entre o Peru e a Europa, utilizando a rede fluvial amazônica.

Todos os caminhos levam à prata do Peru

A criação de um "eixo Andes-Atlântico", para usar a expressão de Guy Martinière, apresentava-se como possível solução para alguns dos conhecidos problemas da carreira das Índias.[76] De fato, os moradores luso-maranhenses sabiam que um dos grandes inconvenientes da *carrera* era a escala dos galeões espanhóis na saída das Bahamas, sobretudo em Havana, e buscavam apresentar alternativas viáveis ao problema, com um bom toque de imaginação, é bem verdade. Esta solução também foi apresentada como possível resposta ao assédio holandês e inglês em Cartagena de Índias e em Portobelo. A ideia, basicamente, seria participar da rota que passava por Cartagena e cuja volta se fazia por Cuba em direção aos Açores. Uma alegada vantagem da inclusão do Maranhão seria o seu clima mais estável, em comparação com o do Caribe. Tal como explica Carlo Cipolla, além da pirataria, um dos perigos mais frequentes no dia-a-dia da *carrera* eram estas "violentíssimas tempestades" que destruíam completamente a formação defensiva das frotas.[77] Além disso,

76 MARTINIÈRE, Guy. "Geopolítica do espaço português da América: o Estado do Maranhão". In: MAURO, Frédéric (Ed.). *O Império Luso-Brasileiro (1620-1750)*. Lisboa: Estampa, vol. VII, 1991, p. 126.

77 CIPOLLA, Carlo. *Conquistadores, piratas e mercadores. A saga da prata espanhola*. Lisboa: Editorial Teorema, 2002, p. 37. Para uma análise mais geral sobre

a própria invernação nos portos americanos era extremamente cara.[78] Como vemos, as propostas que resumimos a seguir pressupõem um bom conhecimento da realidade da própria *carrera*.

A ideia de incluir o Maranhão na *carrera* consta de diversos documentos.[79] São cartas, consultas, pequenos memoriais e relações, que traçam expectativas gerais sobre a vocação oceânica desta região. Em 1615, o Conselho de Portugal já discute algumas dessas possibilidades nas consultas realizadas sobre o que foi chamado de "empresa del Marañón". Nestas consultas, o rio Amazonas volta a ser representado como uma ligação privilegiada entre as duas partes da Monarquia. Segundo afirma um dos pareceres:

> Por ele [o rio Amazonas] se pode entrar no mais interior daquela província seguindo disso os danos que claramente se deixam ver, demais de que arreigando-se ali estrangeiros alguns, e ficando no meio das Conquistas que as coroas de Castela e Portugal têm na América e em paragem da qual os tempos gerais levam por força às Índias, como aconteceu aos três navios que agora vieram do Maranhão, ficaria o passo das frotas que cada ano vem de Índias mui arriscado.[80]

---

o período que nos interessa, ver: SERRANO MANGAS, Fernando. *Armada y flotas de la plata (1620-1648)*. Banco de España, 1989.

78 MENA GARCIA, Carmen. "Nuevos datos sobre bastimentos y envases en armada y flotas de la Carrera". *Revista de Indias*, vol. LXIV, nº 231 (Maio-Agosto, 2004), p. 473.

79 Por exemplo: "Andre Vidal de neg.ros g.or do Maranhão avisa da atalaya q. m.dou fazer na barra do Pará p.a segurança dos navios q. aelle forem". *AHU, códice 15 (Consultas Mistas)*, flº 228-228v.

80 "Consulta Del Consejo de Portugal al Rey de España Felipe 3º sobre la empresa del Marañon y de lo acaecido allí con unos franceses que pretendían extablecerse

Tal como avisa o texto, era comum que embarcações que tentassem viajar do Maranhão ao Estado do Brasil, contracorrente, desviassem o curso, alcançando posteriormente as ilhas do Caribe. Esta condição não é desconhecida na época, e pilotos como o capitão Martim Soares Moreno já tinham experimentado tais dificuldades por mais de uma vez.

Em 1615, num pequeno memorial, o capitão português Manoel de Sousa de Eça explora algumas possibilidades de inclusão do Maranhão na rota peruana. Neste documento, traduzido para o castelhano pelo secretário Tomás Gracian Dantisco, o capitão Eça afirma ter informações sobre as atividades ilegais de ingleses, franceses e holandeses, sugerindo uma solução ao problema. Esses estrangeiros, segundo diz, já estariam utilizando os canais fluviais para traficar grãos, madeiras, açúcar e tabaco. Por isso, na opinião de Eça, a integração do Maranhão à rota da prata seria uma forma eficaz de retirar a concorrência europeia do negócio. Segundo o capitão:

> (...) no faltará quien sirva a su Majestad en esta Conquista dando lo necesario y porque//De este dicho rio se podrá sacar la plata que viene del Perú, con mucho menos costa de lo que se hace al presente, por cuanto el rio es navegable todo. Y también que no se ocupando este sitio, el Francés que se retirase del Marañón, de fuerza se ha de ir a recoger a el por no tener otro de ahí hasta a las Indias, y no quedará siendo de ningún efecto la conquista del Marañón.[81]

Eça, um dos mais conhecidos "conquistadores do Maranhão", junto a Vicente Cochado, Alexandre de Moura, Bento Maciel Parente e

---

en aquella tierra". Madrid, 6 de abril de 1615. *AGI, Patronato, 272, R.* 3. Também disponível em: *ABNRJ*, vol. 26, p. 294. Atualizamos a grafia.

81 "Roteiro do Rio das Amazonas, dado pelo capitão M.[el] de Souza Dessa al Sor Vizorrey". Madrid, 7 de julho de 1615. *AGI*, Patronato, 272, R5. Também disponivel em: *ABNRJ*, vol. 26, p. 278. Atualizamos a grafia.

Martim Soares Moreno, sempre fez questão de demonstrar às autoridades de Madri o seu amplo conhecimento sobre a região.[82] Esse discurso de autoridade, presente em cartas e memoriais, foi uma valiosa moeda de troca utilizada por militares portugueses na busca de cargos e mercês.[83] Entretanto, o que mais chama a atenção nestes informes é a precisa ideia de que a conquista do Maranhão era parte de um projeto hispano-luso de ocupação produtiva das fronteiras, produto da guerra global contra os inimigos de Castela.

Algumas das mais sistemáticas propostas de aproximação entre o Maranhão e o comércio das Índias foram elaboradas por Simão Estácio da Silveira, procurador-geral da câmara de São Luís, e um dos seus fundadores em 1619.[84] Este capitão de origem açoriana era, sem dúvida, um homem de muitas ideias. Em 1628, já se oferecia para, utilizando instrumentos necessários, tirar artilharia e outras coisas perdidas do "fundo da água", ganhando 4 mil cruzados para iniciar o projeto.[85] A primeira intervenção sua sobre a participação maranhense na *carrera* aparece em 1618, numa pequena relação chamada *Intentos da Jornada do Pará*, que ensaia já alguns dos argumentos presentes na sua obra mais famosa: *Relação*

---

82 Do mesmo capitão, ver: "Breve relación de la Jornada de la Conquista del Marañon". *AGI, Patronato, 272, R4*. Também disponível em: *ABNRJ*, vol. 26, p. 281-287.

83 *"Ofrecim.to que faz Bento Maciel Parente de descobrir a sua custa todo o rio das Amazonas"*. 13 de março de 1626", flº. 24. *AGS, Secretarias Provinciales, 1520.*

84 Em muitos documentos, o próprio Simão Estácio da Silveira afirma ter chegado à região em 1618. Entretanto, para José Honório Rodrigues, Simão Estácio teria desembarcado em 11 de Abril de 1619, acompanhando 300 moradores das Ilhas atlânticas que foram com Jorge de Lemos Bitencourt povoar as novas terras do Maranhão. RODRIGUES, José Honório. "Simão Estácio da Silveira". *História da História do Brasil*, p. 81-82.

85 "Simão Stacio da Silv.ra". 15 de novembro de 1628. *ANTT, Mesa da Consciência e Ordens*, livro 30, flº 105.

Sumaria das Cousas do Maranhão (1624).[86] Tal qual muitos memoriais do período, o *Intentos da Jornada do Pará* traça uma linha de continuidade entre eventos do passado e do presente, ao descrever a própria conquista do Maranhão como o resultado lógico dos sucessos da navegação luso-espanhola por Pérsia, Índia, Arábia, Canárias e Brasil.[87] Para Simão Estácio, a história desta conquista, antes de ser portuguesa ou espanhola, bem mereceria o título de hispano-lusa.[88]

De modo geral, em *Intentos da Jornada do Pará* admite-se que o rio Amazonas faz fronteira com três distintas regiões: Peru, mar do Caribe e bacia do rio da Prata. Para Simão Estácio, no futuro o Maranhão deveria fazer parte da integração do comércio hispano-luso através do complexo Marañón-Amazonas-Prata. O Amazonas, além disso, serviria como uma imensa estrada por onde portugueses e castelhanos levariam drogas, madeira, alimentos e metais preciosos entre o Pacífico e o Atlântico. O Maranhão também é apresentado como solução natural para alguns problemas de logística da carreira das Índias, ao poder abastecer com segurança toda a frota espanhola utilizando produtos nativos. Tudo isso seria feito mediante a confirmação dos caminhos naturais que seriam convertidos em rotas econômicas. Sobre o tema, explica Simão Estácio que:

---

86 SILVEIRA, Simão Estácio da. *Relação Sumaria das Cousas do Maranhão. Escripta pello capitão Symao Estácio da Sylveira, Dirigida aos pobres deste Reyno de Portugal [1624].* Separata dos *Anais da Biblioteca Nacional*, vol. 94 (1974), Rio de Janeiro: Biblioteca Nacional, 1976.

87 Sobre a relação de continuidade entre passado e presente em cartas, memoriais e atas do período, e a imitação dos modelos clássicos pela burocracia entre os século XVI e XVII, ver: HANSEN, Adolfo João. *A sátira e o engenho: Gregório de Matos e Bahia do século XVII.* São Paulo/Campinas: Ateliê editorial/Editora da Unicamp, 2004.

88 "Intentos da jornada do Pará". Lisboa, 21 de setembro de 1618. *BNE, mss 2349*, flº 174-177v.

> (...) nas primeiras embarcações espero vadear o rio descobri-lo a [oeste], e pela outra ribeira contra água: observar as ilhas, as praias, e o gentio descrevendo tudo, e debuxando-o como sei fazer e achados os passos [reduzido] o gentio a abrir por este rio uma grande porta às riquezas do Peru por onde desçam a Espanha sem os grandes trabalhos e imensas despesas com que se acarretam ao mar do Sul e de Lima por mar a Porto Bello, e dai por terra a Havana e mar do Norte donde vem nas frotas da Nova Espanha cujo comércio se começa já a introduzir desde o rio da Prata, cujo nascimento há descido alguns castelhanos aos nossos.[89]

Apesar desta alegada autoridade nas "cousas do Maranhão", as propostas de *Intentos da Jornada do Pará* ainda careciam de sistematicidade, e expõem algumas incertezas sobre o projeto. Foi durante os primeiros anos do reinado de Filipe IV, quando também a guerra global com Holanda atinge seu momento mais agressivo, que Estácio da Silveira desenvolve melhor estas ideias prévias. Em 1626, Simão Estácio propõe ao monarca reduzir a viagem entre o Peru e a Espanha, de dez meses para apenas quatro, utilizando como corredor expresso o rio Marañón-Amazonas. O núcleo central da proposta é bastante ambicioso: substituir a rota usual entre as Bahamas e Sevilha, considerada perigosa em função das constantes tormentas e frequente ação de piratas holandeses, pela nova rota Peru-Maranhão-Sevilla. Escrita um ano depois da Restauração da Bahia, a petição de Estácio da Silveira parece completamente integrada ao clima belicista dos tempos do duque de Olivares, tentando sempre obter vantagens com a nova situação. Assim, o capitão oferece mais uma vez seus serviços ao Monarca Católico:

89 *Idem, ibídem*, flº 177v.

> Yo el dicho capitan, como platico en las cosas de la mar, que tẽgo mucha noticia de las del Marañón, como parece de mi relación q. he impresso, me ofrezco por servicio de Dios y de V. Magestad a abrir nuevo camino por uno de los ríos del Marañón, por donde se vega a España, desde el Pirú; por q. estos ríos nacen en el, y desembocan en la mar del Norte, mas de 600 leguas a barlovento de la Habana, vienen por las entrañas de una ancha tierra, que por si propia se defiende a todos los exercitos del mundo.[90]

A petição de Estácio da Silveira desenvolve com eficácia um argumento crucial na época: não ligar o Maranhão às rotas da prata seria dar uma oportunidade aos Países Baixos que, com o tempo, começariam a atuar nesta mesma rota. Para o capitão, o novo caminho da prata passaria também a fornecer produtos amazônicos à *carrera*, os quais seriam melhores e mais baratos em relação aos do Peru. Para efetivar o negócio, Simão Estácio faz sete exigências ao rei. Vale a pena resumi-las:

1. Dinheiro suficiente para armar 500 homens durante um ano;
2. Fundação de uma nova cidade no rio Amazonas, com 500 moradores;
3. Dinheiro para levantar um forte na entrada do rio Amazonas, com 200 soldados.
4. Garantia de que, cada ano, fossem enviados mais 200 moradores para povoar o dito núcleo urbano;
5. Que os moradores deveriam vir das Ilhas dos Açores;
6. Que estas despesas fossem integradas definitivamente ao Conselho da Fazenda.

90 "Petição de Symão Estacio da Silveira". Madrid, 15 de junio de 1626. Museu Britânico (Londres). Con introdução e notas de Rodolfo Garcia. *Revista do Instituto Histórico e Geographico Brasileiro*, tomo 83 (1919), p. 96.

7. Que o Monarca deveria passar provisão ao capitão Estácio da Silveira, concedendo-lhe todos os poderes sobre os moradores deste núcleo urbano, inclusive para aplicar "hasta la muerte civil y privación de los oficios".[91]

Este último item não é incomum neste tipo de proposição. Tal como demonstrou Guida Marques, a própria história da região não pode ser compreendida adequadamente sem levar em consideração as estratégias de promoção pessoal, e as rivalidades internas entre os grupos envolvidos.[92] Por outro lado, estava claro que muitas destas rivalidades encontradas no Maranhão tinham sua origem em Pernambuco, de onde veio a maior parte da sua burocracia.[93]

Os escritos de Simão Estácio da Silveira ganharam leitores e seguidores no Maranhão e no reino. Um deles foi o futuro governador do Estado, Bento Maciel Parente. Numa relação, possivelmente escrita em 1630, Parente faz referência direta ao texto de Estácio da Silveira, corroborando sua proposta de "traer la plata de Tierra Firme, con brevedad, y con seguro, ahorrando los gastos, trabajos y peligros con que hoy se trae por Arica, por Mar del sur a Panamá, Puerto Belo, Cartagena y Habana".[94]

91 *Idem, ibidem*, p. 97-8.

92 MARQUES, Guida. "L'Invention du Bresil entre deux monarchies", p. 319-337.

93 Sobre o tema da afirmação dos poderes locais no Maranhão seiscentista ver: CARDOSO, Alirio. *Insubordinados, Mas Sempre Devotos*. Para uma análise mais geral sobre o tema da relação entre os poderes locais e as políticas imperiais, ver: HESPANHA, António Manuel. "A constituição do Império português. Revisão de alguns enviesamentos corrente". In: FRAGOSO, João; GOUVEA, Maria de Fátima; BICALHO, Maria Fernanda (Eds). *O Antigo Regime nos Trópicos: a dinâmica imperial portuguesa (séculos XVI-XVIII)*. Rio de Janeiro: Civilização Brasileira, 2001, p. 163-188. Para uma crítica à esta análise, ver: BETHENCOURT, Francisco. "Configurações políticas e Poderes Locais". In: BETHENCOURT, Francisco & CURTO, Diogo Ramada. *Op. cit*, p. 207-264.

94 "Memorial, para conservar y augmentar la conquista y tierras del Marañon, y los indios que en ellas conquistó el Capitan Maior Bento Maciel Parente, son necesa-

Estava claro que, a rota Andes-Maranhão era, ao mesmo tempo, uma estratégia econômica e uma afirmação retórica dos poderes locais, pois, estes homens apresentavam-se como os únicos que poderiam viabilizar este novo caminho. No quadro a seguir, resumimos algumas das mais importantes propostas do período.

Propostas sobre a integração Amazônia portuguesa e Índias de Castela

Autores	**Ano**	**Resumo**
Filipe III	1612	Utilização do sistema de *encomienda* nas capitanias do Erstado do Maranhão.
Manuel de Sousa de Eça	1615	Trasladar a prata peruana através do rio Amazonas
Simão Estácio da Silveira	1618	Transporte de madeira, especiarias, e metais entre o Vice-Reinado, o Maranhão e o Caribe.
Câmara de São Luís	1619	Utilização das madeiras amazônicas na construção de naus para a *carrera.*
Roque da Silveira	1622	Exportar madeira amazônica para a fábrica de naus do reino
Simão Estácio da Silveira	1626	Integração definitiva o Estado do Maranhão à *carrera*, substituindo a invernação em Havana.

rias y convenientes las cosas siguientes". *Revista do Instituto do Ceará.* Tomo XXI, anno XXI (1907), p. 186.

Luis Aranha de Vasconcelos	1626	Transportar a prata da serra de Potosi através do rio Amazonas.
Bento Maciel Parente	1630-1636	Utilização do sistema de *encomienda* peruano na Amazônia portuguesa/fornecimento de gêneros para a frota das Índias/Traslado da prata peruana pelos rios do Maranhão.
Jacome Raimundo de Noronha	1637	Construção de uma fábrica de naus no Grão-Pará.

Uma interessante interpretação do caminho apresentado pelo capitão Simão Estácio da Silveira, em 1626, foi feita por Rosemarie Horch. Para Horch, o capitão talvez pretendesse passar os navios da *carrera* entre o complexo do rio Amazonas (pelo rio Solimões) e o rio Napo (18 léguas de Quito); passando depois a Porto Napo; seguindo o restante do caminho por terra até o Pacífico. Entretanto, há aqui um problema. Este trecho não poderia ser navegado com segurança no verão, por conta do aumento do nível dos rios durante o degelo andino. Com o degelo sazonal, as fortes correntezas impediriam o deslocamento dos barcos. Tudo isso, pressupondo que Simão Estácio da Silveira realmente conhecia as condições específicas do trajeto.[95]

Embora muitas das rotas pensadas para ligar o comércio das Índias espanholas à Amazônia portuguesa fossem pouco viáveis, os lusos já tinham informações sobre o interesse de outros países nesta conexão. Em 1622, Filipe IV passa instruções diretas ao capitão Luís Aranha de Vasconcelos para tratar do descobrimento do rio Amazonas, confirmar a viabilidade das rotas e, também, combater a presença holandesa na região. O capitão Vasconcelos tinha a disposição: uma caravela, gente

95 HORCH, Rosemarie Erika. "Tentativas de penetração amazônica por vias fluviais no século XVII". Coimbra: Separata da *Revista da Universidade de Coimbra*, vol. XXXII (1985), p. 225-238.

do mar, armas e mantimentos, e mais 100 mil reis de ajuda de custo. A jornada saiu do Grão-Pará em junho de 1623, e contava com o auxílio de experientes navegadores: Pedro Teixeira, Antônio Vicente Cochado e Bento Maciel Parente.[96] Em 1624, o piloto-mor Antônio Vicente Cochado escreveu uma relação a respeito da jornada. Neste documento, a tópica da ameaça externa é onipresente. Segundo afirma o capitão Cochado, holandeses e ingleses já utilizavam a rota Maranhão-Índias, e por ela traficavam tabaco, algodão e pau-de-tinta. Os estrangeiros invernavam no Cabo do Norte, onde abasteciam seus navios com farinha, carne de porco e pescado da terra, e de lá, segundo o capitão: "se vão às Índias, aonde fazem muito dano".[97] Portanto, a importância da jornada de 1623-24 esta exatamente no seu caráter oficial, e no interesse da própria Monarquia em confirmar a viabilidade desta rota.[98]

---

96 Sobre o tema, ver: "AVISO do [secretário do Conselho dos Governadores do Reino], Rui Dias de Meneses, para o Conselho da Fazenda, remetendo os papéis relativos ao ordenado e outras condições a serem oferecidas a Luís Aranha de Vasconcelos para o descobrimento do rio Amazonas". Lisboa, 12 de maio de 1625. AHU, Pará (avulsos), cx. 1, doc. 29; "REQUERIMENTO de Luís Aranha de Vasconcelos para o rei [D. Filipe III], solicitando ordens régias para seguir novamente para a região do rio Amazonas, com o objectivo de expulsar os invasores holandeses e ingleses que ali se encontram, ou concessão de licença para viajar até a cidade do Porto, sua terra natal. 3 de julho de 1625. AHU, Pará (avulsos), cx. 1, doc. 30.

97 "Relação que faz Antonio Vicente Cochado do descobrimento do rio das Almazonas, e Cabo do Norte, que foi fazer por orden de V.Mag[de]". 27 de Julio de 1624. *AGS, Secretarias Provinciales*, 1467, flº 691v.

98 O capitão Luís Aranha, pouco tempo depois, pede mais investimento real para voltar ao rio Amazonas. Ver, por exemplo: "Cousas que pretende Luis Aranha de Vasconcelos p.ª o descubrimento do Rio das Amazonas, e fortificação que ali se há de fazer". 18 de abril de 1625, AGS, *Secretarias Provinciales*, 1519, flº. 28. "REQUERIMENTO de Luís Aranha de Vasconcelos para o rei [D. Filipe III], solicitando ordens régias para seguir novamente para a região do rio Amazonas, com o objectivo de expulsar os invasores holandeses e ingleses que ali se encontram, ou concessão de licença para viajar até a cidade do Porto, sua terra natal".

Pouco tempo depois, o desastre da baía de Matanzas (1628), com a captura pelos holandeses de toda a frota das Índias, fez soar todos os alarmes. Sobre o tema, ainda em 1629, o Conselho de Estado recebe aviso do cardeal de La Cueva sobre um novo plano holandês para a tomada das terras entre a costa do Estado do Brasil e o Peru. Segundo afirma o cardeal: "se tiene por cierto que procuraran tomar puestos fijos para proseguir sus intentos que son muy grandes a proporción de la ganancia que hizieron el año passado".[99] Não por acaso, propostas como as de Bento Maciel Parente, Luís Aranha de Vasconcelos e Simão Estácio da Silveira, desenvolvem a mesma estratégia discursiva, que resumindo seria: Espanha deveria aproveitar esta nova rota, antes que cheguem os holandeses.

Outros intercâmbios fluviais

No contexto da América portuguesa, uma forte motivação para as propostas luso-maranhenses de estabelecimento de uma rota Maranhão-Peru-Sevilha são as informações sobre os intercâmbios reais existentes entre o Estado do Brasil e o rio da Prata.[100] Não por acaso, existiam na

3 de julho de 1625. AHU, Pará (avulsos), cx. 1, doc. 30. "CARTA RÉGIA (capítulo) de D. Filipe III, para o Conselho de Governadores do Reino, ordenando que se provenha com o necessário para a nova expedição de Luís Aranha de Vasconcelos ao rio Amazonas". Madrid, Fevereiro de 1626. *AHU, Pará (avulsos)*, cx. 1, doc. 31.

99 "El Consejo de Estado a 10 de marzo de 1629 sobre lo que el Car.[l] de La Cueva ha escrito en razon de las fuerzas marítimas que juntavan Olande=ses con intento de buscar los galeones de la plata/Madrid a 10 de marzo de 1629." AGS, Estado (Holanda), 2043, flº. 159.

100 Sobre o tema, ver: CANABRAVA, Alice Piffer. *O comércio português no Rio da Prata (1580-1640)*. São Paulo: Editora Itatiaia/Editora da Universidade de São Paulo, 1984. Para outras informações acerca da presença portuguesa em Buenos Aires, ver: TEJERINA, Marcela. *Luso-brasileños en el Buenos Aires Virreinal. Trabajo, negocios e intereses en la plaza naviera y comercial*. Bahía Blanca: Editorial de la Universidad Nacional del Sur, 2004: RUIZ GONSALEZ, Rafael. "La política

época comparações sugestivas entre as duas bacias, o Prata, ao sul, e o Amazonas, ao norte.[101] Na historiografia brasileira ainda faltam mais trabalhos comparativos entre as duas regiões.[102] Em ambos casos, há um reconhecimento por parte dos seus moradores de oportunidades econômicas na abertura de novas fronteiras a oeste. Luso-americanos do norte e do sul alimentavam a mesma ambição: o acesso à prata castelhana e a adaptação de modelos hispano-peruanos de utilização do trabalho indígena. No caso específico de São Vicente, não deixa de existir expectativas maiores, alimentadas pelos mitos sobre a presença de metais preciosos no interior da capitania.[103]

Com relação à Amazônia portuguesa, além de um processo mais alargado de castelhanização, presente entre os luso-pernambucanos aqui instalados, não se pode entender razoavelmente a sistematicidade das propostas de integração sem um olhar atento aos primeiros anos do governo de Filipe IV. Foi nesta época que as ideias sobre a integração Andes-Maranhão proliferaram, alimentadas pela ameaça holandesa e pelas promessas de investimento militar-comercial na época do duque de Olivares.[104] Neste período, a própria realidade institucional da Monarquia

---

legislativa con relación a los indígenas en la región sur de Brasil durante la unión de las coronas (1580-1640)". *Revista de Indias*, vol. LXII, nº 224 (Janeiro-Abril, 2002), p. 17-40; RUIZ GONSALEZ, Rafael. *São Paulo na Monarquia Hispánica.* São Paulo: Instituto Brasileiro de Filosofia e Ciência Raimundo Lulio, 2004.

101 GOMES, Plínio Freire. "O Amazonas e o Prata na mitogeografia da América". *Topoi* (set. 2001), p. 41-61.

102 Uma tentativa foi feita por Martinière: MARTINIÈRE, Guy. "Geopolítica do espaço português da América. O "Estado do Brasil" e o domínio paulista: do planalto Central à expansão meridional". In: MAURO, Frédéric (ed.). *O Império Luso-Brasileiro (1620-1750).* Lisboa: Estampa, vol. VII, 1991, p. 143-169.

103 Ver, por exemplo: "Consulta do Conselho de Portugal sobre as minas de San Vicente do Brasil". *26 de maio de 1607. AGS, Secretarias Provinciales, 1476,* flºs. 156-159.

104 Serrano Mangas também confirma este relativo aumento nos investimentos sobre a armada na época do Conde-Duque. SERRANO MANGAS, Fernando.

Hispânica, entre os anos 1620-1640, resultou favorável a tais propostas. Os seus proponentes, Simão Estácio da Silveira, Bento Maciel Parente, Luís Aranha de Vasconcelos, Manoel de Sousa de Eça, eram homens bem informados sobre os negócios da Monarquia, e apostavam forte na continuidade da situação de covassalagem em relação aos peruanos.

Por outro lado, sabe-se que os moradores da América portuguesa não estavam sozinhos na busca por enriquecimento nas Índias espanholas. De fato, tal como afirma James Boyajian, existe uma amplo processo de transferência de interesses e expectativas não somente do Índico para o Atlântico, mas também de Lisboa para Sevilha e Cádiz, envolvendo grupos inteiros de comerciantes portugueses que fugiam da desvalorização dos produtos asiáticos no mercado europeu, principalmente nos anos de 1620-40. Neste sentido, a crise da carreira da Índia representou a ascensão da *carrera de Indias*. Desta forma, entre muitos portugueses existia uma aposta na estabilidade da situação institucional gerada com a união dinástica que garantiria às comunidades de comerciantes a possibilidade de expansão dos negócios.[105] É possível pensar também que a inclinação lusa pela América teria sido incentivada pelo aparente desinteresse que os Monarcas Habsburgos demonstravam sobre os temas asiáticos em comparação com os americanos. Contudo, paradoxalmente os súditos de Castela nunca descartaram completamente o Oriente como

---

Armada y flotas de la plata, p. 43.

105 BOYAJIAN, James C.. *Portuguese Trade in Asia under the Habsburgs*, p. 202-219. Entretanto, não se pode esquecer que mesmo sem o peso de outros tempos a carreira da Índia continuou ativa até o século XIX, embora não existam tantos estudos acerca deste último período. Para uma síntese sobre o movimento comercial da Carreira entre o final do século XVIII e inícios do século XIX, ver: PINTO, Celsa. "Twilight of Carreira da Índia". In: MATOS, Artur Teodoro de & THOMAZ, Luís Filipe F. Reis. *A carreira da Índia e a rota dos estreitos. Actas do VIII Seminário Internacional de História Indo-Portuguesa*. Braga, 1998, p. 835-857.

área de interesse, sobretudo depois de 1580.[106] De qualquer forma, apesar das desconfianças, de parte a parte, para certos grupos de comerciantes o Dezembro de 1640 foi algo tão prejudicial quanto indesejado.[107] Estava claro que a união dinástica multiplicava a possibilidade de lucro e obtenção de cargos e honras militares.

No início do século XVIII, com as notícias sobre a existência de minas de ouro no Mato Grosso, começa um novo ciclo de reconhecimento do potencial da fronteira hispano-lusa. Na mesma época, reinicia o velho sonho de encontrar um caminho fluvial economicamente viável entre as partes da América, agora na relação entre as vias fluviais amazônicas e o rio Guaporé, no centro do Estado do Brasil.[108] Neste novo contexto, mais uma vez a fronteira não seria vista como limite, mas como um espaço aberto a novos caminhos e possibilidades. Por fim, sabe-se

---

106 De fato, as relações hispano-lusas na Ásia ainda carecem de estudos mais sistemáticos. Para uma análise sobre o tema na época da união de Coroas, ver: VALLADARES, Rafael. *Castilla y Portugal en Asia (1580-1680). Declive imperial y adaptación*. Leuven: Leuven University Press, 2001.

107 VALLADARES, Rafael. "El Brasil y las Indias españolas durante la sublevación de Portugal (1640-1668)". *Cuadernos de Historia Moderna*, nº 4 (1993), p. 151-172. Ver também: VALLADARES, Rafael. "Brasil: De la unión de coronas a la crisis de Sacramento (1580-1680)". In: SANTOS PÉREZ, José Manuel (Eds). *Acuarela de Brasil. 500 años después. Seis ensayos sobre la realidad histórica y económica brasileña*. Salamanca: Aquilafuente/Ediciones Universidad de Salamanca, 2000, p. 23-36.

108 ARAÚJO, Renata Malcher de. "Desenhar cidades no papel e no terreno: cartografia e urbanismo na Amazónia e Mato Grosso no século XVIII". In: OLIVEIRA, Francisco Roque & MENDOZA VARGAS, Héctor. (ed.) *Mapas de metade do Mundo. Cartografia e a construção territorial dos espaços americanos. Séculos XVI a XIX*. Lisboa/Ciudad de México: Centro de Estudos Geográficos/Universidade de Lisboa/Instituto de Geografia/Universidad Nacional Autónoma de México, 2010, p. 179-210. Sobre a possibilidade de escoar o ouro por esta rota, ver: TEIXEIRA, Marco Antonio Domingues. "O comércio e as rotas fluviais na sociedade guaporena colonial". *Revista de Educação, Cultura e Meio Ambiente*, nº 3, vol. II, (1998), p. 78-92.

que as tentativas de acesso ao comércio peruano, por parte de moradores da Amazônia, sobreviverão ao período da união dinástica, e podem ser documentadas até mesmo no século XIX.[109]

109 LOPES, Siméia de Nazaré. "As rotas do comércio do Grão-Pará: negociantes e relações mercantis (1790-1830)". Tese de Doutorado (História) defendida na Universidade Federal do Rio de Janeiro, 2013; BASTOS, Carlos Augusto. No limiar dos Impérios: projetos, circulações e experiências na fronteira entre a Capitania do Rio Negro e a Província de Maynas (c.1780-c.1820). Tese de Doutorado (História) defendida na Universidade de São Paulo, 2013.

Capítulo V
A Prata verde: retorno das especiarias

> Da copia da Agricultura, e das Mechanicas nasce a mercancia; porque não sendo os frutos da terra, e materiaes comuns a todas as Provincias, procurão os mercadores levar os frutos, e obras, que nas patrias tem de sobejo a outras partes, onde as taes cousas faltão; e trazerem dellas as que se não dão nas suas terras.[1]

Aclimatação e diáspora vegetal

O capítulo anterior esteve reservado ao estudo das rotas, por onde circulavam homens, ideias, e mercadorias. A partir de agora, trataremos de alguns dos produtos que poderiam viajar por aqueles caminhos marítimos e fluviais. Ainda no primeiro capítulo, foram analisadas algumas das espectativas e possíveis soluções pensadas para a viabilidade econômica do Maranhão no seio da Monarquia Hispânica. Neste capítulo, entretanto, discutiremos o papel desempenhado por um grupo específico de produtos que, de certa forma, renovou os sonhos de acumulação de riquezas dos moradores da região: as especiarias da terra. A história destes gêneros, que chegarão a ganhar certa fama internacional durante o século XVIII, carece

---

1 FARIA, Manoel Severim de. "Discurso I. Dos meyos, com que Portugal póde crescer em grande numero de gente, para aumento da Milicia, Agricultura e Navegação". In: *Noticias de Portugal*. Tomo I. Lisboa: Offic. de Antonio Gomes, 1791 [1655], p. 8.

ainda de estudos mais sistemáticos, principalmente sobre o valor atribuído a eles entre os experimentos econômicos seiscentistas.[2] Na época, o emergente comércio dos produtos da terra chega mesmo a ser apresentado como possível alternativa à crescente crise do mercado açucareiro. Como se sabe, na América portuguesa a crise internacional da metade dos seiscentos manifestou-se na perda sistemática do valor do açúcar, e depois do tabaco, no mercado mundial, problema agravado pela emergência de um concorrente localizado mais ao Norte: o Caribe.[3]

Nosso objetivo não é fazer uma síntese da situação econômica da região ao longo do século XVII. O leitor poderá encontrar este quadro mais amplo em muitas outras obras.[4] Também não trataremos do caso do

---

2 Sobre o tema ver: CARDOSO, Alirio. "Especiarias na Amazônia portuguesa: circulação vegetal e comércio atlântico no final da Monarquia Hispânica". *Revista Tempo (Niterói)*, vol. 21 (2015), p. 1-18; CHAMBOULEYRON, Rafael. "As especiarías da Amazonia". *Br Historia*, nº 1 (Março, 2007), p. 70-74. Segundo explica ainda o preciso Arthur Cézar Ferreira Reis: "Descoberta a Amazônia, a especiaria local, que convencionou chamar de 'droga do sertão', representada por um sem número de espécies vegetais, entre as quais o cravo grosso e fino, o cacau, o urucu, a canela, a baunilha, pareceu aos novos senhores do mesmo valor da especiaria indiana, apropriada para a farmacopéia, para a alimentação, para a condimentação". REIS, Arthur Cézar Ferreira. *A Amazônia que os portugueses revelaram*, p. 45-6.

3 GODINHO, Vitorino Magalhães. "As frotas do açúcar e as frotas do ouro, 1670-1770". In: *Mito e Mercadoria, Utopia e Prática de navegar*. Séculos XIII-XVIII. Lisboa: DIFEL, 1990, p. 477-495.

4 Além das referências citadas neste capítulo, o leitor poderá encontrar informações gerais sobre a economia amazônica dos séculos XVII e XVIII nas seguintes obras: CARREIRA, António. *A Companhia Geral do Grão-Pará e Maranhão*. São Paulo/ Brasília: Companhia Editora Nacional/INL, 1988; TRIBUZI, Bandeira. *Formação econômica do Maranhão: uma proposta de desenvolvimento*. São Luís: Fundação Instituto de Pesquisas econômicas e Sociais, 1981; VIVEIROS, Jerônimo de. *História do comércio do Maranhão (1612-1895)*. São Luís: Associação Comercial do Maranhão, vol. I, 1954; GROSS, Sue A. *The economic life of the Estado do Maranhão e Grão-Pará, 1686-1751*. New Orleans: Tese de Doutorado (Ph.d) apre-

açúcar que já foi objeto de apreciação na primeira parte deste trabalho, nem do cacau que já tem estudos mais abrangentes a respeito.[5] O que nos interessa aqui são os produtos que principalmente entre os governos de Filipe IV e D. João IV foram apresentados como substitutos, equivalentes, ou imitações de famosos gêneros asiáticos: o cravo, a canela, a pimenta, e a noz-moscada. Este fenômeno não é, de modo algum, exclusividade do Maranhão seiscentista e deve ser comparado com processos anteriores e coevos.

Após o fim da união dinástica com Castela, com a tomada pelos holandeses de importantes áreas produtoras de drogas na Ásia, os possíveis substitutos luso-americanos das famosas especiarias do Oriente passam a ganhar cada vez mais audiência nos Conselhos da burocracia lusa.[6] O domínio batavo sobre este comércio já era indiscutível. No início dos seiscentos, a *Vereenigde Oost-Indische Compagnie* (VOC) neerlandesa estabelece uma agressiva política de controle de preços e monopólios sobre os três grandes produtos do mercado interasiático: a pimenta, o cravo e a noz-moscada. Os neerlandeses passariam a regular o seu fornecimento a partir de conhecidos centros de produção: o Ceilão, as Molucas, as ilhas Banda, e o Malabar. Este nível de controle tinha uma intenção bem clara: pulverizar a concorrência europeia, principalmente a hispano-lusa.[7]

---

sentada à *Tulane University*, 1969; REIS, Arthur Cézar Ferreira. *A Amazônia e a cobiça internacional*. São Paulo: Companhia Editora Nacional, 1960; REIS, Arthur Cézar Ferreira. *Aspectos econômicos da dominação lusitana na Amazônia*. Rio de Janeiro: Serviço de documentação da SPVEA, 1960.

5 ALDEN, Dauril. *O significado da produção de cacau na região amazônica*. Belém: Editora da UFPA/NAEA, 1974.

6 BOXER, Charles. *A Índia portuguesa em meados do século XVII*. Lisboa: Edições 70, s/d, p. 67.

7 PRAKASH, Om. "Restrictive trading regimes: VOC and the Asian Spice Trade in the Seventeenth Century". In: PEARSON, Michael N. (Ed.) *Spices in the Indian Ocean World*. Aldershot: Variorum, 1996, p. 317-336. Na relação com a Ásia portuguesa, como afirma Ernst van Veen, estava claro que em muitos aspectos a VOC

Calcula-se que, na primeira metade do século XVII, apesar do interesse cada vez maior pelos produtos têxteis, as especiarias ainda representam mais de 75% das compras holandesas na Ásia.[8]

O debate sobre a reprodução das drogas asiáticas na América é contemporâneo das próprias discussões sobre o que fazer com a economia lusa depois da independência política. Após o 1º de Dezembro de 1640, surgem distintas propostas para a regeneração das finanças do Reino de Portugal, que passavam pela inclusão de capital cristão-novo[9], pelo aumento da população, ou pelo fomento à manufatura. Eruditos da dimensão de Antônio Vieira, Manuel Severim de Faria e Duarte Ribeiro

---

desempanhava ao mesmo tempo funções de gestão do comércio oceânico e de "máquina de guerra", numa perfeita mescla de "mentalidade econômica" e espírito belicista, bem ajustada à disputa internacional com a Espanha. Sobre o tema, ver: VEEN, Ernst van. "Les interactions luso-néerlandaises en Europe et en Asie (1580-1663)". In: BETHENCOURT, Francisco & ALENCASTRO, Luiz Felipe de (Eds). *L'Empire portugais face aux autres Empires. XVIe-XIXe siècle.* Paris: Maisonneuve & Larose/Centre Culturel Calouste Gulbenkian, 2007, p. 41-68.

8 O final do século XVII já é testemunha da passagem da rota das drogas para a rota dos panos, e a partir de 1700 as especiarias asiáticas já não tinham o mesmo valor nas importações de Amsterdam. GODINHO, Vitorino Magalhães. *Mito e mercadoria*, p. 452.

9 Entretanto, é necessário ter bastante cuidado na avaliação das chamadas doutrinas econômicas do mundo português seiscentista. No caso dos escritos dos padres da Companhia de Jesus, e especialmente de Antônio Vieira, existia um certo equilíbrio entre as conveniências do *capital* (fazenda) e as fórmulas doutrinárias neoescolásticas e retóricas. Deste modo, nas proposições "econômicas" atribuídas a Vieira, apesar do muito que já foi sugerido a respeito, não parece possível diferenciar a dimensão financeira da esfera dogmática. Sobre o tema, ver: PÉCORA, Alcir. "Vieira, a Inquisição e o Capital". *Topoi*, nº. 1 (2000), p. 178-196; ASSUNÇÃO, Paulo de. *Negócios jesuíticos: o cotidiano da administração dos bens divinos.* São Paulo: EdUSP, 2004; CASTELNAU-L'ESTOILE, Charlotte de & ZERON, Carlos Alberto Ribeiro. "Une Mission Glorieuse e Profitable. Réforme Missionnaire et Économie Sucriére dans la province Jésuite du Bresil au début du XVII siécle". *Revue de Synthèse*, n.º 2-3 (abril-setembro, 1999), p. 335-358.

de Macedo, alguns deles bastante comprometidos com os novos projetos brigantinos, admitiam que a reestruturação da economia portuguesa deveria levar necessariamente a uma diminuição da dependência financeira externa, bem como a um reforço da atividade mercantil.[10] Com relação ao Estado do Maranhão, muitas destas propostas insistiam que um possível caminho para sua inserção nos mercados seria a sistemática exploração da riqueza vegetal, com a aclimatação de gêneros de diferentes partes do Mundo, devido à suposta fertilidade do solo amazônico.

De fato, o interesse pelas drogas maranhenses faz parte de um processo bem maior de transferência de expectativas de riqueza, dos metais preciosos para os produtos vegetais. O século XVII significou uma renovação da "diáspora comercial", tal como chamou Russell-Wood às trocas e circulação de gêneros, de origem animal e vegetal, entre as partes conhecidas do Mundo.[11] Esta nova etapa traduziu-se, sobretudo, na aclimatação de velhos produtos asiáticos em novos *habitats*, principalmente em território americano. Este processo não é novo e começa em grande escala entre os séculos XV e XVI, com os experimentos portugueses nas ilhas (Madeira, Cabo Verde e Açores). Por outro lado, é bom lembrar que mesmo certas drogas asiáticas só passariam das florestas nativas, onde eram colhidas, para o sistema de cultivo e aclimatação em diferentes partes do Sul e Sudeste da Ásia a partir da insistente demanda europeia.[12]

Por diversos motivos, o interesse pela aclimatação de plantas exóticas em solo luso-americano ganha força ao longo do século XVII. Um dos mais importantes fatores foi, como já referimos, o aumento da con-

---

10 CARDOSO, José Luís. "O pensamento económico na Época da Restauração". *Penélope. Fazer e desfazer a História*, nº 9/10 (1993), p. 135-149.

11 RUSSEL-WOOD, A.J.R,. *Um mundo em movimento. Os Portugueses na África, Ásia e América (1415-1808)*. Lisboa: DIFEL, 1992, p. 227-276.

12 KEAY, John. *The spice route. A history*. Berkeley/Los Angeles: University of California Press, 2006, p. 19

corrência holandesa.[13] Duarte Ribeiro de Macedo é uma das vozes mais conhecidas que alguma vez especulou sobre as vantagens da "transplantação" de gêneros asiáticos para o Maranhão. Num Discurso publicado em 1675, Macedo defende abertamente o cultivo da canela e do cravo como estratégia defensiva contra os holandeses, pois, segundo afirma: "Se as produzir o Maranhão [as especiarias] poderão os portugueses, com fácil curso da navegação vendê-las na Europa a tal preço que os Holandeses as não possam navegar da Índia e percam por consequência o grande interesse que tiram delas".[14] Entretanto, segundo Macedo, o motivo principal que explicaria ser o Maranhão apto ao cultivo das drogas asiáticas seria sua localização no globo terrestre, de onde reuniria as condições de clima, calor e humidade semelhantes aos que imperavam na distante Ásia.[15]

Estes produtos, por sua variedade, e de acordo com o uso que cada lugar lhes atribuía, tinham diversas propriedades: culinárias, medicinais, farmacológicas, aromáticas ou simplesmente estéticas. Acreditava-se,

---

13 RUSSEL-WOOD, A.J.R,. *Um Mundo em Movimento*, p. 233. GODINHO, Vitorino Magalhães. *Mito e Mercadoria*, p. 323. FERRÃO, J. Mendes. "Principais Especiarias Tropicais". In: GUERREIRO, Inácio (Ed.). *A Epopéia das Especiarias*. Lisboa: Instituto de Investigação Cientifica Tropical, 1999, p. 44-67.

14 "Discursso sobre a transplantassão das Plantas de especiarias da Azia p.ª a América, ou nossos Brazis e conveniencias que disto podẽ rezultar a Portugal com di=minuição do commercio Holandes// escrito// por Duarte Ribeiro de Macedo. Paris, 15 de março de 1675. *ANTT, Manuscritos do Brasil, livro 39*.

15 Além dos motivos de natureza política, ou mesmo de geopolítica, sobretudo a necessidade de fazer frente à expansão do comércio holandês, a escolha do Maranhão para aclimatar alguns destes gêneros responde a questões do mundo natural, tal como explica Macedo em outro fragmento: "As cauzas naturaes das produções das plantas são o Calor do sol e a humid.[e] da terra; O calor do sol// [flº 4v] e a humii.[de] da terra são iguais nas distancias q. comprehendem to=dos os tropicos; ao q.[l] todas as plantas, que a natureza produz nas terras q. correm da Linha a hum tropico poderá produzir nas q. correm da Linha a outro tropico são principios da Filosofia Natural". *Idem, ibidem*, fl.º 4.

também, que algumas especiarias tinham "propriedades humorais", como a pimenta negra usada para problemas de asma, ou a canela e noz-moscada, utilizadas para tratar problemas digestivos, hepáticos e, até mesmo, para tratar o excesso de gases.[16] De acordo com os usos locais, uma única droga poderia manifestar diferentes funções.[17] Por exemplo, no conhecido *Tratado de las drogas y medicinas de las Indias Orientales* (1578) do médico-cirurgião português Cristóbal Acosta (Da Costa), morador em Burgos, o cravo poderia ser utilizado para dores de cabeça, moído e aplicado diretamente na testa do paciente, mas também como remédio para o estômago, olhos, coração e, além disso, acrescenta o médico: "Las mugeres lo mazcã ordinariamente, para hazer buen olor de boca".[18] Na Nova Espanha, por exemplo, sabe-se que houve um aumento da exportação de produtos antissifilíticos para Europa, principalmente no final do século XVII, devido à renovada fama de gêneros como o guayacán, o tuzpatli (*contrayerba*), e a raiz de cocolmeca, no tratamento daquela

16 FREEDMAN, Paul. *Lo que vino de Oriente. Las especias y la imaginación medieval.* Valencia: Universitat de València, 2010, p. 81

17 GODINHO, Vitorino Magalhães. *Mito e mercadoria*, p. 323. Para um estudo mais sistemático sobre as *drogas* estimulantes e as especiarias com propriedades farmacológicas, ver o impressionante trabalho de Antonio Escohotado. ESCOHOTADO, Antonio. *Historia general de las drogas.* Madrid: Editorial Espasa, 3ª edição, 2000.

18 ACOSTA, Cristóbal. *Tratado de las drogas y medicinas de las Indias Orientales.* Edición Facsímil. León: Universidad de León/Colegio Oficial de Farmacéuticos de la Provincia de León, 1995 [1578], p. 33. Existe na *Biblioteca General* da *Universidad de Salamanca* exemplar do original (Burgos: Martim de Victoria, 1578). Para informações básicas sobre Acosta e a difusão do seu trabalho no mundo letrado da época, ver: "Acosta, Cristóbal". In: LÓPEZ PIÑERO, José M.; GLICK, Thomas F.; NAVARRO BROTÓNS; PORTELA MARCO, Eugenio. *Diccionario histórico de la ciencia moderna en España*, vol. I. Barcelona: Ediciones península, 1983, p. 21-22

enfermidade.[19] Entretanto, no *Vocabulário Português e Latino* de Raphael Bluteau, o termo "especiaria" significa tão somente: "drogas aromáticas, como cravo, canella, etc", entre outros gêneros que poderiam, até mesmo, servir como adubo.[20] Para a América portuguesa, o termo "droga" também poderia ser aplicado ao açúcar e ao pau-brasil, bem como aos produtos aromáticos e medicinais de origem indígena, como a copaíba.[21]

Muitos dos produtos exóticos americanos ganharam notoriedade a partir da tratadística da época, principalmente os escritos missionários dos séculos XVI e XVII. Os eruditos que se dedicaram a apresentar ao leitor europeu a natureza luso-americana buscaram, em geral, fórmulas de classificação segundo as propriedades de cada espécie. No seu tratado *Do clima e terra do Brasil* (1584) o padre Fernão Cardim divide a riqueza vegetal da região, *grosso modo*, em cinco categorias: 1. Árvores de fruto (acajú, mangaba, ombú); 2. Árvores medicinais (copaíba, angaíba, caaroba); 3. Árvores oleosas e aromáticas (andá, aiabutipita, janipaba); 4. "Ervas" (mandioca, naná, pacoba). 5. Árvores para exploração de madeira (pau-brasil, cedro, angelim). Ainda no mesmo Tratado, Cardim tem um capítulo chamado "Dos animais, arvores, ervas, que vieram de Portugal e se dão no Brasil" em que discute o êxito do processo de aclimatação da laranjeira, cidreira, limoeiro e da figueira em solo luso-americano.[22]

---

19 MARTINEZ GARCÍA, Consolación. *Drogas importadas desde Nueva España (1689-1720). Estudio estadístico farmacoterapéutico.* Sevilha: Universidad de Sevilha, 1991, p. 91-98.

20 BLUTEAU, Raphael. *Vocabulario portuguez & latino: aulico, anatomico, architectonico ...* Coimbra: Collegio das Artes da Companhia de Jesu, 1712 - 1728, vol. 3, p. 261. Disponível em www.brasiliana.usp.br.

21 CARNEIRO, Henrique. "Transformações do significado da palavra 'droga': das especiarias coloniais ao proibicionismo contemporâneo". IN: VENÂNCIO, Renato Pinto & CARNEIRO, Henrique. *Álcool e drogas na história do Brasil.* São Paulo/Belo Horizonte: Alameda/Editora PucMinas, 2005, p. 13.

22 CARDIM, Pe. Fernão. "Do clima e terra do brasil e de algumas cousas notaveis que se achão assi na terra como no Mar". In: *Tratados da terra e Gente do Brasil.*

No Maranhão, o melhor exemplo desta tentativa de classificação, segundo certa fórmula proposta pela *Historia Naturalis*[23] dos séculos XVI e XVII, foi a obra *História dos Animais e Árvores do Maranhão* (provavelmente elaborado entre 1625 e 1631) do frei Cristovão de Lisboa, primeiro custódio dos franciscanos na região e irmão de sangue do célebre Manuel Severim de Faria.[24] A obra do frei Lisboa é um cuidadoso trabalho de catalogação, com preciosos desenhos que representam algumas das mais importantes espécies da fauna e flora amazônicas. Apesar de sua publicação tardia, e de ser um trabalho reconhecidamente incompleto, a *História dos Animais e Árvores do Maranhão* tem o mérito de ser um estudo anterior aos trabalhos dos naturalistas holandeses da fase *nassoviana* do Estado do Brasil. A obra do frei Cristóvão de Lisboa apresenta uma classificação simples: "peixes", "animais", "aves" e "árvores", mas que fornece detalhes visuais suficientes para o reconhecimento das diversas

---

introducções e notas de Baptista Caetano, Capistrano de Abreu e Rodolpho Garcia. Rio de Janeiro: Editores Leite & Cia, 1925, p. 35-146.

23 Sobre o tema ver: LENOBLE, Robert. *História da idéia de natureza.* Lisboa: Edições 70, 1990; CRISTÓVÃO, Fernando. "A Literatura de Viagens e a História Natural". In: CRISTÓVÃO, Fernando (coord.). *Condicionantes culturais da literatura de viagens. Estudos e Bibliografias.* Coimbra: Almedina/Centro de Literaturas de Expressão Portuguesa da Universidade de Lisboa, 2002, p. 187. Para o caso específico da Amazônia portuguesa, ver: PAPAVERO, Nelson; TEIXEIRA, Dante Martins; OVERAL, William Leslie; PUJOL-LUZ, José Roberto. *O Novo Éden. A fauna da Amazônia Brasileira nos relatos de viajantes e cronistas desde a descoberta do Rio Amazonas por Pinzón (1500) até o Tratado de Santo Ildefonso (1777).* Belém: Museu Paraense Emílio Goeldi, 2° Edição, 2002.

24 O códice que pode ser encontrado no *AHU* recebe o nome de: "Historia dos animaes e arvores do Maranhão pelo muito Reverendo Padre Fr. Christovão de Lisboa Calificador do Santo Officio, e fundador da Custodia do Maranhão da Recolecção de Santo Antonio de Lisboa//Anno [escrita presumivelmente entre os anos de 1625 a 1631]". *AHU*, códice 1660. A primeira edição, entretanto, é da década de 1960. LISBOA, frei Cristóvão de. *História dos animais e árvores do Maranhão.* Prefácio de Alberto Iria. Lisboa: AHU/CEU, 1967.

espécies, algumas apresentadas com seus respectivos nomes indígenas.[25] Entre as "árvores" figuram algumas das plantas de potencial valor comercial: principalmente o algodão e diferentes tipos de pimenta da terra.

A história da inserção dos produtos amazônicos no mercado mundial, quer sejam gêneros aclimatados e cultivados, quer sejam plantas colhidas nas florestas, não é uma história linear, e tem avanços e recuos. Na historiografia brasileira, e brasilianista, o comércio de exportação das chamadas "drogas do sertão" é prioritariamente relacionado com o período pombalino, e com a fase de incentivos fiscais a partir da instalação da *Companhia Geral do Grão-Pará e Maranhão* (1755).[26] Contudo, nas pri-

---

25 Sobre os aspectos técnicos do trabalho do frei Cristóvão de Lisboa, ver: PEIXOTO, Ariane Luna & ESCUDEIRO, Alexandra. "Pachira aquatica (Bombacaceae) na obra 'Historia dos animais e árvores' do Maranhão de frei Cristóvão de Lisboa". *Rodriguésia*, vol. 53, n 82 (2002), p. 123-130; OREN, David C. "As aves maranhenses do manuscrito (1625-1631) de frei Cristóvão de Lisboa". *Ararajuba. Revista Brasileira de Ornitologia*, vol. 1 (agosto/1990), p. 43-56. Além da própria introdução de Jaime Walter e do prefácio de Alberto Iria, ambos na edição de 1967, é possível obter informações sobre o frei Cristóvão de Lisboa em diversas outras obras, entre as quais: MARQUES, João Francisco. "Frei Cristovão de Lisboa, missionário no Maranhão e Grão-Pará (1624-1635) e a defesa dos índios brasileiros". *Revista da Faculdade de Letras* (Universidade do Porto), vol. 13 (1996), p. 323-352; FONSECA, Luzia. "Fr. Cristovão de Lisboa, O. F. M missionary and natural history of Brazil". *The Americas*, vol. 8 (1951-1952), p. 289-303.

26 Para uma síntese deste processo ver: DIAS, Manuel Nunes. *A Companhia Geral do Grão-Pará e Maranhão (1755-1778)*. Belém, 1970. Para um quadro mais geral, ver: MAXWELL, Keneth. "Pombal and the Nationalization of the Luso-brazilian economy". *Hispanic American Historical Review*, vol. 48, nº 4, (1968), p. 608-631; ALENCASTRO, Luiz Felipe de. "A rede económica do Mundo Atlântico Português". In: BETHENCOURT, Francisco & CURTO, Diogo Ramada (dir.). *A expansão marítima portuguesa, 1400-1800*. Lisboa: Edições 70, 2010, p. 115-144. Para uma outra leitura acerca da inserção da mão-de-obra africana na região ver: CHAMBOULEYRON, Rafael. "Escravos do Atlântico equatorial. Tráfico negreiro para o Estado do Maranhão e Pará (século XVII e inicio do século XVIII)". *Revista Brasileira de História*, v. 26, nº 52 (2006), p. 79-114.

meiras décadas do século XVII, entre os reinados de Filipe III e D. João IV, o sonho de ganhar dinheiro ao modo das ilhas asiáticas, vendendo especiarias, faz parte dos planos dos primeiros moradores da região. Estes produtos, ao longo dos tempos, ganharam valor de exportação no mercado internacional e, além disso, valor de troca na administração da vida local. É bom lembrar que, até a primeira metade do século XVIII, o Maranhão não conhecia moeda metálica e, apesar da grande flutuação dos preços no mercado internacional, até 1750 o pagamento dos soldados, as transações locais e os dízimos eram pagos com drogas do sertão. Era a chamada "moeda natural", fenômeno mais que emblemático da importância que tinham estes produtos na vida cotidiana do Grão-Pará e Maranhão.[27]

As primeiras notícias

No início do século XVII, já especulava-se sobre a existência de produtos do sertão com valor comercial na Europa. Na *Relação da missão do Maranhão* (1609), o jesuíta Luís Figueira afirmava, por exemplo, que os franceses traficavam na região com uma infinidade de gêneros, entre os quais figuravam os paus de tinta, as madeiras de lei, a pimenta da terra e o algodão nativo.[28] Eram já conhecidas as atividades francesas nesta parte do Mundo, e a região entre a atual Guiana Francesa e o Maranhão era normalmente considerada zona de incidência de contrabandistas e piratas. Não existem, entretanto, dados seguros sobre os valores deste tráfico, ainda que esse tipo de atividade fosse bem conhecida dos navegadores e militares portugueses, mesmo antes da conquista hispano-lusa de 1614-15.

---

27 LIMA, Alan José da Silva. "Do 'Dinheiro da terra' ao 'Bom dinheiro'. Moeda natural e moeda metálica na Amazônia colonial (1706-1750)". Dissertação de Mestrado (história) apresentada à *Universidade Federal do Pará* (Brasil), 2006.

28 FIGUEIRA, Luís. "Relação da missão do Maranhão [1608-1609?]". In: LEITE, Serafim. *Luiz Figueira, sua vida heróica e sua obra Literária*. Lisboa: Agência Geral das Colônias, 1940, p. 108-109.

Anos antes da tomada de São Luís, um navegador chamado Manuel Martim Santiago afirmava que, quando traficava vinho entre as ilhas Canarias e Pernambuco, foi capturado por um navio francês e levado ao mesmíssimo Maranhão. Manuel Martim teria permanecido como prisioneiro dos soldados franceses durante cerca de dois anos, tempo suficiente para testemunhar, com seus próprios olhos, como funcionava o negócio francês da exploração de pimenta, algodão e pau de tinta, produtos que os "piratas" obtinham dos índios e pelos quais pagavam com armas, ferramentas e tecidos. Numa certa noite, Manuel Martim teria roubado um batel e com a ajuda de outros quatro prisioneiros portugueses conseguiu chegar ao Caribe, dando constância da situação às autoridades espanholas.[29]

Em 1614, os interrogatórios realizados aos soldados franceses capturados em batalha confirmam que estes já traficavam, desde muito tempo, com certas drogas encontradas nas matas do Maranhão. Sob interrogatório, Estevan Marichal, um normando de 32 anos, afirma que ele e seus companheiros costumavam explorar, entre outras coisas, algodão, tabaco e lápis-lazúli.[30] Noel de La Mota, da cidade de Rouen, de 21 anos, diz haver chegado ao Maranhão já em pleno ano de 1614, e que sabia que os primeiros franceses costumavam carregar naus com tabaco, pau de tinta amarelo e "pimienta de la tierra".[31] Bem mais experiente, Juan de Pache, natural de "Boutin", perto da Borgonha, foi ao Maranhão acompanhado de sua mulher e uma filha de 12 anos de idade. Juan de Pache

29 "CARTA del presidente de la Española con testimonio de informacion del Capitan Martin Suarez Moreno, que fué á examinar el Rio Marañon, por orden del Gobernador del Brasil". Santo Domingo, 15 de dezembro de 1613. *ABNRJ*, vol. 26, p. 180-81.

30 "Interrogatorio dos prisioneiros francezes do combate de Guaxenduba". 20 de novembro de 1614. *ABNRJ*, vol. 26, p. 264-266. Todos os interrogatórios foram transcritos e traduzidos, como de costume, por Tomás Gracián Dantisco em Madri, 11 de julho de 1615.

31 *Ibidem*, p. 267-269.

jamais viu ouro, nem prata, nem mesmo o lápis-lazúli, mas diz estar bem informado sobre os valores na Europa do algodão, do tabaco, da pimenta e de outras "drogas de que sacavan provecho".[32]

Nos primeiros relatórios enviados a Madri sobre a descoberta do "rio Pará" e a fundação da cidade de Belém (1616), já aparece a ideia de utilizar o solo amazônico na aclimatação de espécies vegetais.[33] Assim, estava claro que a busca de produtos exóticos seria umas das motivações para a expansão portuguesa em direção ao delta do Amazonas, logo após a capitulação dos franceses na cidade de São Luís. Em 1617, foram realizados diversos informes para a *Casa de Contratación* a respeito da ocupação do Grão-Pará, ocorrida meses antes. Nestes informes, realizados por cosmógrafos e navegadores experientes, dois são os motivos apontados para a dita ocupação: a defesa contra os holandeses e a possibilidade de beneficiar cacau, baunilha, anil e outras drogas que existiriam em abundância naquela parte da América. Para além dos relatos de franceses e holandeses, que já traficavam na região, alguns portugueses e espanhóis sempre alimentaram a esperança de encontrar ali certos produtos. Afinal de contas, aquelas paragens estavam bem próximas do Reino da *Nova Granada*, a afamada terra da canela.[34]

Eram também abundantes as informações sobre entrepostos comerciais holandeses, principalmente inclinados à exploração do tabaco e

32 *Ibidem*, p. 273-276.

33 "Carta Regia sobre a expedição de Francisco Caldeira". 4 de setembro de 1616. Códice da Bibliotheca de Eduardo Prado. In: STUDART, Barão de. *Documentos para a história do Brasil..(* 1920), doc. 232, p. 235.

34 "Carta Del L.do D. Francisco de Texada y Mendoza, sobre la poplacion del Rio Marañon - Acompaña una "relacion de lo que parece por los ynformes que ha remitido la Casa de la Contratacion, de personas practicas, sobre la poplacion que los portugues intentan hacer, 50 leguas adentro del Rio Marañon; y de lo que contiene un memorial del padre Xptoval de Acuña, sobre el descubrimiento del Rio de las Amazonas. Fecha de la carta - en Sevilla à 14 de febrero 1617". *ABNRJ*, vol. 26, p. 369 e 373.

das madeiras de tinta. Em 1615, surgiu a informação de que um tal navegador batavo chamado "Pedro Luís" alardeava ter feito boas "ganâncias" no rio Amazonas, traficando com tinturas, tabaco e diferentes tipos de especiarias. De volta a Haia, o tal Pedro Luís tentava convencer outros investidores, dizendo que no Maranhão havia encontrado apenas uns poucos franceses, e que a terra poderia oferecer "mucha mayor ganancia para los hombres de negocios".[35] Ainda na mesma época, dizia-se que Theodor Claessen, anabatista do burgo de Leiden, tinha planos concretos para investir nos produtos da região e procurava investidores e o apoio dos Estados Gerais para levar a cabo o tal projeto.[36]

Além da exploração das drogas da terra, alguns moradores portugueses queriam mesmo experimentar com a aclimatação de produtos de diferentes regiões. Se acreditarmos no relatório que escreveu, em 1637, o então governador Jácome Raimundo de Noronha, já existia no Maranhão o cultivo de algumas "frutas de Portugal", sobretudo figueiras e romeiras. Noronha também garantia a Filipe IV, com a experiência de quem foi Provedor da Fazenda do Estado do Maranhão, que a terra era apta para desenvolver literalmente qualquer coisa que fosse nela plantada.[37] Esta mesma opinião tinha, anos atrás, o conhecido capitão Simão Estácio da

---

35 "Avizos tocantes à la India Occidental. Explican los progressos que olandeses, franceses e ingleses, hacian en las riberas del rio de las Amazonas &". Palácio, 24 de maio de 1615. *AGI, Patronato 272, R3*. Disponível em: *ABNRJ*, vol. 26, p. 335-337.

36 *Ibidem*, p. 336. "Oficio del Duque al Presidente del Consejo de Indias acompañandole un papel donde se avisa los puertos que holandeses pretenden poblar entre el Marañon y la Margarita, y explicando el mapa de estas costas que dice acompaña (no está)". Valladolid, 27 de junho de 1615. *AGI, Patronato, 272, R3*. Disponível em: *ABNRJ*, vol. 26 (1905), p. 337-343.

37 "Informação de Jacome Raymundo de Noronha, Provedor da Fazenda do Estado do Maranhão e de João Pereira de Caceres, capitão do Forte de Santo Antonio do Gurupá. 1637." 29 de maio de 1637. *AHU, códice 1016*. Também disponível em: *ABNRJ*, vol. 26 (1905), p. 430.

Silveira. Entre outras coisas, Simão Estácio dizia ser "professor da agricultura", e com esta alegada formação pretendia ensinar a índios e portugueses as melhores técnicas para semear e preparar a terra. No seu *Intentos da jornada do Pará* (1618), Simão Estácio deixa bem claro suas altas expectativas sobre as condições naturais do Maranhão e Grão-Pará para produzir e reproduzir "todas [as plantas] as que há pela redondeza do mundo".[38]

Nestes primeiros relatos, começam também as comparações com as drogas asiáticas, sobretudo o cravo, a canela, a noz-moscada e depois a própria pimenta. Nesta propaganda, os nomes indígenas eram ocultados, o que dificulta o reconhecimento de certas plantas hoje em dia. A alma do negócio era mesmo a comparação. A comparação, além de funcionar como poderosa estratégia retórica, ligando as esperanças do novo Maranhão ao passado glorioso do velho Oriente, também convertia uma série de produtos exóticos, muitas vezes com valor comercial duvidoso, em atrações que mereciam ao menos um olhar atento por parte do Conselho da Fazenda, e mais tarde do Conselho Ultramarino. Afinal de contas, era o mito da Goa Dourada uma das reminiscências lusas melhor utilizadas como arsenal retórico.[39]

Na *Relação Sumária das Cousas do Maranhão* (1624), a obra mais conhecida do capitão Simão Estácio da Silveira, são abundantes exatamente as comparações. Nas novas terras do Maranhão, segundo afirma o capitão, havia mangas parecidas àquelas encontradas na Índia; duriões semelhantes aos de Malaca; almíscar igual ao da China; a canela da mesma feição das do Ceilão; e, por fim, uma erva semelhante àquela que na

---

38 "Intentos da jornada do Pará". Lisboa, 21 de setembro de 1618. *BNE, mss 2349, flº 177.*

39 VALLADARES, Rafael. *Castilla y Portugal en Asia (1580-1680). Declive imperial y adaptación.* Leuven: Leuven University Press, 2001, p. 11. De fato, o valor retórico da memória da Goa Dourada pode ser encontrada até mesmo na primeira metade do século XX, ver: PEREZ, Rosa Maria. "Sonhos imperiais. Negociações e rupturas do colonialismo português na Índia". In: PEREZ, Rosa Maria (Ed). *Os portugueses e o Oriente.* Lisboa: Dom Quixote, 2006, p. 129-149.

Índia produz o anil.[40] Não é desconhecido o fato de que obras como a *Relação Sumária*, dedicadas à descrição minuciosa dos atributos morais e naturais do Novo Mundo, tinham como base trabalhos anteriores sobre as Índias espanholas, principalmente a *Historia natural y moral de las Indias*, de José de Acosta (principalmente o Livro Quarto).[41] O próprio Simão Estácio da Silveira admite que o livro daquele jesuíta foi uma das suas fontes de inspiração, sobretudo no que concerne ao estilo narrativo e à descrição da natureza.[42] De fato, o exemplo das Índias de Castela oferecia excelentes pontos de comparação. No entanto, principalmente na época de D. João IV, a equiparação entre as novas drogas e os velhos produtos asiáticos funcionava como eficiente estratégia de promoção para obter o acesso ao mercado europeu.

Maranhão cravo e canela (e noz-moscada)

A história das especiarias ganha outra dimensão entre os reinados de Filipe IV e, principalmente, D. João IV. Neste período, ocorre tanto a descoberta de novos produtos, quanto uma avaliação mais séria por parte das autoridades portuguesas, inclusive com o envio de amostras ao reino. Da floresta amazônica para os Conselhos de Portugal, começa a ganhar fama uma certa casca de árvore que teria propriedades semelhantes ao *cravo-da-índia* molucano (*syzygium aromaticum*). O "cravo-do-Maranhão", "casca-preciosa" ou "pau-cravo" (*Cássia Caryophyllata, Myrtus Caryophyllata, Dicypellium Caryophyillatum*, entre outras espécies) era extraído de árvores aromáticas e medicinais, e tinha um aspecto

40 SILVEIRA, Simão Estácio da Silveira. *Relação Sumaria das Cousas do Maranhão*, fl. 44v-43.

41 Como se sabe, o *Libro Cuarto* está dedicado às riquezas naturais das Índias, com ênfase sobre os metais preciosos, frutas, árvores e drogas. ACOSTA, Josef de. *Historia Natural y Moral de las Indias*. Edición crítica de Fermín del Pino-Díaz. Madrid: CSIC, 2008 [Sevilha, 1590], p. 97-151.

42 SILVEIRA, Simão Estácio da. *Relação sumaria das cousas do Maranhão*, fl. 39.

que, em geral, era parecido ao da canela desidratada. Este produto exótico vai ser depositário de parte das esperanças de enriquecimento dos moradores da região, e muitos deles não mediram esforços para apresentar entusiasticamente o novo produto.[43]

De novo, o capitão Simão Estácio da Silveira já havia feito referência ao cravo nativo na sua Relação de 1624, o que sugere que o conhecimento acerca do produto já estava bastante estendido na região desde pelo menos 1618, ano em que Simão Estácio fixou residência no Maranhão.[44] Apesar das notícias anteriores sobre a existência de madeiras com propriedades culinárias, aromáticas e medicinais, chamadas apropriadamente de "drogas", foi mesmo o capitão Simão Estácio o primeiro a fazer uma clara associação entre o cravo maranhense e o cravo-da-Índia. É bastante significativo, por outro lado, a inexistência de uma alusão direta ao cravo da terra na *História dos Animais e Árvores do Maranhão*, do frei Cristóvão de Lisboa, embora lá figure a pimenta, o algodão, entre outros gêneros de interesse comercial. Da mesma forma, não há informações concretas de que holandeses e ingleses, entre 1599 e

43 Ver "Cravo do Maranhão". In: MARQUES, César Augusto. *Dicionário Histórico-Geográfico da Província do Maranhão.* Rio de Janeiro: Cia editora Fon-Fon e Seleta, 1970, p. 238-239. Por outro lado, este tipo de comparação era relativamente comum também nas fontes sobre Estado do Brasil, até o início do século XIX. Ver: NEPOMUCENO, Rosa & SANT'ANNA, Alexandre. *O jardim de D. João: a aventura da aclimatação das plantas asiáticas à beira da lagoa e o desenvolvimento do Jardim Botânico do Rio de Janeiro, que vence dois séculos de umidade, enchentes, transformações da cidade, novos padrões científicos e mantém-se exuberante, com seus cientistas e suas árvores.* Rio de Janeiro: Editora Casa da Palavra, 2007. Segundo Roberto Simonsen, ainda em 1686 o consumo de cravo do Maranhão em Portugal seria da ordem de 4 mil arrobas, sendo este o limite imposto para a produção local, de modo a evitar, assim, uma desvalorização acelerada do produto no mercado europeu. SIMONSEN, Roberto C. *História econômica do Brasil (1500-1820).* São Paulo: Companhia Editora Nacional, 1978, p. 372

44 SILVEIRA, Simão Estácio da. "Prologo". In: *Relação Sumaria das Cousas do Maranhão*, flº. 32.

1623, estivessem comercializando com alguma planta que fosse chamada de "cravo" nos entrepostos do rio Xingu. Sabe-se, como já foi dito, que estes negociantes tinham grande interesse no transporte para Europa de outras drogas, a exemplo do tabaco, algodão, açúcar, madeira e o *ucurú*, este último que servia de tempero para comida entre os europeus.[45]

Até 1624, o próprio Simão Estácio não teria visto o cravo, conformando-se com as informações prestadas por outros moradores, tal como deixou constância num fragmento da *Relação Sumária*: "alguns brancos que entrarão na terra dizem que há cravo como o de Ternate [nas Molucas], em grandes matas, & o clima he aparelhado para se crer tudo delle, que emfim he Pirú Oriental & está na mesma altura que as ilhas do cravo".[46] Por outro lado, é necessário levar em conta o manifesto caráter de propaganda da *Relação Sumária*, dirigida como seu autor faz questão de escrever: "aos pobres deste Reyno de Portugal". Assim, existe uma necessidade constante de tornar familiar e atrativos produtos locais que eram, nesta altura, completamente desconhecidos aos olhos dos portugueses do reino. De fato, a grande virtude dos informes e relações produzidos por Simão Estácio da Silveira, na década de 1620, estava na natureza das comparações entre a história da conquista da Amazônia e o processo de domínio hispano-luso de lugares como a Ásia, a África e as Índias espanholas. Para o autor, estava claro que no que concerne ao modelo de exploração econômica, a história deveria repetir-se.

Para o capitão Álvaro de Sousa, donatário da Capitania do Caeté, e filho do ex-governador do Brasil, Gaspar de Sousa, o cravo encontrado no Maranhão era bastante real. Em 1646, Álvaro enviou exemplares ao Conselho da Fazenda e, por ordem régia, as amostras passaram ao Conselho Ultramarino que deveria averiguar o poten-

45 REIS, Arthur Cézar Ferreira. *Limites e demarcações na Amazônia brasileira*, vol. 1, p. 35.

46 SILVEIRA, Simão Estácio da. *Relação Sumaria das Cousas do Maranhão*, fl. 43.

cial da "especiaria do Pará".[47] A consulta do Conselho Ultramarino foi bastante favorável à novidade:

> "Com esta última amostra se fizeram por ordem deste Conselho várias diligências e delas constou que o cravo, posto que de diferente feição, é no sabor quase o mesmo que o da Índia, e que virá a ser tão bom e melhor se o cultivarem e desfrutarem e que dá grandes esperanças de ser assim o fazer a casca das árvores em que se dá quase o mesmo efeito que faz o cravo".

A mesma consulta faz referência, também, a outros gêneros que acompanhavam as amostras do cravo. Neste documento, há uma referência, por primeira vez, a uma "fruta redonda" que teria as mesmas propriedades da noz-moscada.[48] Há descrições pormenorizadas deste fruto, baseadas nas espécies conhecidas no século XVIII. O cronista luso-brasileiro Ignacio Accioli (1808-1865) explica, na sua *Corografia Paraense*, que a noz-de-pixurim, ou puxuri (*Laurus pixuri*, segundo o autor) era um tipo de fruta com duas amêndoas no seu interior com propriedades aromáticas e medicinais. Existiam duas espécies, o pixurim "miúdo", mais fino e caro, e o pixurim grosso, mais corrente. As árvores que davam estes frutos eram conhecidas dos índios pelo nome de *hinidáo*, e cresciam unicamente nas margens dos rios da região, sendo muito raro a sua incidência em terra seca. Para seu consumo, a droga deveria ser desidratada utilizando fogo para diminuir a quantidade de azeite presente no

47 "Sobre as amostras de cravo e mais especiarias q. veo do Maranhão e pertencer ao mesmo Cons.º a averiguação delle". Lisboa, 3 de agosto de 1648. *AHU, códice 14 (Consultas Mistas)*, flº 124v-125.

48 "CONSULTA do Conselho Ultramarino ao rei D. João IV, sobre a fortificação dos portos do Estado do Maranhão". Lisboa, 18 de setembro de 1648 [neste caso, nossa referência é a Consulta de 22 de agosto de 1648]. *AHU, Maranhão (avulsos)*, cx. 3, doc. 267.

fruto.[49] Na verdade, um dos grandes problemas para a exportação deste gênero eram as limitadas técnicas existentes para extração do excesso de óleo, o que prejudicava sobremaneira a qualidade da noz-do-Pará.[50] O puxuri (a mais importante espécie seria a *Licaria Puchury-major*), ainda hoje é utlizado na medicina popular amazônica, administrada em forma de chá a partir da casca ralada.[51]

Identificadas algumas das novas espécies, avaliadas do ponto de vista do seu potencial comercial, o seguinte passo seria discutir os recursos disponíveis para a proteção das áreas de incidência dos produtos, sobretudo em função das notícias a respeito de um possível retorno dos holandeses à região. Por isso mesmo, os conselheiros do Ultramarino sugerem medidas para a vigilância e "segurança das drogas e frutas que mostra haver no Maranhão".[52] Estava claro que o medo de um regresso dos holandeses não desvaneceu com as esperanças de paz negociada, após a Restauração Portuguesa. A fórmula: "Resistir a qualquer intento dos inimigos"[53], ainda mais quando estava em jogo o comércio das conquistas, não deixa de ser uma herança do período anterior. Entretanto, o perigo holandês não era apenas retórico. Sabe-se que, anos depois da expulsão dos holandeses

49 SILVA, Ignacio Accioli de Cerqueira e. *Corografia Paraense ou descripção física, histórica e politica, da Provincia do Gram-Pará*. Bahia: Typografia do Diario, 1833, p. 15-16.

50 *Idem, ibidem*. SOUTHEY, Roberto. *História do Brazil, tomo quarto*. Rio de Janeiro: Livraria de B.L. Garnier, 1862, p. 408.

51 MAIA, J. G. Soares; RAMOS, L. Scott; LUZ, A. I. Reis. "Estudo do óleo essencial do puxuri por cromatografia de gás/espectrometria de massa". *Acta Amazônica*, vol. 15, nº 1-2, (1985), p. 179-183.

52 "CONSULTA do Conselho Ultramarino ao rei D. João IV, sobre a fortificação dos portos do Estado do Maranhão". Lisboa, 18 de setembro de 1648. *AHU, Maranhão (avulsos)*, cx. 3, doc. 267.

53 "Sobre as varias Experiencias q. se fizerão cõ as Especiarias E drogas do Maranhão, E [convir] se fortifique os portos vezinhos da terra donde se [crião]". Lisboa, 22 de agosto de 1648. *AHU, códice 14 (Consultas Mistas)*, flº 130-130v.

do Maranhão (1644), surgem notícias e informes sobre a presença de embarcações batavas, e até mesmo sobre projetos concretos de retorno das Províncias Unidas ao extremo Norte da América Portuguesa. Apesar da conhecida estratégia local que consistia em exagerar certas informações a respeito do tema, sobretudo na busca por mais financiamento para a região, estes novos projetos holandeses eram bem reais e um dos mais interessantes envolvia o nome do conselheiro Gisbert de With, o mesmo que participou do governo neerlandês da Paraíba.[54]

A existência das drogas da terra em determinada capitania era, sem dúvida, um veículo de promoção para o seu donatário. Um bom exemplo foi o que ocorreu na Capitania do Caeté. Nesta região, o capitão Manoel Furtado, natural de Beja, ficou conhecido como o descobridor do cravo-do-Maranhão. Em 1646, o donatário Álvaro de Sousa resolveu nomeá-lo: "capitão do descobrimento do cravo", cargo que deveria ser exercido por três anos. O capitão Furtado seria, então, o principal responsável pelo descobrimento de novas reservas e pela extração do produto *in natura*, pagando ao donatário 10% da produção além do dí-

54 Era exatamente o que garantia António Raposo, agente do Afonso VI em Amsterdam, ao afirmar que de "Zelanda se manda gente povoar hũ porto, que está cinquenta léguas abaixo do Maranhão". "CONSULTA do Conselho Ultramarino ao rei D. Afonso VI, sobre o aviso de António Raposo, agente em Amsterdã, de que vai gente da Zelândia (Holanda) para povoar um porto 50 léguas abaixo do Maranhão". Lisboa, 23 de agosto de 1657. *AHU, Maranhão (avulsos)*, cx. 4, doc. 408. António de Albuquerque, procurador do Estado, fornece mais detalhes sobre o suposto plano holandês, ao sustentar que "em Zelanda se tem preparado alguns navios, com gente, e moradores para irem povoar certas terras e ilhas na Capitania do Pará e Rio das Amazonas e que vai por governador desta nova Povoação um holandês que chamam Isberto Vig [Gisbert de With] que já foi governador da Paraíba". "CONSULTA do Conselho Ultramarino ao rei D. Afonso VI, sobre o requerimento do procurador do Estado do Maranhão, António de Albuquerque Maranhão, em que relata a saída de gente da Zelândia (Holanda) para povoar terras e ilhas na capitania do Pará e rio das Amazonas". Lisboa, 11 de setembro de 1657. *AHU, Maranhão (avulsos)*, cx. 4, doc. 409.

zimo real. Na prática, isto significava que o capitão Furtado, em nome de Álvaro de Sousa, ganharia o monopólio sobre toda a exploração do cravo. A provisão de Álvaro de Sousa, que segue o estilo próprio das provisões reais, estabelece que: "ninguem possa tirar o referido cravo senão o dito Manoel Furtado ou aquelas pessoas a quem eu [Álvaro de Sousa] para isso der licença".[55] Em função dos possíveis benefícios da exploração da droga, o capitão Furtado ganhou nada menos que uma promessa de mercê real. Assim, se o dito produto resultasse de "proveito considerável à Fazenda Real lhe fará Sua Magestade mercê do hábito de São Tiago ou Aviz", além disso, a tença correspondente à mercê seria retirada do rendimento da exploração do cravo.[56]

A redescoberta do cravo por Manuel Furtado e Álvaro de Sousa atraiu imitadores. Assim, outras autoridades ratificam o achado da Capitania do Caeté, estendendo a zona de incidência da especiaria até as matas da Capitania Real do Grão-Pará. Logo em 1648, o sargento-mor Filipe da Fonseca Gouveia, que esteve na Índia, afirma que na Capitania do Grão-Pará e no Gurupá existiriam quantidades da cobiçada especiaria e que, pelo conhecimento que tinha sobre o tema, considerava "melhor o cravo daquelas partes que o da Moluca". Além disso, naquelas capitanias existiria também noz-moscada semelhante as de Banda e em suficiente quantidade para, segundo diz o sargento-mor, "carregar muitas naus delas".[57] Pouco tempo depois, em 1652, o mesmo Filipe da Fonseca rece-

55 "Treslado de huma provizam porque o Governador e Capitam g.al desta Capitania faz mersse a Manoel Furtado de nomiar por Capitam do descobrimento do Cravo p.a que elle por tempo de tres annos o va bus=car com as clauzulas ao diante declaradas". 10 de dezembro de 1647 [cópia da Provisão de 1 de agosto de 1646]. *SGL, Coleção Vidigueira, Livro da Fazenda da Capitania do Cayete, 1636-1661. Reservados 2, códice 1, flºs. 70-70v.* [Firmas: Manoel Furtado; Theotonio da Cruz].

56 "M.el Furtado". Lisboa, 17 de outubro de 1646. *ANTT, RGM, Portarias do Reino,* livro I, flº 383v.

57 "CONSULTA do Conselho Ultramarino ao rei D. João IV, sobre o aviso do sargento-mor Filipe da Fonseca e Gouveia, relativo ao estado em que se encontrava

beu de D. João IV uma licença para embarcar em direção ao reino, com a advertência de que deveria trazer consigo amostras "na maior quantidade" possível de cravo, noz-moscada e do macis extraído desta noz, além da pimenta longa ali encontrada.[58]

Apesar do incentivo explícito do governo de D. João IV, sempre existiram dois grandes problemas de ordem logística para a exploração mais racional destes produtos. O primeiro, claro estava, era a distância entre as áreas de extração e os portos de saída para a Europa. Por isso, desde a década de 1650 houve tentativas de cultivo das ditas especiarias. Esta aclimatação interna, das matas amazônicas aos campos próximos às cidades, nunca funcionou como era esperado. Este foi sempre o ponto fraco da apresentação das drogas amazônicas às autoridades do reino.[59]

Outra questão, bem mais preocupante, era a oferta de mão-de-obra disponível. Pelas características destes produtos, que deveriam ser colhidos nas florestas, transportados em canoas, com o mínimo de processamento, estava claro para os moradores que este comércio só seria

---

a fortaleza do Gurupá, e envio de socorro; à grande quantidade de especiarias que nela havia e solicitando sucessor e licença para voltar ao Reino". Lisboa, 5 de setembro de 1648. *AHU, Maranhão (avulsos)*, cx. 3, doc. 265. "O sarg.[to] mor do estado do Maranhão Fellippe da Fonçeca, e gouvea avisa do estado em q. se achou a fort.z.[a] do Gurupá, e socorro q. se lhe deve inviar, e da m.[ta] quantidade de cravo, nós moscada e massa q. nella ha e na do Pará; pede sucessos e liçença p.[ao] se vir p.[a] o Reino". Lisboa, 5 de setembro de 1648. *AHU, códice 14 (Consultas Mistas)*, fl° 133-133v.

58 "CARTA RÉGIA (capítulo) do rei D. João IV, para o capitão-mor do Maranhão, Baltasar de Sousa Pereira, a conceder ao sargento-mor do Maranhão, Filipe de Fonseca Gouveia, licença para embarcar livremente para o Reino e para que traga consigo amostras de cravo, pimenta longa e noz em massa". Lisboa, 8 de agosto de 1652. *AHU, Maranhão (avulsos)*, cx.3, doc. 316.

59 "NOTÍCIAS sobre a existência de árvores de cravo, de noz-moscada e pimenta na capitania do Pará e a tentativa de plantio da árvore de cravo". [Post. 1656?] *AHU, Pará, (avulsos)* cx. 2, doc. 105.

rentável se pudessem utilizar quantidades ingentes de trabalhadores indígenas. Aqui residia uma das grandes questões do período de D. João IV.

Frutos da terra e "lágrimas de sangue"

É difícil não relacionar as notícias sobre o descobrimento de novas drogas à busca pelo controle da mão-de-obra nativa. No reinado de D. João IV surgem, por primeira vez, leis mais duras contra a exploração do trabalho indígena pelos portugueses, limitando cada vez mais a possibilidade de administração particular de índios cristianizados, política fortemente influenciada pelo *valido*/amigo do rei, o padre Antônio Vieira. Em 1645, por exemplo, Álvaro de Sousa pediu ao Conselho Ultramarino permissão para administrar, de forma particular, o serviço dos índios de uma aldeia chamada Maracanã, nas terras doadas pelo rei em reconhecimento dos serviços do pai deste donatário, Gaspar de Sousa, ex-governador do Estado do Brasil. Utilizando velhas fórmulas retóricas, Álvaro de Souza argumenta que a obediência dos índios da região constituía parte dos seus próprios direitos de donatário e representante direto do rei.[60] Tal como vimos em capítulos anteriores, este não era um pedido inédito e autoridades como Bento Maciel Parente sempre tentaram colocar em prática uma ou outra modalidade de controle laico do trabalho indígena.

No caso de Álvaro de Sousa, o Conselho Ultramarino foi desfavorável ao pedido, numa primeira instância. O parecer do Conselho, assinado por figurões como Salvador Correia de Sá, lembra a lastimável situação dos índios do Maranhão que, mesmo cristianizados, choravam "lagrimas de sangue" nas mãos dos administradores particulares. Entretanto, os conselheiros admitem que a exploração das riquezas vegetais do Maranhão, pela falta de mão-de-obra africana, dependia em grande parte dos índios, sem os quais não seria possível "frutificar as terras". Ao final, surge a proposta de cobrança de uma taxa sobre o traba-

60 "Sobre a liberdade dos indios do Maranhão". Lisboa, 24 de outubro de 1645. *AHU, códice 13 (consultas mistas)*, flº 258-259.

lho nativo, a ser paga pelas Câmaras e fiscalizada pelos religiosos.[61] Esta é uma das primeiras propostas concretas, no reinado de D. João IV, para regrar o trabalho indígena na região, anterior à chegada do padre Vieira ao conturbado cenário maranhense.[62]

Para além do debate sobre a legislação indigenista, fundamental em muitos sentidos, parece claro que os moradores não teriam acesso ao serviço dos índios sem algumas concessões, e sem a participação de mediadores.[63] Este processo de negociação conflitiva, que aliás estará presente também no século XVIII, poderia incluir a missionários, representantes do reino, câmaras, donatários, mas nunca deixava de fora a influência das lideranças indígenas.[64] Com efeito, entre janeiro e abril de 1647, o capitão Manoel Botelho, representante do donatário Álvaro de Sousa no Caité, e Ouvidor da Fazenda da mesma capitania, negociou o serviço dos índios da região diretamente com os seus *principais*. Foram convocadas diferentes chefias nativas, entre as quais estavam os índios Martim Moanha, Lopo de Sousa, Lucas e Lázaro, para ajustarem em comum acordo com os portugueses os termos do uso da força de traba-

61 *Ibidem*, flº 259.

62 Sobre a bibliografía existente acerca da presença do Padre António Vieira no Maranhão a partir da perspectiva do problema indígena, ver: CARDOSO, Alirio. "AS FACES DO PADRE VIEIRA. O jesuíta no Maranhão, segundo seus biógrafos". In: COSTA, Yuri; GALVES, Marcelo Cheche (Orgs). *Maranhão: ensaios de biografia e História*. São Luis: Café & Lápis/Eduema, 2011, v. 1, p. 191-210.

63 Sobre a questão da natureza da legislação indigenista luso-brasileira, ver, entre outros: PERRONE-MOISÉS, Beatriz. "Índios livres e Índios escravos. Os princípios da legislação indigenista do período colonial (séculos XVI a XVIII)". In: CUNHA, Manuela Carneiro da (org.). *História dos índios no Brasil*. São Paulo: Companhia das Letras, 1992, p. 115-132.

64 Além da bibliografia já anteriormente citada, para as últimas décadas do século XVIII, ver: SOMMER, Barbara. "Negotiated settlements: Native amazonians and portuguese policy in Pará, Brazil, 1758-1798". Albuquerque: Tese (PhD) apresentada à University of New Mexico, 2000.

lho indígena, e a forma com que o dito serviço seria pago. Neste tipo de acerto, além das possíveis vantagens coletivas, as próprias chefias indígenas tinham seus benefícios. Sabe-se que, por exemplo, o índio Lopo de Sousa havia recebido das autoridades portuguesas o montante de 29.600 réis, valores referentes aos serviços dos índios "seus vassalos".[65] Martim Moanha, por outra parte, recebeu 23.400 réis em "fazendas".[66] Os *principais* Lucas e Lázaro, por sua vez, receberam o montante de 15.990 réis para uso particular, e mais 130 mil réis para os seus "vassalos".[67]

Álvaro de Sousa, bem relacionado na Corte, na verdade antecipava-se ao processo mais duro de regulamentação do trabalho indígena que viria a ser uma das marcas da Casa de Bragança. Assim, pelo alvará de 10 de novembro de 1647, D. João IV confirma a condição de homens "livres" dos índios cristianizados, ao proibir qualquer forma de administração laica dos mesmos, de modo que, segundo o texto da lei: "os Indios possam livremente servir e trabalhar com quem bem lhes estiver e melhor lhes pagar seu trabalho".[68] Poucos dias depois, o monarca resolve permitir, no entanto, que na mesma forma como foi concedido a Álvaro

---

65 "Termo que fes o principal Lopo em seu nome, e de seus vassalos". Santa Teresa do Caité, 7 de fevereiro de 1647. [Firmas: Ma Motta Bº; Joam da Costa; Pedro Pr.ª; Do principal - Lopo]. *SGL, CV,* reservados 2, códice 1, flºs. 69-69v.

66 "Termo que fas o principal Martim Moanha em seu nome e de seus vassallos". Santa Teresa do Caité, 12 de janeiro de 1647. [Firmas: Manoel Motta Botelho; Manoel Furtado; Miguel Sylva e "Do principal Martim - Moanha"]. *SGL, CV, reservados* 2, códice 1, flºs. 68v-69.

67 "Termo que fazem os principais Lucas, e Lazaro em seus nomes e de seus vasalos". [Firmas: Ma Motta Bº; Manoel Furtado; Fran.co Lopes; Do Principal - Lucas; Do principal - Lazaro]. Santa Teresa do Caité, 20 de abril de 1647. *SGL, CV, reservados* 2, códice 1, flºs. 69v-70.

68 "Ley por que S. Mag.te mandou que os Indios do Maranhão sejão livres, e que não haja administradores nem admenistração nelles, antes possão livremente servir e trabalhar com quem lhes bem estiver e milhor lhes pagar seu trabalho". Lisboa, 10 de novembro de 1647. *ABNRJ,* vol. 66 (1948), p. 17-18. Atualizamos a grafia.

de Sousa, os moradores possam baixar índios com "suavidade" e sempre com participação missionária.[69] No ano seguinte, em outra resolução real, fica expressamente proibido o trabalho indígena nos meses em que estes se ocupavam dos seus cultivos de subsistência (Dezembro, Janeiro, Maio e Junho).[70] Este novo ciclo de regulamentação, que de certa forma tentou definir melhor o papel do índio cristianizado no seio das comunidades portuguesas, culmina na *Provisão sobre a liberdade e cativeiro do gentio do Maranhão*, de 17 de outubro de 1653.[71] A lei de 1653, como vai ficar conhecida, tem como base quatro itens:

1. A melhor definição legal da ideia de "guerra justa", aplicada ao contexto do Estado do Maranhão;[72]

---

69 "P.ª Fran.co Coelho de Carv.º sobre a liberdade dos índios do Maranhão". Lisboa, 14 de novembro de 1647. *AHU*, códice 275 (cartas), fº.121.

70 "Provisão para os governadores do Maranhão nem outra pessoas algua ocuparem os Indios forros nos Mezes de Dezembro, Janeiro, Maio e Junho nem na lavra do tabaco". Lisboa, 9 de setembro de 1648. *ABNRJ*, vol. 66 (1948), p. 19.

71 "Provisão sobre aliberdade e Captiveiro do gentio do Maranhão". Lisboa, 17 de outubro de 1653. *ABNRJ*, vol. 66 (1948), p. 19-21.

72 A aplicação que se fez do conceito de *guerra justa* pelos missionários da América Portuguesa tinha como base fundamental o princípio de que ao católico deveria ser garantido o direito à conversão do gentio. Este direito permitiria o uso da força contra as nações que, por qualquer meio, impedissem a prática da catequese. De qualquer forma, nas conquistas a permissão para empreender uma *guerra justa* deveria ser concedida, em teoria, unicamente pelo rei. Para um estudo sobre o carater doutrinal do conceito de *guerra justa*, a partir dos tratadistas da Segunda Escolástica, sobretudo espanhola, em todo caso, ferramenta inicial na transposição desta ideia para o Maranhão do século XVII, ver: HANSEN, João A. "A Servidão Natural do Selvagem e a Guerra Justa contra o Bárbaro". In: NOVAES, Adauto. (Org.). *A descoberta do homem e do mundo*. São Paulo: MINC-FUNARTE/Companhia das Letras, 1998, p. 347-373.

2. O estabelecimento de regras para a organização de *entradas*, ou expedições de captura do gentio, que não poderiam ser realizadas sem a participação missionária;
3. A confirmação de que o governo das aldeias pertence aos índios *principais* e não a capitães ou administradores laicos;
4. A confirmação de que o arbítrio das questões sobre a liberdade ou cativeiro do gentio pertence à competência das Ordens religiosas.

Estas regras instituíram as bases para as futuras leis sobre o serviço do gentio, e reforçaram a diferença legal entre índios "vassalos" e índios "rebeldes", em todo caso, uma distinção muito mais clara que as categorias missionárias de tupis e tapuias.[73] Entretanto, a lei de 1653 também reafirmou a relação implícita entre índio aliado e a exploração dos frutos da terra, mesmo proibindo que governadores e "ministros" participassem destas atividades, como em geral era de praxe. Em 1656, ressurge uma proposta antiga, o pagamento do trabalho dos índios em panos e ferramentas, proposição formalizada pelo governador André Vidal de Negreiros, que o rei transformou em lei (12 de junho de 1656).[74] Tal como disse Stuart Schwartz, anos atrás, os portugueses criaram nas zonas

73 Sobre a representação destas diferenças na crônica missionária, ver: POMPA, Maria Cristina. *Religião como tradução: missionários, Tupi e Tapuia no Brasil colonial.* Bauru: Edusc/Anpocs, 2003.

74 "Sobre o q. avisa Andre Vidal de Neg.ros G.or do Maranhão, açerca de convir pagarse o trabalho dos indios, a metade em pano, e a outra metade em ferramentas". Lisboa, 16 de junho de 1656. *AHU, códice 15 (consultas mistas), flº 233v.* "Provisão sobre sepagar o trabalho dos Indios forros do Maranhão a metade em panno e aoutra metade em ferramenta". Lisboa, 12 de julho de 1656". *ABNRJ*, vol. 66 (1948), p. 28.

de fronteira uma figura até então inexistente nas comunidades nativas, o índio produtor.[75]

De modo geral, o argumento segundo o qual a exploração das riquezas naturais do Maranhão era exclusivamente dependente do fornecimento constante de mão-de-obra nativa, mediante o sistema de descimentos, funcionava como excelente estratégia de oposição dos moradores portugueses aos novos regulamentos que limitavam o uso do trabalho indígena. Neste sentido, as informações acerca da existência de novas especiarias, e a conveniente apresentação dos novos produtos como substitutos dos da Ásia não faziam mais que alimentar a estratégia discursiva daqueles que consideravam as novas leis brigantinas prejudiciais à emergente economia maranhense. Portanto, antes de serem exploradas comercialmente, as drogas eram exploradas como propaganda da necessidade de administração laica do gentio, ou para a suavização das leis que regulavam as formas de servidão.

Assim, as propostas sobre o comércio das especiarias ganham força no mesmo período em que o debate sobre a necessidade de impor regras à servidão indígena invade os Conselhos reais. As notícias sobre novas drogas eram, em si mesmas, poderosos argumentos capazes de mover o ânimo das autoridades do reino sobre a necessidade de mais controle laico sobre o trabalho indígena.

Extrativismo versus *plantation*?

A economia amazônica do século XVII já foi comparada com os *coureurs de bois* do Canadá, em razão de sua dependência do trabalho indígena, da disposição favorável ao extrativismo, animal ou vegetal, e de uma

75 SCHWARTZ, Stuart. "Indian labor and world plantations: european demand and Indian responses in Northeastern Brazil". *The American Historical Review*, vol. 83, nº 1 (Fevereiro, 1978), p. 43-79.

pequena participação no conjunto do comércio atlântico.[76] Nesta perspectiva, se considera que o Estado do Maranhão, por seu relativo isolamento em relação ao Estado do Brasil, e principalmente pelo reduzido valor de sua importação de escravos africanos da rota angolana, permaneceria como um *enclave* até meados do século XVIII.[77] Segundo este princípio, a Amazônia lusa estaria distante do quadro ideal em função da ausência de ações estruturantes estabelecidas pelo capitalismo comercial português, cujo melhor exemplo seriam as economias baseadas no sistema da grande *plantation*. Esta fórmula de acumulação de riqueza, e suas consequências sócio-econômicas e culturais, sempre esteve na pauta da explicação daquilo que tradicionalmente chamamos de "formação nacional", cujo papel atribuído à economia amazônica não estava, de todo, claro.[78]

Em todo caso, esta não parece ser uma forma apropriada para explicar o caso do Maranhão seiscentista. O problema está na insistência das comparações entre a economia amazônica do século XVII, com seus limites e características próprias, e o mundo econômico luso-maranhense da época do marquês de Pombal (1750-1777).[79] Estudos recentes têm feito uma abordagem distinta com relação à dinâmica comercial deste

---

76 MORSE, Richard M.. *The bandeirantes: the historical role of the brasilian pathfinders*. Nova York: Alfred Knpf, 1965, p. 20-21. SOMMER, Barbara. "Colony of the Sertão. Amazonian expeditions and the indian slave trade". *The Americas*, vol. 61, nº 3 (janeiro, 2005), p. 405.

77 ALENCASTRO. Luiz Felipe de. *O trato dos viventes*, p. 141; CARDOSO, Ciro F.. *Economia e sociedade em áreas coloniais periféricas, p.* 97.

78 Esta foi a conclusão, por exemplo, de Caio Prado jr. na sua clássica *História Econômica do Brasil*, de 1945. PRADO JUNIOR, Caio. "A colonização do Vale Amazônico e a colheita Florestal". In: *História econômica do Brasil*. São Paulo: Brasiliense, 42ª edição, 1997, p. 74.

79 Para outros aspectos da política, sociedade e economia durante o governo pombalino, ver entre outros: MAXWELL, Kenneth. *Marquês de Pombal: paradoxo do Iluminismo*. Rio de Janeiro: Paz e Terra, 1997.

território antes do período pombalino.[80] De modo geral, esses novos trabalhos estão bem mais atentos às estratégias de sobrevivência material dos moradores do extremo norte da América portuguesa que, mesmo fora dos circuitos do tráfico sul-atlântico, tentavam criar outros caminhos para sua inserção nas redes da economia-mundo. Tais estratégias levavam em consideração, por certo, a distância em relação ao Estado do Brasil, tema comum na documentação coeva. Entretanto, atentos exatamente à localização física do Estado do Maranhão, os seus moradores sempre vislumbravam outras possibilidades, propondo rotas alternativas cujo objetivo principal era aproveitar a facilidade da navegação para o Caribe ou diretamente para o reino. Tal como lembrou Russel-Wood, a interação econômica entre as partes da América, ao longo dos séculos XVII e XVIII, convida necessariamente a repensar não só os conceitos clássicos de "centro-periferia", mas também a reinterpretar a própria relação entre as chamadas "periferias" do mundo Atlântico.[81]

Com efeito, ao contrário das conclusões de parte da historiografia brasileira, a economia amazônica seiscentista era relativamente dinâmica, apesar de não ter uma grande participação no total do comércio da

80 CHAMBOULEYRON, Rafael. "Portuguese Colonization of Amazon Region; BEZERRA NETO, José Maia. *Escravidão negra no Grão-Pará. Séculos XVII-XVIII.* Belém: Paca-Tatu, 2001; ALDEN, Dauril. "Indian versus Black slavery in the state of Maranhão during the seventeenth and the eighteenth centuries". *Bibliotheca Americana*, vol. 1, nº 3 (Janeiro, 1984), p. 91-142. Para uma análise panorâmica acerca da própria noção de "pobreza" no Maranhão do período, ver também: CHAMBOULEYRON, Rafael. "Opulência e miséria na Amazônia seiscentista". *Raízes da Amazônia*, vol. I, nº. 1 (2005), p. 105-124; FARIA, Regina Helena Martins de. "Repensando a pobreza no Maranhão (1616-1755). Uma discussão preliminar". *Ciências Humanas em Revista*, vol. 1, nº 1 (2003), p. 7-20.

81 RUSSELL-WOOD, A.J.R.. "Centers and Peripheries in the Luso-Brazilian World, 1500-1808". In: DANIELS, Christine; KENNEDY, Michael V.. *Negotiated Impires: centre and peripheries in the Americas, 1500-1820.* Nova York: Routledge, 2002, p. 105-142.

América portuguesa. Em todo caso, três tendências ganhariam destaque já na primeira metade do século XVII. São elas:

1. O cultivo de produtos aclimatados, ao modo do que se faz no Estado do Brasil (açúcar).
2. O extrativismo de produtos locais, ao modo das especiarias (cravo nativo, canela nativa, pimenta da terra, anil americano etc.).
3. A plantação sistemática de produtos locais (sobretudo as tentativas de cultivo do cacau nativo).

Para viabilizar estas atividades, a Coroa desde cedo passa a adotar uma política de distribuição de terras a moradores que tivessem algum cabedal para investir.[82] Esta política de *sesmarias*, tal como foi demonstrado em capítulos anteriores, tinha uma dupla intenção: incrementar a defesa do território contra os concorrentes europeus, aumentando a rede de proteção militar disponível; e o incentivo à produção, com in-

82 CHAMBOULEYRON, Rafael. "Plantações, sesmarias e vilas. Uma reflexão sobre a ocupação da Amazônia seiscentista". *Nuevo Mundo, Mundos Nuevos*, nº 6 (2006), p. 2260. Disponível em: http://nuevomundo.revues.or/document2260.html. Ver também: CHAMBOULEYRON, Rafael. "Conquista y colonización de la Amazonia Portuguesa (siglo XVII)". In: SANTOS PÉREZ, José Manuel & PETIT, Pere (Eds). *La Amazonia brasileña en perspectiva histórica*. Salamanca: Ediciones Universidad de Salamanca/Aquilafuente, 2006, p. 11-22. Segundo Arthur Cézar Ferreira Reis, no Maranhão a distribuição de terras seguia a mesma lógica da distribuição de cargos: "Na Amazônia, como no Maranhão, a repartição obedecera ao mesmo sentido de collaboração solicitada, agora porem a quantos se vinham já distinguindo em feitos militares e capacidade governativa". REIS, Arthur Cézar Ferreira. *A política de Portugal no Valle Amazônico*. Belém: Secretaria de Estado da Cultura, 1993, p. 26-7. Sobre a questão da distribuição de sesmarias no antigo Maranhão, ver ainda: MOTA, Antonia da Silva & MANTOVANI, José Dervil (eds). *São Luis do Maranhão no século XVIII: a construção do espaço urbano sob a lei das Sesmarias*. São Luis: Edições FUNC, 1998.

vestimento particular. O Maranhão também serviu de laboratório para os diversos modelos de acumulação de riquezas presentes na Monarquia Hispânica, desde a velha exploração de metais preciosos, sem dúvida a grande expectativa nos primeiros anos, passando pelo cultivo de açúcar; até a tentativa de adoção do modelo peruano de exploração do serviço indígena na coleta de produtos naturais da floresta.

Nesse sentido, a aposta na exploração dos produtos da terra ao modo das ilhas asiáticas sempre foi uma opção bem considerada pelos moradores da região. Tal como se sabe, a fama dessas drogas vai sobreviver bem além do governo de D. João IV, ganhando famosos defensores ao longo do tempo. Em 1673, por exemplo, Duarte Ribeiro de Macedo, quando residia na cidade de Paris, escreveu outro ensaio sob o título de "Discurso sobre os gêneros para o comércio que há no Maranhão e Pará". Neste escrito, Macedo faz uma apresentação das 37 mais importantes especiarias encontradas ou produzidas no extremo norte da América portuguesa, em que incluiu diversas versões locais de conhecidos gêneros asiáticos: o cravo, a canela, a baunilha, o almíscar, o gengibre e o anil. Macedo também explica que muitos destes produtos, embora fossem "frutos do mato", poderiam ser cultivados em "fazendas", ao modo do que se faz com o próprio açúcar.[83]

Entretanto, o fenômeno da descoberta e exploração das novas drogas não pode ser resumido a uma simples imitação retórica da fase de ouro do comércio asiático. Este fenômeno é um bom exemplo de como os portugueses moradores das áreas de fronteira sabiam tirar vantagem do conhecimento sobre diferentes partes da Monarquia. Este olhar pedagógico sobre o mosaico que era a Monarquia Hispânica não exclui em nenhum momento os exemplos peruanos e caribenhos, como deixa claro os textos de Simão Estácio da Silveira, por exemplo. De fato, a tese se-

83 "Discurso sobre os generos pª o comercio que há no Maranhão, e Pará: composto por Duarte Ribeiro de Maçedo quando estava em França no anno de 1673". Paris, 20 de janeiro de 1673. *ANTT, Manuscritos do Brasil, livro 39*, flº 19-26.

gundo a qual o Maranhão seria um prolongamento da ecologia peruana favoreceu a ideia de que as novas conquistas também estariam aptas para a aclimatação de plantas do Vice-Reinado.

Repetindo o argumento utilizado algumas vezes pelos moradores da região: o Maranhão, dado que é parte do Peru, deveria tentar reproduzir nas novas terras as mesmas técnicas de produção de riquezas que, segundo este raciocínio, teriam funcionado nas Índias espanholas. Ao mesmo tempo, os moradores da Amazônia portuguesa não descartavam a possibilidade de viver do açúcar, tal qual seus parentes de sangue do Estado do Brasil, principalmente em Pernambuco. Tal como afirma Rafael Chambouleyron, aqui, de certa forma, tem origem o eterno dilema amazônico entre uma economia baseada no extrativismo e o desenvolvimento da agricultura de exportação.[84] A diferença, nesta primeira metade do século XVII, estava em que as drogas e o açúcar não eram necessariamente rivais ou excludentes. Ao contrário, cada modelo de produção de riqueza tinha seu próprio espaço. E, ao contrário do que se pode pensar, ainda no final do século XVII, a própria Coroa incentivava a busca de novos produtos exóticos, inclusive oferecendo vantagens fiscais.[85]

Portanto, o fenômeno das especiarias amazônicas deve ser pensado a partir da miríade de exemplos e influências possíveis advindas da Monarquia Hispânica, presentes ainda entre os primeiros Bragança. Neste sentido, estava claro que para os moradores do Maranhão o melhor modelo de economia era aquele que agregava o melhor de cada lugar: o Brasil do açúcar; as Índias castelhanas da circulação de mercadorias;

---

84 Sobre a história destas drogas para as últimas décadas do século XVII, ver: CHAMBOULEYRON, *Portuguese colonization of Amazon region*, p. 184-209. Do mesmo autor ver também: CHAMBOULEYRON, Rafael. *Povoamento, ocupação e agricultura na Amazônia colonial (1640-1706)*. Belém: Editora Açaí, 2010.

85 CHAMBOULEYRON, Rafael. *Portuguese colonization of Amazon region*, p. 208.

passando mesmo pelas reminiscências, já distantes, da melhor fase do comércio das drogas asiáticas.

Por fim, o comércio das especiarias nunca foi pensado como única possibilidade, nem mesmo nos encomiásticos textos de Simão Estácio da Silveira. As propostas econômicas para o Maranhão eram multidirecionais, ajustadas à própria condição de fronteira deste território e, no entendimento dos seus moradores, capaz de aprender com os erros e acertos das demais conquistas portuguesas e espanholas.

3ª Parte
Guerra e expansão

Capítulo VI

Canoa e Arcabuz: a guerra hispano-holandesa

O recado foi que despejassem as terras, que eram *del Rey* de Espanha, e não do Conde Mauricio.[1]

Rebeldes do norte

A partir da década de 1620, a simples referência aos holandeses nas petições enviadas a Madri tinha já um poderoso efeito retórico. No início daquela década, D. Diego de Cárcamo, governador nomeado do Estado do Maranhão, escreve em tom de alarme ao secretário de Filipe III, D. Juan de Ciriza: "En la tierra andaban holandeses que habian venido en demanda de minas que dicen las hay allí del Cabo del Norte donde tienen fortaleza".[2] Com este argumento, o velho cordovês tentou precipitar seu embarque para assumir o novo governo. Em agosto de 1624, o Conselho da Fazenda recebe outro aviso: "há de vir quatro naus holandesas ao Pará". O mesmo documento sugere ainda que as capitanias do extremo norte da América lusa deveriam estar preparadas para o pior.[3] Ao mesmo tempo, surgiam as mais diversas propostas para incre-

1 "Relação que faz Antonio Vicente Cochado do descobrimento do rio das Almazonas, e Cabo do Norte, que foi fazer por orden de V.Mag[de]". 27 de julho de 1624. *AGS, Secretarias Provinciales*, 1467, flº 688-691v.

2 "Carta de Don Diego de Carcamo a Juan de Ciriça". Lisboa, 1º de março de 1620. *AGS, Estado K (Francia), 1477.*

3 "CONSULTA do Conselho da Fazenda para o rei [D. Filipe III], sobre a notícia da partida de quatro naus holandesas com o objectivo de conquistarem o Pará.

mentar a defesa da região. Por volta de 1631, o irlandês Gaspar Chillan tentou convencer Filipe IV de que a melhor forma de proteger o Estado do Maranhão era autorizar o envio de irlandeses católicos para esta conquista. Chillan não encontrou melhor argumento que um boato que começou a tomar força na Corte, segundo o qual: "los rebeldes holandeses han hecho Compañía de catorce o quince de los más poderosos y ricos que hay en Holanda y Zelanda solo por ganar los puertos del Marañón y Gran Pará donde tiene Vuestra Majestad poca fuerza de portugueses".[4] Em resumo, estava claro que a guerra hispano-holandesa já não conhecia fronteiras, e seu impacto na Amazônia lusa é mais abrangente do que se costuma pensar.

De modo geral, a historiografia brasileira tem avançado bastante, nos últimos anos, sobre o estudo da chamada Guerra do Brasil, mas pouco conhece a respeito do desenvolvimento da guerra na Amazônia portuguesa.[5] Evidentemente, o impacto deste conflito não pode ser devidamente analisado sem uma comparação entre as várias partes do mun-

---

Lisboa, 3 de Agosto de 1624. *AHU, Pará (avulsos)*, cx. 1, doc. 28.

4 "Los advertimientos siguientes Por V. Mag.[d] Catholica sobre la Enpresa de Gaspar Chillan o la población de irlandesses en el Rio de la Amaçonas y costa de guiana". *BNE, mss 4163, flº 58*. Esta proposta foi, entretanto, recusada pelo *Consejo de Estado*.

5 Ao longo deste capítulo citaremos algumas das obras de referência sobre a "Guerra do Brasil". No entanto, para uma análise de conjunto acerca da História Militar brasileira entre os séculos XVI e XX, ver: CASTRO, Celso; IZECKSOHN, Vitor; KRAAY, Hendrik. *Nova história militar brasileira*. Rio de Janeiro: FGV, 2004; Para um estudo comparativo sobre o final do período "colonial", ver: MELLO, Christiane F. Pagano de. *Forças militares no Brasil Colonial: corpos auxiliares e de ordenanças na segunda metade do século XVIII*. Rio de Janeiro: e-paper, 2009. Para outros temas relacionados especificamente a sociedade luso-pernambucana, ver: SILVA, Kalina Vanderlei. *O miserável soldo e a boa ordem da sociedade colonial: militarização e marginalização na Capitania de Pernambuco dos séculos XVII e XVIII*. Recife: Fundação de Cultura Cidade do Recife, 2001.

do por onde este se estendeu.[6] Neste sentido, a presença batava na região e as primeiras escaramuças entre portugueses e holandeses pelos imensos corredores fluviais da bacia Amazônica respondem a interesses bem mais globais. Assim, não foi por acaso que a confirmação do Estado do Maranhão como entidade política separada do Estado do Brasil coincidiu com o fim, em 1621, da Trégua dos Doze Anos.

Num contexto mais global, este é um período de redefinição da prática da guerra, chamemos ou não isto de "Revolução Militar".[7] A arte militar sofre mudanças consideráveis, quer seja no armamento ofensivo utilizado, nomeadamente na vulgarização do mosquete e do arcabuz (de mecha ou de roda); quer seja na reorganização da infantaria, com o aumento considerável do corpo de artilheiros.[8] Além das inovações técnicas, e da franca importância atribuída à infantaria em lugar da cavalaria, a guerra neste período também caracteriza-se pela crescente burocratização dos exércitos, ganhando cada vez mais espaço na organização política e social das monarquias.[9] Ao mesmo tempo, a própria imagem do

---

6 Para uma análise de conjunto, ver: BOXER, Charles. *The Dutch Seaborne Empire, 1600-1800*. London: Hutchinson & co, 1965; ISRAEL, I. J, *La República Holandesa y el Mundo hispánico, 1606-1661*. Madrid: Editorial NEREA, 1997, p. 25.

7 De fato, para uma parte da História Militar, tal como afirma a obra clássica de Michael Roberts, mais tarde revisado por Geoffrey Parker, e recentemente por António Manuel Hespanha, o período que compreende a Guerra de Flandres já foi chamado (muitas vezes exageradamente) de "Revolução Militar". ROBERTS, Michael. *The military revolution, 1560-1660*. Belfast: University of Belfast, 1956. PARKER, Geoffrey. *The military revolution. Military innovation and the rise of the West, 1500-1800*. Cambridge: Cambridge University Press, 1988. HESPANHA, Antonio Manuel. "Introdução". In: BARATA, Manuel Themudo & TEIXEIRA, Nuno Severiano. *Nova história militar de Portugal*. Lisboa: Circulo de Leitores, vol. 2, 2000, p. 9-33. Ver também: CIPOLLA, Carlo. *Guns and sails in the early phase of european expansion, 1400-1700*. Londres: Collins, 1965.

8 HESPANHA. *Op.cit*, p. 9-33.

9 THOMPSON, I. Anthony. A. "Milicia, sociedad y estado en la España moderna". In: MORETA, Salustiano; THOMPSON, I. Anthony. A; GARCÍADIEGO,

Monarca passa a estar cada vez mais associada ao seu exército, por isso, abundavam as representações do *topos* do príncipe guerreiro ou, como no caso de Filipe IV, o "príncipe caçador".[10]

No lado português, são muitos os testemunhos sobre a fragilidade da força militar lusa disponível nas regiões ultramarinas. Este é o tema principal do famoso relatório do holandês Jan Andries Moerbeeck, em 1624, sobre a facilidade que a *West-Indische Compagnie* (WIC) encontraria na tomada de praças atlânticas pertencentes a Portugal.[11] No entanto,

---

Francisco; PAVONE, Claudio. *La guerra en la Historia.* Salamanca: Ediciones Universidad de Salamanca, 1999, p. 115-133. Também para Mcneill & Mcneill estava claro que a "Revolução Militar" teve um grande impacto sobre a própria organização política do Mundo Moderno, e sobre as redes humanas que participavam deste processo, ajudando a definir fronteiras e unificar nações. McNEILL, J.R. & McNEILL, William H. *Las Redes Humanas. Una história global del Mundo.* Barcelona: Crítica, 2004, p. 215-224. O estudo de Brian Downing chega as mesmas conclusões sobre a relação entre "revolução militar" e política moderna. Segundo o autor, a inovação bélica significou a origem das políticas centralizadoras, a partir da formação de um "absolutismo militar-burocrático". DOWNING, Brian M.. *The military revolution and political change. Origins of democracy and autocracy in Early Modern Europe.* Princeton: Princeton University Press, 1992, p. 3-17. Para um estudo panorâmico sobre a relação entre a formação da política moderna e a prática da guerra nos países integrantes da Monarquia Hispânica, ver: GARCÍA HERNÁN, Enrique & MAFFI, Davide (Eds). *Guerra y sociedad en la Monarquía Hispánica. Política, estrategia y cultura en la Europa Moderna (1500-1700).* 2 vols. Madrid: Laberinto/Fundación Mapfre/CSIC, 2006.

10 VALLADARES, Rafael. "El arte de la guerra e la imagen del rey. Siglos XVI-XVIII". In: MORETA, Salustiano; THOMPSON, I. Anthony. A; GARCÍADIEGO, Francisco; PAVONE, Claudio. *Op. cit.*, p. 163-189.

11 Para este trabalho, utilizei uma versão castelhana encontrada no *Arquivo Nacional da Torre do Tombo*: "Traducion de un papel impresso en la Villa de Amsterdam en lengua flamenca hecho por Juan Andrea [Moerbeeeg], dirigida al conde Mauricio y otros deputados de los Rebeldes de Olanda sobre se quitar al Rey de Hespaña la tierra del Brazil. Año de 1624". *ANTT, ML*, livro 140, flº 105v-115.

para este período talvez o que mais nos interesse seja o aumento considerável do número de soldados nas batalhas, o que nos leva ao frequente debate sobre a necessidade de obter o apoio das várias nações indígenas da América Portuguesa.[12]

Assim, o objetivo deste capítulo não é fazer uma simples narrativa da guerra hispano-holandesa, mas analisar dois aspectos do conflito: a participação indígena; e o possível papel do Maranhão e Grão-Pará na defesa da fronteira caribenho-peruana durante o conflito. A primeira questão é uma consequência das características locais; a segunda, fruto da incorporação da região às necessidades globais da Monarquia Hispânica.

A Monarquia, direta ou indiretamente, inicia na região uma verdadeira conquista do oeste, ampliando a rede de fortes e permitindo a criação de capitanias particulares em áreas próximas à rota caribenha, principalmente no Cabo do Norte (mais ou menos o atual Estado do Amapá).[13] Nos anos quentes da guerra existiu também um considerável alargamento da distribuição de mercês, honras e cargos, e uma renovada valorização das lideranças indígenas, soldados por excelência das batalhas em campo luso-americano.

A história da presença holandesa na Amazônia é anterior à "guerra do Brasil", remetendo-se ao final do século XVI. Nos primeiros anos, os projetos holandeses e neerlandeses estavam limitados à construção de peque-

---

12 Era esse exatamente o parecer de Manoel Severim de Faria que no seu *Noticias de Portugal* (1655), considerava que: "para nenhuma cousa he mais necessaria a multidão de gente, que para a Milicia". FARIA, Manoel Severim de. "Discurso I. Dos meyos, com que Portugal póde crescer em grande numero de gente, para aumento da Milicia, Agricultura e Navegação". In: *Noticias de Portugal.* Tomo I. Lisboa: Offic. de Antonio Gomes, 1791 [1655], p. 9.

13 Ver: SANTOS PÉREZ, José Manuel. "Colonial fortifications in the State of Maranhão: historical Research in Spain and Portugal". In: *Atlas of Dutch Brazil.* Amsterdam: New Holland Foundation, 2009.

nos entrepostos comerciais nas margens dos rios Orinoco e Amazonas.[14] Ali, os "rebeldes" traficavam com madeira, tabaco, algodão, e qualquer outro produto com algum valor comercial na Europa. Esta atividade era um desdobramento das operações de traficantes batavos na costa da Paraíba e Rio Grande. Baseado na prática do *retourvracht* (frete de retorno), este era para os holandeses um comércio vantajoso, sem a necessidade de grandes investimentos, desde que contassem com o apoio indígena.[15] Desta forma, a zona de interesse batava foi pouco a pouco deslocando-se para Noroeste, seguindo as rotas fluviais e inter-regionais que, segundo os navegadores da época, ligariam o Atlântico equatorial ao Caribe.

Em grande medida, o progresso holandês na região seguia os mesmos rumos do avanço internacional dos Países Baixos pelos territórios da Monarquia Hispânica. Tal como se sabe, a guerra hispano-holandesa começa a partir de uma mudança significativa na política econômica externa dos Países Baixos, que passaram de uma economia claramente regional para, ao longo do século XVI, iniciar experimentos comerciais em áreas dos oceanos Índico e Atlântico. Esta expansão teve como consequência uma melhoria significativa na própria gestão da indústria naval que passará a construir mais e melhores navios, tornando este setor um mercado de investimento em si mesmo.[16] Estas províncias, apesar

14 EDMUNDSON, G.. "The Dutch on the Amazon and Negro in the seventeenth century". In: *English Historical Review*, nº 18, vol. 72 (outubro, 1903), p. 642-663; LORIMER, Joyce. *English and Irish settlement on the river Amazon, 1550-1646.* Londres: The Hakluyt Society, 1989, p. 24-28.

15 HULSMAN, Lodewijk. "Swaerooch: o comércio holandês com índios no Amapá (1600-1615)". *Revista Estudos Amazônicos*, vol. VI, nº 1 (2011), p. 178-202.

16 UNGER, Richard W. *Ships and shipping in the North Sea and Atlantic, 1400-1800.* Aldershot/Brookfield: Ashgate, 1997, p. 125-26. A região que hoje chamamos tão simplesmente de "Holanda" explica pouco a respeito da realidade institucional ou geopolítica das Sete Províncias Unidas dos Países Baixos. Formada em janeiro de 1579, a singular associação entre várias "Províncias" do Norte da Europa foi o resultado da rebelião desta parte do mundo contra as pretensões de supremacia polí-

das muitas rivalidades existentes entre elas, puderam formar um amplo acordo político, militar e econômico sob a liderança da Casa de Orange, como resposta às pressões fiscais e religiosas de Filipe II. Em 1581, sete das províncias calvinistas dos Países Baixos, lideradas por uma oligarquia urbana e financiada pela crescente atividade marítimo-comercial (sobretudo, das ricas Holanda e Zelândia), proclamam-se livres dos deveres de vassalagem em relação aos espanhóis.[17] Durante o século XVII, as Províncias Unidas começam um perigoso jogo de xadrez, tomando postos estratégicos em zonas tão distantes entre si como as Molucas, Luanda e o rio Amazonas.

A partir de 1621, com a criação da WIC, o capítulo atlântico desta guerra tem início com mais força.[18] A WIC foi responsável pela reorientação da política econômica dos Países Baixos, e este redimensionamento encaminhará os interesses holandeses ao negócio do açúcar brasileiro. Rapidamente, os Países Baixos conseguiram conquistas importantes, tanto no Brasil, como nos Novos Países Baixos (América do Norte), mas também nas ilhas do Caribe, Ásia, além dos territórios da África

---

tica dos Habsburgos espanhóis. A União de Utrecht é uma espécie de unidade político-econômico-religiosa, integrada por Holanda, Zelândia, Utrecht, Guelderland, Overijssel, Groningen e Frísia, ou seja, as províncias calvinistas do Norte dos atuais Países Baixos. Para uma análise sobre a importância crescente do Atlântico para as Provincias Unidas durante o século XVII, ver: EMMER, Pieter, "Los holandeses y el reto atlántico en el siglo XVII". In: SANTOS PÉREZ, José Manuel y CABRAL DE SOUZA, George F. (eds.). *El desafío holandés al dominio ibérico en Brasil en el siglo XVII*. Salamanca: Universidad de Salamanca, 2006, p. 17-23.

17 BOXER. *The Dutch Seaborne Empire*, p. 7-11

18 Sobre a rede de financiamento das Províncias Unidas, ver: FRITSCHY, W.. "A 'financial revolution' reconsidered: public finance in Holland during the Dutch revolt, 1568-1648". *The Economic History Review*, vol. LVI, n. 1 (Fevereiro, 2003), p. 57-89. Ver também: DEN HEIJER, H. "The Dutch West India Company, 1621-1791". In: POSTMA, J & ENTHOVEN, V. *Riches from Atlantic Commerce. Dutch Transatlantic trade and shiping, 1585-1817*. Leiden/Boston: Brill, 2003, p. 97-100.

Ocidental.[19] Assim, antes de analisarmos o caso específico do Estado do Maranhão, é necessário uma breve síntese sobre o progresso holandês no Estado do Brasil.

No início do século XVII, já existiam informações sobre uma possível operação militar holandesa visando o norte do Estado do Brasil. Quando era capitão de Pernambuco, Alexandre de Moura, futuro comandante da conquista do Maranhão, justificou seus pedidos por armas e dinheiro para a fortaleza do Recife por serem, como diz, "tão sabidos os intentos que os rebeldes têm contra ela".[20] Em 1613, o mesmo capitão afirma: "Tenho entendido, que os holandeses tratam de tomar este ano a capitania de Pernambuco, no Estado do Brasil, e para a execução deste intento enviarão quatro navios, e neles quatrocentos homens".[21] Alguns anos mais tarde, entre 1630 e 1654, tais temores se confirmariam. Com efeito, durante toda a primeira metade do século XVII o Estado do Brasil foi um alvo privilegiado.[22] O início desta nova fase da guerra foi a tomada da cidade da Bahia, Salvador, em 1624.[23] Pouco tempo depois, as Províncias Unidas organizaram, com êxito, outra grande ação militar: a tomada da Capitania de Pernambuco (fevereiro de 1630). A invasão de Pernambuco e o estabelecimento de um governo holandês na faixa Nordeste do Estado do Brasil permitiu aos Países Baixos o controle sobre

---

19 JACOBS, Jaap. *New Netherland: a Dutch colony in seventeenth-century America.* Boston: Brill, 2005, p. 3.

20 "Sobre se aguardecer a Alexandre de Moura o como se dispos rezistir aos Olandezes". 21 de Agosto de 1607. *BA, códice 51-VII-15*, fl. 166.

21 *"Para o Bpo ViseRey a 15 de mayo de 1613"*, 15 de mayo de 1613, *AGS*, Secretarias Provinciales *1506, flº.15*.

22 ISRAEL. *La República Holandesa y el Mundo hispánico*, p. 232.

23 SCHWARTZ, Stuart. "The voyage of the vassals: royal power, noble obligations, and merchant capital before the Portuguese restoration of independence, 1624-1640". *The American Historical Review*, vol. 96, nº. 3 (junho, 1991), p. 735-762.

o processo produtivo do lucrativo negócio do açúcar.[24] Após a ocupação de Olinda e Recife, os holandeses trataram, pouco a pouco, de expandir seus domínios até o extremo norte do Estado do Brasil. Assim, em 1633, cai a ilha de Itamaracá; em 1634, a fortaleza do Rio Grande. Ainda em 1634, o forte Cabedelo da Paraíba foi arrebatado aos portugueses por uma potente esquadra comandada por dois dos principais militares batavos do período: Jan Corneliszoon Lichthardt e Johan Gijsselingh.[25]

---

24 Para o tema, ver entre muitos outros: MELLO, Evaldo Cabral de. *Olinda restaurada. Guerra e açúcar no Nordeste, 1630-1654*. Rio de Janeiro: Topbooks, 1998; MELLO, Evaldo Cabral de. *Rubro Veio: O imaginário da restauração pernambucana*. Rio de Janeiro: Topbooks, 2ª edição, 1997; MELLO, José Antônio Gonsalves de. *Tempo dos flamengos: influência da ocupação holandesa na vida a na cultura do norte do Brasil*. Recife: Fundação Joaquim Nabuco/editora Massangana/ Instituto Nacional do Livro, 1987; SANTOS PÉREZ, José Manuel & CABRAL DE SOUZA, George F. (Orgs.). *El desafío holandés al dominio ibérico en Brasil en el siglo XVII*. Salamanca: Universidad de Salamanca, 2006; BOXER, Charles. *The dutch seaborne Empire, 1600-1800*. London: Hutchinson & co, 1965; BOXER, Charles R. *Os holandeses no Brasil (1624-1654)*. São Paulo: Companhia Editora Nacional, 1961; ISRAEL, I. J. *La república holandesa y el mundo hispánico, 1606-1661*. Madri: Editorial NEREA, 1997; DEN HEIJER, H. "The Dutch West India Company, 1621-1791". In: POSTMA, J & ENTHOVEN, V. *Riches from Atlantic commerce. Dutch transatlantic trade and shiping, 1585-1817*. Leiden/Boston: Brill, 2003, p. 97-100; EBBEN, Maurits A. "De Republiek der Zeven Verenigde Provinciën tot Omstreeks 1650/A República das Sete províncias até aproximadamente 1650". In: WIESEBRON, Marianne (Ed.). *Brazilië in Nederlandse Archiven/ O Brasil em arquivos neerlandeses (1624-1654)*. Leiden: CNWS, 2004, p. 30-80 [edição bilíngüe]. Para um estudo sobre os aspectos simbólicos do domínio holandês na América Portuguesa, especialmente para o Estado do Brasil, ver também: WEHLING, Arno. "A organização política do Brasil holandês e o papel das liturgias de poder no governo de Nassau". In: TOSTEL, Vera Lúcia B; BENCHETRIT, Sarah Fassa; MAGALHÃES, Aline Montenegro (Eds). *A presença holandesa no Brasil. Memória e imaginário*. Rio de Janeiro: Museu Histórico Nacional, 2004, p. 11-30.

25 WÄTJEN, Hermann. *O Domínio colonial Holandês no Brasil. Um capítulo da história colonial do século XVII*. Recife: Governo de Pernambuco/Companhia

Assim, o avanço holandês deixava a sensação inequívoca aos contemporâneos de que os objetivos futuros seriam as praças do recém-criado Estado do Maranhão.

O breve Maranhão holandês

O medo de uma invasão holandesa ao Maranhão já existia muito antes da tomada neerlandesa da cidade de Salvador, em 1624. Neste período, a documentação luso-maranhense está inundada de informações a respeito, incluindo petições por armas e soldados sob a alegação de um possível avanço batavo pela costa norte. Na correspondência da época, já aparece também o tema do financiamento castelhano para a guerra luso-holandesa, sobretudo em petições enviadas ao reino pelos representantes das câmaras.[26] Por outro lado, o pedido por recursos bélicos não era apenas um *topos* discursivo, e os problemas com a defesa da terra eram já evidentes. Por isso, em 1619 o capitão do Ceará pediu a Filipe III, em caráter de urgência, homens e dinheiro para reconstruir uma nova fortaleza. O capitão Martim Soares Moreno justifica o pedido alegando que a Capitania do Ceará serve aos holandeses de escala, por onde regressavam frequentemente da costa da Guiné em direção ao Maranhão, e vice-versa.[27]

Algumas destas petições traziam listas inteiras do material necessário à defesa do território. Em 1623, por exemplo, o capitão-mor Francisco de Moura afirma que pela imensidão dos rios da Amazônia, a regiao não poderá se "sustentar nem defender do inimigo estrangeiro", por isso solicitava a Filipe IV o envio de quatro navios de 400 ou 300 to-

Editora de Pernambuco, 2004, p. 124-132.

26 MELLO, Evaldo Cabral de. *Olinda Restaurada*, p. 13-17.

27 "REQUERIMENTO do capitão-mor do Ceará, Martim Soares Moreno, ao rei [D. Filipe II], a pedir meios para reconstruir a fortaleza, soldados e seus oficiais, armas, munições e pólvora para defesa dos ataques dos holandeses e franceses, e escala dos navios que do estado do Brasil vão ao do Maranhão". Ceará, maio de 1619. AHU, Ceará (avulsos), cx 1, doc. 3.

neladas, com 20 peças de artilharia de bronze (de 10 libras).[28] No mesmo ano, o capitão da fortaleza do Grão-Pará, Manuel de Sousa de Eça, enviou ao rei uma lista de coisas que considerava fundamental para a defesa da capitania, entre as quais: a mudança da fortaleza de Belém para um sítio mais seguro; e o envio de artilharia, boticas, bandeiras e tambores.[29] Apesar destas providências, ironicamente os holandeses chegam à região com bastante atraso.

Entre os batavos, muito do que se sabia sobre a Amazônia procedia das cartas e relatórios escritos, na década de 1630, por Gedeon Morris van Jonge, aventureiro holandês que teria visitado o rio Xingu no início do século XVII. Na Relação apresentada aos diretores da WIC, escrita na cidade de Middelburg (Zelândia) em outubro de 1637, Gedeon Morris expõe aos conselheiros do *Heeren XIX* as supostas vantagens de uma eventual tomada das capitanias do extremo norte da América portuguesa, utilizando abertamente os mesmos tópicos já praticados nas crônicas hispano-lusas: a fertilidade da terra; as conexões possíveis pelos corredores fluviais; e a possibilidade de obtenção do apoio bélico indígena.[30]

---

28 "OFÍCIO do Capitão-mor, Francisco de Moura, para o Conselho da Fazenda, sobre o pedido de embarcações, artilharia, mantimentos, roupas e botica para o Maranhão". Lisboa, 2 de Junho de 1623. *AHU, Maranhão (avulsos)*, cx. 1, doc. 56.

29 "REQUERIMENTO do capitão do presídio do Grão-Pará, Manuel de Sousa de Eça, para o rei [D. Filipe III], a solicitar a adopção de um regimento particular para o governo que vai assumir; a mudança da localização da fortificação de madeira; esclarecimentos se deverá ir pessoalmente fazer o descobrimento do Cabo do Norte e pôr fim às feitorias e expulsar os estrangeiros; e o envio de munições e pessoal especializado, de uma botica e cirurgião e bandeira e tambores para a capitania do Pará". 13 de Janeiro de 1623. *AHU, Pará (avulsos)*, cx. 1, doc. 23.

30 MORRIS DE JONGE, Gedeon. "Breve descripção aprezentada aos Srs. directores da outorgada Companhia das Indias Occidentais, delegadas à Assembléia dos Dezenove sobre os lugares situados no Brasil septentrional denominados Maranhão, Ceará, Cametá, Grão-Pará, e outros rios comprehendidos na bacia do famozo rio do Amazonas, onde os portuguezes tem assento, com toda a dispozição e circunstancias respectivas, como deixei no ultimo de novembro de

Com efeito, a WIC inicia a ocupação do Estado do Maranhão a partir do forte do Ceará (1637), seguindo o roteiro geográfico e o cronograma sugerido por Gedeon Morris.[31] Em novembro de 1641, numa rápida e fulminante ação militar comandada pelo experimentado Jan Corneiliszoon Lichthardt e pelo Coronel Koin Anderson, os batavos tomam finalmente o forte de São Felipe, controlando, na prática, toda a cidade de São Luís. Esta ação militar ocorre poucos meses depois da assinatura da trégua luso-holandesa, resultado direto do esforço diplomático do novo rei, D. João IV, e de seu confessor, o padre Antônio Vieira, que preferiam uma paz precária com as Províncias Unidas a combater, ao mesmo tempo, holandeses e espanhóis.[32]

No momento da chegada da frota holandesa, a Capitania Real do Maranhão contava apenas com onze engenhos de açúcar.[33] Os holandeses teriam utilizado uma força desproporcional ao limitado poder de reação luso-maranhense, tomando o forte de São Felipe (que contaria então com apenas 300 soldados portugueses) com cerca de 2000 homens, divididos em 19 navios. Os holandeses levaram ao Maranhão oficiais, conselheiros, um pastor calvinista, e o próprio Gedeon Morris que fazia o papel de assessor privilegiado, pela fama de ser o único especialista

---

1636". Middelbourg, 22 de outubro de 1637. In: HYGINO, José. "Relatórios e cartas de Gedeon Morris de Jonge no tempo do domínio holandês no Brazil". *RIHGB*, tomo LVIII, parte I (1895), p. 237-250.

31 MEIRELLES, Mário. *Holandeses no Maranhão (1641-1644)*. São Luís: Edufma, 1991, p. 75.

32 VAINFAS, Ronaldo. "Guerra declarada e paz fingida na Restauração Portuguesa". *Tempo*, vol. 14, nº 27 (2009), p. 82-100. Ver também: CESAR, Thiago Groh de Mello. "A política externa de D. João IV e o Padre Antonio Vieira: as negociações com os Países Baixos (1641-1648)". Niterói: Dissertação de Mestrado (história) apresentada à *Universidade Federal Fluminense*, 2011; CARDIM, Pedro. "Entre Paris e Amesterdão. António Vieira, legado de D. João IV no Norte da Europa (1646-1648)". *Oceanos*, nº 30/31 (set., 1997), p. 134-154.

33 VARNHAGEN, Francisco Adolpho. *Historia Geral do Brazil*, p. 417.

holandês em navegação amazônica.[34] Logo após a tomada da "cabeça do Estado", os batavos trataram da deportação dos indivíduos considerados mais perigosos, incluindo o governador Bento Maciel Parente que foi desterrado, primeiro para Pernambuco, depois para a fortaleza do Rio Grande, onde morreria em fevereiro de 1642. O mesmo destino esperava o corpo de milícia e também os missionários que foram enviados de volta a Portugal (via Antilhas).[35] Na memória historiográfica, produzida entre os séculos XIX e XX, a culpa da derrota portuguesa não recairia sobre a falta de tropas e armas, mas sobre a ação individual do governador Bento Maciel Parente que teria sido negligente na defesa do forte de São Felipe, bem mais preocupado em proteger, como foi dito à exaustão, seus engenhos e feitorias localizados na Capitania do Cabo do Norte.[36] Entretanto, a reação portuguesa não demorou muito a começar e, a exemplo de Pernambuco, esta foi lenta e constante, comandada por Antônio Teixeira de Mello e Antônio Muniz Barreiros, e contou ainda com uma amplíssima participação indígena em todas as fases.

Existem muitos mitos sobre o domínio holandês na região. Para começar, o próprio termo "domínio" não parece ser adequado. É verdade que os batavos permaneceram no Estado do Maranhão entre novembro de 1641 e fevereiro de 1644, mas sua presença militar ficou restrita quase que exclusivamente à Capitania do Maranhão. Apesar das tentativas de expansão para o interior do território, os holandeses pouco conseguiram

---

34 MEIRELLES, Mário. *Holandeses no Maranhão*, p. 79.

35 *Idem, ibidem*, p. 84-87.

36 VARNHAGEN, Francisco Adolpho. *Historia Geral do Brazil*, p. 417. Não existem muitas obras dedicadas à presença holandesa no Estado do Maranhão e Grão-Pará. Sobre o tema ver: MEIRELLES, Mário. *Holandeses no Maranhão (1641-1644)*, p. 87-92; MONTELLO, Josué. *Os holandeses no Maranhão*. Rio de Janeiro: DIP, 1945; MARQUES, César Augusto, "Invasão holandesa", In: MARQUES, *Dicionário histórico-geográfico da província do Maranhão*, Rio de Janeiro, Cia editora Fon-fon e Seleta, 1970.

atingir a vizinha Capitania do Grão-Pará.[37] Também houve tentativas neerlandesas de expandir as fronteiras para o rio Amazonas. Sobre o tema, existe constância da produção de mapas e desenhos sobre a região no acervo do Arquivo Nacional de Haia, a exemplo de *Kaart Stat ende Fort van Grand Para* (a cidade e forte do Grão-Pará). No mesmo acervo, também há um esboço em que são identificados os principais canais do rio Pará, e suas ilhas grandes e pequenas.[38] Neste arquivo também consta o mapa *Maragnon in Zuid America* (Maranhão na América do Sul), que ao que tudo indica foi o mapa confiscado aos portugueses em 1641, e que deu origem a diversas cópias posteriores.[39]

A expansão neerlandesa para oeste foi rapidamente frenada pela resistência portuguesa. Até mesmo os engenhos do rio Itapecurú de onde, segundo conta Barléu, os holandeses tentaram levar 300 caixas de açúcar para a Europa, foram retomados pela resistência lusa em relativamente pouco tempo.[40] Próximo à foz daquele rio, o forte do Calvário (ou melhor: forte do Monte do Calvário) voltou às mãos dos portugueses em setembro de 1642, resultado das eficientes operações militares coordenadas por Antônio Muniz Barreiros. De fato, a partir de 1643 o controle militar holandês estava praticamente limitado ao forte de São Felipe, já constantemente assediado pelas milícias da resistência, que muitas ve-

37 Apesar disso, existiam na época diversas notícias sobre ataques isolados às capitanias próximas ao delta do rio Amazonas. Ver por exemplo: "CARTA do capitão do Pará, Sebastião de Lucena de Azevedo, ao rei D. João IV, sobre a chegada de oito navios holandeses a Garupá, e consequentes medidas para proteger a fortaleza de possíveis ataques". Pará, 20 de agosto de 1647. AHU, Maranhão (avulsos), cx. 2, doc. 219.

38 "Kaart Stat ende Fort van Gran Para". *NA, 4 VEL, 2155*. Agradeço ao professor Raymond Buve, da Universidade de Leiden, pela informação.

39 "Maragnon in Zuid America". NA, 4 VEL H 619-72.

40 BARLÉU, Gaspar. *História dos feitos recentemente praticados durante oito anos no Brasil..*, p. 232.

zes coordenavam os ataques a partir da capitania vizinha, Tapuitapera.[41] Além disso, a resistência portuguesa na Capitania do Maranhão também recebeu o auxílio da Capitania do Grão-Pará na forma de homens e mantimentos. Em resumo, os holandeses já estavam bastante debilitados quando chegaram ao Maranhão, e tinham outras preocupações no mesmo período, a exemplo da logística necessária para a conservação de São Paulo de Luanda (Angola), tomada em 1641.[42]

De qualquer forma, ainda faltam estudos mais sistemáticos sobre o Maranhão holandês. Não existem muitos detalhes sobre as atividades batavas desenvolvidas a partir do porto da cidade de São Luís, nem mesmo sobre o fluxo de navios batavos que circulavam pela ilha do Maranhão. Para piorar, não temos dados suficientes sobre o comportamento das elites regionais, em parte, pela desaparição completa dos livros da Câmara de São Luís referentes ao período.[43] A tradição historiográfica limita-se a afirmar que a expulsão dos holandeses do Maranhão foi a primeira das restaurações luso-brasileiras, acentuando o suposto caráter "nacional" desta guerra, e o alegado "patriotismo" dos portugueses que resistiram

---

41 VARNHAGEN, Francisco Adolpho. *Historia Geral do Brazil*, p. 418.

42 Sobre a dupla jornada de conquista e manutenção de territórios pela WIC nos dois lados do Atlântico Sul e a relação com o tráfico de escravos africanos, ver entre outros: ALENCASTRO, Luiz Felipe de. *O trato dos viventes: formação do Brasil no Atlântico Sul*. São Paulo: Companhia das Letras, 2000; PUNTONI, Pedro. *A mísera sorte. A escravidão africana no Brasil Holandês e as guerras do tráfico no Atlântico Sul, 1621-1648*. São Paulo: Hucitec, 1999. Para um estudo panorâmico sobre as relações entre Angola e o Estado do Brasil, entre os séculos XVII e XIX, ver: PANTOJA, Selma & SARAIVA, José Flávio Sombra. *Angola e Brasil nas Rotas do Atlantico Sul*. Rio de Janeiro: Bertrand Brasil, 1999.

43 CORRÊA, Helidacy. "Para aumento da conquista e bom governo dos moradores. O papel da câmara de São Luís na conquista, defesa e organização do território do Maranhão (1615-1668)". Niterói: Tese de doutorado (História) apresentada à *Universidade Federal Fluminense*, 2011, p. 224.

ao domínio "estrangeiro".[44] De modo geral, pouco se faz referência à principal característica que moldou o conflito na região: a extensa participação das nações indígenas. No Maranhão, as condições ecológicas; as enormes distâncias entre as capitanias; e a crônica ausência de recursos financeiros, tornaram holandeses e portugueses bem mais dependentes da cultura bélica indígena, mesmo em comparação com Pernambuco.

Uma guerra fluvial

Voltemos um pouco no tempo. Durante a jornada de conquista do Maranhão aos franceses, em 1614, houve um acalentado debate sobre o estilo que a guerra deveria assumir. Diogo de Campos, sargento-mor do Brasil, discorda publicamente de Jerónimo de Albuquerque, acusando este último de querer fazer, a todo custo, acordos com índios aliados dos franceses em lugar de mantê-los prisioneiros. Jerônimo de Albuquerque responde a Diogo de Campos com certa ironia, mas em tom professoral: - "Senhor, isto não é guerra de Flandres. Vossa Mercê me deixe com os índios, por me fazer mercê, que eu sei como me hei de haver com eles".[45] Poucos dias depois, após a principal batalha envolvendo portugueses e franceses, foi enviada uma carta ao acampamento luso, datada de 21 de novembro de 1614. Nela, o general francês Daniel de La Touche protesta veementemente contra os métodos utilizados pelo capitão Jerônimo de Albuquerque, acusando-o de abandonar as regras e a "arte" da guerra. Segundo La Touche:

> Senhor d'Albuquerque, eu te mando esta para saber a verdade da guerra, que fazes, e queres fazer

44 Por exemplo: ABREU, J. Capistrano de. *Capítulos de História Colonial*. Rio de Janeiro: Livraria Briguet, 1954, p. 201; ROCHA POMBO, José Francisco da. *História do Brasil*. Vol. 1. Rio de Janeiro: W.M. Jackson, 1951, p. 426-27.

45 "Jornada do Maranhão por Diogo de Campos Moreno Sargento-Mór do Estado do Brazil". *RIC*, tomo XXI, anno XXI (1907), p. 257. Atualizamos a grafia.

> aos meus, porque até aqui não quis praticar nada de aquillo, que toca à nossa arte. Porque tu quebras todas as Leis praticadas, em todas as guerras assim Christãs, como Turques quas, ou seja em crueldade, ou seja na liberdade da seguridade, que os homens tomão huns com os outros para seus parlamentos.[46]

Anos mais tarde, quando a própria guerra hispano-holandesa chegou à Amazônia, e a arte militar começou a ceder terreno à artimanha indígena, estava claro o quanto havia sido prudente o velho capitão-mor do Maranhão. De fato, há muitos outros exemplos da importância atribuída aos soldados nativos no combate à presença batava. Em 1638, foi enviado a Filipe IV uma lista de coisas necessárias para combater holandeses na região. O responsável pela petição, o capitão do Grão-Pará Manuel Madeira, fez um detalhado elenco de armas e bastimentos que deveriam ser enviados à Capitania em caráter de urgência. Ao rei, o capitão Madeira solicitava entre outras coisas:

> - Um navio
> - Cinquenta soldados
> - Seis peças de bronze para balas
> - Cinquenta mosquetes
> - Três mil varas de pano de linho
> - Mil machados
> - Mil espelhos
> - Duas mil facas
> - Cinco mil agulhas
> - Vinte pipas de vinho.

46 "Este teu mortal inimigo Ravardiere. Diante do Forte de S. Simão aos 21 de novembro de 1614". *Apud* "Jornada do Maranhão por Diogo de Campos Moreno Sargento-Mór do Estado do Brazil". *RIC*, tomo XXI, anno XXI (1907), p. 279.

Ao Conselho da Fazenda talvez não parecesse razoável, num primeiro momento, combater holandeses com facas e machados, menos ainda com panos e espelhos. Entretanto, Manuel Madeira explica que só metade dos produtos era destinado aos soldados. A outra metade seria para, segundo explicou: "repartir com os índios amigos nossos". O pedido incluía, ainda, quatro quintais de "salsa das índias" para curar as moléstias dos soldados que andavam "ordinariamente em canoas".[47] O Conselho da Fazenda considerou "muy justo" o pedido de socorro, mas os mesmos conselheiros lamentaram não existir nos armazéns do reino "nenhuma destas coisas".[48] No final, o capitão Manuel Madeira sai de Lisboa com uma pequena parte do que foi solicitado.[49] Este não era um período apropriado para grandes despesas e pouco se falava a respeito de uma possível reedição da Jornada dos Vassalos de 1625.[50] Estava claro que as grandes ações militares estavam fora de contexto, pelo custo elevadíssimo desse tipo de operação. Assim, a guerra na Amazônia, a exemplo do que ocorrerá em Pernambuco, buscou soluções menos ortodoxas para

47 "REQUERIMENTO do capitão-mor nomeado para a capitania do Pará, Manuel Madeira, para o rei [D. Filipe III], solicitando a entrega dos materiais que necessita para a defesa e prosperidade do comércio daquela capitania". 9 de Abril de 1638. *AHU, Pará (avulsos)*, cx.1, doc. 38.

48 "CONSULTA do Conselho da Fazenda para o rei D. Filipe III, sobre o socorro que há-de levar o capitão-mor do Pará, [Manuel de Madeira] para aquela capitania". Lisboa, 30 de Agosto de 1638. *AHU, Pará (avulsos)*, cx 1, doc. 40.

49 O navio *Nossa Senhora do Rosário* (de 150 toneladas) saiu de Lisboa em direção a Belém em 12 de outubro de 1638, levando vinte quintais de pólvora, quatro peças de artilharia de doze libras, quinze quintais de pelouro de chumbo, 600 balas e 200 quintais de ferro. Assim informa Pedro Maciel Parente. "CONSULTA (reformada) do Conselho da Fazenda para o rei D. João IV, sobre o pedido de socorro de munições e mantimentos pelo capitão do Grão-Pará, Pedro Maciel Parente, no sentido de repelir a presença dos holandeses no litoral daquele Estado". Lisboa, 31 de dezembro de 1640. AHU, Pará (avulsos), cx. 1, doc. 45.

50 MELLO, Evaldo Cabral de. *Olinda restaurada*, p. 30-31.

o problema da falta de recursos. Apesar disso, muitos socorros foram enviados ao Estado do Maranhão, como podemos ver no quadro a seguir.

Socorros enviados de Portugal para o Estado do Maranhão e Grão-Pará nos últimos anos da guerra.[51]

Navio	Saída de Lisboa	Oficial responsável	Conteúdo
Nossa Senhora da Vitória[52]	02/1638?	Martim Velho Barreto	Armas e mantimentos
Nossa Senhora do Rosário[53]	12/10/1638	Capitão Manuel Madeira	20 quintais de pólvora; 4 peças de artilharia de 12 libras; 15 quintais de pelouro de chumbo; 600 balas; 200 quintais de ferro.

51 Há referências de outros envios, ou tentativas de socorro, sobretudo no período de D. João IV, mas sem a confirmação de saída de Lisboa ou de chegada aos portos de São Luís ou Belém. Também é necessário levar em conta a prática, comum nestes tempos, de enviar novo socorro cada vez que embarcava um novo governador.

52 Embora esta nau estivesse completamente aparelhada para partir de Lisboa em direção ao Maranhão, com ordem de Filipe IV, não existe confirmação de sua chegada ao porto de São Luís. "REQUERIMENTO de Martim Velho Barreto ao rei Filipe III, em que solicita uma provisão declarando o custo do equipamento de artilharia da nau Nossa Senhora da Vitória, cedida pelo requerente, que foi enviada para socorro e conquista do Maranhão". 15 de janeiro de 1638. AHU, Maranhão, cx. 1, doc. 120.

53 "CONSULTA (reformada) do Conselho da Fazenda para o rei D. João IV, sobre o pedido de socorro de munições e mantimentos pelo capitão do Grão-Pará, Pedro Maciel Parente, no sentido de repelir a presença dos holandeses no litoral daquele Estado". Lisboa, 31 de dezembro de 1640. AHU, Pará (avulsos), cx. 1, doc. 45. Vasco Fernandes acrescenta em outra relação os seguintes itens: oito soldados, oito quintais de pólvora, oito quintais de chumbo em pelouros e seis quintais de morrão. "RELAÇÃO de Vasco Fernandes César acerca do socorro que se enviou ao Maranhão pelo navio Nossa Senhora do Rosário, capitaneado por Manuel Madeira". Lisboa, 8 de dezembro de 1638. AHU, Maranhão (avulsos), cx. 1, doc. 124.

"Nau" de nome desconhecido[54]	29/04/1643	Pedro de Albuquerque	Armas, munição e mantimentos
São Pedro[55]	07/1644?	Mestre Miguel da Silva Pato	60 mosquetes de fabricação alemã; 6 quintais de pelouro de estanho para mosquetes; 4 quintais de morrão; 50 balas de ferro de 6 libras; 50 balas de ferro de 5 libras; 20 quintais de pólvora.

A guerra deveria acomodar-se à realidade dos campos de batalha tropicais. Tal como explica Evaldo Cabral de Mello, o modelo da "Guerra de Flandres", guerra de posições, ou guerra de sítio, que tinha como objetivo a tomada de praças-fortes, era de pouca utilidade na heterogênea ecologia da América portuguesa. Aqui, os combates deveriam abandonar certa ortodoxia que ainda marcava a arte militar na Europa, assumindo um misto de guerra de posições e guerra de guerrilhas.[56]

Ainda assim, existem diferenças entre a "Guerra do Brasil" e a guerra no Maranhão. No Estado do Brasil, a guerra tinha um forte componente terrestre, sobretudo assentado no bloqueio sistemático dos caminhos do interior, impedindo o acesso holandês. Era a "guerra lenta",

54 A nau que transportava este socorro chega às proximidades de São Luís em 13 de junho de 1643, seguindo viagem naufragou num banco de areia no Grão-Pará a 30 de junho de 1643. BERREDO, Bernardo Pereira de, *Anais históricos do Estado do Maranhão*, § 903, p. 225-226.

55 "RELAÇÃO das munições que vão para o Pará no navio "São Pedro", de que é mestre Miguel da Silva Pato, vizinho da ilha de São Miguel". Lisboa, 29 de julho de 1644. AHU, Pará (avulsos), cx. 1 doc. 54; "Para o Provedor da faz.ª do Pará". Lisboa, 27 de julho de 1644. AHU, (cartas) códice 275, flº. 23; "Para o prou.or da faz.da da cidade de São Luís do Maranhão". Lisboa, 27 de julho de 1644. AHU, (cartas) códice 275, flº. 23.

56 MELLO, Evaldo Cabral de. *Olinda restaurada*, p. 318.

onde os barcos eram utilizados apenas para transporte de mercadorias.[57] Na Amazônia, a guerra era prioritariamente fluvial. Nesta região, o uso da canoa indígena era indispensável, utilizada como embarcação de transporte, mas também como barco de guerra, ou inclusive como "trincheira", tudo em função de uma peculiar condição ecológica.

O clima também não favorecia a etiqueta da guerra europeia. A humidade excessiva do território amazônico trouxe, amiúde, sérios problemas para a conservação da artilharia e munição. Sobretudo as armas que funcionavam com sistema de mecha (morrão) cediam rapidamente frente a um implacável regime de chuvas. O mesmo ocorria com as peças de ferro que oxidavam com facilidade.[58] É bem verdade que, em Pernambuco e na Bahia, existiam problemas semelhantes, mas estes estavam concentrados principalmente no "inverno".[59] O padre Antônio

57 *Idem, ibidem*, p. 33.

58 "CARTA do [capitão-mor do Pará], Sebastião de Lucena de Azevedo, para o rei [D. João IV], dando conta do estado em que achou aquela capitania, quando de sua chegada, e sobre o naufrágio de um navio português na ilha de Grande de Joanes, cujos sobreviventes foram capturados e mortos pelos índios de nações aruan, engaibas, anajares, e outras nações que habitam naquela ilha, aliados dos holandeses". Belém, 1 de janeiro de 1647. *AHU, Pará (avulsos)*, cx 1, doc. 63.

59 Na Amazônia Brasileira, a precipitação média anual é de cerca de 2300 mm, bastante superior à media dos atuais Estados do Nordeste. É verdade, entretanto, que o regime de chuvas na região apresenta importantes flutuações sazonais. A falta ou excesso de chuvas pode, também, ser causado por influência de fenômenos climáticos globais como El Niño ou La Niña, respectivamente, que já afetavam a região no passado. Para um estudo dos aspectos físicos destas flutuações ver, entre muitos outros: HIGUCHI, Niro; SANTOS, Joaquim dos; LIMA, Adriano José Nogueira; HIGUCHI, Francisco Gasparetto; CHAMBERS, Jeffrey Quintin. "A floresta amazônica e a água da chuva". *Floresta*, vol. 41, nº 3 (jul/set, 2011), p. 427-434. AB'SABER, Aziz N. "Bases para o estudo dos ecossistemas da Amazônia brasileira". *Estudos Avançados*, nº. 45 (2002), p. 7-30; "HAFFER, Jüergen. "Ciclos do tempo e indicadores de tempos na História da Amazônia". *Estudos Avançados*, nº 15 (1992), p. 7-40.

Vieira, que conheceu bem o clima das duas regiões, fez uma boa comparação entre os níveis de pluviosidade de uma e outra parte. Segundo o jesuíta, na Bahia, onde viveu muitos anos, ocorre "algumas vezes" o que, no Maranhão, "quase todos os dias". No Maranhão, explica o padre: "Amanhece o Sol muito claro, prometendo um formoso dia, e dentro de uma hora se tolda o céu de nuvens, começa a chover como no mais estranho inverno".[60]

Na Amazônia, os soldados portugueses também tinham de aprender a combater apoiados em canoas, ao modo das guerras indígenas, apenas substituindo o arco e flecha pelo mosquete. Evidentemente, nestas escaramuças fluviais os nativos levavam sempre vantagem. De fato, os índios eram os únicos que conheciam devidamente os intrincados caminhos fluviais, perigosos em função das zonas de baixios e dos sistemas de alta e baixa-mar. Num relato de finais do século XVII, o cronista português Francisco Teixeira de Moraes resume as dificuldades daquele tipo de combate fluvial, "guerras mui difíceis", explica, "pela imposição furiosa das correntes dos rios; da grandeza e profundidade, sujeito a grande alteração".[61]

Neste cenário, a experiência neerlandesa na navegação fluvial, com a larga utilização de hidrovias pelos exércitos dos Países Baixos, em comparação com as forças militares espanholas, maioritariamente terrestres, deveria ter significado alguma vantagem no mundo aquático amazônico.[62] No Estado do Brasil, os militares holandeses aprenderam rapidamente a tirar partido dos rios pernambucanos, de modo a surpreender

60 "Sermam da Quinta Dominga da Quaresma" (1654). In: *Sermões do Padre António Vieira. Reprodução facsimilada da edição de 1685*. São Paulo: Editora Anchieta S.A, vol. IV, 1944, p. 295.

61 MORAES, Francisco Teixeira de. "Relação historica e politica dos tumultos que succederam na cidade de S. Luiz do Maranhão". [1692]. *RIHGB*, vol. 40 (1877), p. 92.

62 PARKER, Geoffrey. *El ejército de Flandes y el Camino Español, 1567-1659. La logística de la victoria y derrota de España en las guerras de los Países Bajos*. Madrid: Alianza Editorial, 2010, p. 51; ISRAEL, Jonathan I. *The Dutch Republic. Its Rise,*

os luso-brasileiros, restritos quase sempre aos caminhos terrestres.[63] No Maranhão, para a maioria das rotas, os caminhos terrestres simplesmente não existiam, o que aumentava significativamente a especialidade necessária para este tipo de confronto.

Os relatos sobre a jornada de Luís Aranha de Vasconcelos, português que tinha ordens de Filipe IV para localizar os fortes holandeses no rio Amazonas, nos dá uma ideia das dificuldades da guerra fluvial. Em 1624, foi apresentado um primeiro relatório da jornada, elaborado pelo capitão Antônio Vicente Cochado. Neste documento, produzido quase no mesmo momento da invasão neerlandesa a Bahia, o capitão Cochado confirma ao Monarca a existência dos fortes Maturu (ou Orange) e Nassau, localizados na margem direita do rio Xingu.[64] As fortalezas contavam com mercenários ingleses e irlandeses e funcionavam como perfeitos postos avançados para a navegação inter-regional. Nestas fortificações já estariam presentes os capitães Nicolau Hosdan e Filipe Porcel, que só foram definitivamente expulsos da região em 1625 pelo capitão Pedro Teixeira.

Para o assalto aos fortes, segundo confirma o cronista Berredo, o capitão Bento Maciel Parente mandou socorrer a Luís Aranha de Vasconcelos com uma força militar composta por 70 soldados e 1000 índios flecheiros.[65] Este total não parece contar com os soldados e canoas

---

greatness, and fall, 1477-1806. Oxford: Oxford University Press, 1995, p. 253 e 272.

63 MELLO, Evaldo Cabral de. *Olinda Restaurada*, p. *66;* PEREIRA, Sidclay Cordeiro. "Caminhos na resistência. O espaço do Recife durante ocupação neerlandesa (1630-1637) em Pernambuco (Brasil)". Recife: Dissertação de Mestrado (geografia) apresentada à *Universidade Federal de Pernambuco*, 2006, p. 53.

64 "Relação que faz Antonio Vicente Cochado do descobrimento do rio das Almazonas, e Cabo do Norte, que foi fazer por orden de V.Mag[de]". 27 de julho de 1624. *AGS, Secretarias Provinciales*, 1467, fl° 688-691v.

65 Estes números dizem respeito apenas ao socorro enviado por Bento Maciel Parente, sem contar o número de combatentes que foi na primeira jornada.

do primeiro corpo, que já havia iniciado a jornada em 1623 sob o comando pessoal do capitão Luís Aranha de Vasconcelos. No seu relatório, o capitão Cochado explica que, antes de qualquer abordagem direta, cabia aos índios o reconhecimento do terreno. Assim, eram enviadas, sempre de noite, canoas leves para recolher informações sobre a organização das forças batavas e sobre o número de índios que auxiliavam os holandeses.

O ataque final foi rápido e fulminante, sempre utilizando a versatilidade das canoas de guerra e a precisão da artilharia indígena.[66] No fim da narrativa, o capitão Cochado explica como a fortaleza holandesa foi queimada, e confiscados artilharia, peças de ferro, pistolas, arcabuzes, e "negros de Angola", escravos africanos levados aos confins do rio Xingu pelos traficantes batavos. Cochado também explica que os holandeses não estavam ali pelo açúcar, senão por toda sorte de produtos da terra, e pelas possibilidades de conexão inter-regional com as Índias. Em 1625, em outro relatório sobre a campanha do rio Xingu, o capitão Luís Aranha de Vasconcelos afirma que os prisioneiros neerlandeses confessaram tirar da região uma média de 15 navios por ano, carregados de tabaco, algodão e madeira.[67] Segundo Arthur Cézar Ferreira Reis, um dos fortes holandeses foi construído com a ajuda dos índios Mariocay e teria sido a origem do forte português do Gurupá.[68]

BERREDO, Bernardo Pereira de. *Anais Históricos do Estado do Maranhão*, § 501, p. 135.

66 Para uma perspectiva mais técnica sobre os usos do arco e flecha em comparação com os sistemas de armas de fogo disponíveis entre os séculos XVI e XVIII, sobretudo antes da invenção do sistema de percussão por espoleta, vale a pena voltar ao antigo trabalho de Georg Friederic: FRIEDERICI, Georg. "A efficacia do arco dos índios". *Revista do Instituto Archeologico e Geographico Pernambucano*, nº 65, vol. XII (junho, 1905), p. 477-8.

67 "Informação de Luiz Aranha de Vasconcellos sobre o descobrimento do Rio das Amazonas". *ABNRJ*, vol. 26, p. 391-394.

68 REIS, Arthur Cézar Ferreira. "Fortificações da Amazônia no período colonial". *RHIGB*, vol. 344 (julho-setembro, 1984), p. 217-227.

Toda a operação ficou registrada num precioso mapa, em escala de trinta léguas, cuidadosamente elaborado pelo capitão Cochado. Nele, é possível vislumbrar diversos detalhes na representação das infinitas ilhas localizadas entre os rios Pará, Moju, Pacajá, e o próprio Xingu. Em primeiro plano, a cidade de Belém, capital da Capitania do Grão Pará, com uma representação idealizada de sua fortaleza que, segundo o mapa, contaria com quatro baluartes de orelhões. Na outra extremidade, Cochado indica o ponto exato da chegada dos holandeses, nas margens do rio "Corpotibes". Na representação do rio Xingu, aparecem as duas principais fortalezas batavas, localizadas cada qual numa ilha diferente. A primeira destas, um forte de quatro baluartes, e outro com apenas dois. No mesmo mapa é possível ler: "Fortaleza dos holandeses, queimada".[69]

Nos documentos disponíveis sobre os fortes holandeses na região não há informações seguras sobre o estilo, as dimensões, e os materiais utilizados. O padre Luís Figueira afirma que, em Abril de 1628, os holandeses já tinham outra fortificação no rio Xingu (a fortaleza do Tucujú). Esta última era de traça quadrada, com um fosso (cava) de 20 palmos de altura, e um muro exterior (barbacã) de 12 palmos de altura por 15 de largura. O padre Figueira acrescenta ainda que os holandeses tiveram a ajuda dos gentios da terra na construção, defesa e sustentação material da fortaleza.[70] Evidentemente, estas estruturas não tinham nada a ver com os desenhos de praças fortificadas do engenheiro Adriaen Anthonisz (1541-1620), que fez a fama das edificações bélicas neerlandesas no resto da Europa.[71] Ao contrário, tudo leva a crer que todos os fortes holandeses edificados na região eram de taipa de pilão reforçada com madeira de lei, e algumas poucas pe-

69 As citações constam no mapa original.

70 FIGUEIRA, Luiz, S.J.."Relação de vários sucessos acontecidos no Maranhão e Grão-Pará, assim da paz como de guerra, contra o rebelde holandês, ingleses e franceses e outras nações. 1631". In: LEITE, Serafim. *Luiz Figueira, sua vida heróica e sua obra literária.* Lisboa: Agência Geral das Colônias, 1940, p. 170-171.

71 ISRAEL, Jonathan I. *The Dutch Republic.*, p. 272-273.

dras, a mesma técnica utilizada na maioria das construções portuguesas na Amazônia seiscentista que contou sempre com larga utilização do trabalho indígena.[72] Estas fortificações eram também pensadas para fazer o papel de zonas portuárias. Tal como lembra Alicia Cámara, as obras de natureza hidráulica não eram incomuns na Europa do período, e foram mesmo parte essencial do lavor dos engenheiros militares da época, acostumados a incrementar a defesa dos portos marítimos e fluviais com fortalezas que tinham boa comunicação com canais navegáveis.[73]

Os militares portugueses chegam rapidamente a outra conclusão acerca do estilo apropriado ao desenvolvimento da guerra contra os holandeses na Amazônia: o conhecimento dos regimes fluviais era fundamental. Nesse caso, a primeira abordagem ao "inimigo" deveria ser feita utilizando canoas leves e rápidas, bem adaptadas aos estreitos dos rios da região. Esta era uma especialidade dos soldados nativos. O ataque nunca deveria ser direto e linear, senão ao modo de emboscadas, em uma versão aquática do sistema de guerra *volante* empregado no Estado do Brasil.[74] Consta que, em 1643, o governador Pedro de Albuquerque em plena campanha contra os holandeses no Maranhão, convencido das

---

72 Sobre o estilo das edificações civis do período ver: CARDOSO, Alirio & CHAMBOULEYRON, Rafael. "Cidades e vilas da Amazônia colonial". *Revista Estudos Amazônicos*, vol. IV, n. 2 (2009), p. 37-51.

73 CÁMARA, Alicia. "Esos desconocidos ingenieros". In: CÁMARA, Alicia (ed.). *Los ingenieros militares de la monarquía hispánica en los siglos XVII y XVIII*. Madri: Ministerio de Defensa, 2005, p. 13-29.

74 Sobre o estilo de organização das milícias na Guerra do Brasil e nas guerras pelo sertão luso-americano até começos do século XVIII, ver: PUNTONI, Pedro. *A guerra dos bárbaros: povos indígenas e a colonização do sertão nordeste do Brasil, 1650-1720*. São Paulo: Edusp/FAPESP/Hucitec, 2002. Para uma análise de conjunto sobre as mudanças no modo de fazer a guerra na América Portuguesa, ver: PUNTONI, Pedro. "A arte da guerra no Brasil: tecnologia e estratégia militares na expansão da fronteira da América portuguesa (1550-1700)". In: CASTRO, Celso; IZECKSOHN, Vitor; KRAAY, Hendrik. *Nova história militar brasileira*. Rio de Janeiro: FGV, 2004, p. 43-66.

vantagens técnicas da navegação indígena, mandou construir um grande número de canoas para uso da tropa.[75]

O tamanho dos regimentos era também um fator sempre decisivo. Por isso, em 1638, o Conselho da Fazenda reconhecia a necessidade de transferir "cópias de índios" do Ceará para as batalhas travadas no Rio Grande e Paraíba.[76] É extremamente difícil calcular a importância destes deslocamentos em função dos poucos registros confiáveis, e do silêncio dos cronistas sobre o número exato de índios e mestiços aliados que migraram de uma região para a outra seguindo os rumos da guerra. Para Pernambuco, é bom lembrar, houve uma perda demográfica acelerada entre os anos de 1630 e 1640, de cerca de 15.000 habitantes.[77]

A fuga em massa da população fez com que, cada vez mais, o recurso à migração interna fosse uma solução a levar em conta. Da mesma forma, a carência de soldados brancos, de um lado e de outro desta guerra, facilitou sobremaneira um processo que já estava em curso desde os primeiros anos de conquista: a redefinição do papel das milícias indígenas na defesa do território.

---

75 "CARTA do [capitão-mor do Pará], Sebastião de Lucena de Azevedo, para o rei [D. João IV], dando conta do estado em que achou aquela capitania, quando de sua chegada, e sobre o naufrágio de um navio português na ilha de Grande de Joanes, cujos sobreviventes foram capturados e mortos pelos índios de nações aruan, engaibas, anajares, e outras nações que habitam naquela ilha, aliados dos holandeses". Belém, 1 de janeiro de 1647. *AHU, Pará (avulsos)*, cx1, doc. 63.

76 "Sobre o pagam.^{to} q. pertende haver o Cap.^{am} Sipião Pitta Porto Carreiro de 2:478U040r^{s} q. despendeo na fortifficação, e reparo da Fortaleza do Rio Grande, e com a gente q. por aly passou do socorro p.^{a} Pernambuco". 12 de novembro de 1638. BA, códice 51-VI-21, flº 150.

77 Como lembra Mello, este total não inclui a migração individual e a fuga de escravos, o que elevaria ainda mais o percentual de entre 12% a 15% da população das capitanias do "nordeste". MELLO, Evaldo Cabral de. *Olinda restaurada*, p. 221.

Infantaria indígena

Não há dúvidas de que um dos aspectos mais significativos da guerra hispano-holandesa, no Brasil e no Maranhão, é o novo *status* que ganha o índio aliado, elevado à categoria de vassalo-soldado. Estes novos combatentes poderiam, agora, negociar as condições do apoio militar de acordo com o próprio andamento do conflito. De fato, as nações indígenas, por primeira vez, teriam a oportunidade de escolher em que lado lutar. Assim, uma consequência quase imediata da necessidade de obtenção do apoio bélico nativo foi a conquista de vantagens, pessoas ou coletivas, por parte dos índios aliados.[78]

É bem verdade que outras soluções – mais ortodoxas - foram pensadas para socorrer o Maranhão. Sabemos que na cidade de São Luís, em 1637, existia uma Companhia de "infantaria espanhola" de piqueiros. A tal Companhia foi enviada por Filipe IV para o socorro daquela praça, e teve como capitão a Antônio de Almeida e Azambuja.[79] Segundo o cronista Berredo, trata-se de uma das três Companhias que formavam o corpo de milícia do Estado.[80] Parte deste contingente acompanhou a Pedro Teixeira na sua famosa jornada Belém-Quito.[81] No entanto, há poucas

78 Ver por exemplo: GONÇALVES, Regina Célia. "Povos indígenas no período holandês: anotações de uma pesquisa". In: *Congresso Internacional Pequena Nobreza nos Impérios Ibéricos de Antigo Regime*. Lisboa, 2011.

79 "REQUERIMENTO do capitão de Infantaria Bento Maciel filho do governador do Maranhão, Bento Maciel Parente, ao rei Filipe III, em que solicita o posto de capitão da companhia espanhola de Piques".6 de Junho de 1637. AHU, Maranhão (avulsos), doc 1, cx. 113.

80 BERREDO, Bernardo Pereira de. *Anais Históricos do Estado do Maranhão*, § 667, p. 173. Entretanto, já em 1654 existiriam apenas duas Companhias de Infantaria no Maranhão. "Nomeação p.ª hũa Comp.ª de Infantr.ª no Maranhão". Lisboa, 20 de abril de 1654. *AHU, códice 15 (consultas mistas), flº 95v-96.*

81 REIS, Arthur Cesar Ferreira. "Paulistas na Amazônia e outros ensaios". *RIHGB*, tomo 175 (1941), p. 260.

informações sobre a composição, a origem e o número de homens que formavam esta milícia. Outra solução para a falta de combatentes brancos foi a tentativa de envio de degredados do Estado do Brasil para o Maranhão, o que jamais ocorreu na quantidade esperada.[82]

Em função das distâncias e dos grandes gastos, estava fora de questão o envio de contingentes de soldados castelhanos e napolitanos que foram destacados para Pernambuco. Para piorar, as capitanias maranhenses também não contariam, como ocorreu no Estado do Brasil, com "terços negros", ou combatentes afro-descendentes, pela presença diminuta deste tráfico na primeira metade do século XVII. A solução já era conhecida por todos: o reforço das táticas de obtenção do apoio indígena. Na própria Capitania de Pernambuco, este recurso só seria plenamente aceito a partir de 1640.[83] Ao contrário, no Maranhão as autoridades portuguesas compreenderam desde o início da conquista a necessidade de organizar a defesa da região com o uso alargado de soldados nativos.

O medo de perder o apoio indígena é bastante evidente na documentação de época. Na *Descrição do Rio Grande*, provavelmente de 1627, o português Domingos da Veiga lamenta que os índios dessa Capitania fossem tão poucos (apenas 300 flecheiros divididos em quatro aldeias) e que a cada dia fugissem quantidades deles para o Ceará "pelo ruim trato que aqui [Rio Grande] lhe fazem os capitães, e pelo bom que no Ceará lhe faz o capitão Martim Soares que só em uma aldeia tem 900 flecheiros".[84] Na *Relação de vários sucessos acontecidos no Maranhão e Grão-Pará, assim da paz como de guerra, contra o rebelde holandês, ingleses e franceses*

82 "REQUERIMENTO do capitão-mor nomeado para a capitania do Pará, Manuel Madeira, para o rei [D. Filipe III], pedindo para que lhe sejam entregues alguns presos sentenciados com o degredo no Brasil, para levá-los consigo ao Pará e servirem como soldados na defesa da capitania contra os rebeldes holandeses". 29 de Outubro de 1638. *AHU, Pará (avulsos)*, cx 1, doc. 42.

83 MELLO, Evaldo Cabral de. *Olinda restaurada*, p. 230-1.

84 VEIGA, Domingos da. "Descripsão do Rio Grande". [1627] BNE, m*ss 3015*, flº 54.

e outras nações, de 1631, o padre Luís Figueira, da Companhia de Jesus, faz um verdadeiro elogio à capacidade bélica nativa. Este jesuíta explica que, pelo conhecimento que tinha sobre o ânimo belicista dos índios, os holandeses só passariam à região "se o gentio lhes der entrada".[85]

Além da reconhecida capacidade bélica, sobretudo na luta corpo-a-corpo e no manejo rápido do arco e flecha, os índios eram também os maiores fornecedores de mantimentos para os soldados portugueses, principalmente a "farinha de guerra" (mandioca). Em outro memorial, o padre Figueira expõe ao Monarca Católico o nível de dependência que chegou a soldadesca europeia dos serviços gentílicos:

"A obrigação que sua Magestade lhe tem, he, que nas guerras que se offerecerão com Olandeses, & ingleses naquelas partes, ajudão, & ajudarão sempre aos Portugueses, assi com suas armas, como dandolhe, & administrandolhe todos os mantimentos de farinhas, carne, & peixe, remando sempre as canoas de guerra, sem que sua Magestade gaste nada, nem os portugueses. E lhes fazem todos os mais serviços, & tudo isto sem galardão".[86]

Em 1634, após os primeiros informes sobre o ataque holandês à emblemática cidade de Filipeia, na Paraíba, não existiam mais dúvidas de que o progresso holandês pelo litoral atingiria rapidamente o Ceará, depois, as demais capitanias do Maranhão. Neste contexto, aumentavam as especulações sobre a possível aliança entre holandeses e índios descontentes com o trato português.[87] Na própria tomada da Paraíba, muitos

85 FIGUEIRA, Luiz, S.J.."Relação de vários sucessos acontecidos no Maranhão e Grão-Pará, assim da paz como de guerra, contra o rebelde holandês, ingleses e franceses e outras nações. 1631". *In:* LEITE, Serafim. *Luiz Figueira, sua vida heróica e sua obra literária.* Lisboa: Agência Geral das Colônias, 1940, p. 176-7.

86 "Memorial sobre as terras e gente do Maranhão & Grão Pará & Rio das Amazonas. 1637". *In:* LEITE, Serafim. *Luiz Figueira, sua vida heróica e sua obra literária*, p. 208.

87 Sobre as alianças entre holandeses e índios no Estado do Brasil e o problema da mediação cultural, ver: MEUWESE, Marcus P. "For the peace and well-

atribuíam a culpa da cooperação entre índios e batavos à inflexibilidade de alguns portugueses, incapazes de estabelecer boas relações com os naturais da terra.[88] No Maranhão, a promoção das qualidades guerreiras do gentio chegaria a níveis francamente suspeitos. Em 1637, por exemplo, Bento Maciel Parente, renomado caçador de índios que nunca escondeu suas tendências escravistas, considerava conveniente oferecer aos *principais* das aldeias uma série de "dádivas" e "promessas", de modo a evitar que no Maranhão ocorresse o mesmo que no Estado do Brasil.[89]

Entre os militares portugueses, aquele que melhor conhecia as táticas da guerra indígena foi, provavelmente, o capitão do Ceará, Martim Soares Moreno. Não faltam histórias sobre a legendária ascendência que este capitão tinha sobre os índios de diversas nações. Nas batalhas que travou contra os holandeses, no Maranhão e no Brasil, dizia-se que Martim Soares "se disfarçava como se fora índio", e costumava organizar ataques noturnos em que encarava "peito a peito" a infantaria inimi-

---

-being of the coutry: intercultural mediators and Dutch-indian relations in New Netherland and Dutch Brazil, 1600-1664". Tese de doutorado (*PH.D*) apresentada à *University of Notre Dame*, 2003.

88 Ver por exemplo: "1634/Los Olandezes Ganan en el Brazil la Parayba. Los indios se declaran por su partido: miserias que padecem por es=ta causa los moradores de aquella campaña//ganan ultimamente los olandezes el fuer=te de Nazareth". 1634. *BNE*, mss 2365, f.º 9-12v. O autor desta Relação também faz elogio da forma com que alguns portugueses, nomeadamente Martim Soares e Matias de Albuquerque, buscavam com êxito a amizade das nações indígenas da região. Sobre alguns aspectos técnicos das estruturas defensivas da cidade de Filipéia ver entre outros: MOURA FILHA, Maria Berthilde de Barros Lima e. "Uma cidade na estratégia de colonização do Brasil. Séculos XVI-XVIII". Porto: Tese de doutorado (História da arte) apresentada à *Universidade do Porto*, 2004. Ver principalmente o capítulo 4.

89 "REQUERIMENTO do governador do Maranhão, Bento Maciel Parente, ao rei Filipe III, sobre a conveniência de se fazerem ofertas aos índios principais, no sentido de se obterem aliados". 9 de Outubro de 1637. AHU, Maranhão (avulsos), cx 1, doc. 116.

ga.[90] Segundo conta seu tio, o sargento-mor Diogo de Campos, Martim Soares foi ainda jovem à expedição do rio Jaguaribe, comandada por Pero Coelho de Sousa, aprendendo rapidamente a língua e os costumes dos índios da região. Martim Soares também cultivava a fama de lutar ao modo indígena: "indo nu entre eles, e tingido de jenipapo", um fruto típico usado para pintura ritual de guerra.[91] Na sua *Relação do Ceará* (1618), o próprio Martim Soares confessa que para fazer "assaltos" a franceses e neerlandeses no Maranhão: "me despia nu e me rapava a barba tingindo de negro com um arco e flechas".[92]

Apesar dos muitos mitos e histórias fantásticas contadas a respeito de Martim Soares Moreno, em grande parte fruto de uma bem construída autopromoção, reforçando a ideia de homem feito por si mesmo, seu exemplo foi copiado por outras autoridades portuguesas. Para além da simples imagem de soldado híbrido que o capitão do Ceará gostava de demonstrar, sobretudo na correspondência com o rei, o certo é que Martim Soares Moreno foi considerado uma peça importante no cenário das guerras holandesas, sobretudo na ligação entre as ações militares luso-maranhenses e luso-pernambucanas.[93] Por outro lado, a conhecida habilidade de homens como Martim Soares Moreno e Matias de Albuquerque, contrastava com a patente falta de tato de outros portugueses. Em 1647, por exemplo, o capitão do Forte do Gurupá (entre o rio Xingu e o delta do rio Amazonas), João Pereira de Cárceres, reconhecendo sua própria incapacidade para estabelecer acordos com os índios,

90 "Martim Soarez Moreno". Lisboa, 18 de julho de 1642. *ANTT, RGM, Portarias do Reino*, livro I, flº 86-86v.

91 "Jornada do Maranhão por Diogo de Campos Moreno", p. 213-214. Atualizamos a grafia.

92 "Relação do Ceará" [1618]. In: "Documentos para a história de Martim Soares Moreno". *RIC*, vol. XIX (1905), p. 69.

93 "Martim Soarez Moreno". Lisboa, 18 de julho de 1642. *ANTT, RGM, Portarias do Reino*, livro I, flº 86-86v.

escreveu a D. João IV: "Eu não sou *língua* nem nunca o fui, nem amigo de falar com negros". Entretanto, o mesmo capitão não deixa de admitir que, ao mesmo tempo, os holandeses celebravam acordos com diversas nações indígenas da região, tais como os Nhengaíba, Mapua, Perigua, Arigura, Jaconi, Aruã e outras chamadas de "nações confederadas".[94]

É uma tarefa difícil caracterizar, do ponto de vista das convenções militares da época, as milícias indígenas. Como se sabe, a defesa das conquistas portuguesas deveria ser feita, em teoria, por tropas regulares, formadas por militares vindos de Portugal e tropas de auxílio, formadas por Milícias e Ordenanças. Entretanto, Portugal só contará com um exército regular a partir de 1640. Antes disso, a organização militar obedecia, mais ou menos, a estrutura dos *tercios* espanhóis.[95] No período da *Pax Hispanica* de Filipe III, todo o sistema de defesa espanhol passou por uma reforma estrutural, com o saneamento das finanças e a reestruturação das carreiras militares. Para as milícias, isto significou um importante recorte no investimento das forças regulares, com a desmobilização das tropas de Flandres, o que pode ter contribuído para o próprio incentivo à milícia nativa.[96] Na época de Filipe IV, existia a "infantaria de naciones" que acompanhava a espanhola, mas que não deveria ter outras "vantagens", nem deveria crescer em número mais do que o conveniente para uma Companhia, como consta das *Ordenanzas del buen Gobierno de la Armada del Mar Oceano*, de 1633.[97] Entretanto, pelas mesmas ordenan-

94 "TRESLADO de protesto do capitão-mor do Gurupá, João Pereira de Cáceres, relativo à chegada de navios estrangeiros àquele porto, e as alianças praticadas entre os comandantes holandeses e o gentio das nações engaiba, mapuas, periquas, ariquras, jacoanis, managages, aruanes e outras suas confederadas". 28 de junho de 1647. AHU, Pará (avulsos), cx 1, doc. 69.

95 SALGADO, Graça. *Fiscais e meirinhos*, p. 97.

96 GARCÍA GARCÍA, José Bernardo. *La Pax Hispanica. Política exterior del Duque de Lerma*. Leuven: Leuven University Press, 1996, p. 107-157.

97 "Ni se crezca el numero de soldados, ni el de las sobrepagas". *Ordenancas del bven govierno de la armada del mar oceano de 24 de henero de 1633*. Madrid: Instituto

ças não deveriam ser admitidos negros, mulatos ou escravos.[98] Por outro lado, como indica Antony Thompson, estava claro que no programa do Conde-Duque existia um certo incentivo às milícias nativas.[99]

O corpo auxiliar indígena, mesmo indispensável na guerra aos holandeses, não gozou sempre de boa fama. Sabemos, por exemplo, que alguns comandantes europeus destacados para o Estado do Brasil tinham uma impressão bastante negativa sobre a participação indígena. Muitos não consideravam os índios como bons soldados. Esta foi, por exemplo, a conhecida opinião do conde de Bagnuolo nas campanhas de Pernambuco.[100] Devemos lembrar também que a ortodoxia das guerras europeias não incentivava o uso de tropas nativas em grande escala, pelo perigo iminente da deserção.[101] Contudo, a própria WIC contava com contingentes de militares nascidos fora das Repúblicas Unidas podendo chegar este número a 60% do total.[102] No final das contas, na dura realidade das guerras americanas o uso de tropas auxiliares nativas era absolutamente indispensável. Não por acaso, Matias de Albuquerque, co-

Histórico de Marina, 1974 [facsímile da edição de Barcelona do ano de 1678], fl. 20.

98 "No se adnita negro, mulato, o escravo". Idem, fl.º 20v.

99 THOMPSON, I. A. Anthony. "Aspects of Spanish Military and naval organization during the ministry of Olivares". In: THOMPSON, I. A. Anthony. *War and Society in Habsburg Spain*. Aldershot: Variorum, 1992, p. 15.

100 MELLO, Evaldo Cabral de. *Olinda Restaurada*, p. 242.

101 PARKER, Geoffrey. *El ejército de Flandes y el Camino Español, 1567-1659. La logística de la victoria y derrota de España en las guerras de los Países Bajos*. Madrid: Alianza Editorial, 2010, p. 64.

102 MIRANDA, Bruno Romero Ferreira. "Gente de guerra: origem, cotidiano e resistência dos soldados do exército da Companhia das Índias Ocidentais no Brasil (1630-1654)". Tese de doutorado (História) apresentada à *Universitet Leiden*, 2011, p. 35-6.

mandante da resistência luso-pernambucana, criou o cargo de "capitão de emboscada" para administrar melhor o serviço da milícia nativa.[103]

A forma mais eficiente de contar com grandes contingentes de soldados nativos era a oferta de vantagens e mercês às lideranças indígenas. Por isso, o nome de alguns *índios principais* passa a figurar com mais frequência na documentação hispano-lusa da época. As chefias indígenas não aparecem mais apenas como guias ou intermediários de pouca importância, mas agora como líderes militares. Deste modo, o desenvolvimento da guerra contra os holandeses foi também uma grande oportunidade de ascensão política para certos indivíduos.

Índios principais na época de D. João IV

O processo de oferecimento de mercês aos *índios principais* começa efetivamente no reinado de Filipe IV. Neste período, já existe a possibilidade de obtenção de hábitos das Ordens Militares por índios vassalos. Sabe-se que o Rei Católico tentou flexibilizar as Provanças, ou dispensar diretamente os "defeitos" daqueles índios em retribuição aos serviços prestados na guerra.[104] Entretanto, com D. João IV esta estratégia parece ganhar dimensões maiores, em função de sua conhecida influência jesuítica. Assim, alguns dos mais significativos exemplos de agraciamento de índios aliados ocorrem entre as décadas de 1640 e 1650.

Em 1644, D. João IV recebe a visita de dois índios vassalos, acompanhados de suas mulheres, que viajaram do Maranhão para "beijar a mão" do novo rei, e reforçar a aliança entre portugueses e índios. Os dois índios acabam morrendo em Lisboa, após poucos dias no reino. As mulheres dos *principais* recebem, então, uma ajuda de custo de 20 mil réis,

---

103 PUNTONI, Pedro. *A guerra dos bárbaros*, p. 187. MEDEIROS, Ricardo Pinto de. "Povos indígenas nas guerras e conquistas do sertão nordestino no período colonial". *Clio*, nº 27, (2009), p. 339-40.

104 OLIVAL, Fernanda. *As ordens militares e o Estado Moderno. Honra, mercê e venalidade em Portugal (1641-1789)*. Lisboa: Estar/FCT, 2001, p. 206.

cada uma, em sinal de reconhecimento.[105] No mesmo ano, um oficial da Câmara de São Luís, João Vasco, representa ao rei um papel em que defende abertamente a recompensa aos *índios principais* que ajudaram na expulsão dos holandeses. Vasco apresenta nove nomes, seis deles índios do Maranhão, e outros três do Ceará, entre os quais figuravam nomes como"Bastião Gayagara, Francisco Yabaqua, Vicente Tapinambá, Diogo Tapahia, Jacaretinga, Pero Tapahia, Yacouna Mirim, Taparatim da Serra e Urubu Acanga de Jeriquaquara".[106]

Pouco tempo depois, em 1646, os *índios principais* do Maranhão, através do seu procurador, o padre Francisco da Costa de Araújo, pedem ao rei a mercê do hábito de Cristo, como recompensa pela expulsão, mais uma vez, dos holandeses em 1644. Um tal pedido extraordinário mereceu argumentos apropriados. A justificativa utilizada pelas lideranças indígenas foi de caráter militar, baseada na indiscutível importância da infantaria nativa na vitória sobre os batavos. Segundo os argumentos do padre Araújo, corroborados pelos pareceristas do Conselho Ultramarino, estes índios mereciam as honras que pedem por terem atuado em:

> todas as batalhas, assaltos, e emboscadas sendo sempre os dianteiros, pelejando em todas elas a peito descoberto, não temendo suas balas [dos holandeses], do que morreram muitos deles e quanto mais a guerra crescia, tanto mais se lhe [incendia] os ânimos contra os inimigos, que mal pudera conseguir a expulsão dos inimigos se eles não foram e a maior

105 "CONSULTA do Conselho Ultramarino ao rei D. João IV, sobre o pedido do capitão Paulo Soares de Avelar ao rei, para que se pague ajudas de custo aos índios que vieram do Maranhão prestar-lhe homenagem". Lisboa, 26 de Novembro de 1644. AHU, Maranhão (avulsos), cx 2, doc. 165.

106 "CARTA da câmara da cidade de São Luís do Maranhão ao rei D. João IV, sobre a traição dos holandeses aos acordos de paz e tréguas estabelecidas e a sua expulsão de São Luís do Maranhão, com a ajuda dos índios da região". São Luís, 3 de agosto de 1644. AHU, Maranhão (avulsos), cx 2, doc. 158.

> parte da vitória que Deus nos deu, se lhes deve a seu esforço, e valor. Convêm que Vossa Majestade para conservação daquele Estado lhes gratifique com algumas mercês o serviço que fizeram, para que à vista delas se animem cada [qual] mais, e sejam mais leais, e verdadeiros.[107]

Na década de 1640, a estratégia de agraciamento das lideranças indígenas foi vista, na perspectiva de certas autoridades portuguesas, como parte essencial da guerra. Em 1648, o governador Francisco Coelho de Carvalho, em meio aos pedidos por armas, munição, pólvora e mantimentos, não deixa de solicitar o envio de hábitos de Ordens Militares para que pudesse repartir entre os *índios principais*. Em resposta, os conselheiros do Ultramarino recomendaram o envio imediato de uma dúzia de insígnias do Hábito de Santiago ao Maranhão.[108] Para o Estado do Brasil, é bem conhecido o caso dos privilégios concedidos a Antônio Filipe Camarão, *principal* potiguar que chegou a receber o hábito de Cristo e a patente de capitão-mor e Governador dos índios de Pernambuco.[109] Entretanto, o

107 "CONSULTA do Conselho Ultramarino ao rei D. João IV, sobre o pedido de mercê do Hábito de Cristo e de algum vestuário pelos principais índios das aldeias do Maranhão". Lisboa, 22 de março de 1646. AHU, Maranhão (avulsos), cx. 2, doc. 191.

108 "CONSULTA do Conselho Ultramarino ao rei D. João IV, sobre o pedido de socorro do governador do Maranhão através de apoio humano, armas e munições e sobre o envio de hábitos para repartir pelos índios principais". Lisboa, 15 de janeiro de 1648. *AHU, Maranhão (avulsos),* cx 3, doc. 236.

109 Esta condição não significou para os Camarão uma total ausência de conflitos com os poderes locais. Sobre o tema, ver: RAMINELLI, Ronald. "Privilegios y malogros de la familia Camarão". *Nuevo Mundo, Mundos Nuevos* (2008). Disponível em: http://nuevomundo.revues.org/27802 . Para mais detalhes sobre o percurso de D. Antônio Felipe, ver: MELLO, José Antônio Gonsalves de. *D. António Filipe Camarão: capitão-mor dos índios da costa do nordeste do Brasil.* Recife: Universidade do Recife, 1954.

processo de agraciamento das lideranças indígenas é bem mais alargado do que se costuma pensar, mesmo que poucos índios, ao final, fossem habilitados a receber os títulos concernentes aos hábitos de Avis, Cristo ou Santiago, tal como ocorreu com a família Camarão.

Não obstante, a atuação dos *principais* não deixava de ser bastante ambígua. Estes aproveitavam muitas vezes a obtenção das mercês para reforçar certa oposição interna junto aos moradores portugueses, mas também para construir uma oposição ao sistema, sobretudo no que concerne à escravidão indígena. Por outro lado, ainda existem muitas dúvidas sobre a importância atribuída pelos próprios índios a tais símbolos. Talvez utilizassem os hábitos para confirmar uma posição de liderança dentro das aldeias, mas também dentro das cidades portuguesas. Nesse sentido, importa pouco que os hábitos e insígnias não garantissem o título, nem mesmo o reconhecimento oficial pela Mesa da Consciência e Ordens. No final das contas, o poder de um símbolo ofertado pelo próprio Monarca, incontestável do ponto de vista dos preceitos de polidez de então, não deixava de ser efetivo para algumas situações em concreto.

No Estado do Maranhão, um dos exemplos mais significativos de ascensão das lideranças indígenas, proporcionada pelo cenário da guerra, foi o caso do índio Antônio da Costa Marapirão. Marapirão era filho do *principal* Marcos da Costa, chefe da nação Tabajara, que serviu de *língua* (tradutor-mediador) e guia para os primeiros conquistadores da região. Tanto Antônio da Costa, quanto seu pai Marcos, ganharam protagonismo na resistência aos holandeses durante o assédio à praça de São Luís, ocasião em que foram capturados pelos batavos e enviados como prisioneiros para Pernambuco. Em 1648, Marapirão foi pessoalmente à Corte pedir a D. João IV, em razão dos seus serviços e os de seu pai, a mercê do hábito de Cristo.[110] Poucos dias depois, antes de embarcar de volta ao Maranhão,

110 "3 de outubro de 1648. Sobre as mercês que pede Antonio da Costa índio principal da nação tabajara e aldea de Curupe do Estado do Maranhão". In: STUDART, Barão de. *Documentos para a história do Brasil, especialmente para a do Ceará.*

Antônio da Costa recebe, por decreto real, 30 mil réis para os gastos referentes a um hábito de pano, com o símbolo da Ordem de Cristo "cozido" nele para seu uso particular. De fato, o que efetivamente o *principal* recebeu, e provavelmente o que pediu, foi o símbolo, não o título.[111] No mesmo dia, em outro Decreto, D. João IV estende a mercê a outros doze *principais*, que receberiam pelas mãos do governador Luís de Magalhães diferentes hábitos com os símbolos das respectivas Ordens Militares.[112]

Além de evidentes capacidades políticas, o índio Marapirão teria outra habilidade especial, era supostamente um homem letrado. São conhecidas pelo menos duas cartas suas, ambas enviadas a D. João IV. Apesar de existirem dúvidas sobre a autoria das missivas, o caso Marapirão ilustra bem a condição de certas lideranças de segunda geração, familiarizadas já com os códigos e fórmulas do mundo ocidental.[113]

Fortaleza: *Revista Trimensal do Instituto do Ceará* (1910), doc. 66, p. 386-389. Pelo que afirmou o *principal* António da Costa Marapirão, a mercê do Hábito de Cristo não era inédita no Estado do Maranhão, já que o "dito seu pai tinha". *Idem, ibidem*, p. 388. Apesar disso, não nos foi possível encontrar nas habilitações das três grandes Ordens Militares nada referente ao processo de Marcos da Costa, pelo que é possível deduzir que seu filho, António, fazia referência ao hábito (o pano), não à mercê.

111 "11 de outubro de 1648.- Decreto de smgd. sobre se dar a António da Costa índio tabajara do Maranhão 30 mil rs empregados em hu vestido p.ª elle e outro p.ª sua mulher, e o habito cozido no vestido". In: STUDART, Barão de. *Documentos para a história do Brasil, especialmente para a do Ceará.* Fortaleza: *Revista Trimensal do Instituto do Ceará* (1910), doc. 67, p. 390.

112 "11 de outubro de 1648.- Decreto de Smgd. sobre se darem a Luis de Magalhaes 12 hábitos das 3 Ordens Militares com 12 vestidos para dar aos Indios principaes do Maranhão". In: STUDART, Barão de. *Documentos para a história do Brasil, especialmente para a do Ceará.* Fortaleza: *Revista Trimensal do Instituto do Ceará* (1910), doc. 68, p. 390.

113 Sobre o tema, ver entre outros: GRUZINSKI, Serge. *O Pensamento Mestiço.* São Paulo: Companhia das Letras, 2001. Sobre a relação entre mestiçagem cultural e mediação política a partir do caso emblemático do Peru do final do século

Este *principal* tabajara, ao mesmo tempo que afirma sua lealdade a D. João IV, não deixa de ser bastante crítico com relação à política indígena desenvolvida pelos portugueses. Estas cartas impressionam em muitos aspectos. Nelas, há sempre uma estratégia bem definida em que o remetente (Marapirão) apresenta-se ao destinatário (o rei) como único veículo possível para mobilizar os novos "vassalos", índios de diversas nações, para a guerra. Marapirão, então, se apresenta como mediador privilegiado, sem o qual o soberano não teria guerreiros nos campos de batalha.

Na carta de 2 de setembro de 1649, o tabajara fez ao rei um informe sobre o ataque liderado por sua nação aos holandeses instalados na Capitania do Ceará. Marapirão afirma ter convencido seus "parentes" a participar da guerra como "vassalos leais" de D. João IV, queimando navios holandeses, desmantelando suas feitorias, e matando um total de 800 batavos, segundo os cálculos do *principal*. A carta não se limita a relatar as escaramuças contra os holandeses. Marapirão aproveita a ocasião para fazer diversas queixas ao rei sobre a condição dos índios cristianizados que, no Maranhão, segundo diz, eram tratados pelos portugueses como "cativos" e não como aliados de guerra.[114]

XVI, ver o sugestivo ensaio de: ARES QUEIJA, Berta. "El papel de mediadores y la construcción de un discurso sobre la identidad de los mestizos peruanos (siglo XVI)". In: ARES QUEIJA, Berta & GRUZINSKI, Serge (eds). *Entre dos Mundos. Fronteras culturales y agentes mediadores*. Sevilla: Escuela de Estudios Hispano-Americanos, 1997, p. 37-59. Para outros aspectos da política indigenista no Brasil, ver: MONTEIRO, John. "Tupis tapuias e historiadores: Estudos de História indígena e do indigenismo". Campinas: Tese de Livre Docência apresentada à Universidade Estadual de Campinas (UNICAMP), 2001.

114 "CARTA do índio principal do Maranhão, António da Costa Marapirão, para o rei [D. João IV], sobre os ataques dos índios da nação tabajara na capitania do Ceará causando a morte a cerca de oitocentos holandeses, e que o governador do Estado do Maranhão e Grão-Pará, Luís de Magalhães, o mandou para o Pará, a fim de defender a liberdade dos índios". Pará, 2 de setembro de 1649. AHU, Maranhão (avulsos), cx 1, doc. 75. Marapirão também foi cossignatário de outra poderosa missiva enviada ao rei, datada de 6 de setembro de 1649. Desta

Em 1661, Antônio da Costa Marapirão estava de volta ao reino, na companhia de outro *principal*, Alexandre de Sousa. Na ocasião, foi acusado de ser um dos protagonistas da revolta que havia recentemente expulsado os jesuítas do Maranhão, ganhando a inimizade do mesmíssimo padre Antônio Vieira.[115] Após a expulsão dos jesuítas, os dois *principais* pedem ao rei D. Afonso VI uma ajuda de custo para retornar ao Maranhão. Na Consulta do Conselho Ultramarino, o líder tabajara é apropriadamente chamado de "dom Antônio Marapirão, cavaleiro do Hábito de Cristo". Segundo o documento, os serviços do *principal* estavam ligados à reação pernambucana, ocasião em que saiu do Maranhão para seguir a André Vidal de Negreiros, com outros de sua nação. Ao final, o *principal* foi autorizado a retornar ao Maranhão com renovadas promessas do Monarca. O Conselho recomendou seu embarque imediato, para não descontentar os índios de sua nação por ter seu líder tanto tempo ausente "sem culpa".[116] Como sabemos, o padre Vieira não teria

---

vez, a carta foi assinada pelo principal dos tabajara, e mais 12 índios principais, representantes das nações tupinambá e nhengaíba. Neste documento, os *principais* voltam a fazer críticas sistemáticas ao tratamento reservado nas capitanias do Maranhão aos índios já cristianizados. Ver: "CARTA do índio principal do Maranhão, António da Costa Marapirão e outros chefes indígenas para o rei [D. João IV], queixando-se dos procedimentos dos governadores e capitães do Pará, e reivindicando a liberdade dos índios". Pará, 6 de setembro de 1649. AHU, Maranhão (avulsos), cx 1, doc. 76.

115 Sobre a expulsão dos Padres da Companhia do Maranhão e a oposição entre jesuítas e moradores, ver: CHAMBOULEYRON, Rafael. "Missionários, índios, capitães e moradores: relações e conflitos na Amazônia seiscentista". In: FORLINE, Louis Carlos; MURRIETA, Rui Sérgio Sereni; VIEIRA, Ima Célia Guimarães (Orgs). *Amazônia. Além dos 500 anos.* Belém: Museu Paraense Emílio Goeldi, 2005, p. 129-150.

116 "CONSULTA do Conselho Ultramarino ao rei D. Afonso VI, sobre o pedido de regresso ao Maranhão e de ajudas de custo para a referida viagem dos dois índios principais António Marapirão e Alexandre de Sousa, e sobre alguns papéis do

a mesma sorte. Sem as graças de D. Afonso VI, o famoso jesuíta nunca mais voltaria a pisar as terras do Maranhão.

No final do reinado de D. João IV, e nos anos seguintes, a memória da extensa participação nativa na guerra não desvanece. Ao contrário, não paravam de chegar à Corte novos pedidos de hábitos de Ordens Militares, feitos por *índios principais*, ou por seus procuradores. Em 1655, outros dois índios atravessaram o Atlântico para pedir mercês ao soberano. Os índios Francisco e Antônio foram enviados à Corte por seu *principal*, Lopo de Sousa, da aldeia de Maracaña, no Grão-Pará. Lopo de Sousa solicitava ao rei o envio de um "vestido" com o hábito de Cristo costurado nele, para que seu filho, Francisco, pudesse ostentar na aldeia a mesma honra que o rei lhe havia oferecido anos atrás. Tudo foi intermediado pelo procurador do Grão Pará, Manuel Guedes Aranha. A justificativa para tal mercê, de novo, foi o valioso serviço que Lopo de Sousa realizou "em todas as guerras que houve com os holandeses nos anos passados".[117] Mais uma vez, o Conselho Ultramarino foi favorável ao pedido. De fato, Lopo de Sousa era importante demais para um pedido seu ser desprezado pela Corte. Além dos serviços na guerra aos holandeses, os índios sob seu comando eram importantes fornecedores de sal e outros gêneros de interesse para os portugueses.[118]

---

padre António Vieira e do procurador do Estado do Maranhão". Lisboa, 27 de julho de 1662. AHU, Maranhão (avulsos), cx 4, doc. 451.

117 "CONSULTA do Conselho Ultramarino ao rei D. João IV, sobre as mercês que o procurador da capitania do Grão-Pará, Manuel Guedes Aranha, solicitou para alguns índios principais das províncias do Pará". Lisboa, 3 de setembro de 1655. AHU, Maranhão (avulsos), cx 3, doc. 369. BNP, Coleção Pombalina, códice 645, fl^os 525-534v.

118 CARVALHO JUNIOR, Almir Diniz de. "Índios Cristãos. A conversão dos gentios na Amazônia Portuguesa (1653-1769)". Campinas: Tese de doutorado (História) apresentada à *Universidade Estadual de Campinas* (UNICAMP), 2005, p. 85-119. Sobre como a participação indígena na guerra poderia variar de acordo com as circunstâncias, entre os séculos XVII e XVIII, ver: CHAMBOULEYRON, Rafael;

É bastante tentador tirar algumas conclusões precipitadas a respeito destes pedidos de mercês. O fato das lideranças indígenas solicitarem, tão somente, um "vestido" com o símbolo da respectiva Ordem Militar nele costurado, dando pouca importância à oficialidade do título, ou à formalidade das habilitações e provanças, pode nos dar uma ideia bastante equivocada do potencial de compreensão que estes índios tinham sobre os códigos e convenções que regiam o mundo português. A questão torna-se mais complexa quando pensamos na participação dos intermediários brancos nos pedidos de mercê, sejam eles missionários ou representantes dos poderes locais. De qualquer forma, ainda faltam muitas pesquisas para que possamos determinar o valor que os próprios índios de segunda geração, muitos deles com educação missionária, atribuíam a tais símbolos.

Almir D. de Carvalho Jr., que estudou muitos destes casos, considera que a política de distribuição dos hábitos entre *índios principais* teve avanços e recuos entre os séculos XVII e XVIII. No limite, esta política dependeu de circunstâncias favoráveis, e mudava de acordo com o equilíbrio de forças disponível em cada período.[119] Tais mudanças têm relação com o próprio *status* que ganha o cargo de *principal*, que no período pombalino será uma posição já reconhecida pela burocracia portuguesa.[120] Para Fernanda Olival, o interesse na aquisição dos hábitos neste período era suficientemente alargado no interior da sociedade lusa, per-

---

BOMBARDI, Fernanda Aires; MELO, Vanice Siqueira de. "O estrondo das armas: violência, guerra e trabalho indígena na Amazônia (séculos XVII e XVIII)". *Projeto História*, São Paulo, nº 39 (jul-dez, 2009), p. 115-137.

119 CARVALHO JUNIOR, Almir Diniz de. "Índios Cristãos", p. 85-119. Especificamente para o século XVIII, ver também: DOMINGUES, Ângela. *Quando os índios eram vassalos: colonização e relações de poder no Norte do Brasil na segunda metade do séc. XVIII*. Lisboa: CNCDP, 2000.

120 DOMINGUES, Ângela. *Quando os índios eram vassalos*, p. 172. Para um estudo sobre as elites indígenas do século XVIII, ver também o segundo capítulo de: ROCHA, Rafael Ale. *Os oficiais índios na Amazônia pombalina: sociedade,*

mitindo que diferentes grupos buscassem sua aquisição, o que cada vez mais poderia incluir índios de segunda geração.[121] Por outro lado, muitos portugueses eram conscientes das dificuldades do processo de habilitação, cujos passos mais importantes eram as verificações feitas na própria terra do habilitante, ou em casos especiais na Corte. Apurava-se, como se sabe, a limpeza de sangue; a dignidade do ofício; a idade; o nascimento legítimo; a isenção de crimes cometidos e, mesmo, certos defeitos físicos. Apesar das dificuldades legais e dos gastos consideráveis que implicava o processo, o século XVII vai ser marcado por uma maior abertura social na aquisição dos hábitos de Ordens Militares.[122] Tal como lembra Nuno Camarinhas, o poder simbólico deste tipo de recompensa estava associado a um serviço pessoal ao rei. E, nesse sentido, era o serviço militar o mais digno da mercê.[123]

As dispensas de pequenos defeitos também eram frequentes, sempre recorrendo à graça real. A reforma dos estatutos, em 1627, confirma a tendência que considera a pureza de sangue (ausência de sangue judeu) como único critério não passível de dispensa real.[124] Segundo este critério, os índios do Estado do Brasil e do Estado do Maranhão poderiam ser, sem maiores problemas, dispensados. Para Ronald Raminelli, as ofertas de hábitos às lideranças indígenas aproveitavam-se de uma certa liberalidade do Monarca frente aos definitórios da Mesa da Consciência e Ordens, em função da premente necessidade de assegurar os serviços militares destes índios. Ao mesmo tempo, como lembra o autor, os índios

---

hierarquia e resistência (1751-1798). Niterói: Dissertação de Mestrado (história) apresentada à *Universidade Federal Fluminense*, 2009.

121 OLIVAL, Fernanda. *As ordens militares e o Estado Moderno*, p. 519.

122 *Idem, ibídem*, p. 519-20.

123 CAMARINHAS, Nuno. *Juízes e a administração da justiça no Antigo Regime. Portugal e o império colonial, séculos XVII e XVIII*. Lisboa: Fundação Calouste Gulbenkian/Fundação para a Ciência e a Tecnologia, 2010, p. 185.

124 *Idem, ibdem*, p. 189-90.

agraciados também utilizavam a mercê para reforçar seu próprio poder frente às comunidades, portuguesa e nativa.[125]

De fato, a maioria dos *principais* solicitava apenas um símbolo, o "vestido" e a insígnia da Ordem, sem dar muita importância ao efeito formal, ou às convenções do direito. Entretanto, isto não era uma regra. Há registros, sim, de índios que avançaram com o processo formal junto à Mesa da Consciência e Ordens. Foi o caso de Francisco, filho do *principal* Lopo de Sousa. É possível encontrar fragmentos do seu processo nas habilitações para a Ordem de São Bento de Aviz. Em 1688, o tema da dispensa dos "defeitos" deste habilitante, com a possibilidade de fazer suas provanças no próprio reino, ao contrário da regra geral, foi objeto de esmerada apreciação. Segundo a consulta da Mesa:

> "Por decreto de 20 do corrente manda Vossa Majestade se veja neste Tribunal uma petição de Francisco de Sousa, e se consulte logo o que parecer; nela refere ser filho de Dom Lopo de Sousa índio de nação por pais e avôs, [nascido] e principal da aldeia do Maracanã, no distrito da cidade de Belém do Grão-Pará, Estado do Maranhão. E que Vossa Majestade por seus serviços lhe fez mercê do Habito de Avis; E por que das cidades de São Luís do Maranhão e Grão Para a esta aldeia do Maracanã, há distância de mais de oitenta ou cem léguas de jornada por rios perigosíssimos e na dita aldeia não há cavaleiros, porque só consta de índios, e das cidades donde os pode haver pela distância e perigo, não hão de querer ir fazer as diligências, e nesta Corte tem testemunhas que bem o conhece, e sa-

125 RAMINELLI, Ronald. "Índios cavaleiros das Ordens Militares, 1571-1721". In: FERNANDES, Isabel Christina (Ed.). *As Ordens Militares. Freires, guerreiros, cavaleiros. Actas do VI Encontro sobre Ordens Militares.* Palmela: Câmara Municipal de Palmela, vol. 2, 2012, p. 667-689.

> bem de sua qualidade. Pede a Vossa Majestade lhe faça mercê dispensar para que nesta cidade se lhe façam suas provanças, e constando por elas não ter outro impedimento mais que o de índios que foram gentios, mandar se lhe consulte o impedimento para também o dispensar".[126]

Em resumo, os índios que solicitavam a mercê provavelmente tinham consciência do quanto difícil era a obtenção do título pelo processo ordinário, com as demoradas e custosas verificações sobre os habilitantes. É possível dizer que o estado de guerra garantiu a muitas destas lideranças indígenas o acesso rápido a um símbolo que para a maioria dos portugueses não passava de um sonho distante. Neste caso, para estes índios o fato da mercê não ter reconhecimento da Mesa da Consciência e Ordens era um mero detalhe.

A guerra no leste-oeste

Sem desprezar evidentemente a decisiva participação indígena na guerra contra os holandeses, a verdade é que as circunstâncias internacionais não favoreceram os projetos batavos no Maranhão. Na década de 1640 eclode uma grave crise de desvalorização do açúcar no mercado internacional, e a situação dos holandeses na América lusa começava já a revelar contradições importantes.[127] De modo geral, a conquista holandesa da Amazônia pode ser inserida num debate mais amplo sobre a cha-

---

126 "Da Meza da Cons.[cia] E ordens.// Sobre a dispensação que pede Fran.[co] de Souza Indio do Maranhão p.[a] se lhe fazerem suas inquirições nesta Corte". 22 de março de 1688. *ANTT, Ordem de SãoBento de Aviz, letra F,* maço 1, doc. 17.

127 SANTOS PÉREZ, José Manuel. "Estado, Capitanías donatarias y compañías comerciales. Una visión comparativa del Brasil holandés". In: SANTOS PÉREZ, José Manuel y CABRAL DE SOUZA, George F. (eds.). *El Desafío Holandés al dominio ibérico en Brasil en el siglo XVII.* Salamanca: Universidad de Salamanca, 2006, p. 91-106.

mada "aventura brasileira", irônica referência ao fato de que as Províncias Unidas não teriam na época motivos de peso para tomar o Nordeste do Brasil. As razões seriam os gastos excessivos com a construção de uma estrutura física e burocrática, além do enorme capital empregado em ações militares. Assim, supõe-se que a "aventura brasileira" seria um grande equívoco por parte da estratégia holandesa de domínio oceânico.[128] No Estado do Brasil, por exemplo, nas décadas finais da presença batava já eram evidentes os problemas até mesmo para o provimento da tropa, incluindo a sua alimentação.[129]

Por outro lado, muitos historiadores têm demonstrado que, antes de haver sido um erro de cálculo, a conquista da América lusa foi, de acordo com as opções do período, uma operação militar bem mais simples e barata que uma possível tomada do Caribe espanhol. Além disso, no cálculo feito pelas Províncias Unidas foi levado em consideração o fato de que as principais cidades luso-brasileiras eram já famosas pelas deficiências na rede de proteção militar, como ficou claro no já citado informe Moerbeeck.[130] Contudo, a própria tomada de áreas do Caribe jamais foi descartada pelos holandeses, que tentaram várias vezes excursões militares nas primeiras décadas do século XVII. Já em 1633, sob o comando do almirante Jan Janszoon van Hoorn, os Países Baixos atacaram Trujillo (Honduras), chegando até o porto de São Francisco, enquanto estabeleciam intensos contatos comerciais entre o Peru e o Panamá.[131] Sabe-se também que no período da Trégua dos Doze Anos, os buques

---

128 Sobre o tema, ver: DEN HEIJER, H. "The Dutch West India Company, 1621-1791". In: POSTMA, J & ENTHOVEN, V. *Riches from Atlantic commerce. Dutch transatlantic trade and shiping, 1585-1817*. Leiden/Boston: Brill, 2003, p. 97-100.

129 MIRANDA, Bruno. "Gente de guerra", p. 110-41.

130 EMMER, Pieter. "Los holandeses y el reto atlántico en el siglo XVII". In: SANTOS PÉREZ, José Manuel y CABRAL DE SOUZA, George F. (eds.). *El Desafío Holandés al Dominio Ibérico*, p. 17-31.

131 ISRAEL. *La república holandesa y el mundo hispánico*, p. 180.

neerlandeses costumavam utilizar como escala os portos espanhóis de Cádiz, Sevilha ou Sanlúcar na viagem para a América. E, na verdade, a maior parte dos navios holandeses que seguiam diretamente para o Novo Mundo tinha como destino os portos do Caribe e da *Tierra Firme*.[132]

No final das contas, os gastos excessivos e a acelerada perda de homens nas batalhas contra os espanhóis desmotivaram as autoridades da WIC a continuar uma guerra mais ativa no litoral caribenho. Assim, o fracasso da WIC no Brasil deve ser explicado a partir de outras circunstâncias, a exemplo da crescente oposição das elites locais, escravistas, católicas e agora endividadas, cada vez mais contrárias à política de intolerância fiscal holandesa.[133]

Para o Estado do Maranhão, esta guerra global trouxe outras consequências. Em primeiro lugar, parece claro na documentação hispano-lusa que o debate em torno da proteção militar da Amazônia Portuguesa nunca esteve distante do projeto de defesa do Vice-Reinado do Peru e do Caribe. A própria decisão de separar o Maranhão da jurisdição do Brasil foi parte essencial das ações de proteção da fronteira hispano-lusa. Ao mesmo tempo, verifica-se em toda a região um incremento na criação de capitanias particulares, cujo objetivo principal era a construção de uma rede de defesa de baixo custo, que contaria com ampla participação indígena. Ironicamente, quando o governador Bento Maciel Parente deslocou parte da força militar da cidade de São Luís para a sua capitania, o Cabo do Norte, não estava mais que seguindo a corrente.

Por outro lado, entre as décadas de 1620 e 1630, existe ainda certa confiança na capacidade que os Monarcas Católicos teriam para ga-

---

132 CRESPO SOLANA, Ana. *Mercaderes atlánticos. Redes del comercio flamenco y holandés entre Europa y el Caribe.* Córdoba: Universidad de Córdoba/CajaSur Publicaciones, 2009, p. 235.

133 SANTOS PÉREZ, José Manuel. "Estado, Capitanías donatarias y compañías comerciales. Una visión comparativa del Brasil holandés". In: SANTOS PÉREZ, José Manuel & CABRAL DE SOUZA, George F. (eds.). *El desafío holandés al dominio ibérico...*, p. 91-106.

rantir a proteção desta fronteira, e isso fica patente na correspondência entre os moradores e a Corte de Madri. Tal como explica Jean-Frédéric Schaub, na época da Monarquia Hispânica sempre existiu uma certa cooperação militar-naval entre portugueses e espanhóis, sobretudo na navegação atlântica, apesar da separação jurídica ainda preservada entre os dois reinos.[134] É bem sugestivo que a expectativa sobre a continuidade desta cooperação, e da própria realidade institucional da união dinástica, estivesse presente na documentação luso-maranhense pouco antes da Restauração Portuguesa.

A guerra hispano-holandesa trouxe outra consequência imediata para o Maranhão: sua maior aproximação com relação ao Estado do Brasil. Separados pelas correntes oceânicas, as duas partes da América lusa passam a colaborar intensamente na luta contra o inimigo comum. Nas décadas de 1630 e 1640, o Maranhão tem uma inserção mais direta na Guerra do Brasil, ajudando a travar o avanço holandês ao Norte da Capitania de Pernambuco.[135] Há muitos registros sobre o auxílio que o Estado do Maranhão prestava diretamente a Pernambuco com aquilo que podia: índios aliados e canoas. Esta circulação de pessoas e produtos, francamente difícil de quantificar com precisão, é um dos aspectos mais interessantes do impacto da guerra na América lusa. O Maranhão não deixava de tirar proveito desta solidariedade de guerra. Provavelmente na época do assédio holandês à cidade de São Luís, o alferes Manuel Furtado, da Capitania do Caité, transportava munição vinda do Estado do Brasil para prover as cidades do Estado do Maranhão.[136] A ativa par-

134 SCHAUB, Jean-Frédéric. *Portugal na Monarquia Hispânica (1580-1640)*. Lisboa: Livros Horizontes, 2001, p. 34.

135 Sobre o tema, ver: CHAMBOULEYRON, Rafael. "Plantações, sesmarias e vilas. Uma reflexão sobre a ocupação da Amazônia seiscentista". *Nuevo Mundo, Mundos Nuevos* (EHESS-Paris), nº 6 (2006), p. 2260. Disponível em: http://nuevomundo.revues.or/document2260.html.

136 O fato foi lembrando no pedido feito por Manuel Furtado para aquisição de um hábito de Santiago ou Avis. "M.el Furtado". Lisboa, 17 de outubro de 1646. *ANTT*,

ticipação de vários setores desta sociedade na guerra aos holandeses tinha outro motivo, a possibilidade de acensão social. Não havia dúvidas de que, em comparação com o conflito franco-português de 1614-15, a guerra hispano-holandesa retribuía melhor os serviços dos vassalos envolvidos. Neste sentido, os pedidos por hábitos de Ordens Militares são fontes inestimáveis de informação.

Tradicionalmente se explica a "invasão" holandesa ao Maranhão como um último suspiro do "Brasil holandês", consequência imediata dos eventos ocorridos em Pernambuco. Entretanto, estava claro que os holandeses não foram ao Maranhão pelos engenhos de açúcar, poucos em relação ao potencial existente nas capitanias do Brasil, e apartados entre si pelos caminhos fluviais e pelas grandes distâncias, sobretudo se pensarmos na realidade das capitanias particulares. O Maranhão parece mais próximo dos projetos holandeses no Caribe, cujo interesse estava inclinado muito mais ao comércio das especiarias e à logística de distribuição de metais preciosos, mas que também poderia acolher o tráfico de escravos africanos, perspectiva evidente na tomada neerlandesa da ilha de Curaçao em 1634.[137] Sobre os objetivos da tomada do Maranhão, Barléu explica dois deles. O primeiro, a possibilidade de obtenção do apoio bélico das inumeráveis nações indígenas; o segundo, escreve o cronista mais adiante:

> Demais era o Maranhão vantajoso para se infestarem as ilhas do Mar Setentrional, Hispaníola, Cuba, Jamaica, Pôrto Rico, e as costas do continente ocidental; para ali eram convidados os holandeses pela uberdade do solo, para produzir açúcar,

RGM, Portarias do Reino, livro I, flº 383v.

137 Sobre o tema, ver: GOSLINGA, Cornelis Christiaan. *The dutch in the caribbean and on the wild Coast.* Assen: Van Gorcum, 1971.

> algodão e tabaco, pelo comércio do sal, e pela esperança de minas.[138]

Afinal, eram estas as mesmas esperanças que os hispano-lusos alimentavam sobre a região desde finais do século XVI. No caso dos holandeses, a própria experiência anterior com as fortificações do rio Xingu ajudou a reafirmar a fama desta parte da América lusa como região de potencial exportador de especiarias, possivelmente rica em metais, às portas das ilhas do Caribe. O cálculo holandês também levou em consideração o possível ânimo favorável das nações indígenas que encontrariam vantagens em um possível governo batavo. Assim, os holandeses também desejavam unir a canoa com o arcabuz nos sertões do Maranhão. O próprio relatório-propaganda de Gedeon Morris, em 1637, afirma que nas aldeias próximas à cidade de Belém existiriam cerca de 10.000 índios, muitos deles escravos. Em todo o rio Amazonas, segundo a caprichosa estimativa de Morris, seriam bem mais de 100.000 índios! Toda essa multidão, supostamente, não teria nenhum motivo para apoiar os portugueses.[139] Não era a primeira vez que as Províncias Unidas faziam cálculos exagerados.

---

138 BARLÉU, Gaspar. *História dos feitos recentemente praticados durante oito anos no Brasil.*., p. 232.

139 MORRIS DE JONGE, Gedeon. "Breve descripção aprezentada aos Srs. directores da outorgada Companhia das Indias Occidentais...". In: HYGINO, José. *Op.cit.*, p. 243 e 246.

CAPÍTULO VII

Restauração portuguesa e expansão para oeste

> Pois se Deus não quis que a sujeição de Portugal a Castela fosse perpétua, porque hão-de querer e porfiar os homens em que o seja? Se Deus limitou esta sujeição ao termo de sessenta anos, porque se não hão-de conformar os homens com seus soberanos decretos?[1]

Notícias da "rebelião"

A pergunta que retrospectivamente fazia Vieira no seu *História do Futuro* parece cobrar um sentido especial nas zonas de fronteira, áreas que flertavam constantemente com a possibilidade efetiva de uma união comercial hispano-lusa. Tal como ocorreu na Capitania de São Vicente, ao sul, também no extremo norte da América portuguesa, seus moradores nunca esconderam algumas altas expectativas em torno da continuidade de uma aliança monárquica que muitos identificavam como uma oportunidade de negócios e de abertura de novas frentes de ocupação.[2] É bom lembrar que o próprio Estado do Maranhão nasceu como enti-

---

1 VIEIRA, António. *História do Futuro.* Introdução, actualização do texto e notas por Maria Leonor Carvalhão Buesco. Lisboa: Imprensa Nacional/Fundação Calouste Gulbenkian, 1982 [1718], p. 117.

2 O primeiro a fazer uma comparação entre os dois casos a partir da perspectiva do alargamento da fronteira Oeste foi, mais uma vez, o velho Jaime Cortesão. CORTESÃO, Jaime. "São Paulo e Belém do Pará". In: CORTESÃO, Jaime. *Introdução à história das Bandeiras I.* Lisboa: Portugália Editora, 1964, p. 70-80.

dade política no seio da Monarquia Hispânica. Se não considerarmos o período da *França Equinocial*, carente de uma melhor definição jurídica no que diz respeito à configuração territorial, é possível dizer que a região não havia conhecido outra fórmula de existência institucional senão aquela dos Filipes.

Sabe-se que, inclusive, algumas autoridades luso-maranhenses passaram a escrever informes diretamente em espanhol, de modo a conduzir melhor o diálogo com a Corte, a exemplo dos memoriais produzidos por Bento Maciel Parente na década de 1630.[3] Aliás, esta parece ser uma tendência mais alargada que a união dinástica não fez mais que acelerar.[4] Em outras crônicas e memoriais luso-maranhenses, considera-se claramente a história das conquistas ultramarinas portuguesas e castelhanas como um *continuum* temporal, partes integradas de uma mesma narrativa. Este foi o caso, por exemplo, dos textos escritos por Simão Estácio da Silveira entre as décadas de 1610 e 1620.[5] Em geral, muitas

---

3 Por exemplo: "Memorial// Para conservar y aumentar la Conquista y tierras del Marañon, y los Indios que en ellas conquistó el capitán Benito Maciel Pariente// son necesarias las cosas siguientes// año 1630. [cópia]. *FBN*, II-35, 28; "Memorial, para conservar y augmentar la conquista y tierras del Marañon, y los indios que en ellas conquistó el Capitan Maior Bento Maciel Parente, son necesarias y convenientes las cosas siguientes". *Revista do Instituto do Ceará*. Tomo XXI, anno XXI (1907), p. 182-188; José Honório Rodrigues confirma a informação: RODRIGUES, José Honório. "Bento Maciel Parente". in: *História da história do Brasil. 1ª parte: historiografia colonial*. São Paulo: Companhia Editora Nacional, 1979, p. 82-84.

4 BUESCO, Ana Isabel. "Aspectos do bilinguismo português-castellano na época moderna". *Hispania*, vol. LXIV/1, nº 216 (Janeiro-Abril, 2004), p. 13-38.

5 Entre outras: SILVEIRA, Simão Estácio da. "Intentos da Jornada do Pará", Lisboa, 21 de setembro de 1618. *BNE*, mss 2349, flº 174v-175; SILVEIRA, Simão Estácio da Silveira. *Relação Sumaria das Cousas do Maranhão. Escripta pello capitão Symao Estácio da Sylveira. Dirigida aos pobres deste Reyno de Portugal [1624]*. Separata dos *Anais da Biblioteca Nacional*, vol. 94 (1974). Rio de Janeiro: Biblioteca Nacional, 1976.

das expectativas daqueles moradores sobre a inserção do Maranhão nos circuitos comerciais atlânticos tinham como base retórica a condição de "covassalagem" entre portugueses e espanhois, luso-maranhenses e hispano-peruanos.

O processo de expansão para oeste também foi uma política iniciada no período Habsburgo, primeiro, com as expedições contra holandeses e ingleses no rio Amazonas; depois, com a oferta de sesmarias e os descimentos de índios através do sertão. Até mesmo as promessas reais de hábitos de Ordens Militares, como recompensa aos conquistadores e aos combatentes na guerra contra os holandeses, têm suas primeiras concessões no período da Monarquia Hispânica. Por tudo isso, o estudo de caso sobre a recepção política à Restauração portuguesa ganha importância. Não obstante, a reação dos moradores do extremo norte da América portuguesa deverá ser devidamente comparada com os diferentes territórios ultramarinos.

No Estado do Brasil, como se sabe, não houve nenhum problema incontornável no processo de reconhecimento do novo rei. Apesar disso, as reações foram mais diversas do que sugeriu a antiga historiografia nacionalista portuguesa, presa a categorias analíticas que compreendiam o movimento nos moldes de uma verdadeira "revolução".[6] Na Bahia, a notícia chegou no dia 15 de fevereiro de 1641. Na ocasião, o vice-rei D. Jorge de Mascarenhas, Marquês de Montalvão, foi bastante cauteloso ao informar primeiro os portugueses mais influentes, para depois desarmar os soldados castelhanos e italianos residentes na cidade de Salvador. A

6 Para uma análise sobre as possibilidades interpretativas do Primeiro de Dezembro, atenta também à forma como a historiografia nacionalista reinventou de maneira retrospectiva o movimento, ver: SCHAUB, Jean-Frédéric. "La crise hispanique de 1640. Le modèle des 'Révolutions Périphériques' en question (note critique)". *Annales. Histoire, Sciences Sociales*, vol. 49, nº 1 (janeiro-fevereiro, 1994), p. 219-239; BOUZA ALVAREZ, Fernando Jesús. "Gramática de la Crisis. Una nota sobre la historiografía del 1640 hispánico entre 1940 y 1990". *Cuadernos de historia Moderna*, nº 11, (1991), p. 223-246.

partir da capital, tratou-se de difundir a notícia a outras capitanias do sul, principalmente Espírito Santo, Rio de Janeiro e São Vicente.[7] Pouco antes, em janeiro, o Conde-Duque já havia feito o possível para garantir o Brasil na esfera de influência filipina, mas a adesão jesuíta aos projetos brigantinos ajudou a minar rapidamente as pretensões de Madri.[8] Na ocasião, o vice-rei recebeu pressões diversas a favor de Filipe IV, inclusive dentro da própria família, mas acabou por aderir à rebelião de maneira mais diligente do que era francamente esperado em Lisboa.[9]

Em São Paulo, a alteração mais conhecida foi mesmo a chamada "Aclamação de Amador Bueno", a quase mítica história deste personagem de pai sevilhano e mãe portuguesa supostamente aclamado como "rei de São Paulo" pelas elites locais. Sem dúvida, uma forma pouco ortodoxa de escapar da confusão político-dinástica ocasionada pela separação entre Portugal e Castela.[10] Já comentamos no início deste trabalho a pouca cre-

---

7 Entretanto, como se sabe, mais tarde o próprio Marquês de Montalvão seria deposto do cargo. LENK, Wolfgang. "Guerra e Pacto Colonial: exército, fiscalidade e administração colonial da Bahia (1624-1654)". Tese de doutorado (História Econômica) apresentado à *Universidade Estadual de Campinas* (Unicamp), 2009, p. 154-156.

8 VALLADARES, Rafael. *La rebelión de Portugal, 1640-1680. Guerra, conflicto y poderes en la monarquía hispánica.* Valladolid: Junta de Castilla y León, 1998, p. 32. Ver também: VALLADARES, Rafael. "Brasil: De la unión de coronas a la crisis de Sacramento (1580-1680)". In: SANTOS PÉREZ, José Manuel (Eds). *Acuarela de Brasil. 500 años después. Seis ensayos sobre la realidad histórica y económica brasileña.* Salamanca: Aquilafuente/Ediciones Universidad de Salamanca, 2000, p. 23-36.

9 COSTA, Leonor Freire & CUNHA, Mafalda Soares da. *D. João IV*. Lisboa: Círculo de Leitores/Centro de Estudos dos Povos e Culturas de Expressão Portuguesa, 2008, p. 139.

10 Aliás, na interpretação clássica de Jaime Cortesão, São Paulo seria a única exceção à regra segundo a qual: "A Restauração foi recebida no Brasil com aplauso geral e entusiástico". A explicação, mais uma vez, seria além da presença estendida de famílias castelhanas naquela vila, também, segundo Cortesão, o suposto "espí-

dibilidade desta história, bem mais relacionada às aspirações nativistas dos autores brasileiros do século XIX.[11] Embaraços maiores eram esperados na Capitania do Rio de Janeiro, onde seu capitão, Salvador Correia de Sá e Benevides, tinha conhecidas ligações familiares, econômicas e políticas com os espanhóis, sobretudo na área do rio da Prata. Apesar das insinuações perigosas que afirmavam sua possível lealdade a Filipe IV, a Aclamação no Rio ocorreu sem grandes incidentes.[12]

Em Angola e na Guiné, regiões fundamentais para o fornecimento de escravos, a notícia chegou com atraso, mas não impediu que D. João fosse aclamado entre março e abril de 1641. A partir da África, esperava-se que a informação chegasse mais rapidamente ao Estado da Índia. Em

---

rito de autonomia dos paulistas". Ambos motivos teriam levado os moradores a perseguir Amador Bueno, então refugiado no Mosteiro de São Bento, aos gritos de "Viva Amador Bueno, nosso Rei", uma cena reproduzida à exaustão também pela historiografia brasileira. CORTESÃO, Jaime. *O Ultramar Português depois da Restauração*. Lisboa: Portugália Editora, 1971, p. 106-8. Sem retomar o *topos* historiográfico do nativismo paulista, o certo é que a identidade portuguesa em São Paulo deve ser analisada a partir também do impacto da comunidade espanhola ali presente, e das possibilidades de riqueza que seus moradores vislumbravam no acesso à rota paraguaia. Para um estudo sobre o tema, ver: VILARDAGA, José Carlos. "São Paulo na órbita do império dos Felipes: conexões castelhanas de uma vila da América portuguesa durante a União Ibérica (1580-1640)". São Paulo: Tese de Doutorado apresentada à *Universidade de São Paulo*, 2010.

11 ALENCASTRO, Luiz Felipe de. "A alegada proclamação de Amador Bueno em 1641". In: ALENCASTRO, Luiz Felipe de. *O trato dos viventes: formação do Brasil no Atlântico Sul*. São Paulo: Companhia das Letras, 2000, p. 367-8; MONTEIRO, Rodrigo Bentes. "A Rochela de Portugal: São Paulo e a aclamação de Amador Bueno como espelho da realeza portuguesa". *Revista de História, São Paulo*, nº 141 (1999), p. 21-44.

12 ALENCASTRO, Luiz Felipe de. "A família de Salvador Correia de Sá e Benevides". In: ALENCASTRO, Luiz Felipe de. *O trato dos viventes*, p. 365-6; VALLADARES, Rafael. *La rebelión de Portugal*, p. 84-85; Sobre Salvador Correia de Sá, vale a pena voltar ao clássico de Boxer: BOXER, Charles R. *Salvador de Sá and the struggle for Brazil and Angola, 1602-1686*. Londres: Athlone Press, 1952.

março foram enviados navios ao Oriente com as novas do reino. Goa celebrou o reconhecimento do novo rei em 9 de setembro de 1641. Em Macau, apesar de uma Aclamação em 1642, D. João foi obrigado a administrar as especulações que apontavam para um possível acordo entre os poderes locais e Filipe IV, o que ameaçaria toda a soberania lusa na Ásia. De modo geral, as relações existentes entre Macau e as Filipinas garantiriam uma passagem de governo repleta de incertezas. No Oriente, tal como ocorreu com o próprio Maranhão, o início do novo regime também foi contemporâneo das invasões holandesas, o que complicava sobremaneira o cenário.[13]

Nas ilhas, sobretudo nos Açores, o reconhecimento de D. João IV tomou rumos mais belicistas em função da presença de tropas castelhanas naquelas águas. Tal como se sabe, os galeões espanhóis também utilizavam esta rota como passagem obrigatória no retorno da *carrera*. Na ilha Terceira, as tropas espanholas resistiram cerca de um ano até cederem ao domínio militar brigantino.[14]

As primeiras notícias seguras sobre a independência de Portugal chegaram ao Estado do Maranhão com bastante atraso, nos últimos dias do mês de Maio. Os moradores tiveram pouco tempo para absorver a novidade. A informação chega poucos meses antes do início da invasão neerlandesa a São Luís, evento que a partir de então passaria a monopolizar a atenção das autoridades locais. Não por acaso, na *História de Portugal Restaurado*, do conde de Ericeira, os fragmentos reservados ao Maranhão não tratam praticamente da Aclamação em si, ou da recepção à notícia, reservando bem mais espaço para a análise das consequências da invasão holandesa.[15]

---

13 VALLADARES, Rafael. *Castilla y Portugal en Asia (1580-1680). Declive imperial y adaptación*. Leuven: Leuven University Press, 2001, p. 65-91.

14 VALLADARES, Rafael. *La rebelión de Portugal*, p. 33-36.

15 MENEZES, Dom Luis de, Conde da Ericeyra. *Historia de Portugal Restaurado*, tomo I. Lisboa: Officina de João Galrão, 1679, Livro quinto, p. 301-303, Livro sexto, p. 370-372, Livro setimo, p. 443-448.

Coube a Pedro Maciel Parente, sobrinho do governador do Estado, Bento Maciel, a honra de informar aos moradores do Maranhão que Portugal tinha novo rei. Pedro acabava de chegar do reino para assumir a Capitania do Grão-Pará e, supostamente, estaria inteirado de certos detalhes sobre o ocorrido em Lisboa. Se acreditarmos nas palavras do cronista Berredo, sem "outra alguma dificuldade" os moradores da cidade de São Luís reconheceram a legitimidade de D. João, e o nome do antigo duque de Bragança teria sido jurado na Câmara em presença do governador e de autoridades militares e religiosas. Segundo o mesmo cronista, foi uma cerimônia rápida, reservada apenas às grandes figuras da terra, embora os cronistas portugueses posteriores insistissem em caracterizar como popular.[16]

A cidade de Belém, na Capitania do Grão-Pará, teria recebido a mesma informação no dia 13 de junho de 1641. O próprio governador, Bento Maciel Parente, enviou uma carta ao então capitão-mor, Francisco Cordovil Camacho, este último cavaleiro do hábito de Cristo e que, como muitos, devia seu ascenso às políticas do regime anterior. Na carta, Bento Maciel faz questão de informar que a obediência ao novo rei havia sido obtida sem perda de sangue, a exceção de D. Miguel de Vasconcelos, e que a aclamação já se encontrava estendida por todo o reino. Assim, segundo Bento Maciel, o duque de Bragança já era reconhecido como soberano inclusive nas ilhas atlânticas, e o próprio juramento da Câmara de São Luís teria imitado exatamente o estilo da aclamação produzida em Cabo Verde.[17]

---

16 BERREDO, Bernardo Pereira de. *Anais Históricos do Estado do Maranhão*, § 756, p. 192.

17 Berredo transcreve a carta que o governador enviou ao capitão-mor Francisco Cordovil Camacho: "Foi Nosso Senhor servido dar-nos rei português, o qual é D. João IV, duque que até agora foi de Bragança; está jurado, e obedecido geralmente em todo reino de Portugal, e suas ilhas, sem custar sangue, nem morte mais que a de Miguel de Vasconselos: foi uma resolução milagrosa; guarde-no-lo Deus muitos anos. Veio com este aviso, e ordens meu sobrino Pedro Maciel

Testemunha ocular, Manuel Guedes Aranha era alferes nesta época e estava no comando de uma Companhia no dia em que a notícia chegou à cidade de Belém. Segundo conta o alferes, a novidade da "feliz restituição" foi recebida sem tumultos, passando rapidamente ao cerimonial de reconhecimento do novo Monarca. Manuel Guedes garante ainda que a aclamação teve um caráter popular, prova disso seria a reação dos soldados da infantaria que saíram pelas ruas da cidade a gritar entusiasticamente o nome de D. João.[18] As autoridades locais não descuidaram de outras formalidades condizentes com a ocasião. É possível, como indica João Francisco Marques, que sermões fossem pronunciados na casa religiosa de Nossa Senhora da Luz, da Companhia de Jesus, tal como ocorreu em muitas outras partes. O ritual era uma demonstração da conformidade entre as esferas política e espiritual, fundamental no discurso de afirmação da Restauração.[19] No dia 6 de julho foram enviados dois na-

---

despachado para servir o governo dessa capitania: aqui o aclamamos por rei na Câmara, onde fui com os oficiais reais, e mais pessoas nobres, e prelados das ordens; e fizemos o negócio com juramento, pelo estilo que se fez em Cabo verde, de que vai cópia para Vossas Mercês lá seguirem o mesmo: temos feito muitas festas; Vossas Mercês assim lá o devem fazer, porque foi obra milagrosa, como Vossas Mercês saberão de meu sobrino quando lá for, e o termo e papéis, que se hão de fazer para irem a Sua Majestade, hão de ser pelo estilo, de que vai a cópia autêntica, mudando a substância da terra, e nomes das pessoas". *Idem, ibídem*, § 758-759, p. 192-193.".

18 "REQUERIMENTO do capitão Manuel Guedes Aranha para o rei [D. João IV], a solicitar sua nomeação para o cargo de sargento-mor da capitania do Pará, pelos serviços prestados ao longo da sua vida". 25 de janeiro de 1655. *AHU, Pará* (avulsos), *cx. 2, doc. 89*; "CONSULTA do Conselho Ultramarino para o rei D. João IV, sobre a pretensão dos capitães Manuel Guedes Aranha, Gaspar Gonçalves Cardoso, Simão Faria e Jerónimo de Abreu e Vale ao cargo de sargento-mor da capitania do Pará, vago por falecimento de Pedro Correia". Lisboa, 26 de abril de 1655. *AHU, Pará (avulsos)*, cx. 2, doc. 92.

19 Na sua impressionante cartografia dos sermões da Restauração, Marques indica dois pronunciados no colégio dos jesuítas de São Luís. MARQUES, João

vios ao reino, que tinham como capitães Francisco de Oliveira e Duarte Leão, para dar constância a Lisboa da obediência luso-maranhense ao novo Monarca. Por último, foi estabelecido que no Estado do Maranhão nenhum estrangeiro deveria ser tratado como inimigo até que fossem recebidas novas instruções da Europa.[20] Esta última instrução explicaria a forma hesitante com que os militares portugueses da cidade de São Luís receberam a frota de ataque holandesa naquele mesmo ano.

De modo geral, a versão que resumimos acima é muito mais baseada nos cronistas setecentistas, sobretudo Berredo. Com efeito, a história da Aclamação brigantina no Maranhão possui lacunas nem sempre esclarecidas pelas fontes coevas disponíveis. Não sabemos, por exemplo, o que ocorreu com os espanhóis que estavam no Maranhão nesta época. Também não há muitos detalhes a respeito da reação imediata dos oficiais do Senado da Câmara das cidades de São Luís e Belém. Infelizmente, os livros da Câmara que sobreviveram ao ataque holandês são posteriores a 1646, de modo que não consta neles o juramento da Aclamação de D. João. Assim, ainda faltam muitas perguntas por responder acerca do impacto do Primeiro de Dezembro.

Não são poucos os testemunhos do período que sugerem que, no que concerne a certas práticas, não houve nenhuma grande mudança nos primeiros anos do novo governo. Ao contrário, em muitos aspectos D. João IV parece ter seguido exatamente o mesmo roteiro deixado pelo regime anterior. O novo rei não hesitou em seguir, por exemplo, a mesma política fiscal dos últimos dois filipes, agravada pela situação de guerra.[21]

Francisco. *A Parenética Portuguesa e a Restauração, 1640-1668. A revolta e a mentalidade.* Vol. 1. Porto: Instituto Nacional de Investigação Científica/ Universidade do Porto, 1989, p. 86

20 BERREDO, Bernardo Pereira de. *Anais históricos do Estado do Maranhão,*§ 762-763, p. 193.

21 CARDIM, Pedro. "O governo e a administração do Brasil sob os Habsburgo e os primeiros Bragança". *Hispania*, vol. LXIV, nº 216 (Janeiro-Abril, 2004), p. 150.

Ao mesmo tempo, como sugere Schwartz, o suposto entusiasmo popular com relação à Restauração nunca passou no teste dos impopulares recrutamentos militares brigantinos. Assim, a propaganda jesuíta segundo a qual o rei deveria contar com o "consentimento popular" para ter direito a reinar derrapava em contradições evidentes.[22]

A afinidade entre os dois regimes, o novo e o velho, era maior do que a maioria estava disposta a reconhecer. Afinal de contas, nem mesmo a família de D. João IV escapava de flagrantes vínculos com o governo anterior. Depois de anos de favorecimento, no contexto da política filipina de agraciação das elites portuguesas, a Casa de Bragança já estava indelevelmente emparentada com as principais famílias castelhanas, que incluía a mesmíssima Casa de Medina Sidónia. Por isso, os bragancistas tinham dificuldades na hora de criar uma imagem do movimento como retorno do "rei natural" e, ao mesmo tempo, fugir da classificação incômoda de golpe de Estado.[23]

No caso do Maranhão, é possível dizer que as políticas brigantinas mais significativas já estavam em curso no período filipino. Em concreto, quatro políticas que já ganhavam destaque pouco antes da rebelião de Portugal, foram mantidas ou ocasionalmente ampliadas no reinado de D. João IV:

1. A expansão civil-militar para zonas do sertão Ocidental.
2. A doação de sesmarias a particulares como fórmula para defesa e crescimento econômico.
3. O reforço da estratégia de reconhecimento das autoridades indígenas.
4. A construção de mecanismos de controle sobre o trabalho nativo, com inserção da autoridade missionária.

---

22 SCHWRTZ, Stuart B. "Prata, açúcar e escravos: de como o império resgatou Portugal". *Tempo*, vol. 12, nº 24 (2008), p. 201-223.

23 VALLADARES, Rafael. *La rebelión de Portugal*, p. 225-8.

Embora neste último item a atuação de D. João IV tenha ganhado maior destaque na historiografia, muito em função das efemérides em torno do seu valido/amigo, o padre Antônio Vieira, não se pode esquecer que os monarcas Habsburgo tinham iniciado uma campanha aberta contra o trabalho indígena que se remontava ao período das *Leyes Nuevas*. Entretanto, foi no reinado de D. João IV que a Companhia de Jesus fixou residência apostólica definitiva no Maranhão com a chegada do próprio Vieira como "superior" da missão, a partir de janeiro de 1653. É verdade que os jesuítas já estavam presentes na Amazônia lusa nos reinados de Filipe III e Filipe IV, e seu expoente máximo no período filipino foi o padre Luís Figueira, de quem Vieira se confessava um seguidor.[24] Contudo, estava claro que antes da Restauração os jesuítas deveriam disputar o espaço apostólico com outras Ordens, sobretudo com os franciscanos que tinham a preferência do regime anterior. Assim, no governo de D. João IV existiu uma política de privilégios à Companhia de Jesus, efetivamente no que concerne à administração das aldeias do Maranhão.[25] Tal como dissemos no capítulo anterior, esta foi realmente a marca da administração bragantina no que diz respeito ao extremo norte da América portuguesa.

Em geral, do ponto de vista administrativo o novo governo inovou pouco, ao menos nos primeiros anos. A criação do Conselho de Guerra, por exemplo, era praticamente inevitável no contexto do conflito hispano-luso. E o próprio Conselho Ultramarino era, como é bem sabido, herdeiro direto do velho Conselho da Índia (1604-1614), de vida curta durante o período filipino.[26] No Maranhão, é bem verdade, surgiu

24 CARDOSO, Alirio & CHAMBOULEYRON, Rafael. "Fronteiras da Cristandade: Relatos jesuíticos no Maranhão e Grão-Pará (século XVII)". In: DEL PRIORE, Mary & GOMES, Flavio. *Senhores dos Rios. Amazônia, Margens e História.*Rio de Janeiro: Elsevier, 2003, p. 33-62.

25 KIEMEN, Mathias, OFM.. *The Indian Policy of Portugal in the Amazon Region, 1614-1693*. Washington, D.C: The Catholic University of America Press, 1954, p. 80.

26 BARROS, Edval de Souza. *Negócios de tanta importância. O Conselho Ultramarino e a disputa pela condução da guerra no Atlântico e no Índico (1643-1661).* Lisboa:

uma efémera inovação. Em 1652, as duas capitanias reais, Maranhão e Grão-Pará, foram divididas em dois governos autônomos. A mudança produziu pouco efeito prático, e tinha alguns opositores de peso. Pouco tempo depois, em 1654, as duas capitanias voltariam à velha fórmula de um só Estado cuja cabeça continuava a ser a cidade-ilha de São Luís.[27] Esta tentativa de divisão jurisdicional nem mesmo pode ser considerada uma fórmula legitimamente brigantina. Durante quase todo o reinado de Filipe III, as duas capitanias também estavam divididas, modelo de administração que durou na prática até a chegada do novo governador, Francisco Coelho de Carvalho, em 1626. Também não se pode esquecer que, virtualmente, as duas capitanias já formavam dois governos separados durante o período do Maranhão Holandês.

Qual foi, então, o impacto da Restauração? Esta não é uma pergunta fácil de responder à luz da documentação disponível. No caso do Maranhão, será necessário analisar de que forma os seus moradores comparavam a nova situação política com a memória recente dos dois últimos soberanos. Afinal de contas, Filipe III era o rei da conquista aos franceses, responsável pela primeira distribuição de recompensas aos moradores; Filipe IV, por outro lado, foi o soberano da expansão para Oeste, em seu nome foram organizadas as primeiras grandes expedições ao rio Amazonas, inclusive a famosa jornada de Pedro Teixeira. Não se pode esquecer que foi também na época do Conde-Duque que ocorreu o combate efetivo aos holandeses, fortificados nas regiões do rio Xingu e no Cabo do Norte. Este era o legado de êxitos filipinos que os bragancistas do reino teriam de administrar no Maranhão.

Assim, a Restauração Portuguesa no Maranhão deverá ser analisada a partir dos vários interesses e projetos que já estavam em disputa

---

Universidade Nova de Lisboa/CHAM, 2008, p. 28.

27 SAMPAIO, Patrícia Melo. "Administração Colonial e legislação indigenista na Amazônia Portuguesa". In: DEL PRIORE, Mary & GOMES, Flavio. *Op.cit.*, p. 123-139.

no tempo dos Filipes. Nesse sentido, os diversos grupos que formavam esta sociedade, que incluíam portugueses brancos, mestiços pobres, índios aliados, índios *principais*, missionários e, inclusive, "estrangeiros" (não portugueses e não espanhóis), responderam de formas diferentes às demandas da mudança de regime. Em muitos casos, houve perdas e ganhos com o novo cenário.

Perdas e ganhos

Não há dúvidas de que alguns colheram benefícios imediatos com a ascensão de D. João IV. A boa acolhida ao novo governo não deixou de ser lembrada nos processos de habilitação para as Ordens Militares, o que demonstra mais uma vez a grande preocupação que existia a respeito da adesão das conquistas ultramarinas. Em 1650, Aires de Sousa Chichorro, capitão-mor do Grão-Pará, recebeu a promessa real do hábito de Cristo pelos serviços prestados no combate aos holandeses e ingleses no Maranhão, mas também em função de seu comportamento considerado exemplar, em 1641, "mostrando com a nova da Aclamação que chegou aquelas partesgrande contentamento e zelo".[28] Quatro anos depois, outro conhecido oficial luso-maranhense recebeu uma honra parecida. Era Manuel Guedes Aranha, a quem o rei mandou lançar o hábito de Santiago entre outras coisas por ser "das pessoas que daquelas partes com maior zelo e contentamento celebraram a nova da aclamação".[29] Sabe-se que o *topos* da fidelidade ao novo monarca estaria presente, durante muito tempo, também no imaginário nativista pernambucano. Com efeito, as crônicas do século XVIII reforçariam a versão segundo a qual a res-

28 "Ayrez de Souza Chichorro". Lisboa, 7 de dezembro de 1650. *ANTT, Mesa da Consciência e Ordens (consultas). Registro Geral de Mercês (Portarias do Reino), livro II, flº 318.*

29 "M.el Guedes Aranha". Alcântara, 6 de julho de 1654. *ANTT,Mesa da Consciência e Ordens (consultas). Registro Geral de Mercês (Portarias do Reino, Consultas), livro III, flº 56v-57.*

tauração pernambucana (aos holandeses) havia sido um desdobramento dos acontecimentos da Restauração Brigantina. Assim, os insurgentes foram, supostamente, incentivados a lutar contra o batavo invasor por lealdade a D. João IV, e com o intuito de devolver os territórios tomados ao seu monarca natural.[30]

O elogio à Aclamação passou a ser mais uma das fórmulas retóricas utilizadas na petição de cargos e mercês. Em 1644, na apresentação de nomes para ocupar o lugar de sargento-mor do Maranhão, Jerônimo de Sousa Santiago alegou merecer o cargo por ter tido o valor de navegar pelos rios da Guiné, em fevereiro de 1641, arriscando a própria vida para avisar a Cacheu de que Portugal tinha novo rei.[31] Anos depois, ocorreu o mesmo a Luís de Magalhães, que foi governador do Estado do Maranhão entre 1649 e 1652. Quando ainda era candidato à sucessão de Francisco Coelho de Carvalho, o capitão Magalhães foi considerado pelo Conselho Ultramarino como a melhor escolha por ter, segundo dizem: "conseguido o merecimento de haver aclamado a Vossa Majestade com zelo de bom e verdadeiro português".[32]

Entretanto, os meses subsequentes à aclamação de D. João IV não transcorreram livres de dúvidas, mal-entendidos e confusões próprias de uma troca tão repentina de poder. Para complicar mais a situação, estavam aqueles que obtiveram certas vantagens políticas no regime anterior. No caso do Maranhão, estava claro que uma das famílias mais prejudicadas poderia ser a Albuquerque Coelho, concretamente a rama pernam-

30 MELLO, Evaldo Cabral de. *Rubro Veio: O imaginário da restauração pernambucana.* Rio de Janeiro: Topbooks, 2ª edição, 1997, p. 119-121.

31 "CONSULTA do Conselho Ultramarino ao rei D. João IV, sobre a nomeação de pessoas para o cargo de sargento-mor do Estado do Maranhão". Lisboa, 28 de abril de 1646. *AHU, Maranhão (avulsos)*, cx. 2, doc. 193.

32 "CONSULTA do Conselho Ultramarino ao rei D. João IV, sobre a nomeação de pessoas para o governo do Estado do Maranhão, após a morte do governador do dito Estado, Francisco Coelho de Carvalho". Lisboa, 9 de junho de 1648. *AHU, Maranhão (avulsos)*, cx 3, doc. 255.

bucana que passou ao governo maranhense e que tinha o seu próprio nome estreitamente relacionado com a nova conquista. De fato, os ganhos que esta família acumulou durante o período filipino colocariam seus representantes rapidamente no ponto de mira dos brigantinos mais exaltados. Um bom exemplo foi o mesmíssimo Matias de Albuquerque, acusado em 1641 de participar na conspiração do marquês de Vila Real contra D. João IV, depois inocentado no mesmo processo.[33] Por outro lado, foi exatamente a forte presença desta família na luta contra os holandeses que garantiu a renovação das mercês durante o governo dos primeiros Bragança, coisa evidente em qualquer consulta de habilitações para Ordens Militares entre as décadas de 1640 e 1650.

Para os emergentes comerciantes luso-maranhenses que frequentavam, como vimos, as mesmas rotas de regresso dos galeões espanhóis, a Restauração também trouxe alguns inconvenientes. Em outras partes da Monarquia foram, exatamente, os negociantes os indivíduos que mais problemas acumularam com a repentina rebelião lusa. Estes homens de negócio passam a sofrer com a desconfiança das duas partes, considerados muitas vezes como agentes infiltrados, perigosos por serem indivíduos que naturalmente circulavam entre os dois reinos.[34] Um bom exemplo foi o que ocorreu com dois comerciantes que voltavam do Maranhão em direção ao reino, ainda em 1641. Jorge Franco Barbudo e Pedro Lopes Cabral tiveram a embarcação em que viajavam confiscada por um dos galeões da frota espanhola, na viagem de retorno. Questionados por um capitão espanhol sobre a "rebelião", os dois portugueses afirmaram

33 MENEZES, Dom Luis de, Conde da Ericeyra. *Historia de Portugal restaurado*, Libro Quinto, p. 272. Sobre a conspiração de 1641, ver: WAGNER, Mafalda de Noronha. *A casa de Vila Real e a conspiração de 1641 contra D. João IV*. Lisboa: Edições Colibri, 2007.

34 VALLADARES, Rafael. "El Brasil y las Indias españolas durante la sublevación de Portugal (1640-1668)". *Cuadernos de Historia Moderna*, nº 4 (1993), p. 161; CARDIM, Pedro. "O governo e a administração do Brasil sob os Habsburgo e os primeiros Bragança". *Hispania*, vol. LXIV, nº 216 (janeiro-abril, 2004), p. 139.

não terem notícia alguma sobre o tema argumentando que o Estado do Maranhão recebia poucas informações da Europa.

O caso foi tratado pela recém-formada "Junta de Inteligencias del Reino de Portugal". Esta *Junta* foi criada no mesmo contexto da fundação de outros orgãos que, a partir de 1639, deveriam substituir o *Consejo de Portugal*. Em 1641, a chamada Junta de Inteligências passa a dedicar-se, em Madri, às ajudas financeiras aos portugueses residentes na Espanha. A documentação sobre o funcionamento deste órgão, que pode ser encontrada no *Archivo General de Simancas*, lança alguma luz sobre o problema dos portugueses que no contexto da rebelião de Portugal estavam divididos entre seus negócios e suas fidelidades.[35] Sobre os dois comerciantes luso-maranhenses, a Junta de Inteligências informou que:

> llegando luego a hablarles el dicho capitán [da frota espanhola] les dijo como el Reino de Portugal estaba rebelado y tenían levantado por Rey al Duque de Braganza lo que ellos no sabían por cuanto muchas veces pasaba uno y dos años sin que fuesen nuevas ni navío alguno de Portugal al dicho Marañón como es público y notorio [borrado] más que había dos meses que tenían partido del dicho Marañón y que había cinco que se tenía levantado Portugal y que quedando muy contentos con su suerte por muchas razones siendo la principal venir a los pies de su verdadero Rey y señor le trajo el dicho capitán con su navío y encomiendas a Cádiz adonde pensando ellos que les entregasen su navío y hacienda por ser

35 BOUZA ÁLVAREZ, Fernando. *Portugal no Tempo dos Filipes. Política, Cultura, Representações (1580-1668)*. Lisboa: Edições Cosmos, 2000, p. 188-9; LUXÁN MELÉNDEZ, Santiago de. "La pervivencia del Consejo de Portugal durante la Restauración: 1640-1668". *Norba. Revista de Historia*, nº 8-9 (1987-1988), p. 61-86.

> así la justicia y razón por no temieren cometido culpa venial contra el servicio de Su Majestad.[36]

Ainda que jurassem Filipe IV como "verdadeiro rei", o navio dos dois portugueses foi embargado em Cádiz e sobre ele foi realizado um inventário de bens. Inicia-se então um longo processo. Os dois comerciantes teriam permanecido na cidade espanhola cerca de treze meses, período em que tentavam obter as fianças necessárias para que pudessem resgatar as mercadorias confiscadas. A própria Junta desautorizou a forma como os portugueses foram tratados pelos militares espanhóis, principalmente em função do ocorrido com suas mercadorias, saqueadas segundo dizem os conselheiros: "como si esta fuera hacienda de moros, y no de vassallos leales de Su Majestad".[37] De fato, os dois comerciantes estariam já com dificuldades financeiras sem a possibilidade de negociar com as mercadorias que traziam. Por outro documento da *Junta*, datado de 29 de abril de 1642, sabemos que o tal navio que veio do Maranhão foi interceptado em Cartagena e que, entre outros produtos, transportava uma carga de açúcar. Esta carga foi utilizada como pagamento das taxas do processo, negociação intermediada pelo mestre de Campo D. Diego Lobo.[38]

Sobre o episódio, nada estava muito claro. Menos ainda no que concerne à natureza da fidelidade dos dois comerciantes luso-maranhenses. Cabe sempre a possibilidade de que ambos estivessem dissimulando

---

36 "Junta de Inteligencias del Reyno de Portugal", 1641-1642. Madri, abril de 1642(?). *AGS, Estado (Portugal), leg. 7041.*

37 *Idem, ibídem.*

38 Esta é a resolução: "Y siendo considerada la Materia a parecido a esta Junta VM. deve mandar que los açucares referidos se bendan por quenta de los der.os ss devidos Los q. vasten para paq.r esta deuda lo qual se haga sin perjuizio de las personas a q.en tocaren los açucares que ansi se bendieren de los quales siempre se les ha de dar satisfazion de lo que constar e tocarles VMg.d Mandara lo que mas fuese de su Rl servicio". Madri, 29 de Abril de 1642. "Junta de inteligencias del Reyno de Portugal", 1641-1642. *AGS, Estado (Portugal), leg. 7041.*

tanto a ignorância sobre os acontecimentos do reino de Portugal, quanto a própria lealdade ao Monarca Habsburgo, de modo a diminuir os seus próprios prejuízos com a Restauração. Contudo, já é amplamente conhecido o fato de que uma parte dos nobres, militares, mercadores, financistas e negociantes portugueses jamais reconheceu a legitimidade de D. João IV. Estes homens permaneceram como vassalos de Filipe IV instalados em Madri, Sevilha ou Cádiz, separados muitas vezes de parte da família, e dos seus bens. Este era, exatamente, o tipo de situação a que se dedicava a *Junta de Inteligências*.[39]

Outras autoridades luso-maranhenses alegaram perdas com a Restauração. Algumas delas tinham seus negócios ligados a conhecidas praças mercantis espanholas. Este foi o caso do ex-governador do Estado do Maranhão, Luís de Magalhães. Em 1663, seu filho que também chamava-se Luís recebia do rei a mercê do hábito de Cristo em função dos serviços de seu pai. Na ocasião, foi dito que Luís de Magalhães (pai) havia perdido "com a separação das Coroas quantidade de dinheiro que alegou lhe ficava em Índias e Sevilha". A origem do transtorno, como de costume, foi a natureza repentina da mudança de governo. Por isso, Luís de

---

39 De fato, a própria *Junta de Guerra*, em outra consulta, datada de 7 de agosto, confirma que o caso "sobre el veneficio de las mercaderias que viñieron en el Navio del Rio del Marañon" pertencia à jurisdição da *Junta de Inteligencias*, e deveria ser resolvido por ela. "La Junta de Portugal// Con la Consulta dela Junta de Guerra, sobre el veneficio de las mercaderias del navío del Mara=ñon y representa a VM^{d} , lo que se le ofrece". Madrid, 7 de agosto de 1642. "Junta de inteligencias del Reyno de Portugal", 1641-1642. *AGS, Estado (Portugal), leg. 7041.* Na mesma época, era estimado o número de cerca de 2000 negociantes de origem portuguesa apenas na cidade de Sevilha, um grupo que havia prosperado sobretudo no governo do Conde-Duque. Ver: LUXÁN MELÉNDEZ, Santiago de. "A Colónia portuguesa de Sevilha. Uma ameaça entre a Restauração Portuguesa e a conjuntura de Medina Sidónia?". *Penélope. Fazer e Desfazer a História*, nº 9/10 (1993), p. 127-134; BOUZA ÁLVAREZ, Fernando Jesús. "Entre dos Reinos, una patria rebelde: fidalgos portugueses en la Monarquía Hispánica después de 1640". *Estudis. Revista de Historia Moderna*, nº 20 (1994), p. 83-103.

Magalhães permaneceu cerca de seis meses como prisioneiro na Galícia, ocasião em que teve uma parte dos bens sequestrada. Magalhães (filho) afirmou ainda que ele e sua mãe, Dona Catarina de Brito, herdaram estas dívidas de seu pai, já morto, e solicitavam uma reparação por terem assumido prejuízos com o processo de reconhecimento de D. João IV.[40]

Os espanhóis residentes no Maranhão também tiveram seus contratempos. Foi o caso dos religiosos que viviam nestas terras, resultado de um intercâmbio missionário que estava apenas começando nos últimos anos do período Habsburgo. Tudo teve início com a jornada de Pedro Teixeira (1637-1639). Na viagem de regresso de Quito, o capitão Teixeira levou ao Grão-Pará dois jesuítas espanhóis, Cristóbal de Acuña e André Artieda, e mais quatro mercedários da mesma nação, frei Pedro de La Rua Cirne, frei Juan de la Merced, Frei Diego da "Conceição", e Frei Afonso de Armijo. Estes mercedários prosperaram em pouco tempo, com as doações feitas pelos moradores do Estado, e chegaram a construir dois conventos, um na Capitania do Maranhão e outro no Grão-Pará. Com grande eficiência, os religiosos espanhóis teceram uma rede de alianças com os habitantes da região, especializando-se no ensino aos filhos das autoridades, mas também aos moradores pobres. Logo após a Restauração, tem início um curioso processo para expulsá-los do Estado do Maranhão. A pugna não foi iniciada pelos moradores, que já eram aliados dos frades, mas pelos padres da Nossa Senhora da Trindade do reino de Portugal, religiosos que nunca pisaram terras maranhenses. Entre 1645 e 1646, os padres tridentinos levantaram sérias dúvidas a respeito da lealdade dos religiosos castelhanos, chegando mesmo a solicitar a D. João IV a expulsão da Ordem mercedária e o confisco de todos os seus bens, incluindo os conventos. Ao final da querela, os mercedários acabaram obtendo nova permissão

---

40 "Luis de Magalhãez". Lisboa, 3 de agosto de 1663. *ANTT,Mesa da Consciência e Ordens (consultas.) Registro Geral de Mercês (Portarias do Reino), livro IV*, flº 421-421v.

real para seguir com o serviço apostólico na região, sob a condição de que não receberiam novos frades espanhóis.[41]

Não faltou também quem quisesse tirar vantagem do ambiente de medo que imperou na Corte durante os anos da Guerra de Restauração (1641-1668). Antônio Teixeira de Melo, que havia sido eleito provisoriamente governador do Estado, utilizou bem o *topos* da fidelidade ao soberano para defender uma proposta pouco atrativa ao olhos do novo Conselho Ultramarino: a reativação dos descimentos particulares de ín-

41 Ver: "CONSULTA do Conselho Ultramarino para o rei D. João IV, sobre os requerimentos dos religiosos de Nossa Senhora das Mercês de Castela, provenientes da província de Quito, em que pedem licença para residir no convento da Santíssima Trindade, na cidade de Belém do Pará, durante a sua viagem pelo rio das Amazonas, apesar da oposição dos religiosos tridentinos, que alegam que os primeiros tinham sentenças apostólicas contrárias ao pretendido". Lisboa, 24 de julho de 1646. AHU, Pará (avulsos), cx. 1, doc. 61; "CONSULTA do Conselho Ultramarino para o rei D. João IV, sobre o requerimento do comissário geral da Ordem de Nossa Senhora das Mercês do Convento do Pará, padre fr. Pedro da Rua Cirne, que solicitava ajudas de custo e concessão de passagem para os religiosos da daquela Ordem que pretendiam seguir para a capitania do Pará". Lisboa, 3 de setembro de 1646. AHU, Pará (avulsos), cx. 1, doc. 62. Os últimos documentos sobre o tema surgem nos derradeiros anos da guerra contra Castela. Ver: "Sobre os Relig.^{os} de Nossa S.^{ra} das m.^{ces} do Estado do Maranhão não serem perturbados nas fundações q. nelle tem; E não açeitarẽ Relig.^{os} senão Portugueses, e Frey Fran.^{co} de Andr.^{e} ser obedeçido por seu Perlado mayor.// Por estar informado dos grandes serv.^{os} q. no Estado do Maranhão fazem a Deos os relig.^{os} de Nossa S.^{ra} das M.^{çes} não som.^{te} na instrucção dos gentios em nossa Sta Fee Catholica; mas tambem ensinãdo os portugueses, e çelebrando os off.^{os} divinos com musica, e com a authorid.^{e} deçente a elles. Hey por por bem, q. nenhũa pessoa de qualquer qualid.^{e} os pertube nas fundações, q. tem no dito Estado, com declaração, q. nelle não entrarão de novo Relig.^{os} de outra nação, q. não seydo Portugueses. O Conç.^{o} Ultr.^{o} passe p.^{a} isto as ordẽs neçess.^{ras} E por elle se encomende tambem ao G.^{or} ; q. for p.^{a} aq.le Estado dé toda ajuda, e favor a Frey Fran.^{co} de Andr.^{e}; p^{a} q. seja obedecido por Prelado Mayor dos d.^{tos} Relig.^{os} com=forme as ordens q. p.^{e} isso tiver de S. S.^{de}, ou de quem as possa dar. Em Lx.^{a} a 9 de setr.^{o} de 665/ Rey". *ANTT, Conselho Ultramarino, livro 1,* fl^{o} 6.

dios, ou nas palavras mais suaves utilizadas pelo capitão Melo: "abrir outra vez os sertões". Segundo este argumento, os índios deveriam ser retirados em caráter de urgência dos sertões do Pará, onde eram abundantes, e repartidos entre as capitanias. Para o capitão Melo, esta decisão seria de grande utilidade também para D. João IV, pois além de salvaguardar a terra contra os holandeses, garantiria o contentamento e a lealdade dos vassalos do Maranhão. Além disso, concluía, os novos índios poderiam ser utilizados, inclusive, "nas guerras contra os castelhanos".[42]

O capitão Melo seguramente tinha consciência da difícil situação das tropas na fronteira entre Espanha e Portugal, e as dificuldades do governo de D. João IV para recrutar novos soldados. Sabe-se que a constante deserção era o problema mais grave experimentado pelo exército luso nos primeiros anos da guerra.[43] Entretanto, não há constância de que o Conselho Ultramarino tenha levado a sério a proposta, nem mesmo existem documentos sobre o envio de tropas nativas do Maranhão para combater nas fronteiras do reino. No final das contas, este era ape-

42 "1645. Sobre duas cartas, que escreverão Antonio Teixeyra d. mello, eleyto Cappitam mor de São Luiz do Maranhão, camara dqla. Cidade acerca do estado em que se acha, outros particulares Do Pará e Capitania do Seará". In: STUDART, Barão de. *Documentos para a história do Brasil, especialmente para a do Ceará. RIC*, (1910), doc. 45, p. 340.

43 COSTA, Fernando Dores. *A Guerra da Restauração, 1641-1668*. Lisboa: Livros Horizonte, 2004, p. 28; ver também: COSTA, Fernando Dores. "Interpreting the Portuguese war of Restoration (1641-1668), in a Europe context". *E-jornal of Portuguese History*, vol. 3, nº 1 (2005). Estava claro, portanto, que a quantidade de combatentes lusos não explicaria a derrota castelhana. O fracasso militar espanhol conciliava diversos fatores, entre eles a preocupação com a Rebelião Catalã, no mesmo período, e por outro lado, as dificuldades de tráfego das tropas castelhanas em função da boa utilização que os portugueses fizeram das características físicas da fronteira hispano-lusa, principalmente no *front* extremenho. WHITE, Lorraine. "Strategic Geography and the Spanish Habsburg Monarchy's Failure to Recover Portugal, 1640-1668". *The Journal of Military History*, nº 71 (abril, 2007), p. 373-409.

nas um velho argumento ornamentado com fórmulas renovadas, mais condizentes com as preocupações que imperavam na Corte.

Infelizmente, para as pretensões do capitão Antônio Teixeira de Melo, os tempos eram outros e os próprios *índios principais* também viajavam ao reino para jurar fidelidade ao novo Monarca. Nas cartas escritas pelo índio *principal* Antônio da Costa Marapirão, por exemplo, o *topos* da lealdade ao novo Monarca estava perfeitamente equilibrado com as queixas aos cativeiros ilegais que praticavam os moradores do Maranhão e do Grão-Pará.[44] Assim, estava claro que o jogo das novas fidelidades poderia ser manejado por diferentes grupos, com interesses diversos.

No que concerne à guerra contra os holandeses, o governo de D. João IV tomou decisões que não agradaram a todos os vassalos do ultramar. Neste sentido, a trégua com os Países Baixos, em 1641, causou mais de um embaraço importante.[45] Na opinião de Martim Soares Moreno e de André Vidal de Negreiros, líderes militares envolvidos numa insurreição que não contava oficialmente com o apoio do novo soberano, mais preocupado com as suas tropas na fronteira luso-espanhola, as ordens de desmobilização do exército em Pernambuco só favoreceriam aos batavos. Uma prova disso seria exatamente a tomada do Maranhão, logo após a assinatura da trégua. Como se sabe, as autoridades lusas que apoiavam

---

44 Ver capítulo 6. Para mais referências, ver: "CARTA do índio principal do Maranhão, António da Costa Marapirão, para o rei [D. João IV], sobre os ataques dos índios da nação tabajara na capitania do Ceará causando a morte a cerca de oitocentos holandeses, e que o governador do Estado do Maranhão e Grão-Pará, Luís de Magalhães, o mandou para o Pará, a fim de defender a liberdade dos índios". Pará, 2 de Setembro de 1649. *AHU, Maranhão (avulsos), cx 1, doc. 75;* "CARTA do índio principal do Maranhão, António da Costa Marapirão e outros chefes indígenas para o rei [D. João IV], queixando-se dos procedimentos dos governadores e capitães do Pará, e reivindicando a liberdade dos índios." Pará, 6 de Setembro de 1649. *AHU, Maranhão (avulsos)*, cx 1, doc. 76.

45 CESAR, Thiago Groh de Mello. "A política externa de D. João IV e o Padre Antonio Vieira: as negociações com os Países Baixos (1641-1648)". Niterói: Dissertação de Mestrado (história) apresentada à *Universidade Federal Fluminense*, 2011, p. 73.

a insurreição pernambucana integravam uma facção política que começava a ser conhecida no reino como os "valentões de Portugal", formada por indivíduos contrários a qualquer concessão aos holandeses.[46]

Sabe-se também que após a expulsão dos neerlandeses da ilha de São Luís, muitos militares luso-maranhenses prestaram auxílio à insurreição pernambucana, iniciada com as alterações de junho de 1645. Numa carta enviada ao Governador Antônio Teles da Silva, assinada por Martim Soares Moreno e André Vidal de Negreiros, ficava patente o desagrado dos soldados com aquilo que poderia ser interpretado como um sinal de debilidade do novo monarca: "Senhor, desengana-se Vossa Senhoria que o poder e indústria do Mundo todo não há de persuadir estes homens a que se fiem dos Holandeses". Em outro trecho, os perigos desta decisão sobre o ânimo da tropa ficavam mais evidentes ainda: "e estamos com suspeitas de que estes homens depois que viram estas ordens de Vossa Senhoria tem mandado pedir socorro a algum Príncipe Católico".[47] Retomava-se, assim, a memória dos primeiros tempos da "Guerra do Brasil", que contava com o apoio de Filipe IV na mobilização de tropas castelhanas e napolitanas em Pernambuco. Evidentemente, este não era um legado fácil de administrar nos primeiros anos do governo de D. João IV. Apesar disso, o próprio Maranhão seria beneficiado com o envio de armas e mantimentos nas décadas de 1640 e 1650, o que de-

46 MELLO, Evaldo Cabral de. *O Negócio do Brasil. Portugal, os Países Baixos e o Nordeste. 1641-1669*. Rio de Janeiro: Topbooks, 2ª edição, 1998, p. 35-36.

47 "Carta dos Mestres de Campo Martim Soares Moreno e André Vidal de Negreiros expondo a Antonio Telles da Silva as disposições em que estão os soldados e moradores de Pernambuco de proseguir na guerra com a Holanda". Pernambuco, 28 de Maio de 1646. *BNP, Reservados, códice 7163*. Publicado em: STUDART, Barão de. *Documentos para a história do Brasil, especialmente para a do Ceará. RIC* (1920), doc. 248, p. 286.

monstra a ambiguidade com que o Bragança considerou a função estratégica das rebeliões luso-americanas.[48]

Uma outra política filipina estava em pleno desenvolvimento às vésperas da rebelião de Portugal: a expansão luso-maranhense para Oeste da atual Amazônia Brasileira. Nos tempos de D. João IV, a expansão é tradicionalmente caracterizada como obra missionária, embora esta afirmação não seja de todo exata. Antes, entre as décadas de 1620 e 1630, estava em curso um ciclo de jornadas ao sertão, expedições militares, e ocupação civil de novas áreas, ação incentivada muitas vezes pela própria Coroa, cuja preocupação máxima era a presença holandesa. Os maiores opositores desta expansão lusa estavam do outro lado da fronteira: os hispano-peruanos, receosos do aumento da concorrência portuguesa. Não é difícil deduzir as consequências deste movimento após 1640.

O sertão é o limite

Voltemos um pouco no tempo. Era 1639, 12 de dezembro. Naquele ano chegava à cidade de Belém a frota comandada pelo capitão Pedro Teixeira que havia partido dois anos antes com o objetivo de comprovar os limites da navegabilidade entre o Maranhão e o Vice-Reinado do Peru.[49] A chegada do capitão Teixeira foi especialmente festejada pela

---

48 É verossímil pensar, como interpretou Evaldo Cabral, que D. João estivesse jogando com os dois cenários, de modo que a própria Insurreição Pernambucana forçaria os Países Baixos a uma negociação mais favorável a Portugal. MELLO, Evaldo Cabral de. *O Negócio do Brasil*, p. 43 e p. 65.

49 A jornada de Pedro Teixeira gerou pelo menos três conhecidas crônicas. A primeira foi o *Nuevo descubrimiento del Gran rio del Amazonas* (1641), do jesuíta de Burgos, padre Cristóbal de Acuña, que teria sido censurado pelo governo espanhol no calor da Restauração Portuguesa. Pouco tempo depois, surgiram dois conhecidos relatos, com grande ênfase sobre a geografia física da região: a *Relation historique et geographique de la Grande Riviére des Amazones dans l'Amérique* (Paris, 1656); e, por fim, o impressionante *Descrição do Estado do Maranhão, Pará, Corupá e rio das Amazonas* (1662) de Maurício de Heriarte

Câmara e moradores da cidade, que reconheciam naquele feito algo singular. Pouco tempo depois, Pedro Teixeira foi recebido pelo governador do Estado na cidade de São Luís, com semelhantes festejos. A partir de então, a notícia passaria a ganhar audiência em Lisboa e Madri, supondo que também poderia chegar com a mesma rapidez a outras partes da Europa.[50]

Tanto alvoroço não era sem motivo. Pedro Teixeira havia sido o primeiro europeu a realizar uma jornada completa de subida do complexo Amazonas-Marañón, percorrendo milhares de quilômetros (talvez 11.500 km em total, ida e volta) entre o rio Gurupá e o rio Napo.[51] A aventura foi realizada com uma frota de 47 canoas, 70 soldados portugueses e cerca de 1200 índios flecheiros e remadores. Somando-se a este contingente as mulheres e crianças, que quase sempre acompanhavam os adultos varões nas jornadas, calculava-se tudo em mais de 2000 almas. A viagem de regresso durou cerca de 10 meses, e ao longo do caminho foram reconhecidas nações indígenas, possíveis riquezas, vegetais e mi-

que se distingue das demais obras pelo acentuado tecnicismo com que tentou descrever o território amazônico. A obra de Heriarte tem também importância por atestar a existência de uma conexão já muito especulada pelos relatos anteriores, entre o Orinoco e o rio Negro, oferecendo um novo capítulo à história da ligação entre a rede fluvial amazônica e o mar do Caribe. HERIARTE, Mauricio de. *Descripção do Estado do Maranhão, Pará, Corupá e Rio das Amazonas*. Viena: Imprensa do filho de Carlos Gerold, 1874 [1662]; REIS, Arthur Cézar Ferreira. *Limites e demarcações na Amazônia brasileira*, p. 31.

50 BERREDO, Bernardo Pereira de. *Anais históricos do Estado do Maranhão*, § 743-744, p. 189.

51 Sabe-se que o ensejo para a expedição foi a chegada, em 1637, de dois religiosos franciscanos que, acompanhados de seis soldados hispano-peruanos, fizeram a jornada de descida do Amazonas a partir do rio Napo. Os leigos franciscanos, Fr. Andrés de Toledo e Fr. Domingo de Brieva, chegaram à cidade de Belém, passando depois à cidade de São Luís, infundindo verdadeira admiração nos moradores das duas Capitanias reais. BERREDO, Bernardo Pereira de. *Anais históricos do Estado do Maranhão*, § 659-664, p. 170-173.

nerais, e o mais importante: foram confirmadas algumas rotas fluviais que antes eram fruto de mera especulação.

A historiografia dos séculos XIX e XX redimensionou a jornada de Pedro Teixeira, atribuindo à façanha as mais diversas motivações, quase todas confrontadas com o suposto sentimento nacionalista português às vésperas da Restauração Brigantina. Em lugar disso, toda a documentação coeva sobre a jornada não apresenta inconvenientes na hora de relacionar o êxito da viagem ao nome de Filipe IV. Por outro lado, é verdade que nos primeiros anos da Restauração a jornada suscitou dúvidas em mais de uma autoridade espanhola, conscientes dos perigos da abertura deste caminho. A partir de 1640, os documentos referentes àquela aventura seriam inevitavelmente revistos ao calor dos novos acontecimentos.[52]

Algumas das primeiras providências a respeito surgem por ocasião da publicação do *Nuevo descubrimiento del Gran rio del Amazonas* (1641), do padre Cristóbal de Acuña, reitor do colégio da Companhia de Jesus da cidade de Cuenca. Acuña foi um dos jesuítas designados pela Real Audiência de Quito para acompanhar o capitão Pedro Teixeira na sua viagem de retorno ao Maranhão. Sua incumbência principal era documentar o caminho que os portugueses seguiriam, mas também informar devidamente as autoridades de Madri sobre os detalhes da jornada.

A edição *prínceps* do *Nuevo descubrimiento* surge exatamente num contexto de contrainformação e desinformação incentivado pelo Conde-Duque na tentativa de oferecer às conquistas ultramarinas sua

52 Exatamente o que ocorreu com as cartas e memorial escritos por D. Martin de Saavedra y Guzmán, Governador do Novo Reino de Granada, sobre a jornada de Pedro Teixeira. Ao final de uma cópia do memorial de 1639, é possível ler uma nota que diz: "Las advertencias que contiene la carta del presidente Don Martin de Saavedra y Guzman se calificaron en breve con el rebelión de Portugal, y la traycion del duque de Vergança y la confederacion del Brasil con el Olandes". "Relacion del descubrimiento del Rio de las Amazonas, y San Francisco del Quito, y declaracion del Mapa donde esta pintado". Santa Fe, julho de 1639 (?). *BA, códice 54-XI-26 (nº 4), fl. 21v.*

própria versão dos acontecimentos.[53] O livro foi censurado e seu conteúdo considerado potencialmente perigoso para os interesses espanhóis, ainda mais com as notícias que chegavam já a Madrid sobre as atividades holandesas nestas terras. É sugestiva a relação entre a suspensão do impresso e os acontecimentos do biênio 1641-42. Apesar de ganhar diferentes edições e traduções no resto da Europa, a obra não voltaria a ser editada na Espanha até 1891. O original de 1641, durante muito tempo foi considerado um dos livros mais raros em função dos poucos exemplares disponíveis.[54]

53 VALLADARES, Rafael. *La rebelión de Portugal*, p. 32.

54 Segundo explica Jaime Regan, a primeira edição do livro de Acuña saiu à luz com o título de *Nuevo descubrimiento del Gran Rio del Amazonas, el año de 1639. Por la Provincia de Quito, en el Reino del Peru.*Esta obra é hoje bastante rara e foi o fruto direto de um memorial enviado ao *Consejo de Indias* em 20 de Março de 1641, com as primeiras impressões do jesuíta sobre a viagem dos portugueses. Houve também outra edição, esta última saiu como um anexo à obra de outro jesuíta, o padre Manuel Rodríguez. Ver: RODRÍGUEZ, Manuel.*El Marañon y Amazonas: historia de los descubrimientos, entradas, y reduccion de naciones, trabajos malogrados de algunos conquistadores, y dichosos de otros, assi temporales, como espirituales, en las dilatadas montañas, y mayores rios de la America / escrita por el Padre Manuel Rodriguez, de la Compañia de Iesus, procurador general de las provincias de Indias, en la Corte de Madrid.*Madrid: Imprenta de Antonio Gonçalez de Reyes, 1684, p. 101-141. Da obra do padre Rodriguez, há um exemplar original disponível na *Biblioteca General* da *Universidad de Salamanca.* Em 1682 saiu uma edição francesa, aos cuidados de M. de Gomberville, intitulada "Relation de la Riviere des Amazones"; em 1698, uma edição inglesa: "Relation of the Great River of the Amazons in South America". Surgiriam, ao longo dos séculos XVIII e XIX, outras edições em português, espanhol, italiano e alemão. Sobre estas informações, ver: REGAN, Jaime. "Introduccion". In: REGAN, Jaime (ed.). *Informes de Jesuitas en el Amazonas. 1660-1684*. Iquitos: Instituto de investigación de la Amazonía Peruana/Centro de Estudios Teológicos de la Amazonía, 1986, p. 9-24. Utilizaremos para este trabalho a versão que pode ser encontrada na *BNE.* "Relaciones del nuevo descubrimiento del rio de las AMAZONAS por el P.e Christoval de Acuña de la Comp.a de Jesus// MADRID EN LA IMPRENTA

A obra de Acuña não dispõe do rigor geográfico e da narrativa sóbria que se pode encontrar na *Descrição do Estado do Maranhão, Pará, Corupá e rio das Amazonas* (1662) de Maurício de Heriarte, mas consegue informar de maneira eficiente sobre a rota percorrida por Pedro Teixeira, e sobre o potencial do caminho aberto por ele.[55] Acuña também insere a jornada dentro do amplíssimo histórico de expedições, conquistas e descobertas realizadas entre o Peru e o Novo Reino de Granada no período da Monarquia Hispânica. A jornada de Pedro Teixeira, no julgamento daquele jesuíta, não rivalizaria com a política de expansão castelhana, ao contrário, seria complementar e conveniente aos interesses espanhóis na região. Na verdade, o grande perigo para Acuña residia no "inimigo holandês" que, segundo o cronista, infestavam aquelas águas.[56]

À primeira vista, o *Nuevo descubrimiento* não parece essencialmente tão diferente das outras crônicas fluviais do período, as mesmas que definiam o rio Amazonas como uma estrada natural entre o Atlântico e o Alto Peru. A diferença está nos detalhes fornecidos pelo autor. A relação de Acuña abastece o leitor com um sem-fim de minúcias sobre os braços secundários do rio, a profundidade, a dimensão dos canais, a melhor localização para instalação de fortalezas, informações consideradas estratégicas para o governo espanhol. De fato, o que causou certo alvoro-

---

DEL REYNO// Año de 1641". BNE, mss 2370, *fl. 188 B.*[ta]. Há uma nova edição crítica em espanhol baseada na de 1641. Ver: ACUÑA, Cristóbal de. *Nuevo descubrimiento del Gran río de las Amazonas.* Estudio, edición y notas de Ignacio Arellano, José M. Díez Borque y Gonzalo Santonja. Madrid: Universidad de Navarra/Editorial Iberoamericana/Vervuert, 2009.

55 Sobre a obra de Acuña na comparação com outros cronistas, vale a pena ver: PEDRO, Juliana de Castro."Embates pela memória: narrativas de descoberta nos escritos coloniais da Amazônia ibérica". *São Paulo*:Dissertação de Mestrado (História) apresentado à *Pontifícia Universidade Católica de São Paulo* (PUC-SP), 2006, p. 73-94.

56 ACUÑA. "Relaciones del nuevo descubrimiento del rio de las AMAZONAS", nº 14, p. 6. BNE, mss 2370, fl. 188.

ço entre a burocracia castelhana foi a precisão do caminho apontado por Acuña. O jesuíta não se limitou a narrar o percurso seguido por Pedro Teixeira (rios Napo, Marañón/Solimões, Amazonas e Pará), também forneceu ao leitor caminhos alternativos, outras entradas possíveis ao Peru através dos rios Negro, Juruá, Purus, ou mesmo o Madeira.

Estes caminhos alternativos poderiam servir tanto aos portugueses que quisessem ir ao Peru, quanto aos hispano-peruanos que poderiam transitar entre a Nova Granada e o Maranhão. Logo após a Restauração Portuguesa, o próprio Acuña tratou de amenizar o discurso de integração que, apesar de tudo, era evidente no texto do *Nuevo descubrimiento*.[57] Num memorial que o jesuíta enviou ao *Consejo de Índias*, já absorvido pelos novos acontecimentos na Europa, Acuña faz diversas sugestões para fechar a porta que ele próprio ajudou a abrir. O jesuíta propõe mecanismos para evitar o trânsito português pela rota Pará-Quito e impedir o "trato y comunicación que tanto desean entablar los portugueses que asisten en la boca de dicho rio [Amazonas] con los de su nación del Perú".[58]

Para desespero dos espíritos mais precavidos, principalmente após o Primeiro de Dezembro, a expedição de Pedro Teixeira gerou uma quantidade razoável de documentos, entre informes, cartas, relações,

57 Segundo diz o jesuíta: "solicitaron estes mismos deseos, no solo los animos de los Castellanos, por parte de el Perú, sino que estendiendose a las costas del Brasil, habitación de Portugueses, quisieron con el zelo que siempre tienen de aumentar su corona, començando desde la boca deste Rio, buscarle su origen y desentrañarle sus grandezas". ACUÑA. "Relaciones del nuevo descubrimiento del rio de las AMAZONAS", nº 14, p. 6, BNE, mss 2370, fl. 188. Número V, p. 2v. No mesmo trecho, Acuña lembra que foi o próprio rei que enviou os portugueses, anos atrás, para a descoberta deste rio. *Idem, ibidem*, número VI, p. 2v.

58 "Memorial presentado en el Real Consejo de Indias, sobre el dicho descubrimiento después del Revelion de Portugal". BNE, mss 2370, p. 43-45v.

pareceres e, inclusive, mapas com detalhes da rota seguida.[59] Também existiu uma importante troca de informações entre luso-maranhenses e hispano-peruanos, a exemplo da relação que escreveu Pedro Teixeira que, juntamente com um mapa da jornada, foi entregue ao vice-rei do Peru, o 4º conde de Chinchón, D. Luís Jerónimo Fernández de Cabrera Bobadilla y Mendoza.[60] Apesar do esforço posterior da burocracia castelhana, nem todos estes documentos permaneceriam sigilosos.

Em 1640, o *Consejo de Indias* avaliou as consequências desta difusão. Numa consulta de janeiro daquele ano, considerou-se inconveniente abrir "tantas puertas" ao Peru, principalmente pelo perigo da entrada de holandeses por elas, mas também pela já alargada fama que ganhavam os portugueses do Maranhão que tinham, segundo os conselheiros espanhóis: "costumbre de hacer y vender esclavos a los indios de las Províncias que ocupam".[61] Na verdade, para muitos hispano-peruanos a concorrência portuguesa era tão temerária quanto a ameaça holandesa. Este foi o parecer do presidente da Real Audiência de Quito, D. Alonso Pérez de Salazar, que solicitou a Filipe IV uma melhor definição da jurisdição castelhana de modo a evitar que este território se convertesse em terra de ninguém, mas também para impedir que portugueses cativassem índios "para servirse de ellos en los trapiches de azúcar".[62]

59 Ver por exemplo: BA, *códice 51-V-41*, com diversos documentos sobre a jornada a partir de 1636; ver também: "Expediente del Gran Pará". AGI, Quito, 158.

60 "Relazion del General Pedro Tejeira deel Rio delas Amazonas para el S.or Presidente". São Francisco de Quito, 2 de janeiro de 1639. BA, *códice 51-V-41, flº 5-8*. BERREDO, Bernardo Pereira de. *Anais Históricos do Estado do Maranhão*, § 687, 177.

61 "Consulta deel Consejo de Indias, âzerca de la entrada que hizô el Capitan Pedro Tejeira, por el rio de Amazonas, al Peru." Madrid, 28 de janeiro de 1640. BA, códice 51-V-41, flº 25-27.

62 "Informazion deel Luz.do D.on Alonso Perez de Salazar, Presidente de la Audienzia de Quito en que da quenta de la resoluzion que se tomo, en la buelta de los por-

Apesar da desconfiança, o certo é que nem todos os hispano-peruanos consideravam negativamente a presença lusa nesta fronteira. Antes de 1640, existe constância de que as intenções dos covassalos portugueses foram bem recebidas por algumas autoridades de Quito, e sua empresa considerada conveniente aos interesses de proteção da rota Peru-Maranhão. Em 1638, os portugueses foram recebidos com festejos e elogios por parte dos membros da Real Audiência de Quito. O cronista Berredo acrescenta que o cerimonial de boas-vindas organizado pelos espanhóis contou com uma animada corrida de touros, música, danças e inclusive fogos de artifício, em pública homenagem ao feito dos luso-maranhenses na jornada de Pedro Teixeira.[63] Em carta enviada a Filipe IV, o próprio conde de Chinchón demonstrou compartilhar algumas das ressalvas das autoridades peruanas com relação à presença lusa neste território, mas lembrou convenientemente que "aunque de diferente corona siendo de la de Portugal, son tan vasallos de Vuestra Majestad como los de la de Castilla y asi no se deberá tener con ellos mala correspondencia".[64]

A documentação hispano-peruana, anterior à rebelião de Portugal, manejava de certa forma a certeza de que a ocupação desta fronteira não era apenas uma ação local, fruto de uma desenfreada ambição lusa por expansão, era também uma política da Monarquia Hispânica. Por isso, o principal ponto de tensão entre luso-maranhenses e hispano-peruanos incidia sobre a política indigenista portuguesa, não sobre a necessidade de fortificação da rota Quito-Pará. Ao tentar cartografar esta estrada fluvial, os portugueses na condição de covassalos do rei de Espanha não faziam mais que seguir uma tendência definida pelo próprio pai de Filipe IV.

---

tugueses â las Provinzias del Marañon". Quito, 19 de Maio de 1639. *BA*, códice 51-V-41, flº 21-24v.

63 BERREDO, Bernardo Pereira de. *Anais Históricos do Estado do Maranhão*, § 688, 178.

64 "Carta p.ª su Mag.d deel Lx.mo S.or Conde de Chinchón, Virrey Governador y Capitan General". Lima, 20 de janeiro de 1639. *BA*, códice 51-V-41, flº 13-14v.

A ambiguidade com que foi considerada a jornada de Pedro Teixeira pelos hispano-peruanos ilustra bem a própria condição das comunidades portuguesas instaladas no Vice-Reinado durante o século XVII. De fato, a diáspora lusa para os territórios espanhóis na América foi considerável durante o período da união das Coroas. Calcula-se que só na Real Audiência de Quito os portugueses representavam cerca de 84% dos estrangeiros residentes, e eram também maioria em Lima, Cartagena de Índias, Cuenca, e claro, Potosi. Esta rede estava ligada a diversas atividades, mas sobretudo ao fornecimento de escravos, o que permitia aos negociantes lusos uma importante flexibilização das restrições sobre a presença estrangeira nas Índias.[65] Assim, a comunidade portuguesa no Peru (principalmente do Algarve, Alentejo e Lisboa) prosperava em função do intercâmbio existente entre imigração particular e a rede de negociantes já instalada em território espanhol, de modo que a quantidade de portugueses aumentava na medida em que crescia o interesse dos negociantes sobre esta faixa do Atlântico.[66]

Em geral, a situação da comunidade lusa em regiões como o Peru e a Nova Espanha, e as eventuais perseguições por motivos religiosos ou por rivalidade econômica, ilustram bem os debates internos sobre a função dos portugueses na Monarquia Universal, e os conflitos próprios da

---

65 SULLÓN BARRETO, Gleydi. "Portugueses en el Perú virreinal (1570- 1680): Una aproximación al estado de la cuestión". *Mercvrio Pervano*, nº 523 (2010), p. 116-129. Sobre o tema, ver entre outros: VENTURA, Maria da Graça Mateus. *Portugueses no Peru ao tempo da União Ibérica. Mobilidade, cumplicidades e vivências.* Lisboa: Imprensa Nacional/Casa da Moeda, 2 vols, 2005; TRUHAN, Deborah L. & PANIAGUA PÉREZ, Jesús. "Los portugueses en América. La ciudad de Cuenca del Perú. (1580-1640)". *Revista de Ciências Históricas*, nº 12 (1997), p. 201-220.

66 STUDNICKI-GIZBERT, Daviken. "Capital's Commonwealth: the world of Portugal's Atlantic Merchants and the struggle over the nature of commerce in the Spanish Empire, 1492-1640". Tese de Doutorado (PH.d) apresentada à *Yale University*, 2001, p. 100-156.

conciliação entre a identidade de grupo e o pertencimento a um modelo político plurinacional e extraeuropeu. Nesse sentido, a própria resposta portuguesa poderia variar entre um sentimento de pertencimento a esse coletivo universal ou de manutenção dos particularismos. Tamar Herzog lembra que, durante a própria Monarquia Hispânica, ainda existia uma distinção herdada da jurisdição de Castela que diferenciava os direitos do "vassalo", cujo vínculo era fruto de um pacto político que remetia a uma relação vertical com o soberano, e as prerrogativas do "Natural", sujeição jurídica criada pelo nascimento ou pela integração à "comunidade". Em certos períodos, como nas guerras, houve tentativas de fusão dos dois conceitos, mas em regra um vassalo português não naturalizado era considerado um estrangeiro nas Índias, ainda que compartilhasse o mesmo rei dos hispano-peruanos.[67] Sobre o tema, Pedro Cardim afirma que a resposta portuguesa à possibilidade de uma integração mais efetiva com Castela foi sempre variada e complexa, e não necessariamente estava ligada ao pertencimento à "nação". Por outro lado, durante todo o período filipino é possível encontrar na documentação lusa uma diferença entre bem comum do "Reino" e bem comum da "Monarquia". Esta formulação retórica foi sempre uma ameaça ao esforço Habsburgo de integração dos portugueses nos negócios da própria Monarquia Hispânica, principalmente na época de Filipe III. [68]

67 HERZOG, Tamar. *Vecinos y Extranjeros. Hacerse español en la Edad Moderna.* Madri: Alianza Editorial, 2006, p. 195-204.

68 CARDIM, Pedro. "Los portugueses frente a la Monarquía Hispánica". In: ÁLVAREZ-OSSORIO ALVARIÑO, Antonio & GARCÍA CARCÍA, Bernardo J. (Eds). *La Monarquía de las Naciones. Patria, nación y naturaleza en la Monarquía de España.* Madri: Fundación Carlos de Amberes, 2004, p. 355-383. Sobre o tema das identidades, vale a pena ver o estudo de caso sobre o padre Lourenço de Mendonça: CARDIM, Pedro. "De la nación a la lealtad al rey. Lourenço de Mendonça y el estatuto de los portugueses en la Monarquía española de la década de 1630". In: GONZÁLEZ CRUZ, David (org.). *Extranjeros*

No caso da jornada de Pedro Teixeira, estava claro que os grandes opositores de uma integração econômico-militar com os portugueses eram os próprios hispano-peruanos, temerosos da concorrência lusa. Assim, a jornada reacendeu debates antigos sobre a relação entre os dois reinos, mas principalmente a rivalidade pela primazia da conquista do Amazonas. Com a rebelião de Portugal, esta fronteira seria reavaliada a partir das suas manifestas funções geopolíticas. Após o 1º de Dezembro, ainda não era evidente a existência de uma política legitimamente brigantina para o Maranhão e Grão-Pará, mas, por outro lado, estava claro que uma região considerada tão próxima do Peru e do Caribe deveria ganhar alguma importância nos planos defensivos de D. João IV.

Nestas circunstâncias, uma figura cobrou seu protagonismo, ainda que irresistivelmente exagerado pela historiografia: o padre Antônio Vieira. Antes mesmo de ter pisado em terra luso-maranhense, e de esta região constituir um dos temas principais dos seus sermões e cartas, Vieira já tinha planos para a fronteira luso-amazônica.

Planos de antônio vieira, antes de 1653

Se existe uma fase da vida de Antônio Vieira que mais desconcertou seus biógrafos foi a sua presença no Estado do Maranhão entre 1653 e 1661.[69] Sobre o tema, não faltaram especulações e diferentes teorias que tentavam dar sentido ao fato, e explicar os motivos que convenceram a um dos mais influentes conselheiros de D. João IV a abandonar a Corte lisboeta, e experimentar uma vida de missionário numa terra distante. Seu mais importante biógrafo brasileiro oitocentista, João Francisco Lisboa (1812-1863), arriscou uma interpretação que tornou-se clássica:

---

y enemigos en Iberoamérica: La visión del otro. Del Imperio Español a la Guerra de la Independencia. Madrid: Sílex Ediciones, 2010, p. 57-88.

69 CARDOSO, Alirio. "As faces do Padre Vieira. O jesuíta no Maranhão, segundo seus biógrafos". In: COSTA, Yuri; GALVES, Marcelo Cheche (Orgs). *Maranhão: ensaios de biografia e história.* São Luís: Café & Lápis/Eduema, 2011, v. 1, p. 191-210.

o novo soberano mandou seu conselheiro ao Maranhão para protegê-lo das ameaças da Corte, e efetivar sua política na América. A mudança de ares não teria motivações religiosas, mas prioritariamente políticas. Para aquele biógrafo, estava claro que esta ação era inequivocamente produto de um plano.[70] Entretanto, esta interpretação mal consegue explicar os atrasos da partida de Vieira do porto de Lisboa, e as próprias tentativas de D. João para postergar sua saída da Corte.[71]

Do ponto de vista político, não há motivos para pensar que Vieira tivesse qualquer projeto universal para o império, embora acreditasse na existência de um. Apesar dos seus escritos providencialistas, ainda que tardios, e de seu esforço por descerrar o porvir da cristandade lusa, tal projeto não dependia em nada dele, senão Daquele.[72] Não há dúvidas de que Vieira acreditava em projetos universais e no estreito vínculo entre religião e devir político. Isto explica porque, nas vésperas da Restauração, Vieira manifestava certo entusiasmo com o universalismo da Monarquia Hispânica.[73]

Parece irônico que o universalismo vieiriano tenha atingido um momento de inflexão, com escrita da famosa carta "esperanças de Portugal", em pleno coração da floresta amazônica, uma parte do império

---

70 LISBOA, João Francisco. *Obras*. São Luís: Typografia de Belarmino de Mattos, 1865;LISBOA, João Francisco. *Vida do Padre Antônio Vieira*. São Luís: Academia Maranhense de Letras, 2007.

71 CARDOSO, Alirio. "As faces do Padre Vieira", p. p. 191-210.

72 Projeto que ocorreria inexoravelmente, de acordo com a ideia de *história* representada nos textos proféticos tardios do padre Vieira. Sobre o tema, vale a pena ver: HANSEN, João Adolfo. "Vieira: Tempo, Alegoria e História". *Brotéria*, vol. 145 (1997), p. 541-556.

73 CARDIM, Pedro & SABATINI, Gaetano. "António Vieira e o universalismo dos séculos XVI e XVII". In: CARDIM, Pedro & SABATINI, Gaetano (Eds.). *António Vieira, Roma e o universalismo das monarquias portuguesa e espanhola*. Lisboa: Centro de História de Além-Mar/Universidade Nova de Lisboa/Universidade dos Açores/Università Degli Studi Roma Tre/Red Columnaria, 2011, p. 13-27.

tão diferente das Cortes europeias já familiares ao jesuíta.[74] Entretanto, é possível dizer que o alcance do providencialismo vieirano incluía também o Maranhão. O famoso jesuíta tinha planos para a inserção daquela região no seio dos novos interesses em jogo após o Primeiro de Dezembro.

No entanto, a historiografia exagerou as consequências da estadia do padre Vieira nas terras da Amazônia portuguesa. Nesse sentido, atribuiu-se à documentação produzida pelo jesuíta um valor excessivo, utilizada largamente como filtro a partir do qual os historiadores tentaram compreender a história do Maranhão seiscentista, relegando muitas vezes a um segundo plano outras fontes de época. Esta tendência é especialmente evidente quando a historiografia trata do problema da liberdade indígena, e das novas leis criadas na década de 1650.[75] Apesar disso, não

---

74 Como se sabe, a famosa carta foi o eixo a partir do qual a Inquisição de Coimbra reiniciou o processo contra Vieira. Ver: "Esperanças de Portugal//Quinto Imperio do Mundo// Primeira e segunda vida de El Rey D. João o quarto escriptas Por Gonçalo Annes Bandarra, e comentadas pello Padre Antonio Vieyra da Companhia de Jesus remetidas pello dito padre ao bispo de Japam o padre Antonio Fernandes. Camutá do Rio das Amazonas vinte e nove de abril de 1659 annos// O Padre Antonio Vieyra da Companhia de Jesuz".*ANTT, Casa de Palmela, livro 98,* flº 98-140v.

75 A bibliografia sobre a presença do padre Vieira no Maranhão (1653-1661) é bastante extensa. Ver entre outros: PÉCORA, Alcir. "Vieira e a condução do índio ao corpo místico do Império português (Maranhão, 1652-1661)". In: COSTIGAN, Lúcia Helena (Ed.). *Diálogos da Conversão. Missionários, índios, negros e judeus no contexto Ibero-Americano do período barroco.* Campinas: Editora da UNICAMP, 2005, p. 83-98; CHAMBOULEYRON, Rafael. "Os padres da Companhia de Jesus na Amazónia: uma leitura do Pe. António Vieira". In: *Congresso Internacional 3º Centenário do Padre António Vieira.* Lisboa: 1999, Lisboa/Braga: Barbosa & Xavier, vol. II, 1997, p. 801-808; SILVA, Maria Beatriz Nizza da. "Vieira e os conflitos com os colonos do Pará e Maranhão". *Luso-Brazilian Review*, vol. 40, nº 1 (2003), p. 79-87;SANTOS, Beatriz Catão Cruz. *O Pináculo do Temp(l)o.O sermão do Padre Antonio Vieira e o Maranhão do século XVII.* Brasília: Editora da UNB, 1997. Sobre a presença de Vieira na tradição erudita anti-jesuítica e pós-pombalina, ver entre outros: FRANCO, José Eduardo & REIS, Bruno Cardoso.

há dúvidas de que o vasto acervo documental produzido por Vieira é um componente importante para a compreensão do impacto da Restauração Brigantina sobre o norte da América portuguesa. De qualquer forma, estava claro que o jesuíta havia assumido um papel chave nos primeiros anos do novo regime, até decidir abandonar a Corte e iniciar uma nova vida nas matas da Amazônia.

Algo não muito comentado pela historiografia, e pela fortuna crítica de Antônio Viera, o interesse do famoso jesuíta pelas terras do Maranhão é bem anterior a sua chegada a São Luís, em 1653. Vieira, de fato, faz diversas referências à região nos documentos produzidos durante a movimentada década de 1640. Seus escritos anteriores a 1653 não falam, ainda, especificamente sobre o problema da liberdade do índio, mas sobre o papel que jogaria o Maranhão na nova conjuntura.[76]

As primeiras intervenções de Vieira sobre o tema surgem nas conturbadas, e improfícuas, negociações com os holandeses nos anos de 1640. Tal como se sabe, Vieira participou ativamente do esforço diplomático português no pós-Restauração, momento em que D. João IV enviou seus representantes a várias partes da Europa, desesperado por apoio

Vieira na literatura anti-jesuítica: séculos XVIII-XX. Lisboa: Roma Editora, 1997; FIGUEIREDO, Aldrin Moura de. "Memorabilia amazônica: Antônio Vieira e as corografias sobre a Amazônia Colonial". *Fronteras de la Historia*, v. 13 (2008), p. 87-105. Para um estudo mais renovado sobre o sebastanismo luso, a partir das obras de Vieira, ver: COHEN, Thomas M. *The fire of tongues. Antonio Vieira and the missionary church in Brazil and Portugal*. Stanford: Stanford University, 1998; MENDES, Margarida Vieira. *A oratória Barroca de Vieira*. Lisboa: Caminho, 1989. Para uma referência mais geral sobre o tema do messianismo luso, ver: HERMANN, Jacqueline. *No reino do desejado: a construção do sebastianismo em Portugal, séculos XVI e XVII*. São Paulo: Companhia das Letras, 1998; MEGIANI, Ana Paula Torres. *O jovem rei encantado. Expectativas do messianismo régio em Portugal. Séc. XIII-XVI*. São Paulo: Hucitec, 2003.

76 PEREIRA, Nathalia Moreira Lima. "Vieira e o Atlântico equatorial: a guerra contra Castela e o projeto universalista vieiriano". *Anais do II Simpósio de História em Estudos Amazônicos*. Belém: Editora Açaí, vol., 6, 2015, p. 75-84.

militar e reconhecimento político.[77] Nessa época, a situação do Brasil Holandês estava longe de uma solução vantajosa para Portugal. A própria trégua assinada em 12 de junho de 1641, entre Portugal e as Províncias Unidas, intermediada pelo embaixador Tristão de Mendonça Furtado, não garantia claramente uma futura devolução dos territórios do Brasil, tema que aos poucos tornar-se-ia tabu para os neerlandeses.[78] Os detalhes de uma futura paz seriam negociados apenas em Vestfália, mas as opções do novo soberano de resolver a crise sem grandes despesas eram cada vez menores. Para a sorte dos historiadores, as iniciativas de D. João IV, e de seus enviados, produziram um bom número de pareceres, consultas, cartas e memoriais, que ajudaram a conhecer melhor o impacto dos primeiros anos da Restauração sobre o território luso-americano.

A partir de 1645, a crise tornou-se mais interessante ainda. Duas novidades deveriam ser levadas em consideração em qualquer tentativa de negociação com os holandeses: em primeiro lugar, o Maranhão não era mais território batavo; em segundo lugar, teve início Insurreição Pernambucana contra os Países Baixos, que também contaria com o apoio de militares luso-maranhenses. Ainda assim, o ciclo de negociações diplomáticas na Europa não cessou, e as propostas sobre o que fazer com o Brasil Holandês continuavam a chegar aos ouvidos de um indeciso D. João IV.

Algumas destas propostas incluíam sugestivas referências ao norte da América portuguesa. Numa das cartas escritas em Haia ao marquês de Niza, D. Vasco Luís da Gama, Vieira comenta que o Maranhão poderia ser bastante útil no prolongamento da guerra contra Castela. De

---

77 CARDIM, Pedro. "Entre Paris e Amsterdão. António Vieira, legado de D. João IV no Norte da Europa (1646-1648)". *Oceanos*, nº 30/31 (set., 1997), p. 134-154; CESAR, Thiago Groh de Mello. *Op. cit.*

78 MELLO, Evaldo Cabral de. *O negócio do Brasil*, p. 31-33; VAINFAS, Ronaldo. "Guerra declarada e paz fingida na Restauração Portuguesa". *Tempo*, vol. 14, nº 27 (2009), p. 82-100; CESAR, Thiago Groh de Mello. *Op. cit.*, p. 65-70.

acordo com o jesuíta, com o apoio da França, Portugal poderia ameaçar Espanha no seu bem mais precioso, o comércio da prata através do Peru e da Nova Espanha. Segundo esta hipótese, o Maranhão seria a região mais adequada para o envio de socorro militar, em função da facilidade de navegação para as Índias. Não por acaso, em Sevilha, desde o início da rebelião lusa, existia o temor de que portugueses pudessem organizar ataques à frota da prata na saída de Cartagena de Índias.[79] Por outro lado, estava claro que, em consonância com outros agentes diplomáticos brigantinos, o próprio Vieira não confiava no apoio francês, e lembrava convenientemente das tentativas passadas de ocupação das capitanias do Rio de Janeiro e do Maranhão.[80] No entanto, em outra missiva, Viera considera que com os cuidados necessários seria possível negociar um retorno dos franceses ao Maranhão, em caso da efetivação de um acordo luso-francês contra Espanha.[81] A razão desta última proposição é a mesma que animou o célebre jesuíta a escrever, em 1643, uma proposta a favor da utilização de capital cristão-novo em Portugal: o florescimento da navegação e do comércio, sem os quais, por outro lado, não existiriam condições ideais para a própria conversão dos gentios.[82]

---

79 SCHWARTZ, Stuart B. "Prata, açúcar e escravos: de como o império resgatou Portugal", p. 212.

80 "Ao marquês de Nisa". Haia, 20 de janeiro de 1648. In: VIEIRA, António. *Cartas do Padre António Vieira.* Coordenadas e anotadas por João Lúcio de Azevedo, Tomo Primeiro. Lisboa: Imprensa Nacional, 1970, p. 129-130

81 "Ao marquês de Nisa". 10 de fevereiro de 1648. In: *Idem, ibídem*, p. 154.

82 "Proposta feita a El-Rei D. João IV, em que se lhe representava o miserável estado do reino e a necessidade que tinha de admitir os judeus marcadores que andavam por diversas partes da Europa". VIEIRA, Pe António. *Obras escolhidas.* Prefácios e notas de António Sérgio e Hernâni Cidade. Vol. IV. Lisboa: Livraria Sá da Costa, 1951, p. 1-26. Para uma excelente análise sobre a relação entre Vieira e o capital judeu, ver: PÉCORA, Alcir. "Vieira, a Inquisição e o Capital". *Topoi*, nº. 1 (2000), p. 178-196. Para uma discussão mais geral sobre a noção de riqueza e política

Vieira tinha consciência de que o Maranhão pertencia a outra zona da navegação oceânica, diferente daquela do Brasil. Para o jesuíta, estas condições naturais deveriam ser, com o tempo, devidamente exploradas. Em caso de não existir a possibilidade de intercâmbio com as Índias espanholas, enquanto durasse a Guerra de Restauração, Vieira sabia que outras rotas deveriam ser incentivadas. Em outra proposta sobre a utilização do capital cristão-novo, o jesuíta defende que a navegação atlântica portuguesa deva adaptar-se às diferenças entre as macrorregiões americanas. Na linha norte-sul, navegariam embarcações de grande porte, ligando Índia, Brasil e Angola; e na Linha leste-oeste, navegariam caravelas que pudessem interligar as regiões de São Tomé, Cabo Verde, Açores, Madeira e Maranhão.[83] O jesuíta também deveria estar bem informado sobre o perfil das embarcações que navegavam para o Maranhão, e sua necessidade constante de fazer a transição entre o mar e os braços de rio. Esta informação também já constava das cartas e memoriais de outro companheiro jesuíta, o padre Luís Figueira.[84]

O eixo Andes-Maranhão também não foi descartado por Antônio Vieira como possibilidade futura. No parecer em que defendeu a compra do Brasil, Angola e Guiné aos holandeses existem referências à possibilidade de exploração deste caminho, segundo os novos interesses em jogo. A história do parecer de 1647 é bem conhecida. Para Vieira, a melhor forma de resolver o empasse com os holandeses seria a compra, por cerca de 3 milhões de cruzados, de todas as praças ocupadas pelos batavos no Atlântico português. Esta negociação deveria incluir um gordo suborno aos conselheiros das Províncias Unidas, "comprar as vontades e juízos",

entre os jesuitas, ver: ASSUNÇÃO, Paulo de. *Negócios jesuíticos: o cotidiano da administração dos bens divinos.* São Paulo: EdUSP, 2004.

83 "Razões apontadas a El-Rei D. João IV a favor dos Cristãos-Novos, para se lhes haver de perdoar a confiscação de seus bens, que entrassem no comércio deste Reino". VIEIRA, P^e^ António. *Obras escolhidas*, vol. IV, p. 70.

84 Ver capítulo IV.

antes de comprar as terras, foi o argumento usado pelo famoso padre. Segundo Vieira, uma das consequências desta negociação seria "o crescimento do Maranhão" que passaria a ser, num contexto de paz, uma escala obrigatória "onde os castelhanos ou outras nações amigas ou neutrais, possam ir comprar negros e navegá-los", pagando os impostos devidos ao rei de Portugal.[85] Assim, o Maranhão seria finalmente convertido em porto de livre navegação entre as Índias ocidentais e a Europa, legalizando atividades que já eram desenvolvidas ali desde o final do século XVI, isto sim, na forma de contrabando e pirataria.

O embaixador Francisco de Sousa Coutinho, já em fevereiro de 1647, tinha autorização real para levar a cabo esta nova proposta aos holandeses, ainda mais incentivada pelo parecer favorável de Vieira. Sabe-se que os 3 milhões de cruzados representavam um valor de saída, e que o montante poderia subir até a soma escandalosa de 8 milhões, tal como defendia outro enviado de D. João IV, o secretário Feliciano Dourado.[86] Apesar do esforço diplomático luso, e de propostas declaradamente vantajosas para os interesses neerlandeses, estava claro que em meados da década de 1640 não existia nenhum interesse batavo em negociar. Ao mesmo tempo, tal como se sabe, o próprio Vieira não reconhecia as vantagens de uma guerra luso-brasileira contra os Países Baixos, o que a contragosto seu já estava em curso em Pernambuco.

Com relação ao Portugal rebelde, o cenário para o ano de 1648 não era promissor. Havia poucas alternativas postas na mesa, pioradas com a evidente fragilidade lusa no Congresso de Münster, ocasião em que ficou patente a ambiguidade do apoio francês.[87] Foi exatamente neste

---

85 "Parecer sobre se Restaurar Pernambuco e se Comprar aos Holandeses, Ano 1647". Lisboa, 14 de Março de 1647. VIEIRA, Pe António. *Obras escolhidas*, vol. III, p. 11.

86 MELLO, Evaldo Cabral de. *O negócio do Brasil*,p. 86-7.

87 CARDIM, Pedro. "Os 'Rebeldes de Portugal' no Congresso de Münster (1644-1648)". *Penélope. Fazer e desfazer a História*, nº 19/20 (1998), p. 101-128.

contexto que o norte da América lusa passou a integrar algumas propostas menos ortodoxas. O Maranhão era, no final da década de 1640, um dos únicos territórios livres da presença holandesa e, em caso de necessidade, estaria apto para ocupar o lugar de Pernambuco, na hipótese de que esta capitania estivesse irremediavelmente perdida.

A firme posição holandesa, que recusava qualquer oferta de venda ou troca que incluísse os territórios americanos, elevou a questão a outra dimensão. Na interpretação de Vieira, se o problema não tinha solução já estava por si solucionado. No final de 1648, o jesuíta escreve seu famoso parecer em que defendeu a necessidade de renunciar ao Brasil holandês para renunciar à guerra. Chamado de *Papel Forte*, a proposição impressa neste documento é hoje bem conhecida: fazer cessar a Insurreição Pernambucana, que aliás nunca contou com o apoio explícito do soberano, e transferir os luso-pernambucanos com seus escravos e fazendas para outras praças do Brasil, principalmente Bahia e Rio de Janeiro. Na defesa de uma tão controvertida proposta, Vieira lembra que os próprios castelhanos, por absoluta necessidade, tinham feito exatamente o mesmo com seus territórios nos Países Baixos.

Na verdade, a proposta nem era tão nova. Sabe-se que, logo após o Primeiro de Dezembro, o Conde-Duque teria oferecido às Províncias Unidas o reconhecimento do Brasil Holandês, do Ceará ao rio São Francisco, como estratégia para isolar D. João IV, privando-o desta última cartada num possível acordo com os holandeses.[88] Para Vieira, existiriam poucos inconvenientes na entrega do Brasil aos holandeses. Os assuntos da fé não eram entraves, pois em Pernambuco, segundo o jesuíta, "não há conversão de gentios". Os portugueses não entregariam ricas terras aos batavos, pois aquilo que os holandeses tomaram florescente, com engenhos e escravos, agora estaria quase em ruínas por dívidas e pelo declínio do comércio açucareiro. No final das contas, os batavos

88 MELLO, Evaldo Cabral de. *O negócio do Brasil*,p. 29.

nem mesmo contariam com escravos de Angola, recuperada pelos portugueses em 1648.[89]

É verdade que no *Papel Forte* pouco se fala do Maranhão, o alcance verdadeiramente global que ganha o documento não o permite. Contudo, tal como se apresentava a proposta, estava claro que a América Portuguesa seria integrada, ao final, por Maranhão, Grão-Pará, costa do cabo de Santo Agostinho, uma parte de Sergipe, mais Bahia, Rio de Janeiro, São Vicente e as demais Capitanias do Sul. Nesta suposta configuração, fazenda, população e cabedal redistribuídos a partir de Pernambuco deveriam ser reinvestidos na defesa marítima e na fortificação da costa. Neste quadro hipotético, o extremo norte da América lusa seria beneficiado, pois, segundo Vieira: "O Maranhão em que (segundo se diz) há tantos tesouros encobertos, e cujas drogas novas vão já cheirando aos estrangeiros, não têm mais que setenta soldados; os moradores em todo o distrito serão quatrocentos".[90] Para o jesuíta, com esta nova configuração espacial, Portugal poderia investir melhor na capacidade de intercâmbio e circulação marítima de algumas de suas regiões, francamente São Paulo e o rio Amazonas. A teoria era: separar para unir melhor:

89 "Papel a Favor da Entrega de Pernambuco aos Holandeses", 1648. VIEIRA, Pe António. *Obras escolhidas*, vol. III, p. 29-113. Sobre a recuperação de Angola e o Rio de Janeiro na união dinástica, ver: SANTOS PÉREZ, José Manuel. "Brasil durante la Unión Ibérica. Algunas notas sobre el intercambio cultural entre las dos orillas del Atlántico". In: *Brasil e Espanha: diálogos culturais*/España y Brasil: diálogos culturales. São Paulo: Fundação Cultural Hispano-Brasileira, 2006, p. 49-80; SANTOS PÉREZ, José Manuel. "La historia de la Unión Ibérica y su importancia en las relaciones España-Brasil: viejos asuntos, nuevas (y buenas) noticias". *Revista de Cultura Brasileña*, nº 3 (março, 2005); SANTOS PÉREZ, José Manuel. "São Sebastião do Rio de Janeiro durante la Unión Ibérica, 1580-1640. Los años cruciales". In: BRUNETTO, Carlos Javier Castro (Ed.). Río de Janeiro: *Estética de una ciudad*. Santa Cruz de Tenerife: Oristán y Gociano editores, 2008, p. 51-66.

90 *Idem, ibídem*, p. 87.

> descobriremos as novas drogas do Maranhão e Grão-Pará; tomaremos o Rio da Prata, como se pode fazer com grande facilidade e interesse nosso, dano e diversão de Castela, a que se podem aplicar os homens de S. Paulo. E com as nossas forças todas unidas e aumentadas, podemos melhor resistir ao inimigo, que será um, e quanto mais provável fizermos nossa defensão, mais companheiros teremos que nos ajudem a ela. Nesta maneira se poderão introduzir as companhias com mais segurança e proveito, e aumentar-se o comércio, que só com a paz cresce e com a guerra se destrói.[91]

Evidentemente, esta "história do futuro" nunca se concretizou, e a solução mais improvável na perspectiva de Vieira, o prolongamento da Insurreição Pernambucana, acabou dando boa conta dos holandeses no Brasil. Entretanto, o "Papel Forte" ainda que claramente debilitado no seu argumento fundamental, em função dos acontecimentos em Pernambuco, deu margem à criação, em 6 de fevereiro de 1649, dia do aniversário do jesuíta, da Companhia Geral de Comércio do Brasil, que abria espaço finalmente ao capital cristão-novo. Esta foi considerada uma vitória pessoal de Vieira frente aos seus principais inimigos, incluindo a Inquisição portuguesa, esta última considerada uma instituição perigosamente próxima de interesses filipistas.[92]

Anos depois, o desenvolvimento da guerra com Castela teria levado Vieira a sugerir, 150 anos antes, a transferência da família real para a América. Na verdade, os detalhes deste último plano nunca foram revelados e seu conteúdo foi considerado secreto na época. Este conselho, provavelmente redatado na cidade de São Luís e enviado à Corte em 1659,

91 *Idem, ibídem*, p. 105-6.

92 CESAR, Thiago Groh de Mello. *Op. cit.*, p. 118-9; VALLADARES, Rafael. *La rebelión de Portugal*, p. 75.

explicaria em parte o deslocamento de algumas autoridades do reino para o Novo Mundo, incluindo o próprio padre Vieira.[93]

Contudo, não se pode cair na interpretação simplista que pintou o padre Vieira tal qual um "intelectual orgânico" a serviço de um suposto "projeto colonial português", interpretação sugerida muitas vezes pela fortuna crítica do famoso jesuíta.[94] Muitos estudos sobre o chamado "Vieira diplomata" mal conseguem fugir da alargada tendência à fragmentação do personagem, ao descrever um Vieira político, independente

93 Aparecem referências a esse conselho secreto em, pelo menos, duas correspondências de Vieira. A primeira, uma carta escrita à própria Rainha D. Luísa (28 de novembro de 1659); a segunda, muitos anos depois, numa carta enviada a Francisco de Brito Freire (24 de junho de 1691). Nesta última, estão os detalhes que a maioria dos autores considera um vestígio mais seguro. Assim, escrevia um já velho e doente padre Vieira: "Lembro-me agora de quando a rainha-mãe, por conselho dos condes de Cantanhede e Soure, enviou a V. Sª não só a governar Pernambuco, mas para prevenir a seus filhos uma retirada segura, no caso em que algum sucesso adverso, que então muito se temia, necessitasse deste último remédio. E também V. S.ª estará lembrado de que S. M. me mandou passar do Maranhão, onde então estava, para assistir a V. S.ª , e seguir o roteiro que el-rei, que Deus tem, tinha prevenido, como tão prudente, para o caso de semelhante tempestade, e se achou depois de sua morte em uma gaveta secreta, rubricado de sua real mão com três cruzes". "A Francisco de Brito Freire". In: VIEIRA, António. *Cartas do Padre António Vieira.* Coordenadas e anotadas por João Lúcio de Azevedo, Tomo Terceiro. Lisboa: Imprensa Nacional, 1971, p. 628. Numa nota à carta de Vieira a D. Luísa, João Lúcio confirma a possibilidade: "Seria o que depois de morrer D. João IV se achou "em uma gaveta secreta, rubricado de sua real mão com três cruzes" (carta CCLII, a Francisco de Brito Freire, supra p. 627) e continha provavelmente o conselho de se retirar a família real para o Brasil". *Idem, ibidem*, p. 744.

94 Por exemplo em: HOORNAERT, Eduardo. "As contradições de Antonio Vieira: o episódio maranhense, 1653-1661". In: Braga: *Actas do Congresso Internacional de História.* Braga, 1993.

do Vieira religioso ou messiânico.[95] Ao contrário, parece cada vez mais necessário pensar a documentação vieiriana a partir do princípio de que os mecanismos da prática política seiscentista estavam ainda profundamente imbricados com modelos teológico-retóricos, como têm demonstrado os trabalhos de Álcir Pécora.[96] Ao mesmo tempo, é bom lembrar que muitas das propostas apresentadas por Vieira não eram manifestações, tão somente, de seu critério individual, e foram ideias compartilhadas por um número maior de indivíduos, homens que sem a fama do jesuíta, participaram ativamente do esforço brigantino por reconhecimento internacional, e estabilidade interna.[97]

Portanto, não parece existir contradição alguma entre as propostas vierianas da década de 1640, e sua vida missionária nos anos 1650. Muitas destas proposições, como vimos, incluíam o Maranhão, território compreendido ao mesmo tempo como fronteira física, mas também como "fronteira da cristandade", cujo sertão ocidental não conhecia o poder político do novo monarca, ao mesmo tempo em que ignorava o conhecimento do Criador.[98] Não deveria impressionar a nenhum leitor assíduo do acervo documental vieiriano a sua escolha de ir ao Maranhão

---

95 Um dos melhores exemplos, mas não o único, é a obra de Lins. Ver: LINS, Ivan. *Aspectos do Padre António Vieira.* Rio de Janeiro: Livraria São José, 1956.

96 Para uma análise de conjunto, ver: PÉCORA, Alcir. *Máquina de Gêneros.*São Paulo: Edusp, 2001.

97 MELLO, Evaldo Cabral de. *O negócio do Brasil,* p. 68-70.

98 Nesse caso, cobra sentido o argumento de Tamar Herzog, inspirada em Thomas Cohen, sobre a possibilidade de associar os objetivos messiânico-catequéticos à reflexão sobre as fronteiras do império. Ver: HERZOG, Tamar. "Vieira, los jesuitas y la formación de una frontera entre Portugal y España en el Nuevo Mundo". In: CARDIM, Pedro & SABATINI, Gaetano (Eds.). *António Vieira, Roma e o universalismo das monarquias portuguesa e española,* p. 175-180.

para alargar ambas fronteiras, para o jesuíta, indissociáveis e necessariamente imbricadas.[99]

A Restauração Portuguesa no Maranhão, como em outras partes, não é uma história local, senão oceânica. Não se compreende estes acontecimentos sem uma reflexão global e integrada. Assim, a correspondência com os processos ocorridos em Lisboa, Madri, França, Holanda, mas também Quito, Lima, Cabo Verde e Guiné, é fundamental para o entendimento do impacto da mudança de regime sobre o Atlântico equatorial. Nesse mesmo sentido, Rafael Valladares já havia reivindicado a necessidade de entender a ruptura ibérica na sua incontornável dimensão atlântica, e menos na tradicional representação como crise europeia.[100]

Por fim, sobre a expansão do território, a Restauração Portuguesa alterou a ênfase e o tom, mas não mudou significativamente a essência. No final das contas, a política de ampliação do território amazônico, muitas vezes considerada perigosa e inconveniente aos olhos dos hispano-peruanos, não foi obra de D. João IV, mas sim o resultado de uma iniciativa já em curso, que os moradores do Grão-Pará e do Maranhão relacionavam francamente, e sem constrangimentos, ao regime anterior. Este sentimento de nostalgia, também encontrado na documentação sobre a guerra contra os Países Baixos, reivindica um outro olhar sobre a noção clássica que descreveu a rebelião de Portugal como um evento previsível e amplamente aguardado.

---

99 Ver: CARDOSO, Alirio & CHAMBOULEYRON, Rafael. "Fronteiras da Cristandade", p. 33-62.

100 VALLADARES, Rafael. "Historia Atlántica y ruptura ibérica, 1620-1680. Un ensayo bibliográfico". In: PARKER, Geoffrey (Eds.) *La crisis de la Monarquía de Felipe IV*. Barcelona/Valladolid: Editorial Crítica/Universidad de Valladolid, p. 327-350.

Conclusões

O propósito desta tese não foi demonstrar, tão somente, a existência de um projeto Habsburgo exclusivamente pensado para o Maranhão, isto não teria sentido na perspectiva de uma Monarquia pluricontinental.[1] Nosso escopo foi demonstrar que os portugueses que ocuparam estas terras foram incentivados a desenvolver projetos de integração a partir de uma estratégia filipina mais ampla: a ocupação produtiva e defensiva dos caminhos e acessos possíveis à grande fronteira entre o norte do Estado do Brasil, o Peru e o Caribe. Esta política tinha como objetivo o reforço da identidade entre as regiões isoladas da parte meridional do Atlântico Norte, território que incluía também o Maranhão.[2]

Para a Amazônia portuguesa, era imperativo otimizar sua capacidade de defesa através de novos centros de ocupação permanente, com potencial de crescimento e autogestão. O Maranhão não foi o único alvo desta política. O objetivo primordial também era proteger uma parte do Novo Reino de Granada, e as atuais Guianas, cujos caminhos fluviais eram ainda mal conhecidos e a navegação "estrangeira" cada vez mais fre-

1 Além das obras já citadas ao longo do trabalho, para um "estado da questão" sobre este conceito, ver: FRAGOSO, João & GOUVÊA, Maria de Fátima Silva. "Monarquia pluricontinental e repúblicas: algumas reflexões sobre a América lusa nos séculos XVI–XVIII". *Tempo*, vol. 14, nº 27 (2009), p. 29-64.

2 Para uma introdução geral sobre a política filipina de reforço da identidade entre as partes, ver: CARDIM, Pedro; RUIZ IBÁÑEZ, José Javier; SABATINI, Gaetano. "Introduzione". In: SABATINI, Gaetano (Eds). *Comprendere le Monarchie Iberiche. Risorse Materiali e rappresentazioni del potere.* Roma: Viella, 2010, p. 15-34.

quente. Neste sentido, a separação jurídico-administrativa do Maranhão em relação ao Brasil era uma medida não só previsível, como indispensável. Nada muito novo na estratégia filipina, pois o mesmo havia sido pensado, em 1608, para as capitanias do Sul (Rio de Janeiro, São Vicente, Espirito Santo), que ganharam um governo separado, com a nomeação de D. Francisco de Sousa para o cargo.[3] Por isso, desde antes de 1615 já existia a expectativa de que Filipe III optasse pela separação política do Maranhão, uma estratégia capaz de atrair indivíduos com capacidade de investimento à região.

Em resumo: o projeto Habsburgo de defesa desta parte da América, que insistimos em chamar de Atlântico equatorial, consistia em fortalecer os vínculos entre os vassalos de modo a articular uma rede de autoproteção principalmente contra o assédio holandês. Por isso, deve-se enfatizar que a ocupação do Maranhão não foi uma conquista apenas portuguesa, na sua concepção mais ampla, foi uma ação híbrida que contou com os serviços de soldados do Estado do Brasil, índios aliados, financiamento de famílias luso-pernambucanas, participação de militares espanhóis, e uma cooperação entre a burocracia de Lisboa, Madri-Valladolid, e as embaixadas espanholas de França e Inglaterra. Uma empresa que em dias de hoje não teríamos reparos em chamar de cooperação internacional.

A existência de um projeto hispano-luso para a conquista e integração desta região não deveria surpreender. Os diversos conselheiros da Monarquia, assim como militares e navegadores, sabiam da existência de outros projetos concorrentes. A impossibilidade de ocupar as, relativamente, fortificadas áreas do Caribe espanhol motivou as nações europeias a tentar a sorte com a faixa do Atlântico equatorial. Para as nações concorrentes, entre os séculos XVI e XVII, o Maranhão apresentava duas vantagens: era uma zona próxima da rota da prata e, ao mesmo tempo, virtualmente terra de ninguém. Nesta época, qualquer homem do

3 SALGADO, Graça. *Fiscais e Meirinhos: A administração no Brasil Colonial.* Rio de Janeiro: Nova Fronteira, 1986, p. 418.

mar experimentado sabia que a integração do Maranhão tinha limites práticos no sentido norte-sul, em função das correntes contrárias, mas grande facilidade na direção leste-oeste. Esta formulação está presente em pareceres de importantes autoridades ao longo do período, homens tão diferentes quanto o capitão Simão Estácio da Silveira, o jesuíta Luís Figueira, o marquês de Alenquer, ou o padre Antônio Vieira. Todos tinham consciência de que o Maranhão não pertencia ao sistema de navegação do Atlântico Sul, e qualquer projeto para a região não deveria ignorar tal evidência.

Para o Estado do Brasil, a adesão de Portugal à Monarquia Hispânica significou, entre outras coisas, aumento da população, considerável crescimento de cidades, incremento do comércio e dos engenhos de açúcar, fenômeno que alguns autores chamaram de atlantização. Para o Maranhão, além disso, houve ao longo da primeira metade do século XVII uma relativa dinamização das redes de comunicação. A união dinástica fortaleceu vínculos inter-regionais, multiplicando as possibilidades de riqueza, mas também promoveu a importação de modelos e estratégias de sobrevivência econômica. Isto explica a tentativa de reproduzir na América portuguesa o sistema das *encomiendas*. Os luso-maranhenses tentaram criar um modelo próprio de controle sobre o trabalho nativo, com características herdadas das velhas regiões antilhanas, mas também com aspectos inspirados nas práticas escravistas do Estado do Brasil. O mesmo se pode dizer sobre a exploração das novas drogas, especiarias que lembravam os produtos da Goa Dourada, mas que também eram comparadas com gêneros hispano-peruanos.

Do ponto de vista comercial, a experiência unionista trouxe outras consequências importantes. O projeto para o extremo Norte da América lusa não era exatamente a construção de um "novo Potosi". É verdade que esta ideia esteve presente durante o período, mas sobretudo era fruto da iniciativa isolada de alguns moradores.[4] Em geral, os diferentes projetos para o Maranhão inclinavam-se na direção de uma economia de fronteira. Os luso-maranhenses pensavam em aproximar as duas mais bem-sucedidas experiências que conheciam: o açúcar do Brasil e a circulação de mercadorias das Índias castelhanas. Aproveitar, assim, o melhor que os dois mundos poderiam oferecer, sempre que os próprios vassalos pudessem financiar tais iniciativas. Na documentação coetânea estava claro que o ideal seria um Maranhão formado pela experiência administrativa e comercial do Brasil, mas que também pudesse aproveitar as vantagens oferecidas pela circulação oceânica e intrarregional das Índias.

Essa economia de fronteira seria flexível o bastante para abrigar tanto a utilização do trabalho indígena, quanto a exploração do trabalho africano. Algumas autoridades hispano-lusas consideravam que o Maranhão deveria seguir simultaneamente os dois modelos: o da importação de escravos africanos, como queria o cordovês D. Diego de Cárcamo[5], e o da adoção em larga escala do sistema de *encomienda*, como sonhava Bento Maciel Parente. Assim, estas autoridades tentaram criar uma estratégia multidimensional para a inserção da região nos circuitos oceânicos, e estavam abertas tanto às soluções vindas do Estado do Brasil, quanto aquelas oriundas das Índias de Castela.

A criação de uma economia de fronteira também incluía, como vimos, o aproveitamento prático das ligações fluviais com o Peru ou Caribe, por onde os portugueses poderiam traficar com madeira, cravo, açúcar, especiarias, mas também por onde circulariam ideias. De fato, muitos consideravam que a união dinástica deveria naturalmente flexibilizar os entraves para a livre circulação, garantindo às novas regiões uma parte das riquezas existentes nas velhas. Sobre o tema, Anthony Pagden

---

4 MAGALHÃES, Basílio de. *Expansão Geográfica do Brasil Colonial*. Brasilia/São Paulo: Editora Nacional/INL, 1978, p. 14.

5 *Do consº da Fazenda sobre hua petição de Dom Dioº de Carcamo g.or do Maranhão"*. 4 de febrero de 1620. *AGS, Secretarias Provinciales*, 1474, flº 84.

já havia constatado o quanto decisões como a que tomou Filipe II, que em 1596 proibiu o comércio português com as Índias espanholas, seriam criticadas por gerações de tratadistas até o século XVIII, eruditos que consideravam temerário "limitar el acesso al comércio americano a sus propios súbditos".[6] Tal como se sabe, decisões como aquela tiveram pouco efeito prático e não impediram a atividade mercantil lusa no Peru e na Nova Espanha. A proposta de participação luso-maranhense na rota Caribe-Sevilha, por exemplo, embora nunca levada a sério pelos Conselhos espanhóis, e perigosa na perspectiva hispano-peruana, foi uma tentativa completamente condizente com o ambiente político do período. Para homens como o capitão Simão Estácio da Silveira, autor de algumas destas proposições, não havia dúvidas de que o clima político experimentado nas décadas de 1620 e 1630 favoreceria a entrada, a médio prazo, do Maranhão nas rotas mais importantes. Muitas destas ideias tinham relação, claro estava, com as distâncias que separavam o Estado do Maranhão e o Estado do Brasil.

Contudo, existiu um momento especialmente importante para a reaproximação entre Brasil e Maranhão: a guerra hispano-holandesa. Tal como foi demonstrado, o combate aos batavos no Maranhão é anterior à restauração da Bahia, em 1625. As escaramuças entre portugueses e holandeses, no início da década de 1620, foram amplamente incentivadas pelo Monarca Católico. Por outro lado, a reação à presença holandesa no rio Xingu e nas margens do rio Amazonas, cuja ação mais direta foi a própria conquista do Maranhão, demonstra que a *Pax Hispanica* era uma política intraeuropeia, uma imagem incompleta que Filipe III vendeu aos países ocidentais, e pouco ou nada tinha a ver com as preocupações defensivas existentes nas conquistas ultramarinas. Pouco tempo depois, a fórmula belicista adotada no reinado de Filipe IV favoreceu, também, a

6 PAGDEN, Anthony. *Señores de todo el mundo. Ideologías del imperio en España, Inglaterra y Francia (en los siglos XVI, XVII y XVIII)*. Barcelona: Ediciones Península, 1997, p. 163.

maior integração entre o Estado do Maranhão e Estado do Brasil. Zonas separadas pelas correntes oceânicas, estas duas macrorregiões experimentaram uma solidariedade de guerra com intercâmbios de homens, lideranças, mercadorias e técnicas de combate. É possível dizer, assim, que a guerra contra a presença holandesa ajudou a reforçar os laços de identidade entre os vassalos da América lusa, e estes com as fórmulas belicistas da época do Conde-Duque.

A conquista do Maranhão também representou a possibilidade de obtenção de vantagens pessoais e coletivas para uma parte ociosa da burocracia luso-brasileira. Era um novo começo para muitos homens de negócios, funcionários régios e militares que sonhavam com as novas possibilidades abertas ao norte da Capitania de Pernambuco. O representante mais emblemático desse movimento foi o capitão-mor Jerônimo de Albuquerque que, ao assumir o governo da nova capitania real, em 1615, mudou seu próprio nome para Jerônimo de Albuquerque Maranhão, passando a assinar desta forma em documentos oficiais. O velho militar português havia compreendido completamente a estratégia filipina, e esforçava-se por construir ali uma nova elite independente da rama brasileira.

Assim, a ideia de que portugueses do Maranhão pudessem obter vantagens da união dinástica contradiz a noção clássica segundo a qual a integração lusa à Monarquia Hispânica foi um projeto exclusivo das camadas mais altas da sociedade, ou um jogo limitado aos Conselhos de Estado. O processo de adesão voluntária aos benefícios da união não foi exclusivo da Conquista do Maranhão. Os trabalhos de Graça Ventura, por exemplo, têm demonstrado que o interesse geral dos portugueses pelas terras espanholas não fez mais que aumentar após 1580.[7]

7 VENTURA, Maria da Graça Mateus. *Portugueses no Peru ao tempo da União Ibérica. Mobilidade, cumplicidades e vivências.* Lisboa: Imprensa Nacional/Casa da Moeda, vol. 2, 2005, p. 15-24. Ver também: SULLÓN BARRETO, Gleydi. "Portugueses en el Perú virreinal (1570- 1680): Una aproximación al estado de la cuestión". *Mercvrio Pervano*, nº 523 (2010), p. 116-129.

A Monarquia Hispânica também favoreceu a ocupação da linha leste-oeste. Nesse sentido, a tática filipina estava clara, incentivar a defesa da região com financiamento particular através da distribuição sistemática de sesmarias, de modo que os próprios vassalos se ocupassem do resto. Esta distribuição de terras tinha dois grandes objetivos: a ampliação da rede defensiva em áreas críticas (como era o Cabo do Norte e as mediações do rio Xingu); e o incentivo à circulação de produtos. Era, portanto, uma conquista dentro da conquista, complemento indispensável às primeiras iniciativas luso-brasileiras na região.

A Monarquia não distribuiu apenas terras, senão poderes. Deste modo, homens como Bento Maciel Parente e Álvaro de Sousa receberam uma considerável autoridade sobre as novas áreas de ocupação. Não por acaso, esta política produziu diversos conflitos de jurisdição entre donatários de capitanias particulares e os governadores-gerais, mas não deixou de ser adotada também por D. João IV, cuja estratégia de expansão mal conseguia dissimular o flagrante legado filipino.[8]

O leitor terá percebido que, ao longo de todo o trabalho, as palavras "conexão" e "projeto" são recorrentes. Entretanto, é necessário enfatizar que não houve um único projeto para a integração do Maranhão à Monarquia Hispânica. De um lado, estava a macro-visão imperial de autoridades como o duque de Alenquer, D. Iñigo de Cárdenas, D. Diego de Cárcamo, Gaspar de Sousa, ou Simão Estácio da Silveira; de outro, estavam os projetos regionais de homens como Bento Maciel Parente, Francisco Coelho de Carvalho ou Pedro Teixeira. Também existiam projetos de grupos sociais específicos que, por vezes, confrontavam aspirações antagôni-

---

8 CHAMBOULEYRON, Rafael. "Conquista y colonización de la Amazonia Portuguesa (siglo XVII)". In: SANTOS PÉREZ, José Manuel & PETIT, Pere (Eds). *La Amazonia Brasileña en Perspectiva histórica.* Salamanca: Ediciones Universidad de Salamanca/Aquilafuente, 2006, p. 11-22; CHAMBOULEYRON, Rafael. "Plantações, sesmarias e vilas. Uma reflexão sobre a ocupação da Amazônia seiscentista". *Nuevo Mundo, Mundos Nuevos*, nº 6 (2006), p. 2260. Disponível em: http://nuevomundo.revues.or/document2260.html.

cas de homens como Luís Figueira, frei Cristóvão de Lisboa, índio *principal* Marapirão ou Bento Maciel. Entre uns e outros projetos, sempre existiram também as motivações de caráter pessoal, inclinadas à obtenção de mercês, cargos, reconhecimento político, ascensão social e oportunidade de riqueza. Estes diversos projetos eram muitas vezes opostos, outras vezes harmônicos, mas todos aprenderam a coexistir dentro da fórmula política oferecida pela integração de Portugal à Monarquia.

É necessário insistir num argumento essencial: o fato da Monarquia Hispânica não conceber uma estratégia específica para integrar o Maranhão às Índias castelhanas não significa que os Monarcas Católicos não tenham garantido aos portugueses as ferramentas necessárias, e o clima político-institucional adequado, para fazê-lo. Nas diversas formas em que se pode pensar, esta integração já estava em curso, já seja pelos projetos de participação na *carrera de Indias*, pela imitação de modelos econômicos peruanos, pela presença espanhola, religiosa e laica, ou pelas tentativas de navegação para o extremo Oeste em direção ao Vice-Reinado. Mesmo durante os primeiros anos do governo de D. João IV, o padre Antônio Vieira também reconheceu, a seu modo, as características peculiares da vocação oceânica luso-maranhense, vocação natural, mas também resultado do legado filipino.

Por outro lado, é verdade que sempre existiram opositores a qualquer forma mais efetiva de integração. No caso do Maranhão, esta oposição estava concentrada sobretudo em setores políticos e comerciais hispano-peruanos, preocupados com as consequências do acesso luso à rota Andes-Atlântico, mas também receosos de que este novo caminho servisse aos propósitos neerlandeses.

Tal como sugere Jean-Frédéric Schaub, o grande desafio que supõe estudar o impacto da união dinástica sobre o mundo oceânico é pensar as múltiplas interações entre as partes, para além das noções clássicas de

"Metrópole", "Colônia", "Dependência", ou mesmo de "estudos coloniais".[9] Para o extremo Norte da América lusa, a interação metrópole-colônia não parece ser suficiente para explicar as tentativas inter-regionais de conexão. Estava claro que o comércio com as Índias de Castela, e mesmo as trocas de experiências com o Brasil, eram possibilidades abertas que poderiam garantir a sobrevivência material do Maranhão como nova unidade do "império". Nos vários relatos de época, o futuro da região parece estar estreitamente vinculado aos demais territórios ultramarinos, Peru, Nova Granada, Caribe, Brasil, Açores, África. A história da união dinástica, em muitos sentidos, como lembrou Rafael Valladares, é uma história oceânica e não pode prescindir de uma dimensão comparativa.[10] No mesmo sentido, como afirma Sanjay Subrahmanyan, talvez a grande mudança produzida pela união dinástica tenha sido a redescoberta, por parte de portugueses e espanhóis, dos seus mútuos interesses compartilhados no mundo oceânico.[11]

Outra característica especialmente marcante no processo de ocupação do Maranhão e Grão-Pará foi o incentivo à migração. Não só houve uma clara transferência de população e burocracia do Brasil para o Maranhão, mas também a tentativa de favorecer a migração voluntária de famílias do reino e das ilhas atlânticas. Além disso, existiu o caso, ainda pouco estudado pela historiografia, da migração - voluntária ou não - de grupos indígenas de Pernambuco, Rio Grande e Ceará para o Maranhão, e vice-versa, movimento recorrente na campanha contra os franceses, mas

9 SCHAUB, Jean-Frédéric. "La catégorie 'Études Coloniales' est-elle indispensable?". *Annales, histoire, sciences sociales,* nº 3 (Maio-Junho, 2008), p. 625-646.

10 VALLADARES, Rafael. "Historia Atlántica y ruptura ibérica, 1620-1680. Un ensayo bibliográfico". In: PARKER, Geoffrey (coord.) *La crisis de la Monarquía de Felipe IV.* Barcelona/Valladolid: Editorial Crítica/Universidad de Valladolid, 2006, p. 327-350.

11 SUBRAHMANYAN, Sanjay. "Holding the world in balance: the connected histories of the Iberian Overseas impires, 1500-1640". *American Historical Review,* vol. 112, nº 5 (dezembro, 2007), p. 1359-1385.

também durante a guerra contra os holandeses. Portanto, nas suas diversas dimensões, o intercâmbio parece ser um fenômeno essencial para entender o norte da América lusa no seio da Monarquia Hispânica.

Por fim, estava claro que quase todos os documentos sobre a inserção deste território nos circuitos oceânicos manejavam um cenário de estabilidade para a união dinástica. Os luso-maranhenses desenvolveram suas propostas e manifestaram suas aspirações de acordo com aquilo que acreditavam ser políticas estáveis e globais. Os indivíduos que aceitaram fazer parte da aventura de conquista destas terras sabiam que a própria criação do Estado do Maranhão estava já indelevelmente vinculada ao regime anterior. Apesar da Restauração Portuguesa ter ocorrido sem problemas, estes homens investiram nas novas terras pelas promessas de continuidade, não de mudança.

Fontes e bibliografia

Fontes manuscritas

Archivo General de Simancas (Valladolid, Espanha):

1. Secretarías Provinciales:

"Cartas de S.M de 1613-1614", libro 1508.

"Sobre mosquetes, polvora, estanho, que se comprarao em Biscaya e se embarcarao na naus da esguadra que da li há de ir a lixboa", Madrid, 12 de junho de 1625, livro 1519.

"Petição del Capitan Simão Leittão", 17 de junho de 1624, livro 1467.

Sobre cartas de Alexandre de Moura sobre de naus estrangeiras próximas à Capitania de Pernambuco, 4 de Julho de 1607, livro *1476.*

"Sobre nome ou titulo em que Diogo de Campos Moreno deve embarcar ao Brasil". 13 de novembro de 1613, *livro 1506.*

"Sobre cousas tocantes ao Maranhão e Rio Pará". 1 de fevereiro de 1618, livro *1516.*

"Responde ao que se lhe escreveu sobre cousas do Maranhao", *4 de abril de 1620, livro 1552.*

"Sobre Constantino Paulo Carrafa", 30 de maio de 1620, *livro 1552.*

"Do Conselho de Portugal", 15 de março de 1624, *livro 1467.*

"Andre Soares casado e morador no Maranhão", 15 de março de 1624, livro *1467.*

"Do Cons° da Faz^a sobre Ant° de Albuquerq", 2 de maio de 1620, livro *1474.*

"Outra sobre Antonio Dalbuquerque, Fidalgo de miha casa filho mais velho de Jeronimo de Albuquerque já falecido, que foi capitão mor da conquista do Maranhao". 26 de agosto de 1620, livro 1517.

"Sobre Gaspar de Sousa, 7 de julho de 1623". *Livro 1518.*

"Para sua MAg.de. Com hua petição de Dom D.º de Carcomo sobre merce que pede". Pide a el Rey la "comenda das Galveas da Orden de Avis". Lisboa, 16 de maio de 1620, *livro 1552.*

"Materias do Maranhão". Madrid, 20 de junho de 1618, livro 1516.

"Ofrecim.to que faz Bento Maciel Parente de descobrir a sua custa todo o rio das Amazonas". /Escripta em Mon=cão a 13 de março de 1626", livro *1520.*

Relação que faz Antonio Vicente Cochado do descobrimento do rio das Almazonas, e Cabo do Norte, que foi fazer por orden de V.Magde". 27 de Julho de 1624, livro 1467.

"Sobre el apresto de la Arm.da de la recuperacion del Brasil, y medios de q. se ha de sacar din.º para ese effe.to". Madrid, 8 de abril de 1635, *livro 1478.*

"Consulta do Consº da Fazª sobre Jorge de Lemos Betancor". 5 de junho de 1620, *livro 1474.*

"Do consº da Fazenda sobre hua petição de Dom Dioº de Carcamo g.or do Maranhão". 4 de fevereiro de 1620, livro 1474.

"Para o Bpo ViseRey a 15 de mayo de 1613". 15 de maio de 1613, livro *1506.*

2. Estado (Portugal):

"El Sr Duque de Lerma", 2 de maio de 1615, legajo *260.*

"El Consº de Estado a 2 de abril de 1615 con la consta inclusa del de Portugal tocante alo del Rio Marañon", 2 de abril de 1615, legajo *260.*

"La consulta inclusa del Consejo de Portugal sobre el aviso q. se ha tenido de 18 navios q. se arman en francia para socorrer a los franceses q. están en el Marañón, manda Su Md que luego se vea en el Consejo de estado y sele avise loq.º pareziere Dios q.^{d} a [sua] de Pal.º a 28 de maio de 1615", legajo 260.

"Al Marques de Alenquer", 19 de fevereiro de 1620, legajo *2710.*

"El conssº de Estado. Inclusa una consulta de la Junta de Guerra de Yndias sobre el descubrim.^{to} del Marañon", 15 de Julho de 1614. Legajo *2644.*

"El s^{r} Duque de Lerma - con una consulta del consº de Portugal, para q. se vea en este en q. da aviso de haver llegado al Rio Marañon Alexandro de Mora (...)".Legajo 437.

"Junta de inteligencias del Reyno de Portugal", 1641-1642. *AGS, Estado, legajo 7041.*

"Correspondencia de Portugal, 1641-1642". Legajo 7041.

3. Estado-K (Francia):

"Lettres de D. Inigo de Cardenas su les affars de Marañon et le Indy". Madrid, a 13 de novembro de 1615", libro *1611.*

"Carta de Don Diego de Carcamo a Juan de Ciriça", Lisboa, 1 de março de 1620, libro *1477.*

"Carta del Marques de Alenquer a el Rey sobre los franceses en el Marañon", 11 de fevereiro de 1619, libro 1431, A2.

"Avis anonyme - Nouvelle de Portugal", 28 (?) de abril de 1621, [sin firma], libro 1431.

"Juan de Ciriça au M.^{quis} de Alanquer". Torre de Belém, 24 de junho de 1619, libro *1431, A 42.*

"Juan de Ciriça a Gaspar de Sosa sobre lo de Ravardiere", 22 de junho de 1619, libro *1431, A 42.*

"Le M.^{quis} de Alanquer à Juan de Ciriça", Lisboa 26 de junho de 1619", livro *1431, A 42.*

"Le M^{quis} de Alenquer a J^{n} de Ciciça", Lisboa, 25 de janeiro de 1620, libro 1477.

"Le Roi a Inigo de Cardenas", 30 de novembro de 1613, libro *1453, A59.*

"Philippe III a Inigo de Cardenas. Rive Marañon"// San Lorenzo, 30 de julho de 1614, libro *1453, A 59.*

"Resumen de lo consultado en lo tocante al Rio Marañon", Valladolid, 4 de julho de 1615, libro *1611.*

"Avis du Conseil D'Etat au Roi. Inclusa una consulta del de Portugal sobre lo de Marañon", Madrid a 4 de junho de 1615. [hay cinco firmas], libro *1429, A 40.*

"Lettres de D. Inigo de Cardenas su les affars de Marañon et le Indy". Madrid, a 13 de novembro de 1615", libro *1611.*

Carta de Diogo de Carcamo a Juan de Ciriça, Lisboa, 28 de fevereiro de 1620, livro *1477.*

4. Estado (Inglaterra):

"El Consejo de Estado//Sobre lo que escribe Don Diego de Sarmiento de Acuña". Madrid, 12 de abril de 1615, libro 2514.

5. Estado (Holanda):

"El Consejo de Estado a 10 de marzo de 1629 sobre lo que el Car.^{l} de La Cueva ha escrito en ra=zon de las fuerzas marítimas que juntavan Olande=ses con intento de buscar los galeones de la plata". Madrid a 10 de marzo de 1629.", libro 2043, flº. 159.

"El consejo de estado a 22 de Ag^{to} 1631. Dize lo que ofrece en la pro=puesta que haze Gaspar Chillan para poblar el rio y tierras de los Amazo=nas y costa de Guiana en las indias occidentales". Madrid, 22 de agosto de 1631, libro *2045.*

"Señor// Las utilidades que recivirá su Mag.d Catholica de tener Irlandeses en el Rio de las Almaçonas y costa de Guiana" [1631], libro *2045,*

"Consejo de Portugal. Acuerda se el despacho de una consulta sobre las pretensiones de Daniel de la Touche Sor de la Ravardiere que fue general de los franceses en el Marañon". 18 de noviembre de 1616, libro *2862.*

6. *Mapas y Dibujos:* "Costa de Guyana". 1618. D, Iv 056.

Archivo General de Indias (Sevilha, Espanha)

Charcas: 260.

Patronato: 272 R3; 272 R4; 272 R5.

Quito: 158.

Arquivo Histórico Ultramarino (Lisboa, Portugal):

Avulsos:

Maranhão: caixas 1, 2, 3, 4. Documentos: 1, *8, 16, 34, 35, 38, 56, 73, 75, 76, 77, 113, 116, 120, 124, 158, 191, 193, 219, 236, 255, 265, 267, 316, 369, 408, 409, 451.*

Pará: caixas 1, 2. Documentos: 23, 28, 29, 30, 31, 37, 40, 42, 45, 51, 54, 61, 63, 69, 75, 76, 89, 92, 105,

Ceará: caixa 1. Documentos: 1, 2, 3, 6, 7.

Códices: "Historia dos animaes e arvores do Maranhão pelo muito Reverendo Padre Fr. Christovão de Lisboa Calificador do Santo Officio, e fundador da Custodia do Maranhão da Recolecção de Santo Antonio de Lisboa//Anno [escrita presumivelmente entre os anos de 1625 a 1631]": Códice 1660; Consultas Mistas: 13, 14, 15; Cartas: 275; Consultas do Serviço Real: 30, 31, 32.

Arquivo Nacional da Torre do Tombo (Lisboa, Portugal):

Chancelaria de Felipe II: livros 8, 43.

Chancelaria de Felipe III: livros 18, 35, 39.

Chancelaria de D. João IV: livros 1.

Manuscritos da Livraria: livros 30, 140, 167, 168, 170, 171, 986, 1128, 1134, 1135, 1136, 1152.

Coleção São Vicente: livros 18, 23, 26.

Manuscritos do Brasil: livros 33, 39.

Casa de Palmela: 97, 98, 100.

Habilitações para a Ordem de Cristo:

"Sobre o que pede Francisco Coelho de Carvalho em rezão de suas provanças" Lisboa, 29 de março de 1667. *OC, letra F, maço 34, doc. 94.*

"Da mesa da cosnciencia e Ordem// Sobre as provanças de Bento Maciel Parente pela parte materna q. He do Brazil". Lisboa, 29 de abril de 1644. *OC, letra B, livro 13, maço 12, doc. 85.*

"Da mesa da cosnciencia e ordem// Sobre os deffeitos que resultarão das provanças de Bento Maciel Parente". 20 de julho de 1644. *OC, letra B, livro 13, maço 12, doc. 85, flº 28.*

"De Antonio dalburqrq Ma=ranhão". 1640. *OC, letra A, maço 47, doc.15.*

"Da mesa da Cons.ca E Ordens// Sobre o q. constou das provanças q. se fiserão a Fran.co de Carvalho". Lisboa, 24 de fevereiro de 1656. *OC, letra F, maço 34, doc.77, flº 372.*

"Da mesa da Consciencia E ordẽ// Sobre o que pede Andre Vidal de Negreiros em razão de suas provan=cas". 26 de janeiro de 1641. *OC, letra A, maço 46, doc.77, flº 10.*

"Ayres de Souza Chichorro". 28 de fevereiro de 1652. *OC, letra A, maço 53, doc.120.*

- Habilitações para a Ordem de São Bento de Avis:

Da Meza da Cons.^{cia} E ordens.// Sobre a dispensação que pede Fran.^{co} de Souza Indio do Maranhão p.^{a} se lhe fazerem suas inquirições nesta Corte". 22 de março de 1688. *OSBA, letra F, maço 1, doc. 17.*

Mesa da Consciência e Ordens (consultas): livros 30, 34.

Registro Geral de Mercês (Portarias do Reino, Consultas):

"M.^{el} de Seixas de Mag.^{es}". Lisboa, 11 de maio de 1641. *Livro I, flº 68.*

"Mercê a Alexandre de Moura, filho de João de Moura, neto de Francisco de Moura...". Lisboa, 19 de setembro de 1646". *Livro I,* flº 389v.

"Martim Soarez Moreno; vem do p.^{ro} assento desta lauda". Lisboa, 18 de julho de 1642. L*ivro I, flº 86-86v.*

"M.^{el} Furtado". Lisboa, 17 de outubro de 1646. *Livro I, flº 383v.*

"Mathias de Albuq.^{re} Maranhão". Lisboa, 23 de fevereiro de 1650. L*ivro II,* flº 282-283v

"Dez.^{or} Ant.^{to} Coelho de Carv.º". lisboa, 5 de outubro de 1648. L*ivro II, flº 155v.*

"Ayrez de Souza Chichorro". Lisboa, 7 de dezembro de 1650. L*ivro II, flº 318.*

"Mercê a D. Isabel Cardoso, viúva de Miguel Fontoura"Lisboa, 7 de fevereiro de 1651". *Livro II, flº 322.*

"An.^{to} Teix.^{ra} de Mello". Lisboa, 2 de agosto de 1647. *Livro II, flº 46-46v.*

"João Frz Viera". Alcântara, 2 de maio de 1652. *Livro II, flº 388-388v* .

"Pº Maçiel". Lisboa, 27 de outubro de 1639. *Livro II, flº 16v-17.*

"Jeronimo de Abreu do Valle". Lisboa, 29 de novembro de 1652. *Livro II, flº 431v.*

"An.^{to} Viçente". Lisboa, 25 de novembro de 1653. L*ivro III, flº 8v.*

"M.^{el} Guedes Aranha". Alcântara, 6 de julho de 1654. *Livro III, flº 56v-57.*

"An.^{to} Lameira da Franca" Lisboa, 22 de julho de 1654. L*ivro III, flº 59v-60.*

"Diogo Fragozo Sotomayor". Lisboa, 3 de março de 1655. *Livro III, flº 141.*

"M.el Alvrez da Cunha". Alcântara, 21 de junho de 1656. *Livro III, flº 240-240v.*

"B.ar de Fontez de Mello". Lisboa, 18 de outubro de 1656. *Livro III, flº 267v.*

"D.or João Cabral de Barros". Lisboa, 23 de dezembro de 1656. *Livro III, flº 285-286.*

"Ant.to Frz do Babo". Lisboa, 29 de novembro de 1659. *Livro IV, flº 100v.*

"Luis de Magalhãez". Lisboa, 3 de agosto de 1663. *livro IV, flº 421-421v.*

Arquivo Público do Estado do Maranhão (São Luís, Brasil):

Livro de Acórdãos. São Luís, 1646-1649.

Livro de Acórdãos. São Luís, 1654-1657.

Arquivo Público do Estado do Pará (Belém, Brasil):

[Coleção de cópias de documentos espanhóis. Coleção Ernesto Cruz, pastas 1, 2, 3, 4.]

Archivio di Stato di Firenze (Florença, Itália):

Mediceo del Principato, pezzo 1829, c. 458r-460v.

Mediceo del Principato, pezzo 4939, *cc. 638r-639v;* cc.646r-647r.

Mediceo del Principato, pezzo 4938, cc. 493-496; 497r-499.

Biblioteca da Ajuda (Lisboa, Portugal):

Códice 50-V-37:

"Carta de hum homem do Maranhão sobre hua morte". Gurupá, 13 de Junho de 1679. *BA, códice 50-V-37, fl. 39-44.*

"Memorial sobre o Estado do Maranhão [sem data, sem autógrafo] *BA, códice 50-V-37, nº 51, flº 143-143v.*

"Varios papeis tocantes ao Maranham" 1679? *BA, códice 50-V-37,*nº 139, *fl.417v-418.*

Códice 51-V-41:

[vários documentos sobre a jornada de Pedro Teixeira]. 1636.

Códice 51-VI-21:

Consultas do Conselho da Fazenda

"Sobre o socorro q. se ha de dar ao Cap.^{am} do Parâ p.^{a} levar aquella praça (...)". Lisboa, 30 de agosto de 1638. *BA, códice 51-VI-21, flº 138-139v.*

"Sobre o pagam.^{to} q. pertende haver o Cap.^{am} Sipião Pitta Porto Carreiro de 2:478U040r^{s} q. despendeo na fortifficação, e reparo da Forta=leza do Rio Grande, e com a gente q. por aly passou do socorro p.^{a} Pernambuco". 12 de novembro de 1638. 155". *BA, códice 51-VI-21, flº 149v-161.*

"O P. Luis Figueira Relligiozo da Comp.^{a} de Jesus que vay por superior da caza do Maranhão pede se lhe dem p.^{a} as tres Jgr.^{as}" . Lisboa, 4 de fevereiro de 1639. *BA, códice 51-VI-21, flº 112-214.*

"O P.^{e} Luis Figueira da Comp^{a} de Jezus Superior da caza do Maranhão, pede q. dos engenhos q. ja fizerem asucar se faça repartição e os dizimos de dous delles se apliquem ao pagam.^{to} dos ordenado eccl.^{oz}". Lisboa, 27 de junho de 1639. *BA, códice 51-VI-21,* flº 246v-248v.

"Sobre os Prov.^{res} Mores que fo=rem do Estado do Maranhão serem som.^{te} os juízes execu=tores, de todas as contas e couzas pertencentes á Faz.^{a} de VMag.^{de} sem nisso se intrometerem os go=vernnadores do d.^{to} Estado". Lisboa, 27 de Junho de 1640. *BA, códice 51-VI-21, flº* 313-316v.

Códice 51-VII-15:

Consultas do Conselho da India -1603 a 1609.

"Sobre as cartas q. Alexandre de Moura e Ambrosio de Siq.^{ra} escreverão sobre hũ pataxo frânçes;". 31 de julho de 1605. *BA, 51-VII-15, fl. 38-38v.*

"Sobre Alexandre de Moura dar castiguo a Sebastião da Rocha e outro q. impidirão tomarse hũa nao de estrangeiros" Janeiro de 1607. *BA, códice 51-VII-15, fl. 119.*

"Sobre hũa petição que derão os da Comp.^{a} sobre os índios do Maranhão". 13 de fevereiro de 1607. *BA, códice 51-VII-15, fl. 128.*

"Sobre se aguardecer a Alexandre de Moura o como se dispos rezistir aos Olandezes" 21 de Agosto de 1607. *BA, códice 51-VII-15, fl. 166.*

"Sobre Fran.^{co} Coelho de Carvalho Capitão da Paraiba". 25 de Fevereiro de 1609. *BA, códice 51-VII-15, fl. 251.*

Códice 51-VI-18:

"Treslado da Ynformação que se tomou sobre a materia das minas do Seará" 8 de agosto de 1654. *BA, códice 51-VI-18, flº. 99-99v.*

Códice 51-VI-54:

Papeis varios pertencentes as Conquistas da America e India

"Treslado da folha do q. se pagou em Pernambuco da faz.^{a} de S.Md.^{de} o anno q. começou em o prim.^{ro} de Aguosto de 608 e ha de acabar em o derradr.^{o} de Julho de 609 do Ren=dimento dos dizimos da dita capitania e das mais da banda do Norte della// 1609?. *BA, códice 51-VI-54, fl.213-222.*

Códice 51-X-2:

Listas das cartas de S.Mg.^{e} escritas ao Governo do pr.^{o} de jan.^{ro} de 632 ate do ditto anno.

"Sobre differentes particulares toq.^{tes} a Parahiba e socorro q. se lhe deve enviar." 18 de fevereiro de 1632. *BA, códice 51-X-2, nº 6, flº.34v.*

Códice 51-X-4 (nº 7):

[Cartas ao Governo de Portugal, 1632]

"Sobre o socorro do Maranhão". Outubro de 1632? *BA, códice 51-X-4,nº 7, flº.1v.*

Códice 51-X-5:

Listas das cartas de S.Mag.^{de} do anno de 633

Códice 54-XI-26 (nº 4):

[Documentos sobre o Rio Amazonas e Marañón]

"Relacion del descubrimiento del Rio delas Amazonas y San Francisco del quito, y decla=racion del Mapa donde esta pintado". 1639. *BA, códice 54-XI-26 (nº 4), fl. 1-21v.*

Códice 54-XI-26 (nº 5):

"Noticias do Maranhão, situação e costumes de seus naturais mandado pella Camara do Estado por seu procurador Manoel Guedes Aranha// anno de 1662". São Luís, 8 de agosto de 1662. *BA, códice 54-XI-26 (nº 5), fl. 1-54v.*

Códice 54-XI-27 (nº 17):

"Memoria// De todas as pessoas que desde o principio da Conquista governarão as duas Capitanias do Maranhão e Gram Pará: 1º como Capitães Mores, antes da creação dos Go=vernadores Gerães: 2º como Governadores Gerães: 3º como Governadores e Capitães Generaes: 4º os Capitães Mores por substituição e nomeação Real, no caso de obi=tos, ausencia, deposição e nomeação. Expressando nella os nomes, tempo da posse, tempo que servirão, em que Reynado, patentes e empregos de que sahirão, serviços que fizerão, e outras noticias proprias da Historia". 1788? *BA, códice 54-XI-27 (nº 17), fl. 1-25.*

Biblioteca Nacional de España (Madrid, Espanha):

Mss 2326:

"Relaçiones del gran Rio, Orinoco, meta Ycaçanare, con sus fondos y naçiones de indios que abitan sus rriveras y lo mas memorable de el Hasta que desenboca A la mar, frontero de la isla de la trinidad-// Escribiola el sargento maior Diego Ruiz Maldonado en el biaxe que llevo el socorro, A la guiana por horden de don Martin de saabedra y Guzman Presidente g.^{or} y Cap.^{an} general del nuevo Reino de Granada". 1638? BNE, mss 2326, *fls. 1-46v.*

Mss 2349:

"Sucesos del año de 1618".

"Intentos da Jornada do Pará". [Simão Estacio da Silveira] Lisboa, 21 de setembro de 1618. BNE, mss 2349, fl. 174-177v.

Mss 2370:

"Sucesos del año de 1639".

"Relaciones del nuevo descubrimiento del rio de las AMAZONAS por el P.e Christoval de Acuña de la Comp.a de Jesus// MADRID EN LA IMPRENTA DEL REYNO// Año de 1641". BNE, mss 2370, fl. *188 B.ta*

Mss 3015:

"Descripcion de la India Oriental, Gobierno de ella y Sucesos acaecidos en el ño de 1639". BNE, mss 3015.

"Discripcion de la Provincia del Brasil", Madrid, 30 de stembro de 1629. BNE, mss *3015, flº 1-7.*

"Descripsão do Rio Grande", 1639?, flº. 53-54v. BNE, mss *3015, flº 53-54v.*

Capitão Andre Pereyra."Relação do que hâ no Grande Rio das Amazonas novam.te descuberto". 1616. BNE, mss 3015, flº. 135-137v.

"Declaração do que contem o Mapa dos portos do Rio das Amazonas atè à Ilha de Santa Margarida, donde se// pescão as perolas". [Primera metade do século XVII]. BNE, mss 3015, flº. 139-141v.

"Roteiro de Pernambuco ao Maranhão// Jornada, que fizemos da Capitania de Pernambuco com à Armada em que veyo por Capitão Mor Alexandre de Moura à Conquista do Maranhão e trouxe por piloto na capitana à Manoel Gonçalves o Regeifeiro de Leça". 5 de Outubro de 1615? BNE, mss 3015, fl. 176-181.

Mss 20271/12:

"Relacion de lo que ay en el grande y famoso rio de las Amazonas descubierto nuebamente.1616". BNE, mss 20271/12.

Mss 5859:

Don Martin de Saavedra y Guzman. "Descvbrimiento del Rio dlas Amazonas y sus dilatatadas Prou.as". Santa Fe, 23 de julio de 1639. BNE, mss 5859, flºs 1-32.

Mss 2365:

"Sucesos del año de 1634".

"1634// Los Olandezes Ganan en el Brazil la Parayba. Los indios se declaran por su partido: miserias que padecem por esta causa los moradores de aquella campaña//ganan ultimamente los olandezes el fuer=te de Nazareth". 1634. BNE, mss 2365, f.º 9-12v.

Mss 4163:

"Los advertimientos siguientes Por V. Mag.^{d} Catholica sobre la Enpresa de Gas=par Chillan o la población de irlandesses en el Rio de la Amaçonas y costa de guiana". [início do século XVII]. *BNE, mss 4163, flº 58.*

Mss 2950:

"Nuebo descubrimiento de El Rio de Marañon, llamado de las Amazonas// Hecho por la Religion de S.^{o} Fran.^{co} //Año de 1651. Siendo missio=nario El P.^{e} fr. Laureano de la Cruz y el P.^{e} fr Joan de Quinquoçes, escrito por la obb.^{a} de los Su=periores en Madrid, Año 1653, por fr. Laureano de la Cruz P.^{er} Hijo de la Prov.^{a} de Quito de la orden de San Francisco". Madrid, 1653. *BNE, mss 2950, flº 114-156.*

Biblioteca Nacional de Portugal (Lisboa, Portugal):

Coleção Pombalina: códices 645, 647.

Reservados: códice 7163.

Cartografia: CA, 71v.

Fundação Biblioteca Nacional (Rio de Janeiro, Brasil)

"Breve relacion de la Jornada de la conquista de Marañon, hecha por el capitan Manuel de Sousa Dessa. 9 de julho de 1615", [versão de 1905]. Doc. II-32, 18, 24.

"Memorial// Para conservar y aumentar la Conquista y tierras del Marañon, y los Indios que en ellas conquistó el capitán Benito Maciel

Pariente// son necesarias las cosas siguientes// año 1630. [cópia]. Doc. II-35, 28.

"Memorial para conservar e aumentar la conquista y tieras del Marañon de Bento Maciel Parente". Doc. II-32, 13, 24.

"Oficio del duque al presidente del consejo de indias acompañandole um papel donde se avisa que los holandeses pretenden poblar entre el Marañon y la Margarita y explicando el mapa de estas costas que dice acompaña. 1615" [versão de 1905]. Doc. II-32, 13, 18.

"Pareceres do conselho de estado da Hespanha a respeito da empresa do Maranhão. 1615". Doc: II-32, 18, 25.

"Relatório de Alexandre de Moura sobre a expedição a Ilha do Maranhão e expulsão dos francezes". Lisboa, 24 de outubro de 1616. Doc: II-32, 18, 21.

BERTIUS, Petrus. *Brasilia*. 1616, Disponivel em: http://consorcio.bn.br/cartografia/index.html.

BRY, Theodor de. *Americae Pars Magis Cognita*, 1624. Disponível em: http://consorcio.bn.br/cartografia/index.html.

HONDIUS, Hendrik (1597-1651). *Americae pars Meridionalis*, 1640. Disponível em: http://consorcio.bn.br/cartografia/index.html.

CORONELLI, Vicenzo. *Corso del fiume dell Amazoni*, 1691. *FNB. D*isponível em: http://consorcio.bn.br/cartografia/index.html.

Nationaal Archief (Haia, Holanda):

"Kaart Stat ende Fort van Gran Para". *4 VEL, 2155.*

"Maragnon in Zuid America". 4 VEL, H 619-72.

Sociedade de Geografia de Lisboa (Lisboa, Portugal):

Coleção Vidigueira (reservados 2, códice 1): Livro da Fazenda da Capitania do Cayete, 1636-1661.

"Colecção de 15 cartas originais para o governador da relação do porto, 1648-1652". (Reservados 3, c -13 – 9).

"Cartas originais de El Rey D. João 4. 1646-1653". (Reservados 3, d -18).

"Papeis Históricos Portugueses". Ano 1621 (Reservados 2, est. 146, b 6).

Fontes publicadas

[Coleção de documentos sobre Grão-Pará e Maranhão]. In: *Annaes da Biblioteca Nacional do Rio de Janeiro, vol. 26* (1904).

"Petição de Symão Estacio da Silveira". Madrid, 15 de junio de 1626. Museu Britânico (Londres). Com introdução e notas de Rodolfo Garcia. In: *Revista do Instituto Histórico e Geographico Brasileiro*, tomo 83 (1919), p. 96.

"Relatório que fez o capitão André Pereira sobre o rio das Amazonas e terras circundantes, 1616". In: *Annaes da Biblioteca e Archivo Publico do Pará*, tomo 1, p. 5-8.

ACOSTA, Cristóbal. *Tratado de las drogas y medicinas de las Indias Orientales.* Edición Facsímil. León: Universidad de León/Colegio Oficial de Farmacéuticos de la Provincia de León, 1995 [1578].

ACOSTA, Pe. José de, S.J.. *Historia Natural y Moral de las Indias, en que se tratan las cosas notables del Cielo, elementos, metales, plantas y animales de ellas; y los ritos, ceremonias, leyes, gobierno y guerras de los indios.* Madrid: Pantaleon Aznar, sexta edición, 1792.

ADÓNIAS, Isa. *Imagens da formação territorial brasileira.* Rio de Janeiro: Fundação Odebrecht, 1993.

BARLÉU, Gaspar. *História dos feitos recentemente praticados durante oito anos no Brasil e noutras partes sob o govêrno do Ilustríssimo João Maurício de Nassau.* Tradução e anotações de Cláudio Brandão. Rio de Janeiro: Ministério da Educação, 1940 [1647].

BENZONI, Gerolamo. *Historia del Mundo Nuevo.* Introducción y notas de Manuel Carrera Díaz. Madrid: Alianza Editorial, 1989 [1565].

BERREDO, Bernardo Pereira de. *Anais Históricos do Estado do Maranhão.* São Luis: Alumar, 1988 [1749].

BETTENDORF, João Felipe, SJ. *Crônica da missão dos Padres da Companhia de Jesus no Maranhão*. Belém: Fundação Cultural do Pará Tancredo Neves/Secretaria de Estado da Cultura, 1990 [1698].

BLUTEAU, Raphael. *Vocabulario portuguez & latino: aulico, anatomico, architectonico* ... Coimbra: Collegio das Artes da Companhia de Jesu, 1712 - 1728, vol. 3. Disponível em www.brasiliana.usp.br.

BRY, Theodor de. *America sive Novus Orbis*, 1624. In: *Colecion de Juan y Pessy Rada*. Biblioteca Nacional de Chile. Disponível em: http://memoriachilena.cl.

CAMPANELLA, Tommaso. *La Monarquía Hispánica*. Traducción del latín, prólogo y notas críticas de Primitivo Mariño. Madrid: Centro de Estudios Constitucionales, 1982.

CARDIM, Pe. Fernão. *Tratados da terra e Gente do Brasil*. introducções e notas de Baptista Caetano, Capistrano de Abreu e Rodolpho Garcia. Rio de Janeiro: Editores Leite & Cia, 1925.

CARVAJAL, Gaspar de, fr., *Relación que escribió fr. Gaspar de Carvajal, fraile de la Orden de Santo Domingo de Guzmán, del Nuevo descubrimiento del famoso Rio Grande que descobrió por muy gran aventura el capitán Francisco de Orellana, desde su nacimiento hasta salir a la Mar, con cincuenta y siete hombres que trajo consigo y se echó a su aventura por el dicho rio, y por el nombre del capitán que le descubrió se llamó el Rio Orellana*. Madrid: Consejo de la Hispanidad, 1944.

CARVALHO, Jacinto de, S.J.. *Crônica da Companhia de Jesus no Maranhão* [primera mitad del siglo XVIII]. São Luis: Alumar, 1995.

CIEZA DE LEÓN, Pedro de. *Crónica del Perú*. Barcelona: Linkgua Ediciones, 2009 [1554].

COVARRUBIAS OROZCO, Sebastián de. *Tesoro de la lengua Castellana o Española*. Editorial Castalia/Nueva Biblioteca de Erudición y Crítica, 1995 [1611].

D'ABBEVILLE, Claude. *História da missão dos padres capuchinhos na ilha do Maranhão*. Belo Horizonte/São Paulo: Itatiaia/Edusp, 1975 [1614].

D'EVEUX, Yves. *Viagem ao Norte do Brasil feito nos anos de 1613 e 1614*. São Luis, 1874 [1615].

FARIA, Manoel Severim de. "Discurso I. Dos meyos, com que Portugal póde crescer em grande numero de gente, para aumento da Milicia, Agricultura e Navegação". In: Noticias de Portugal. Tomo I. Lisboa: Offic. de Antonio Gomes, 1791 [1655].

FIGUEIRA, Luís, "Relação da missão do Maranhão [1608-1609?]". In: LEITE, Serafim. *Luiz Figueira, sua vida heróica e sua obra Literária*. Lisboa: Agência Geral das Colônias, 1940, p. 105-152.

HERIARTE, Mauricio de. *Descripção do Estado do Maranhão, Pará, Corupá e Rio das Amazonas*. Viena: Imprensa do filho de Carlos Gerold, 1874 [1662].

HERRERA Y TORDESILLAS, Antonio. *Historia General de los hechos de los castellanos en la islas i Tierras Firme del Mar océano*. Madrid: Emplenta Real, 1601.

JANSSON, Jan. *America Naviter Delineata* (1623). Disponível em: http://www.memoriachilena.cl.

LISBOA, Frei Cristovão de. *História dos Animais e Árvores do Maranhão*. Lisboa: Arquivo Histórico Ultramarino/Centro de Estudos Ultramarinos, 1967.

Livro 1º do Governo do Brasil (1607-1633). Lisboa: CNCDP/MRE, 2001.

Livro 2.º do Governo do Brasil (1615-1634). Lisboa: CNCDP/Museu Paulista/USP, 2001.

LÓPEZ DE GÓMARA, Francisco. *Historia General de las Indias*. Barcelona: Linkgua ediciones, 2006 [1552].

MENEZES, Dom Luis de, Conde da Ericeyra. *Historia de Portugal Restaurado*, tomo I. Lisboa: Officina de João Galrão, 1679.

MORENO, Martim Soares. "Relação do Ceará". In: *Três documentos do Ceará colonial.* Fortaleza: Departamento de Imprensa Oficial, 1967, p. 159-201.

MORRIS DE JONGE, Gedeon. "Breve descripção aprezentada aos Srs. directores da outorgada Companhia das Indias Occidentais, delegadas à Assembléia dos Dezenove sobre os lugares situados no Brasil septentrional denominados Maranhão, Ceará, Cametá, Grão-Pará, e outros rios comprehendidos na bacia do famozo rio do Amazonas, onde os portuguezes tem assento, com toda a dispozição e circunstancias respectivas, como deixei no ultimo de novembro de 1636". Middelbourg, 22 de outubro de 1637. In: HYGINO, José. "Relatórios e cartas de Gedeon Morris de Jonge no tempo do domínio holandês no Brazil". *RIHGB*, tomo LVIII, parte I (1895), p. 237-250.

Ordenações e Leis do Reino de Portugal Recompiladas Por Mandado Del-Rei D. Felipe O Primeiro. Coimbra: Imprensa Universitária, duodecima edição segundo a nona, 1858.

Ordenancas Del Bven Govierno de la Armada del Mar Oceano de 24 de henero de 1633. Madrid: Instituto Histórico de Marina, 1974 [facsímile da edição de Barcelona do ano de 1678]

OVIEDO Y VALDÉS, Gonzalo Fernandez de. *Historia General y Natural de las Indias, islas y Tierra Firme del Mar océano.* Madrid: Imprenta de la Real Academia de la Historia, 1855 [1535].

RALEIGH, Walter. *The Discovery.* In: RAMOS PEREZ, Demetrio. *El Mito Del Dorado. Su Genesis y proceso.* Caracas: Academia Nacional de la Historia, 1973, p. 532-533.

RODRÍGUEZ, Manuel. *El Marañon y Amazonas: historia de los descubrimientos, entradas, y reduccion de naciones, trabajos malogrados de algunos conquistadores, y dichosos de otros, assi temporales, como espirituales, en las dilatadas montañas, y mayores rios de la America / escrita por el Padre Manuel Rodriguez, de la Compañia de Iesus, procurador general de las provincias de Indias, en la Corte de Madrid.* Madrid: Imprenta de Antonio Gonçalez de Reyes, 1684.

SILVEIRA, Simão Estácio da. *Relação Sumaria das Cousas do Maranhão. Escripta pello capitão Symao Estácio da Sylveira. Dirigida aos pobres deste Reyno de Portugal.* Separata dos *Anais da Biblioteca Nacional*, vol. 94 (1974). Rio de Janeiro: Biblioteca Nacional, 1976 *[1624]*.

SIMON, fray Pedro. *Noticias Historiales de Venezuela.* Caracas: Biblioteca Ayacuch, vol. 2, 1992.

SOUSA, Gabriel Soares de. *Tratado descriptivo do Brazil em 1587.* Rio de Janeiro: Typographia universal de Laemmert, 1851.

STUDART, Barão de. *Documentos para a história do Brasil, especialmente para a do Ceará. Revista Trimensal do Instituto do Ceará* (1910-1924).

VAULX, Pierre. *Carte de l'Océan Atlantique*, 1613. Colección de mapas de la Biblioteca Nacional de Francia. Disponible en: http:cartanciennes. free.fr/.

VIEIRA, António. *Cartas do Padre António Vieira.* Coordenadas e anotadas por João Lúcio de Azevedo, Tomo Primeiro. Lisboa: Imprensa Nacional, 1970.

VIEIRA, António. *História do Futuro.* Introdução, actualização do texto e notas por Maria Leonor Carvalhão Buesco. Lisboa: Imprensa Nacional/Fundação Calouste Gulbenkian, 1982 [1718].

VIEIRA, António. *Sermões do Padre António Vieira. Reprodução facsimilada da edição de 1685.* São Paulo: Editora Anchieta S.A, vol. IV, 1944.

VIEIRA, P[e] António. *Obras escolhidas.* Prefácios e notas de António Sérgio e Hernâni Cidade. Vol. IV. Lisboa: Livraria Sá da Costa, 1951.

ZERON, Carlos Alberto Ribeiro & CAMENIETZKI, Carlos Ziller. "Nas sendas de Sérgio Buarque de Holanda: Documentos sobre uma expedição florentina à Amazônia, em 1608". *Revista de História*, nº 142-143, (2000), p. 123-211.

Bibliografia

ADÓNIAS, Isa. *A cartografia da região amazônica: catálogo descritivo: 1500-1961*. Rio de Janeiro: Conselho Nacional de Pesquisas/INPA, 1963.

ALDEN, Dauril. "Indian versus Black slavery in the state of Maranhão during the seventeenth and the eighteenth centuries". *Bibliotheca Americana*, vol. 1, nº 3 (janeiro, 1984), p. 91-142.

ALDEN, Dauril. "The significance of cacao production in the Amazon Region during the late colonial period: an essay in comparative economic history". *Proceedings of the American Philosophical Society*, vol. 120, nº 2 (abril, 1976), p. 103-135.

ALEGRIA, Maria Fernanda; DAVEAU, Suzanne; GARCIA, João Carlos; RELAÑO, Francesc. "Portuguese Cartography in the Renaissance". In: WOODWARD, David (ed.). *The History of Cartography. Volume three: Cartography in the European Renaissance*. Chicago/Londres: The University of Chicago Press, 2007, p. 975-1068.

ALENCASTRO, Luis Felipe de. "Le versant brésilien de l'Atlantique-sud. 1550-1850". *Annales. Histories, Sciences Sociales*, nº 2 (março-abril, 2006), p. 339-385.

ALENCASTRO, Luis Felipe de. *O trato dos viventes: formação do Brasil no Atlântico Sul*. São Paulo: Companhia das Letras, 2000.

ALLEN, Paul C. *Felipe III y la Pax Hispanica, 1598-1621. El fracaso de la gran estrategia*. Madrid: Alianza Editorial, 2001.

ALMEIDA, Adroaldo J. Silva. *Museu Casa Histórica de Alcântara*. São Luis: IPHAN/3ª SR, 2006.

AMARAL, José Ribeiro do. *Fundação do Maranhão*. São Luis: Typografia Teixeira, 1912.

AMORIM, Maria Adelina. *Os franciscanos no Maranhão e Grão-Pará. Missão e cultura na primeira metade de Seiscentos*. Lisboa: Centro de Estudos de História Religiosa/Universidade Católica Portuguesa, 2005.

ARANOVICH, Carmen. "Notas sobre urbanizacion colonial en la America Portuguesa". *Revista de Indias*, vol. XXXIII-XXXIV, nº 131-138, (1974), p. 383-398.

ARAÚJO, Renata Malcher de. "Desenhar cidades no papel e no terreno: cartografia e urbanismo na Amazónia e Mato Grosso no século XVIII". In: OLIVEIRA, Francisco Roque & MENDOZA VARGAS, Héctor. (ed.) *Mapas de metade do Mundo. Cartografia e a construção territorial dos espaços americanos. Séculos XVI a XIX*. Lisboa/ Ciudad de México: Centro de Estudos Geográficos. Universidade de Lisboa/Instituto de Geografia. Universidad Nacional Autónoma de México, 2010, p. 179-210.

ARELLAN, I. & RODRÍGUEZ GARRIDO *(Eds.). Edición y anotación de textos coloniales hispano-americanos.* Madrid/Frankfurt: Iberoamericana/Vervuert, 1999.

ARES QUEIJA, Berta. "El papel de mediadores y la construcción de un discurso sobre la identidad de los mestizos peruanos (siglo XVI)". In: ARES QUEIJA, Berta & GRUZINSKI, Serge (eds). *Entre dos Mundos. Fronteras culturales y agentes mediadores*. Sevilla: Escuela de Estudios Hispano-Americanos, 1997, p. 37-59.

ASSUNÇÃO, Paulo de. *Negócios jesuíticos: o cotidiano da administração dos bens divinos*. São Paulo: EdUSP, 2004.

BACHILLER CABRIA, Juan Vicente. *Cartografia Manuscrita de Brasil (1500-1822)*. Salamanca: Universid de Salamanca/Centro de Estudios Brasileños, 2008.

BAENA, Antônio Ladislau Monteiro. *Compêndio das eras da província do Pará*. Belém: Univesidade Federal do Pará, 1969 [1838].

BAGROW, Leo. *History of Cartography*. New Brunswick/Oxford: Transaction Publishers, 2009.

BALLABARBA, Sergio. "Le navi portoghesi nel periodo delle scoperte". In: CECCUCCI, Piero. *Le Caravelle Portoguesi sulle vie delle Indie*. Roma:

Bulzoni Editore/Consiglio Nazionale delle Ricerche/ CNCDP, 1993, p. 99-123.

BARATA, Manuel Themudo & TEIXEIRA, Nuno Severiano (Eds). *Nova História Militar de Portugal.* Lisboa: Círculo de Leitores, vol. 2, 2000.

BARRETO, Luis Filipe. *Descobrimentos e Renascimento - Formas de ser e de pensar nos séculos XV e XVI.* Lisboa, 1983.

BARRETO, Luis Filipe. *Os descobrimentos e a ordem do saber. Uma analise sociocultural.* Lisboa: Gradiva, 1987.

BARROS, Edval de Souza. *Negócios de tanta importância. O Conselho Ultramarino e a disputa pela condução da guerra no Atlântico e no Índico (1643-1661).* Lisboa: Universidade Nova de Lisboa/Universidade dos Açores/CHAM, 2008.

BASTOS, Carlos Augusto & LOPES, Siméia de Nazaré. "Nas rotas do Xingu e do Tapajós: desertores, remeiros e regatões no Grão-Pará dos pós- Cabanagem". In: SOUZA, César Martins de & CARDOSO, Alírio. (Eds). *HISTÓRIAS DO XINGU: Fronteiras, espaços e territorialidades: séculos XVII-XXI.* Belém: EDUFPA, 2008, p. 159-188.

BASTOS, Carlos Augusto. *No limiar dos Impérios*: projetos, circulações e experiências na fronteira entre a Capitania do Rio Negro e a Província de Maynas (c.1780-c.1820). Tese de Doutorado (História) defendida na Universidade de São Paulo, 2013.

BENASSAR, Bartolomé. *La América española y la América portuguesa (siglos XVII-XVIII).* Madrid: SARPE, 1986.

BÉNAT-TACHOT, Louise. *"La Historia General de las Indias de Francisco López de Gómara: identificación de las Fuentes y elaboración textual". In:* ARELLAN, I. & RODRÍGUEZ GARRIDO *(Eds.). Edición y anotación de textos coloniales hispano-americanos.* Madrid/Frankfurt: Iberoamericana/Vervuert, 1999.

BETHENCOURT, Francisco. "Configurações políticas e Poderes Locais". In: BETHENCOURT, Francisco & CURTO, Diogo Ramada (Eds.). *A*

Expansão Marítima Portuguesa, 1400-1800. Lisboa: Edições 70, 2010, p. 207-264.

BEZERRA NETO, José Maia. *Escravidão Negra no Grão-Pará. Séculos XVII-XVIII*. Belém: Paca-Tatu, 2001.

BICALHO, Maria Fernanda. *A Cidade e o Império: O Rio de Janeiro no século XVII*. Rio de Janeiro: Civilização Brasileira, 2003.

BIGGS, Michael. "Putting the state on the map". Cartography, territory and european state formation". *Comparative Studies in Society and History*, vol. 41, nº 2 (abril, 1999), p. 374-405.

BOUZA ÁLVAREZ, Fernando Jesús. "1640 perante o Estatuto de Tomar. Memória e Juízo do Portugal dos Filipes". *Penélope. Fazer e Desfazer a História*, nº 9/10 (1993), p. 17-27.

BOUZA ÁLVAREZ, Fernando Jesús. "Entre dos Reinos, una patria rebelde: fidalgos portugueses en la Monarquía Hispánica después de 1640". *Estudis. Revista de Historia Moderna*, nº 20 (1994), p. 83-103.

BOUZA ÁLVAREZ, Fernando Jesús. "Gramática de la Crisis. Una nota sobre la historiografía del 1640 hispánico entre 1940 y 1990". *Cuadernos de Historia Moderna*, nº 11, (1991), p. 223-249.

BOUZA ÁLVAREZ, Fernando. *Portugal no Tempo dos Filipes. Política, Cultura, Representações (1580-1668)*. Lisboa: Edições Cosmos, 2000.

BOXER, Charles R. *Salvador de Sá and the struggle for Brazil and Angola, 1602-1686*. Londres: Athlone Press, 1952.

BOXER, Charles Ralph. *Os holandeses no Brasil (1624-1654)*. São Paulo: Companhia Editora Nacional, 1961.

BOXER, Charles. *A Índia portuguesa em meados do século XVII*. Lisboa: Edições 70, s/d,.

BOXER, Charles. *João de Barros. Portuguese humanist and historian of Asia*. New Delhi: Concept Publishing Company, 1980.

BOXER, Charles. *The Dutch Seaborne Empire, 1600-1800*. Londres: Paperback/Hutchinson, 1977

BOYAJIAN, James C.. *Portuguese Trade in Asia under the Habsburgs, 1580-1640*. Baltimore/Londres: The Johns Hopkins University Press, 2008.

BUESCO, Ana Isabel. "Aspectos do bilinguismo português-castellano na época moderna". *Hispania*, vol. LXIV/1, nº 216 (janeiro-abril, 2004), p. 13-38.

CÁMARA, Alicia. "Esos desconocidos ingenieros". In: CÁMARA, Alicia (ed.). *Los ingenieros militares de la Monarquía Hispánica en los Siglos XVII y XVIII*. Madrid: Ministerio de Defensa, 2005, p. 13-29.

CAMARA, Antônio Alves. *Ensaio sobre as construcções navaes indígenas do Brasil*. Rio de Janeiro: Typ. De G. Leuzinger & filhos, 1888.

CAMARINHAS, Nuno. *Juízes e a administração da justiça no Antigo Regime. Portugal e o império colonial, séculos XVII e XVIII*. Fundação Calouste Gulbenkian/Fundação para a Ciência e a Tecnologia. Lisboa, 2010.

CANABRAVA, Alice Piffer. *O comércio português no Rio da Prata (1580-1640)*. São Paulo: Editora Itatiaia/Editora da Universidade de São Paulo, 1984.

CARDIM, Pedro & SABATINI, Gaetano. "António Vieira e o universalismo dos séculos XVI e XVII". In: CARDIM, Pedro & SABATINI, Gaetano (Eds.). *António Vieira, Roma e o universalismo das monarquias portuguesa e espanhola*. Lisboa: Centro de História de Além-Mar/ Universidade Nova de Lisboa/Universidade dos Açores/Università Degli Studi Roma Tre/Red Columnaria, 2011, p. 13-27.

CARDIM, Pedro. "A prática diplomática na Europa do Antigo Regime". In. RODRIGUES, Luís Nuno & MARTINS, Fernando (Eds.). *História e Relações Internacionais*. Lisboa: Edições Colibri/Universidade de Évora, 2004, p. 11-53.

CARDIM, Pedro. "De la nación a la lealtad al rey. Lourenço de Mendonça y el estatuto de los portugueses en la Monarquía española de la década de 1630". In: GONZÁLEZ CRUZ, David (Ed.). *Extranjeros y enemigos en Iberoamérica: La visión del otro. Del Imperio Español a la Guerra de la Independencia*. Madrid: Sílex Ediciones, 2010, p. 57-88.

CARDIM, Pedro. "Entre Paris e Amesterdão. António Vieira, legado de D. João IV no Norte da Europa (1646-1648)". *Oceanos*, nº 30/31 (setembro, 1997), p. 134-154.

CARDIM, Pedro. "Los portugueses frente a la Monarquía Hispánica". In: ÁLVAREZ-OSSORIO ALVARIÑO, Antonio & GARCÍA CARCÍA, Bernardo J. (Eds). *La Monarquía de las Naciones. Patria, nación y naturaleza en la Monarquía de España*. Madrid: Fundación Carlos de Amberes, 2004, p. 355-383.

CARDIM, Pedro. "O governo e a administração do Brasil sob os Habsburgo e os primeiros Bragança". *Hispania*, vol. LXIV, nº 216 (janeiro-abril, 2004), p. 117-156.

CARDIM, Pedro. "Os 'Rebeldes de Portugal' no Congresso de Münster (1644-1648)". *Penélope. Fazer e desfazer a História*, nº 19/20 (1998), p. 101-128.

CARDIM, Pedro. *Cortes e cultura política no Portugal do Antigo Regime*. Lisboa: Edições Cosmos, 1998.

CARDOSO, Alirio & CHAMBOULEYRON, Rafael. "Cidades e vilas da Amazônia colonial". *Revista Estudos Amazônicos*, vol. IV, n. 2 (2009), p. 37-51.

CARDOSO, Alirio & CHAMBOULEYRON, Rafael. "Fronteiras da Cristandade: Relatos jesuíticos no Maranhão e Grão-Pará (século XVII)". In: DEL PRIORE, Mary & GOMES, Flavio. *Senhores dos rios. Amazônia, Margens e História*. Rio de Janeiro: Elsevier, 2003, p. 33-62.

CARDOSO, Alirio & SOUZA, César Martins de. (Eds). *Histórias do Xingu: fronteiras, espaços e territorialidades (séc. XVII-XXI)*. Belém: Editora da UFPA, 2008.

CARDOSO, Alírio. "'Un piccolo pataccio al rio dell Amazzoni': Pirataria europeia e projetos italianos na Amazônia na época da Monarquia Hispânica". *Revista de Historia (USP)*, v. 170 (2014), p. 175-199.

CARDOSO, Alirio. "A Conquista do Maranhão e as disputas atlânticas na geopolítica da União Ibérica (1596-1626)". *Revista Brasileira de História*, v. 31, nº 61, 2011, p. 317-338.

CARDOSO, Alirio. "AS FACES DO PADRE VIEIRA. O jesuíta no Maranhão, segundo seus biógrafos". In: COSTA, Yuri; GALVES, Marcelo Cheche (Orgs). *Maranhão: ensaios de biografia e História*. São Luis: Café & Lápis/Eduema, 2011, v. 1, p. 191-210.

CARDOSO, Alirio. "Especiarias na Amazônia portuguesa: circulação vegetal e comércio atlântico no final da Monarquia Hispânica". *Revista Tempo* (Niterói), vol. 21 (2015), p. 1-18.

CARDOSO, Alirio. "Insubordinados, Mas Sempre Devotos: poder local, acordos e conflitos no Antigo Estado do Maranhão (1607-1653)", Dissertação de mestrado apresentada à Universidade Estadual de Campinas (Unicamp), Brasil, 2002.

CARDOSO, Alirio; BASTOS, Carlos Augusto; NOGUEIRA, Shirley Maria Silva. *História Militar da Amazônia*. Guerra e Sociedade (séculos XVII-XIX). Curitiba: Editora CRV, 2015.

CARDOSO, Ciro F.. *Economia e Sociedade em áreas coloniais periféricas: Guiana Francesa e Pará, 1750-1817. Rio de Janeiro: Graal, 1984.*

CARDOSO, José Luís. "O pensamento económico na Época da Restauração". *Penélope. Fazer e desfazer a História*, nº 9/10 (1993), p. 135-149.

CARNEIRO, Henrique. "Transformações do significado da palavra 'droga': das especiarias coloniais ao proibicionismo contemporâneo". IN: VENÂNCIO, Renato Pinto & CARNEIRO, Henrique. *Álcool e drogas na história do Brasil*. São Paulo/Belo Horizonte: Alameda/Editora PucMinas, 2005, p. 11-27.

CARREIRA, António. *Os portugueses nos rios da Guiné (1500-1900)*. Lisboa, 1984.

CARVALHO JR, Almir Diniz de. "Do índio imaginado ao índio inexistente: a construção da imagem do índio na viagem filosófica de Alexandre

Rodrigues Ferreira". Campinas: Dissertação de Mestrado apresentada à Universidade Estadual de Campinas, 2000.

CARVALHO JUNIOR, Almir Diniz de. "Índios Cristãos. A conversão dos gentios na Amazônia Portuguesa (1653-1769)". Campinas: Tese de doutorado (história) apresentada à *Universidade Estadual de Campinas* (UNICAMP), 2005.

CASTELNAU-L'ESTOILE, Charlotte de & ZERON, Carlos Alberto Ribeiro. "Une Mission Glorieuse e Profitable. Réforme Missionnaire et Économie Sucriére dans la province Jésuite du Bresil au début du XVII siécle". *Revue de Synthèse*, n.º 2-3 (abril-setembro, 1999), p. 335-358.

CASTELNAU-L'ESTOILE, Charlotte de. *Les Ouvriers D'une Vigne Stérile: Les jésuites et la conversion des Indiens au Brésil, 1580-1620.* Lisboa/Paris: Centre Culturel Calouste Gulbenkian/CNCDP, 2000.

CESAR, Thiago Groh de Mello. "A política externa de D. João IV e o Padre Antonio Vieira: as negociações com os Países Baixos (1641-1648)". Niterói: Dissertação de Mestrado (história) apresentada à *Universidade Federal Fluminense*, 2011.

CHACON, Vamireh. *A grande Ibéria: convergências e divergências de uma tendência.* São Paulo/Brasilia: UNESP/Paralelo 15, 2005.

CHAMBOULEYRON, Rafael & RUIZ-PEINADO ALONSO, José Luis (Eds). *T(r)ópicos de história: gente, espaço e tempo na Amazônia (séculos XVII a XXI).* Belém: Açaí/Centro de Memória da Amazônia/PPHIST-UFPA, 2010

CHAMBOULEYRON, Rafael, "Escravos do Atlântico equatorial. Tráfico negreiro para o Estado do Maranhão e Pará (século XVII e início do século XVIII)". *Revista Brasileira de Historia*, v. 26, nº 52 (2006), p. 79-114.

CHAMBOULEYRON, Rafael. "A Amazônia Colonial e as Ilhas Atlânticas". *Canoa do Tempo*, vol. 2, nº 1 (jan-dez, 2008), p. 187-204.

CHAMBOULEYRON, Rafael. "As especiarías da Amazonia". *BrHistoria*, nº 1 (março, 2007), p. 70-74.

CHAMBOULEYRON, Rafael. "As várias utilidades do Maranhão: reflexões sobre o desenvolvimento da Amazônia no século XVII". In: NEVES, Fernando Arthur de Freitas & LIMA, Maria Roseane Pinto (Eds). *Faces da Historia.* Belém: Paka-tatu, 2006, p. 160.

CHAMBOULEYRON, Rafael. "Conquista y colonización de la Amazonia Portuguesa (siglo XVII)". In: SANTOS PÉREZ, José Manuel & PETIT, Pere (Eds). *La Amazonia Brasileña en Perspectiva histórica.* Salamanca: Ediciones Universidad de Salamanca/Aquilafuente, 2006, p. 11-22.

CHAMBOULEYRON, Rafael. "Plantações, sesmarias e vilas. Uma reflexão sobre a ocupação da Amazônia seiscentista". *Nuevo Mundo, Mundos Nuevos,* nº 6 (2006), p. 2260. Disponível em: http://nuevomundo.revues.or/document2260.html.

CHAMBOULEYRON, Rafael. "Portuguese Colonization of Amazon Region, 1640-1706". Cambridge: Tese de Doutorado apresentada à Universidade de Cambridge, 2005.

CHAMBOULEYRON, Rafael. *Povoamento, ocupação e agricultura na Amazônia colonial (1640-1706).* Belém: Editora Açaí, 2010.

CHAVES, Maria Anunciada Ramos. *O açúcar na história do Brasil.* Belém: Editora da Universidade Federal do Pará, 1999.

CIPOLLA, Carlo. *Conquistadores, Piratas e Mercadores. A saga da prata espanhola.* Lisboa: Editorial Teorema, 2002.

CIPOLLA, Carlo. *Guns and Sails in the Early Phase of European Expansion, 1400-1700.* Londres: Collins, 1965.

COATES, Timothy J. *Degredados e órfãos: colonização dirigida pela coroa no império português. 1550-1755.* Lisboa: CNCDP, 1998.

COHEN, Thomas M. *The fire of tongues. Antonio Vieira and the missionary church in Brazil and Portugal.* Stanford: Stanford University, 1998.

COLOMER, José Luis (Eds). *Arte y Diplomacia de la Monarquía Hispánica en el siglo XVII.* Madrid: Fernando Villaverde Ediciones, 2003.

CORNEJO, Francisco J. "Cuando la vista engaña: los grabados de vistas de ciudades en los primeros tiempos de la imprenta". In: POSADA SIMEÓN, José Carlos & PEÑALVER GÓMEZ, Eduardo. *Cartografía histórica en la Biblioteca de la Universidad de Sevilla*. Sevilla: Universidad de Sevilla, 2010, p. 149-163.

CORRÊA, Helidacy Maria Muniz. "Para aumento da conquista e bom governo dos moradores. O papel da câmara de São Luís na conquista, defesa e organização do território do Maranhão (1615-1668)". Niteroi: Tese de doutorado (História) apresentada à Universidade Federal Fluminense, 2011.

CORTÉS LOPEZ, José. "Felipe II, III y IV, reyes de Angola y protectores del Reino del Congo (1580-1640). *Studia Historica, historia moderna*, vol. IX (1991), p. 223-246.

CORTESÃO, Jaime. *História do Brasil nos Velhos Mapas*. Rio de Janeiro: Ministério das Relações Exteriores/Instituto Rio Branco, tomo I, 1957.

CORTESÃO, Jaime. *O Ultramar Português depois da Restauração*. Lisboa: Portugália Editora, 1971.

COSTA, Fernando Dores. "Interpreting the Portuguese war of Restoration (1641-1668), in a Europe context". *E-jornal of Portuguese History*, vol. 3, nº 1 (2005).

COSTA, Fernando Dores. *A Guerra da Restauração, 1641-1668*. Lisboa: Livros Horizonte, 2004.

COSTA, Leonor Freire & CUNHA, Mafalda Soares da. *D. João IV*. Lisboa: Círculo de Leitores/Centro de Estudos dos Povos e Culturas de Expressão Portuguesa, 2008.

COSTA, Leonor Freire. "Entre o açucar e o ouro: permanência e mudança na organização dos fluxos (séculos XVII e XVIII)". In: FRAGOSO, João; FLORENTINO, Manolo; JUCÁ, Antônio Carlos; CAMPOS, Adriana (orgs). *Nas rotas do Império. Eixos mercantis, tráfico e relações sociais no mundo português*. Vitória/Lisboa: Edufes/ IICT, 2006, p. 97-134.

COSTA, Leonor Freire. *Naus e galeões na Ribeira de Lisboa. A construção naval no século XVI para a Rota do Cabo.* Caiscais: Patrimónia, 1997.

COSTA, Leonor Freire. *O transporte no Atlântico e a Companhia Geral do Comércio do Brasil (1580-1663).* Lisboa: CNCDP, vol. 1, 2002.

CRESPO SOLANA, Ana. *Mercaderes atlánticos. Redes del comercio flamenco y holandés entre Europa y el Caribe.* Córdoba: Universidad de Córdoba/CajaSur Publicaciones, 2009.

CRISTÓVÃO, Fernando (ed.). *Condicionantes Culturais da Literatura de Viagens. Estudos e Bibliografias.* Coimbra: Almedina/Centro de Literaturas de Expressão Portuguesa da Universidade de Lisboa, 2002.

CRUZ, Ernesto. "A influência do açúcar na História do Pará". In: CRUZ, Ernesto. *Historia do Pará.* Belém: Editora da Universidade Federal do Pará, 1963.

CUNHA, Ana Paula Macedo. "Engenhos e engenhocas: atividade açucareira no Estado do Maranhão e Grão-Pará (1706-1750)". Dissertação de Mestrado apresenta à Universidade Federal do Pará, 2009.

CURTO, Diogo Ramada. *Cultura Política no tempo dos Filipes (1580-1640).* Lisboa: edições 70, 2011.

DEAN, Warren. *Brazil and the struggle for rubber: a history in the environment history.* Cambridge: Cambridge University Press, 2002.

DELSON, Roberta Mary. *Novas Vilas para o Brasil-Colônia. Planejamento espacial e social no século XVII.* Brasília: Alva-Ciord, 1997.

DEN HEIJER, H. "The Dutch West India Company, 1621-1791". In: POSTMA, J & ENTHOVEN, V.. *Riches from Atlantic Commerce. Dutch Transatlantic trade and shipping, 1585-1817.* Leiden/Boston: Brill, 2003, p. 97-100.

DERBY, Orville. "O Nome Maranhão". *Revista do Instituto do Ceará* (1918), p. 130-131.

DÍAZ BLANCO, José Manuel. *Razón de Estado y buen Gobierno. La Guerra Defensiva y el imperialismo español en tiempos de Felipe III.* Sevilla: Universidad de Sevilla, 2010, p. 28-29.

DOMINGUES, Ângela. *Quando os índios eram vassalos: colonização e relações de poder no Norte do Brasil na segunda metade do séc. XVIII*. Lisboa: CNCDP, 2000.

DOMINGUES, Francisco Contente. *Os Navios do Mar Oceano. Teoria e empiria na arquitectura naval portuguesa dos séculos XVI e XVII*. Lisboa: Fundação para a Ciência e a Tecnologia/Centro de História da Universidade de Lisboa, 2004.

DONATTINI, Massimo. "Orizzonti geografici dell'editoria italiana (1493-1560)". In: REINHARD, Wolfgang & PROSPERI, Adriano (Eds.). *Il Nuovo mondo nella coscienza italiana e tedesca del Cinquecento*. Bologna: Il Mulino, 1992. p. 79-154.

DOWNING, Brian M.. *The Military Revolution and Political Change. Origins of Democracy and Autocracy in Early Modern Europe*. Princeton: Princeton University Press, 1992.

EBBEN, Maurits A. "De Republiek der Zeven Verenigde Provinciën tot Omstreeks 1650/A República das Sete províncias até aproximadamente 1650". In: WIESEBRON, Marianne (Ed.). *Brazilië in Nederlandse Archiven/ O Brasil em arquivos neerlandeses (1624-1654)*. Leiden: CNWS, 2004, p. 30-80 [edição bilíngüe].

ECCLES, Wiliam John. *France in America*. Nova York: Harper & Row, 1972.

EDMUNDSON, G.. "The Dutch on the Amazon and Negro in the seventeenth century". *English Historical Review*, nº 18, vol. 72 (outubro, 1903), p. 642-663.

ELLIOTT, John H.. "A Europe of composite monarchies". *Past and Present*, nº. 137 (novembro, 1992), p. 48-71.

ELLIOTT, John H.. *España y su Mundo (1500-1700)*. Madrid: Taurus, 2007.

ELLIOTT, John H.. *España, Europa y el Mundo de Ultramar (1500-1800)*. Madrid: Taurus, 2010.

EMMER, Pieter. "Los holandeses y el reto atlántico en el siglo XVII". In: SANTOS SANTOS PÉREZ, José Manuel y CABRAL DE SOUZA,

George F. (eds.). *El Desafío Holandés al Dominio Ibérico en Brasil en el siglo XVII*. Salamanca: Universidad de Salamanca, 2006, p. 17-31.

ESCOHOTADO, Antonio. *Historia General de las Drogas*. Madrid: Editorial Espasa, 3ª edição, 2000.

FARAGE, Nádia. *As muralhas do Sertão: os povos indígenas do Rio Branco e a colonização*. Rio de Janeiro: Paz e Terra/ANPOCS, 1991.

FARIA, Regina Helena Martins de. "Repensando a pobreza no Maranhão (1616-1755). Uma discussão preliminar". *Ciências Humanas em Revista*, vol. 1, nº 1 (2003), p. 7-20.

FEIO, David Salomão da Silva. "As Câmaras Municipais: elites e exercício do poder local na Amazônia colonial (1707-1722)". Belém: Monografia (História) apresentada à Universidade Federal do Pará, 2007.

FERNÁNDEZ ÁLVAREZ, Manuel. *Tres embajadores de Felipe II en Inglaterra*. Madrid: Instituto Jerónimo Zurita, 1951.

FERRÃO, J. Mendes. "Principais Especiarias Tropicais". In: GUERREIRO, Inácio (Eds.). *A Epopéia das Especiarias*. Lisboa: Instituto de Investigação Cientifica Tropical, 1999, p. 44-67.

FORNEROD, Nicolas. *São Luis, sur la France Équinoxiale*. São Luis: Alliance Française de São Luis/Academia Maranhense de Letras, 2001.

FRAGOSO, João & GOUVÊA, Maria de Fátima Silva. "Monarquia pluricontinental e repúblicas: algumas reflexões sobre a América lusa nos séculos XVI–XVIII". *Tempo*, vol. 14, nº 27 (2009), p. 29-64.

FRAGOSO, João; GOUVÊA, Maria de Fátima (Eds). *Na Trama das Redes: política e negócio no Império português. Séculos XVI-XVIII*. Rio de Janeiro: Civilização Brasileira, 2009.

FRAGOSO, João; GOUVÊA, Maria de Fátima; BICALHO, Maria Fernanda (Eds). *O Antigo Regime nos Trópicos: a dinâmica imperial portuguesa (séculos XVI-XVIII)*. Rio de Janeiro: Civilização Brasileira, 2001.

FRANÇA, Eduardo D'Oliveira. *Portugal na época da Restauração*. São Paulo: Hucitec, 1997.

FRANCO, José Eduardo & REIS, Bruno Cardoso. *Vieira na literatura anti-jesuítica: séculos XVIII-XX*. Lisboa: Roma Editora, 1997.

FREEDMAN, Paul. *Lo que vino de Oriente. Las especias y la imaginación medieval*. Valencia: Universitat de València, 2010.

FREYRE, Gilberto. *O brasileiro entre outros hispanos*. Rio de Janeiro: José Olympio/INL, 1975.

FRITSCHY, W. "A financial revolution' reconsidered: public finance in Holland during the Dutch revolt, 1568-1648". *The Economic History Review*, vol. LVI, n. 1 (febrero, 2003), p. 57-89.

FURTADO, Júnia (Ed.). *Diálogos Oceânicos. Minas Gerais e as novas abordagens para uma História do Império Ultramarino Português*. Belo Horizonte: UFMG, 2001.

GAMA, Orlando. "Imagens cartográficas do Brasil na historiografia setecentista". In: *A Nova Lusitânia. Imagens Cartográficas do Brasil nas Colecções da Biblioteca Nacional (1700-1822)*. Lisboa: CNCDP, 2001, p. 81-106.

GAMBOA M., Jorge Augusto. "La encomienda y las sociedades indígenas del Nuevo Reino de Granada: el caso de la Provincia de Pamplona (1549-1650)". *Revista de Indias*, vol. LXIV, nº 232 (2004), p. 749-770.

GARCÍA HERNÁN, Enrique; ÁNGEL DE BUNES, Miguel; RECIO MORALES, Óscar; GARCíA GARCíA, Bernardo J. (Eds). *Irlanda y la Monarquía Hispánica: Kinsale 1601-2001. Guerra, política, exilio y religión*. Madrid: Universidad de Alcalá/CSIC, 2002.

GARCÍA BERNAL, Manuela Cristina. *Poblacion y encomienda en Yucatan bajo los Austrias*. Sevilla: Escuela de Estudios Hispano-Americanos, 1978.

GARCÍA GARCÍA, José Bernardo. *La Pax Hispanica. Política exterior del Duque de Lerma*. Leuven: Leuven University Press, 1996.

GARCÍA HERNÁN, Enrique & MAFFI, Davide (Eds). *Guerra y Sociedad en la Monarquía Hispánica. Política, estrategia y cultura en la Europa Moderna (1500-1700)*. 2 vols. Madrid: Laberinto/Fundación Mapfre/CSIC, 2006.

GARCÍA-ROMERAL, Carlos. *Diccionario de Viajeros Españoles, desde la Edad Media a 1970*. Madrid: Ollero y Ramos, 2004.

GENTILE, Sebastiano. *Firenze e la scoperta dell'America. Umanesimo e geografia nell'400*. Firenze: Olschki, 1992.

GIL PUJOL, Xavier. "Un rey, una fe, muchas naciones. Patria y nación en la España de los siglos XVI y XVII". In: ÁLVAREZ-OSSORIO ALVARIÑO, Antonio & GARCÍA CARCÍA, Bernardo J. (Eds). *La Monarquía de las Naciones. Patria, nación y naturaleza en la Monarquía de España*. Madrid: Fundación Carlos de Amberes, 2004, p. 39-76.

GINZBURG, Carlo. "Memoria e Globalizzazione". *Quaderni Storici*, nº 120, año XL, fasc. 3 (dezembro, 2005), p. 657-669.

GIRÃO, Raimundo. *Pequena história do Ceará*. Fortaleza: Instituto do Ceará, 1962.

GODINHO, Vitorino Magalhães. *Mito e mercadoria, utopia e prática de navegar (séculos XIII-XVIII)*. Lisboa: DIFEL, 1990.

GODOIS, Barbosa. *História do Maranhão para uso dos alumnos da escola normal*. Tomo I. São Luis: Typografia de Ramos D'Almeida, 1904.

GOLDBERG, Edward. "State Gifts from the Medici to the Court of Philip III. The *Relazione segreta* of Orazio della Rena". In: COLOMER, José Luis (Eds). *Arte y Diplomacia de la Monarquía Hispánica en el siglo XVII*. Madrid: Fernando Villaverde Ediciones, 2003, p. 115-133.

GOMES, Plínio Freire. "O Amazonas e o Prata na mitogeografia da América". *Topoi* (set. 2001), p. 41-61.

GOMEZ-CENTURION JIMENEZ, Carlos. *Felipe II, la empresa de Inglaterra y el comercio septentrional (1566-1609)*. Madrid: Editorial Naval, 1988.

GONÇALVES, Regina Célia. "Povos indígenas no período holandês: anotações de uma pesquisa". In: *Anais do Congresso Internacional Pequena Nobreza nos Impérios Ibéricos de Antigo Regime*. Lisboa, 2011.

GONDIM, Neide. *A invenção da Amazônia.* São Paulo: Marco Zero, 1994.

GOSLINGA, Cornelis Christiaan. *The Dutch in the Caribbean and on the Wild Coast.* Gainesville: Van Gorcum, 1971.

GRUZINSKI, Serge. "Le mondes mêles de la monarchie catholic et autres 'connected histories'". *Annales. Histoires, sciences socials,* nº 1 (janeiro-fevereiro, 2001), p. 85-117.

GRUZINSKI, Serge. *Les quatre parties du monde: histoire d'une mondialization.* Paris: Éditions de Martinière, 2004.

GRUZINSKI, Serge. *O Pensamento Mestiço.* São Paulo: Companhia das Letras, 2001.

GUARNIERI, Giuseppe G. *La Spagna al tempo di Filippo II. Le navigazioni degli spagnuoli di Castiglia nelle Indie Occidentali e un manoscritto inedito di Orazio Della Rena.* Livorno: G. Meucci, 1910.

HANSEN, Adolfo João. *A sátira e o engenho: Gregório de Matos e Bahia do século XVII.* São Paulo/Campinas: Ateliê editorial/Editora da Unicamp, 2004.

HANSEN, João A. "A Servidão Natural do Selvagem e a Guerra Justa contra o Bárbaro". In: NOVAES, Adauto. (Ed.). *A Descoberta do Homem e do Mundo.* São Paulo: MINC-FUNARTE/Companhia das Letras, 1998, p. 347-373.

HEMMING, John. *En busca de El Dorado.* Barcelona: Ediciones del Sebral, 1983.

HEMMING, John. *Red Gold. The conquest of Brazilian Indians.* Londres: Papermac, 1995.

HENRY, Arthur. *La Guyanne Française, son histoire, 1604-1949.* Cayenne: Le Mayoury, 1987.

HENRY, Gráinne. *The Irish militar community in spanish Flanders, 1586-1621.* Dublin: Irish Academic Press, 1992.

HERMANN, Jacqueline. *No Reino do Desejado: a construção do sebastianismo em Portugal, séculos XVI e XVII*. São Paulo: Companhia das Letras, 1998.

HERZOG, Tamar. "Vieira, los jesuitas y la formación de una frontera entre Portugal y España en el Nuevo Mundo". In: CARDIM, Pedro & SABATINI, Gaetano (Eds.). *António Vieira, Roma e o universalismo das monarquias portuguesa e espanhola*. Lisboa: Centro de História de Além-Mar/Universidade Nova de Lisboa/Universidade dos Açores/ Università Degli Studi Roma Tre/Red Columnaria, 2011, p. 175-180.

HERZOG, Tamar. *Vecinos y Extranjeros. Hacerse español en la Edad Moderna*. Madrid: Alianza Editorial, 2006.

HESPANHA, António Manuel (Ed). *História de Portugal. O Antigo Regime (1620-1807)*. Lisboa: Editorial Estampa, 1993.

HESPANHA, António Manuel. "A constituição do império português. Revisão de alguns enviesamentos correntes". In: FRAGOSO, João; BICALHO, Maria Fernanda; GOUVEA, Maria de Fátima (Eds). *O Antigo Regime nos Trópicos: A Dinâmica Imperial Portuguesa (séc.s XVI-XVIII)*. Rio de Janeiro: Civilização Brasileira, 2001, p. 163-188.

HESPANHA, António Manuel. *As Vésperas do Leviathan. Instituições e poder político. Portugal no século XVII*. Coimbra: Livraria Almedina, 1994.

HILTON, Sylvia L. & CASASNOVAS, Ignacio Gonzales. "Fuentes manuscritas para la cartografia historica iberoamericana: guia de instrumentos descriptivos". *Anuario de Estudios Americanos*, tomo LIV, nº 1 (janeiro-junho, 1997), p. 263-293.

HOLANDA, Sérgio Buarque de. "Os projetos de colonização e comércio toscanos no Brasil ao tempo do Grão-duque Fernando I (1587-1609)". *Revista de História (São Paulo)*, nºs 142-143, (2000), p. 95-122.

HOLANDA, Sergio Buarque de. *Raízes do Brasil*. Rio de Janeiro: José Olympio, 1983.

HOLANDA, Sérgio Buarque de. *Tentativas de Mitologia*. São Paulo: Perspectiva, 1979.

HORCH, Rosemarie Erika. "Tentativas de penetração amazônica por vias fluviais no século XVII". Coimbra: Separata da *Revista da Universidade de Coimbra*, vol. XXXII (1985), p. 225-238.

HULSMAN, Lodewijk. "Swaerooch: o comércio holandês com índios no Amapá (1600-1615)". *Revista Estudos Amazônicos*, vol. VI, nº 1 (2011), p. 178-202.

HUTTER, Lucy Maffei. "A madeira do Brasil na construção e reparos de embarcações". Separata da *Revista da Universidade de Coimbra*, vol. XXXIII (1985), p. 418-419.

HUTTER, Lucy Maffei. *Navegação nos séculos XVII e XVIII, rumo: Brasil*. São Paulo: Edusp, 2005.

IBÁÑEZ BONILLO, Pablo. "Desmontando a Amaro: una re-lectura de la rebelión tupinambá (1617-1621)". *Topoi*, vol. 16, nº. 31, (jul./dez. 2015), p. 465-490.

ISRAEL, F. I.. "A conflict of empire: Spain and the Netherlands. 1618-1648". *Past & Present*, nº 76 (agosto, 1977), p. 34 -74.

JACOBS, Jaap. *New Netherland: A Dutch Colony in Seventeenth-Century America*. Boston: Brill, 2005.

JIMÉNEZ ABOLLADO, Francisco L. "Implantación y evolución de la encomienda en la provincia de Tabasco, 1522-1625". *Anuario de Estudios Americanos*, tomo LVII, nº 1 (2000), p. 13-39.

KANTOR, Iris. "Usos Diplomáticos da Ilha Brasil. Polêmicas cartográficas e historiográficas". *Vária História*, vol. 23, nº 37 (janeiro-junho, 2007), p. 79-

KEAY, John. *The Spice Route. A history*. Berkeley/Los Angeles: University of California Press, 2006.

KIEMEN, Mathias C., OFM.. *The indian policy of Portugal in the Amazon region, 1614-1693.* Washington: The Catholic University of America, 1954.

KUHN, Fabio. "A fronteira em movimento: relações luso-castelhanas na segunda metade do século XVIII". *Estudos Ibero-Americanos*, Revista da PUCRS, v. 25, (1999), p. 91-112.

LA PUENTE BRUNKE. José de. *Encomienda y encomenderos en el Perú. Estudio social y político de una institución colonial.* Sevilha: Diputacion Provincial de Sevilla, 1992.

LAPA, José Roberto do Amaral. *A Bahia e a Carreira da Índia*. São Paulo: Companhia Editora Nacional/Editora da Universidade de São Paulo, 1968.

LARA, Silvia Hunold & MENDONÇA, Joseli Maria N. (Eds). *Direitos e Justiças no Brasil.* Campinas: Editora da Unicamp, 2006.

LARA, Silvia Hunold. *Fragmentos setecentistas: escravidão, cultura e poder na América Portuguesa.* São Paulo: Companhia das Letras, 2007.

LEAL, Antonio Henrique, Cesar Marques. *Apontamentos para o Dicionário Histórico,Geográfico, topográfico da Província do Maranhão.* São Luis: Typografia Frias, 1864.

LENK, Wolfgang. "Guerra e Pacto Colonial: exército, fiscalidade e administração colonial da Bahia (1624-1654)". Tese de doutorado (História Econômica) apresentada à *Universidade Estadual de Campinas* (Unicamp), 2009.

LENOBLE, Robert. *História da Idéia de Natureza.* Lisboa: Edições 70, 1990.

LESTRINGANT, Frank. *A oficina do cosmógrafo,* ou a imagem do mundo no Renascimento. Rio de Janeiro: Civilização Brasileira, 2009

LIMA, Carlos. *Caminhos de São Luis (ruas, logradouros e prédios históricos).* São Paulo: Siciliano, 2002.

LISBOA, João Francisco. *Crônicas do Brasil colonial: apontamentos para a História do Maranhão.* Petrópolis/Brasília: Vozes/INL, 1976.

LISBOA, João Francisco. *Obras.* Lisboa: Editores Luis Carlos Pereira de Castro e Henriques Leal, 1901.

LOPES, Siméia de Nazaré. *As rotas do comércio do Grão-Pará*: negociantes e relações mercantis (1790-1830). Tese de Doutorado (História) defendida na Universidade Federal do Rio de Janeiro, 2013.

LOPEZ, Adriana. *Franceses e tupinambás na terra do Brasil.* São Paulo: Editora SENAC, 1999.

LORIMER, Joyce. *English and Irish Settlement on the River Amazon, 1550-1646.* Londres: The Hakluyt Society, 1989.

LUCAS VILLANUEVA, Oscar. "Las relaciones financieras entre España y Portugal, 1563-1580". *Studia Historica*, vol. 23 (2001), p. 173-198.

LUXÁN MELÉNDEZ, Santiago de. "A Colónia portuguesa de Sevilha. Uma ameaça entre a Restauração Portuguesa e a conjuntura de Medina Sidónia? *Penélope. Fazer e Desfazer a História*, nº 9/10 (1993), p. 127-134.

LUXÁN MELÉNDEZ, Santiago de. "La pervivencia del Consejo de Portugal durante la Restauración: 1640-1668". *Norba. Revista de Historia*, nº 8-9 (1987-1988), p. 61-86.

MAGALHÃES, Basílio de. *Expansão Geográfica do Brasil Colonial.* Brasilia/ São Paulo: Editora Nacional/INL, 1978.

MARQUES, César. *Dicionário Histórico-Geográfico da Província do Maranhão.* Rio de Janeiro: Companhia Editora Fon-Fon e Seleta, 1970.

MARQUES, Fernando Luiz Tavares. "Modelo da agroindústria canavieira colonial no estuário amazônico: estudo arqueológico de engenhos dos séculos XVIII e XIX". Porto Alegre: Tese de doutorado apresentada à Pontifícia Universidade Católica do Rio Grande do Sul, 2004.

MARQUES, Guida. "L'Invention du Bresil entre deux monarchies. Gouvernement et pratiques politiques de l'Amérique portugaise dans l'union iberique (1580-16409)". Paris: Tese de doutorado (História) apresentada a *Ecole des Hautes Etudes en Sciences Sociales*, 2009.

MARQUES, Guida. "O estado do Brasil na União Ibérica. Dinâmicas políticas no Brasil no tempo de Filipe II de Portugal". *Penélope. Fazer e Desfazer a História*, nº. 27 (2002), p. 7-35.

MARQUES, João Francisco. *A Parenética Portuguesa e a Restauração, 1640-1668. A revolta e a mentalidade.* Porto: Instituto Nacional de Investigação Científica/Universidade do Porto, 1989.

MARTINEZ GARCÍA, Consolación. *Drogas importadas desde Nueva España (1689-1720). Estudio estadístico farmacoterapéutico.* Sevilha: Universidad de Sevilha, 1991.

MARTÍNEZ HERNÁNDEZ, Santiago (Eds). *Governo, Política e Representações do Poder no Portugal Habsburgo e nos seus Territórios Ultramarinos (1581-1640).* Lisboa: CHAM/Universidade Nova de Lisboa/Universidade dos Açores, 2011.

MARTÍNEZ HERNÁNDEZ, Santiago. "D. Cristóvão de Moura e a Casa dos Marqueses de Castelo Rodrigo. Proposta de investigação e linhas de análise sobre a figura do grande privado de D. Filipe I". In: MARTÍNEZ HERNÁNDEZ, Santiago (Eds). *Governo, Política e Representações do Poder no Portugal Habsburgo e nos seus Territórios Ultramarinos (1581-1640).* Lisboa: CHAM/Universidade Nova de Lisboa/Universidade dos Açores, 2011, p. 69-96.

MARTINIÈRE, Guy. "Geopolítica do espaço português da América. O 'Estado do Brasil' e o domínio paulista: do planalto Central à expansão meridional". In: MAURO, Frédéric (Ed.). *O Império Luso-Brasileiro (1620-1750).* Lisboa: Estampa, vol. VII, 1991, p. 143-169.

MARTINIÈRE, Guy. "Geopolítica do espaço português da América: o Estado do Maranhão". In: MAURO, Frédéric (Ed.). *O Império Luso-Brasileiro (1620-1750).* Lisboa: Estampa, vol. VII, 1991, p. 103-142.

MARTINS, Ananias. "Municípios de São Luis e Alcântara no Maranhão: informes preliminares de formação e função". *História dos Municípios: Administração, eleições e finanças. II Seminário Internacional - História do Município no Mundo Português.* Coimbra: Centro de Estudos de História do Atlântico/Secretaria Regional do Turismo e Cultura, 2001.

MARTINS, Ananias. *São Luís. Fundamentos do Patrimônio Cultural.* São Luis: 2005.

MARX, Murillo. *Nosso Chão: do sagrado ao profano.* São Paulo: Edusp, 1988.

MAS, Sinibaldo. *La Ibéria. Memoria sobre las ventajas de la Union de Portugal y España.* Madrid: Imprenta y Estereotipia de M. Rivadeneyra, 1853.

MAURO, Frédéric. *A Expansão Europeia.* Lisboa: Estampa, 1995.

MAURO, Frédéric. *Portugal, o Brasil e o Atlântico, 1570-1670.* Lisboa: Editorial Estampa, vol.1, 1997.

MAXWELL, Kenneth. *Marquês de Pombal: paradoxo do Iluminismo.* Rio de Janeiro: Paz e Terra, 1997.

McNEILL, J.R. & McNEILL, William H. *Las Redes Humanas. Una história global del Mundo.* Barcelona: Crítica, 2004.

MEDEIROS, Ricardo Pinto de. "Povos indígenas nas guerras e conquistas do sertão nordestino no período colonial". *Clio,* nº 27, (2009), p. 339-40.

MEGIANI, Ana Paula Torres. *O jovem rei encantado. Expectativas do messianismo régio em Portugal. Séc. XIII-XVI.* São Paulo: Hucitec, 2003.

MEGIANI, Ana Paula Torres; SANTOS PÉREZ, José Manuel; SILVA, Kalina Vanderlei. (Org.). *O Brasil na Monarquia Hispânica (1580-1668): novas interpretações.* São Paulo: Humanitas, 2014.

MEIRELLES, Mario. *França Equinocial.* São Luis: SECMA/Civilização Brasileira, 1982.

MEIRELLES, Mário. *Holandeses no Maranhão (1641-1644)*. São Luís: Edufma, 1991.

MELLO, Christiane F. Pagano de. *Forças militares no Brasil Colonial: Corpos auxiliares e de Ordenanças na segunda metade do século XVIII*. Rio de Janeiro: e-paper, 2009.

MELLO, Evaldo Cabral de. *O Negócio do Brasil. Portugal, os Países Baixos e o Nordeste. 1641-1669*. Rio de Janeiro: Topbooks, 2ª edição, 1998.

MELLO, Evaldo Cabral de. *Olinda restaurada: guerra e açúcar no nordeste, 1630-1654*. Rio de Janeiro/São Paulo: Forense Universitária/edusp, 1975.

MELLO, Evaldo Cabral de. *Rubro Veio: O imaginário da restauração pernambucana*. Rio de Janeiro: Topbooks, 2ª edição, 1997.

MELLO, José Antônio Gonsalves de. *D. António Filipe Camarão: capitão-mor dos índios da costa do nordeste do Brasil*. Recife: Universidade do Recife, 1954.

MELLO, José Antônio Gonsalves de. *Tempo dos flamengos: influência da ocupação holandesa na vida a na cultura do norte do Brasil*. Recife: Fundação Joaquim Nabuco/Editora Massangana/Instituto Nacional do Livro, 1987.

MENA GARCIA, Carmen. "Nuevos datos sobre bastimentos y envases en armada y flotas de la Carrera". *Revista de Indias*, vol. LXIV, nº 231 (Maio-agosto, 2004), p. 447-484.

MENÉNDEZ PIDAL, Gonzalo. *Hacia una nueva imagen del mundo*. Madrid: Real Academia de Historia, 2003.

MEUWESE, Marcus P. "For the peace and well-being of the coutry: intercultural mediators and Dutch-indian relations in New Netherland and Dutch Brazil, 1600-1664". Tese de doutorado (PH.d) apresentada à University of Notre Dame, 2003.

MIRANDA, Bruno Romero Ferreira. "Gente de guerra: origem, cotidiano e resistência dos soldados do exército da Companhia das Índias

Ocidentais no Brasil (1630-1654)". Tese de doutorado (História) apresentada à *Universitet Leiden*, 2011.

MOLHO, Anthony & RAMADA CURTO, Diogo. "Les réseaux Marchands à l'époque moderne". *Annales. Histories,Sciences Sociales*, nº 3 (maio-junho, 2003), p. 569-579.

MONTEIRO, John M.. "Tupis tapuias e historiadores: Estudos de História indígena e do indigenismo". Tese de Livre Docência (História) apresentada à *Universidade Estadual de Campinas*, 2001.

MONTEIRO, John M.. *Negros da terra: índios e bandeirantes nas origens de São Paulo.* São Paulo: Companhia das Letras, 1994.

MONTEIRO, Nuno. "Os Conselhos e as Comunidades". In: HESPANHA, António Manuel (Ed.). *História de Portugal: O Antigo Regime (1620-1807).* Vol. 4. Lisboa: Estampa, 1993.

MONTEIRO, Rodrigo Bentes. "A Rochela de Portugal: São Paulo e a aclamação de Amador Bueno como espelho da realeza portuguesa". *Revista de História (São Paulo)*, nº 141 (1999), p. 21-44.

MONTEIRO, Rodrigo Bentes. *O rei no espelho: a monarquia portuguesa e a colonização da América, 1640-1720.* São Paulo: Fapesp/Hucitec/ Instituto Camões, 2002.

MONTELLO, Josué. *Os holandeses no Maranhão.* Rio de Janeiro: DIP, 1945.

MORETA, Salustiano; THOMPSON, I. Anthony. A; GARCÍADIEGO, Francisco; PAVONE, Claudio (Eds). *La guerra en la Historia.* Salamanca: Ediciones Universidad de Salamanca, 1999.

MORSE, Richard M.. *The Bandeirantes: the historical role of the brasilian pathfinders.* Nova York: Alfred Knpf, 1965.

MOTA, Antônia da Silva & MANTOVANI, José Dervil. *São Luis do Maranhão no século XVIII: a construção do espaço urbano sob a lei das Sesmarias.* São Luis: Edições FUNC, 1998.

MOURA FILHA, Maria Berthilde de Barros Lima e. "Uma cidade na estratégia de colonização do Brasil. Séculos XVI-XVIII". Tese de doutorado (História da arte) apresentada à *Universidade do Porto*, 2004.

MUSI, Aurelio. *L'Italia dei viceré. Integrazione e resistenza nel sistema imperiale spagnolo*. Cava dei Tirreni: Avagliano, 2000.

MUTO, Giovanni. "La nobleza napolitana en el contexto de la Monarquía Hispánica: algunos planteamientos". In: YUN CASALILLA, Bartolomé (Ed.). Las redes del imperio. Élites sociales en la articulación de la Monarquía Hispánica, 1492-1714. Madri: Marcial Pons/Universidad Pablo de Olavide, 2009, p. 135-171.

NOVAIS, Fernando. *Portugal e Brasil na crise do Antigo Sistema Colonial (1777-1808)*. São Paulo: Hucitec, 1989.

O'ROURKE, Kevin & WILLIAMSON, Jeffrey. "After Columbus: explaining Europe's overseas trade boom, 1500-1800". *The Journal of economic History*, vol. 62, n. 2 (junho, 2002), p. 417-456.

OBERMEIER, Franz. "Documentos sobre a Colônia francesa no Maranhão (1612-1615). As partes censuradas do livro de Yves D'Evreux Suitte de L'Histoire". In: COSTA, Wagner Cabral da (Ed). *Historia do Maranhão: Novos Estudos*, São Luis: EDUFMA, 2004, p. 33-50.

OCHOA BRUN, Miguel Angel. *Historia de la Diplomacia Española. La Diplomacia de Felipe II*, vol. VI. Madrid: Ministerio de Asuntos Exteriores, 2000.

ODALIA, Nilo. *As formas do mesmo: ensaios sobre o pensamento historiográfico de Varnhagen e Oliveira Vianna*. São Paulo: Fundação Editora da UNESP, 1997.

OLIVAL, Fernanda. *As Ordens Militares e o Estado Moderno. Honra, mercê e venalidade em Portugal (1641-1789)*. Lisboa: Estar/FCT, 2001.

PAGDEN, Anthony. *El imperialismo español y la imaginación política. Estudios sobre teoría social y política europea e hispanoamericana (1513-1830)*. Bercelona: Planeta, 1991.

PAGDEN, Anthony. *Señores de todo el mundo. Ideologías del imperio en España, Inglaterra y Francia (en los siglos XVI, XVII y XVIII)*. Barcelona: Ediciones Península, 1997.

PAIVA, José Pedro (Ed.). *Padre António Vieira, 1608-1697: Bibliografia*. Lisboa: Biblioteca Nacional, 1999.

PALAZZO-ALMEIDA, Carmen Lícia. *Entre mitos, utopías e razão: olhares franceses sobre o Brasil (séculos XVI a XVIII)*. Porto Alegre: EDIPUCRS, 2002.

PANTOJA, Selma & SARAIVA, José Flávio Sombra (eds). *Angola e Brasil nas Rotas do Atlantico Sul*. Rio de Janeiro: Bertrand Brasil, 1999.

PAPAVERO, Nelson; TEIXEIRA, Dante Martins; OVERAL, William Leslie; PUJOL-LUZ, José Roberto. *O Novo Éden. A Fauna da Amazônia Brasileira nos Relatos de Viajantes e Cronistas desde a Descoberta do Rio Amazonas por Pinzón (1500) até o Tratado de Santo Ildefonso (1777)*. Belém: Museu Paraense Emílio Goeldi, 2º Edição, 2002.

PARKER, Geoffrey (Eds.). *La crisis de la Monarquía de Felipe IV*. Barcelona/Valladolid: Editorial Crítica/Universidad de Valladolid, 2006.

PARKER, Geoffrey. "David o Goliat: Felipe II y su Mundo en la década de 1580". In: KAGAN, Richard L. & PARKER, Geoffrey (Eds.). *España, Europa y el mundo Atlántico. Homenaje a John H. Elliott*. Madrid: Marcial Pons/Junta de Castilla y León, 2002, p. 321-346.

PARKER, Geoffrey. *El ejército de Flandes y el Camino Español, 1567-1659. La logística de la victoria y derrota de España en las guerras de los Países Bajos*. Madrid: Alianza Editorial, 2010.

PARKER, Geoffrey. *La gran estrategia de Felipe II*. Madrid: Alianza Editorial, 1998.

PARKER, Geoffrey. *La revolución militar. La innovación militar y apogeo de Occidente, 1500-1800*. Madrid: Alianza Editorial, 2002.

PARROTT, David. "France's War against the Habsburgs, 1624-1659: the Politics of Military Failure". In: GARCÍA HERNÁN, Enrique & MAFFI, Davide (Eds). *Guerra y Sociedad en la Monarquía Hispánica.*

Política, estrategia y cultura en la Europa Moderna (1500-1700). Vol. 1, Madrid: Laberinto/Fundación Mapfre/CSIC, 2006, p. 31-48.

PAZ, Julian. *Secretaria de Estado (Capitulaciones con Francia y negociaciones diplomáticas de los embajadores de España con aquella corte, seguido de una serie cronológica de éstos*. Madrid: Junta para Ampliación de Investigaciones Científicas/Centro de Estudios Históricos, 1914.

PEARSON, Michael N. (ed.) *Spices in the Indian Ocean World*. Aldershot: Variorum, 1996.

PÉCORA, Alcir. "Vieira e a condução do índio ao corpo místico do Império português (Maranhão, 1652-1661)". In: COSTIGAN, Lúcia Helena (Ed.). *Diálogos da Conversão. Missionários, índios, negros e judeus no contexto Ibero-Americano do período barroco*. Campinas: Editora da UNICAMP, 2005, p. 83-98.

PÉCORA, Alcir. "Vieira, a Inquisição e o Capital". *Topoi*, nº. 1 (2000), p. 178-196.

PÉCORA, Alcir. *Teatro do Sacramento. A unidade teológico-retórico-política dos sermões de Antonio Vieira*. São Paulo: Edusp, 1994.

PEDRO, Juliana de Castro. "Embates pela memória: narrativas de descoberta nos escritos coloniais da Amazônia ibérica". São Paulo: Dissertação de Mestrado (História) apresentada à *Pontifícia Universidade Católica de São Paulo, 2006*.

PEIXOTO, Afrânio Peixoto. *Martim Soares Moreno: Fundador do Ceará, iniciador do Pará, herói da Restauração do Brasil, contra franceses e holandeses*. Lisboa: Agência Geral das Colónias, 1940.

PEREIRA, Nathalia Moreira Lima. "Vieira e o Atlântico equatorial: a guerra contra Castela e o projeto universalista vieiriano". *Anais do II Simpósio de História em Estudos Amazônicos*. Belém: Editora Açaí, vol., 6, 2015, p. 75-84.

PEREIRA, Sidclay Cordeiro. "Caminhos na resistência. O espaço do Recife durante ocupação neerlandesa (1630-1637) em Pernambuco

(Brasil)". Recife: Dissertação de Mestrado (geografia) apresentada à *Universidade Federal de Pernambuco*, 2006.

PEREZ, Rosa Maria. "Sonhos imperiais. Negociações e rupturas do colonialismo português na Índia". In: PEREZ, Rosa Maria (Ed). *Os portugueses e o Oriente*. Lisboa: Dom Quixote, 2006, p. 129-149.

PEREZ-MALLAINA, Pablo Emilio. "La Carreira de Indias: incovenientes y ventajas del sistema español de comunicaciones transatlánticas". In: VENTURA, Maria da Graça. *Viagens e Viajantes no Atlântico quinhentista*. Lisboa: Edições Colibri, 1996, p. 23.

PERRONE-MOISÉS, Beatriz. "Índios livres e Índios escravos. Os princípios da legislação indigenista do período colonial (séculos XVI a XVIII)". In: CUNHA, Manuela Carneiro da (ed.). *História dos índios no Brasil*. São Paulo: Companhia das Letras, 1992, p. 529-566.

PI CORRALES, Magdalena de Pazzis. "Irlanda y la Monarquía Hispánica. Kinsale, 1601-2001. Guerra, política, exilio y religión". *Cuadernos de Historia Moderna*, nº 28 (2003), p. 215-118.

PIANZOLA, Maurice. *Os Papagaios Amarelos: os franceses na conquista do Brasil*. São Luis: SCEM/Alhambra, 1992.

PINTO, Celsa. "Twilight of Carreira da Índia". In: MATOS, Artur Teodoro de & THOMAZ, Luís Filipe F. Reis (Eds). *A Carreira da Índia e a rota dos estreitos. Actas do VIII Seminário Internacional de História Indo-Portuguesa*. Braga, 1998, p. 835-857.

POMPA, Maria Cristina. *Religião como Tradução: missionários, Tupi e Tapuia no Brasil colonial*. Bauru: Edusc/Anpocs, 2003.

PRADO Jr, Caio. *Formação do Brasil Contemporâneo: colônia*. São Paulo: Livraria Martins Editora, 1942.

PRADO Jr, Caio. *História econômica do Brasil*. São Paulo: Brasiliense, 42ª edição, 1997.

PRAKASH, Om. "Restrictive trading regimes: VOC and the Asian Spice Trade in the Seventeenth Century". In: PEARSON, Michael N. (Ed.)

Spices in the Indian Ocean World. Aldershot: Variorum, 1996, p. 317-336.

PUNTONI, Pedro. "A arte da guerra no Brasil: tecnologia e estratégia militares na expansão da fronteira da América portuguesa (1550-1700)". In: CASTRO, Celso; IZECKSOHN, Vitor; KRAAY, Hendrik. *Nova História Militar Brasileira*. Rio de Janeiro: FGV, 2004, p. 43-66.

PUNTONI, Pedro. *A Guerra dos Bárbaros: povos indígenas e a colonização do sertão nordeste do Brasil, 1650-1720*. São Paulo: Edusp/FAPESP/ Hucitec, 2002.

PUNTONI, Pedro. *A mísera sorte: a escravidão africana no Brasil holandês e as guerras do tráfico no atlântico sul, 1621-1648*. São Paulo: Hucitec, 1999.

PUTNAM, Lara. "To study the fragments/whole: microhistory and Atlantic-world". *Journal of Social History: Societies and Cultures*, vol. 39, nº 3, (2006), p. 615-630.

QUINN, David. "Artists and illustrators in the early mapping of America". *Mariner's Mirror*, vol. 72, nº 3, (1986), p. 244-273.

RAMINELLI, Ronald. "Índios cavaleiros das Ordens Militares, 1571-1721". In: FERNANDES, Isabel Christina (Ed.). *As Ordens Militares. Freires, guerreiros, cavaleiros. Actas do VI Encontro sobre Ordens Militares*. Palmela: Câmara Municipal de Palmela, vol. 2, 2012, p. 667-689.

RAMINELLI, Ronald. "Privilegios y malogros de la familia Camarão". *Nuevo Mundo, Mundos Nuevos,* (2008). Disponível em: http://nuevomundo.revues.org/27802.

RAMOS PEREZ, Demetrio. *El Mito Del Dorado. Su Genesis y proceso*. Caracas: Academia Nacional de la Historia, 1973.

RAMOS, Fabio Pestana. *No tempo das especiarias. O império da pimenta e do açúcar.* São Paulo: Contexto, 2006.

REBELLO DA SILVA, Luiz Augusto. *Memória sobre a População e a agricultura de Portugal desde a fundação até 1865. Parte I (de 1097-1640)*. Lisboa: Imprensa Nacional, 1868.

REID, Anthony. *Southeast Asia in the Age of Commerce, 1450-1680. Volume One: The lands below the winds.* New Haven/London: Yale University Press, 1988.

REIS, Arthur Cézar Ferreira. "Fortificações da Amazônia no período colonial". *RHIGB*, vol. 344 (jul-set., 1984), p. 217-227.

REIS, Arthur Cézar Ferreira. "O negro na empresa colonial dos portugueses na Amazónia". In: *Congresso internacional de história dos descobrimentos, vol. 5, pate II.* Lisboa: CIHD, 1961, p. 347-357

REIS, Arthur Cézar Ferreira. "Paulistas na Amazônia e outros ensaios". *RIHGB*, vol. 175 (1941), p. 260.

REIS, Arthur Cézar Ferreira. *A Amazônia e a cobiça internacional.* São Paulo: Companhia Editora Nacional, 1960.

REIS, Arthur Cézar Ferreira. *A Amazônia e a integridade do Brasil.* Brasília: Senado Federal, 2001.

REIS, Arthur Cézar Ferreira. *A Amazônia que os Portugueses revelaram.* Belém: Secretaria de Estado de Cultura, 1994.

REIS, Arthur Cézar Ferreira. *A política de Portugal no valle amazônico*, vol. 1. Belém: Secretaria de Estado de Cultura, 1993.

REIS, Arthur Cézar Ferreira. *Limites e demarcações na Amazônia brasileira. A Fronteira com as Colônias Espanholas, vol. 1.* Belém: Secult, 1993.

REIS, Arthur Cézar Ferreira. *Limites e demarcações na Amazônia brasileira. A Fronteira Colonial com a Guiana Francesa, vol. 1.* Belém: Secult, 1993.

RIDOLFI, Roberto. "Pensieri Medicei di Colonizzazione nel Brasile". *Veltro. Rivista della Civiltà Italiana*, vol. VI, nº. 4 (Agosto de 1962), p. 705-720.

RÍO PARRA, Elena del. *Una era de monstruos. Representaciones de lo deforme en el Siglo de Oro español.* Madrid/Frankfurt am Main: Universidad de Navarra/Iberoamericana/Vervuert, 2003.

ROBERTS, Michael. *The military revolution, 1560-1660*. Belfast: University of Belfast, 1956.

ROCHA, Rafael Ale. "*Os oficiais índios na Amazônia pombalina: sociedade, hierarquia e resistência (1751-1798)*". Niterói: Dissertação de Mestrado (história) apresentada à Universidade Federal Fluminense, 2009.

RODRIGUES, José Damião & MADEIRA, Artur Boavida. "Rivalidades imperiais e emigração: os açorianos no Maranhão e no Pará nos séculos XVII e XVIII". *Anais de História de Além-Mar*, vol. IV (2003), p. 247-263.

RODRIGUES, José Damião. " 'Off the Islands' : os Açores no contexto da primeira expansão inglesa". In: RODRIGUES, José Damião. *Histórias Atlânticas. Os Açores na primeira modernidade*. Ponta Delgada: Cham/ Universidade Nova de Lisboa/Universidade dos Açores, 2012, p. 45-60.

RODRIGUES, José Damião. *São Miguel no século XVIII. Casa, elites e poder*. Ponta Delgada: Instituto Cultural de Ponta Delgada, 2003.

RODRIGUES, José Honório. *História da História do Brasil. 1ª parte: historiografia colonial*. São Paulo: Companhia Editora Nacional, 1979.

ROMEO, Rosario. *Le scoperte americane nella coscienza italiana del Cinquecento*. Prefácio de Rosario Villari. Roma/Bari: Editori Laterza, 1989.

ROSS, Kathleen. "Historians of the conquest and colonization of the New World: 1550-1620". In: GONZÁLEZ ECHEVARRÍA, Roberto & PUPO-WALKER, Enrique (Ed.). *The Cambridge History of the Latin American Literature*, vol. 1. Cambridge: Cambridge University Press, 1996, p. 107-108

ROUX, Jean Claude. "De los limites a la frontera: los malentendidos de la geopolítica amazónica". *Revista de Índias*, vol. LXI, nº 223 (Setembro-dezembro, 2001), p. 513-539.

ROWSE, A.L.. *The Expansion of Elizabethans England:* Londres, 1955.

RUIZ GONSALEZ, Rafael. "La política legislativa con relación a los indígenas en la región sur de Brasil durante la unión de las coronas (1580-1640)". *Revista de Indias*, vol. LXII, nº 224 (janeiro-abril, 2002), p. 17-40.

RUIZ GONSALEZ, Rafael. *São Paulo na Monarquia Hispánica*. São Paulo: Instituto Brasileiro de Filosofia e Ciência Raimundo Lulio, 2004

RUIZ RIVERA, Julian B. *Encomienda y Mita en Nueva Granada en el siglo XVII*. Sevilla: Escuela de Estudios Hispano-Americanos, 1975.

RUIZ-PEINADO ALONSO, José Luis. "Amazonia Negra". In: SANTOS PÉREZ, José Manuel & PETIT, Pere (Eds). *La Amazonia Brasileña en Perspectiva histórica*. Salamanca: Ediciones Universidad de Salamanca, 2006, p. 23-57.

RUIZ-PEINADO ALONSO, José Luis. "El control de territorio. Misiones en la demarcación de fronteras amazónicas". *Boletín Americanista*, año LVIII, nº 58, (2008), p. 115-131.

RUSSELL-WOOD, A.J.R. "Centers and Peripheries in the Luso-Brazilian World, 1500-1808". In: DANIELS, Christine; KENNEDY, Michael V. *Negotiated Impires: centre and peripheries in the Americas, 1500-1820*. Nova York: Routledge, 2002, p. 105-142.

RUSSELL-WOOD, A.J.R. "News directions in bandeirismo studies in colonial Brazil". *The Americas*, vol 61, nº 3, (janeiro, 2005), p. 353-371.

RUSSELL-WOOD, A.J.R.. "Padrões de Colonização no Império Português, 1400-1800". In: BETHENCOURT, Francisco & CURTO, Diogo Ramada (dir.). *A expansão marítima portuguesa, 1400-1800*. Lisboa: Edições 70, 2010, p. 171-206.

RUSSEL-WOOD, A.J.R.. *Um Mundo em Movimento. Os Portugueses na África, Ásia e América (1415-1808)*. Lisboa: DIFEL, 1992.

SABATINI, Gaetano (eds). *Comprendere le Monarchie Iberiche. Risorse Materiali e rappresentazioni del potere*. Roma: Viella, 2010.

SALGADO, Augusto António Alves. “Portugal e o Atlântico. Organização militar e acções navais durante o período filipino (1580-1640)”. Tese de doutorado (História) apresentada à Universidade de Lisboa, 2009.

SALGADO, Graça. *Fiscais e Meirinhos: A administração no Brasil Colonial.* Rio de Janeiro: Nova Fronteira, 1986.

SALINAS, María Laura. “Encomienda, trabajo y servidumbre indígena en corrientes. Siglos XVII-XVIII”. Dissertação de Mestrado (História) apresentada à *Universidad Internacional de Andalucía*, 2008.

SAMPAIO, Fernando G.. *As Amazonas, a tribo das mulheres guerreiras: a derrota do matriarcado pelos filhos do sol.* São Paulo: Aquarius Editora e distribuidora de livros, 1975.

SÁNCHEZ MARTíNEZ, Antonio. “La institucionalización de la cosmografía Americana: la Casa de la Contratación de Sevilla, el Real y Supremo Consejo de Indias y la Academia de matemáticas de Felipe II”. *Revista de Indias*, vol. LXX, nº 250 (2010), p. 715-748.

SÁNCHEZ MARTíNEZ, Antonio. “Los artífices del Plus Ultra: pilotos, cartógrafos y cosmógrafos en la Casa de La Contratación de Sevilla durante el siglo XVI”. *Hispania. Revista Española de Historia*, vol. LXX, nº 236 (set-dez, 2010), p. 607-632.

SANDMAN, Alison. “Spanish Nautical Cartography in the Renaissance”. In: WOODWARD, David (ed.). *The History of Cartography. Volume three: Cartography in the European Renaissance.* Chicago/Londres: The University of Chicago Press, 2007, p. 1095-1142.

SANTOS PÉREZ, José Manuel & CABRAL DE SOUZA, George F. (Eds.). *El Desafío Holandés al Dominio Ibérico en Brasil en el siglo XVII.* Salamanca: Ediciones Universidad de Salamanca, 2006.

SANTOS PÉREZ, José Manuel & PETIT, Pere (Eds.). *La Amazonia Brasileña en Perspectiva histórica.* Salamanca: Ediciones Universidad de Salamanca, 2006.

SANTOS PÉREZ, José Manuel & SANCHES GOMÉZ, Julio (Eds.). *De Urbe Indiana. Ensayos sobre ciudades y urbanismo en Brasil y en la América Hispana.* Salamanca: Ediciones Universidad de Salamanca, 2010.

SANTOS PÉREZ, José Manuel (Ed.). *Acuarela de Brasil. 500 años después. Seis ensayos sobre la realidad histórica y económica brasileña.* Salamanca: Aquilafuente/Ediciones Universidad de Salamanca, 2000.

SANTOS PÉREZ, José Manuel. "Brasil durante la Unión Ibérica. Algunas notas sobre el intercambio cultural entre las dos orillas del Atlántico". In: *Brasil e Espanha: diálogos culturais/*España y Brasil: diálogos culturales. São Paulo: Fundação Cultural Hispano-Brasileira, 2006, p. 49-80.

SANTOS PÉREZ, José Manuel. "Colonial fortifications in the State of Maranhão: historical Research in Spain and Portugal". In: *Atlas of Dutch Brazil.* Amsterdam: New Holland Foundation, 2009.

SANTOS PÉREZ, José Manuel. "Estado, Capitanías donatarias y compañías comerciales. Una visión comparativa del Brasil holandés". In: SANTOS PÉREZ, José Manuel y CABRAL DE SOUZA, George F. (Eds.). *El Desafío Holandés al Dominio Ibérico en Brasil en el siglo XVII.* Salamanca: Universidad de Salamanca, 2006, p. 91-106.

SANTOS PÉREZ, José Manuel. "La historia de la Unión Ibérica y su importancia en las relaciones España-Brasil: viejos asuntos, nuevas (y buenas) noticias". *Revista de Cultura Brasileña,* nº 3 (Março, 2005).

SANTOS PÉREZ, José Manuel. "São Sebastião do Rio de Janeiro durante la Unión Ibérica, 1580-1640. Los años cruciales". In: BRUNETTO, Carlos Javier Castro (Ed.). Rio de Janeiro: *Estética de una ciudad.* Santa Cruz de Tenerife: Oristán y Gociano editores, 2008, p. 51-66.

SANTOS, Beatriz Catão Cruz. *O Pináculo do Temp(l)o.* O sermão do Padre Antonio Vieira e o Maranhão do século XVII. Brasília: Editora da UNB, 1997.

SANTOS, Domingos Mauricio dos. "Quem notificou para a Europa a ligação do Orenoco com o Amazonas?". *Revista Portuguesa de História,* tomo XIV, vol. III (1974), p. 65-71.

SANTOS, Ricardo Evaristo. *El Brasil Filipino. 60 años de presencia española en Brasil (1580-1640)*. Madrid: MAPFRE, 1993.

SANZ CAMAÑES, Porfirio. *Diplomacia hispano-inglesa en el siglo XVII. Razón de Estado y relaciones de poder durante la Guerra de los Treinta años, 1618-1648*. Cuenca: Ediciones de la Universidad de Castilla-La Mancha, 2002.

SCHAUB, Jean-Frédéric. "La catégorie 'Études Coloniales' est-elle indispensable?". *Annales, histoire, sciences sociales,* nº 3 (maio-junho, 2008), p. 625-646.

SCHAUB, Jean-Frédéric. "La Crise Hispanique de 1640. Le modèle des 'Révolutions Périphériques' en question (note critique)". *Annales. Histoire, Sciences Sociales*, vol. 49, nº 1 (janeiro-fevereiro, 1994), p. 219-239.

SCHAUB, Jean-Frédéric. *La Francia española. Las raíces hispanas del absolutismo francés*. Madrid: Marcial Pons, 2004.

SCHAUB, Jean-Frédéric. *Portugal na Monarquia Hispânica (1580-1640)*. Lisboa: Livros Horizontes, 2001.

SCHWARTZ, Stuart B. "Prata, açúcar e escravos: de como o império resgatou Portugal". *Tempo*, vol. 12, nº 24 (2008), p. 201-223.

SCHWARTZ, Stuart. "Indian labor and world plantations: european demand and Indian responses in Northeastern Brazil". *The American Historical Review*, vol. 83, nº 1 (Fevereiro, 1978), p. 43-79.

SCHWARTZ, Stuart. "The Voyage of the vassals, royal power, noble obligations, and merchant capital before the Portuguese Restoration of the independence, 1624-1640". *The American Historical Review*, vol. 96, nº 3 (junho, 1991), p. 735-762.

SCHWARTZ, Stuart. *Burocracia e Sociedade no Brasil Colonial*. São Paulo: Perspectiva, 1979.

SCHWARTZ, Stuart. "Luso-Spanish relations in hapsburg Brazil, 1580-1640". *The Americas*, Vol. XXV, nº.1 (1968), p. 33-48.

SERRANO MANGAS, Fernando. *Armada y flotas de la plata (1620-1648).* Madrid: Banco de España, 1989.

SERRÃO, Joaquim Veríssimo. *O reinado de D. António Prior do Crato (1580-1582).* Vol. 1. Coimbra, 1956.

SERRÃO, Joaquim Veríssimo. *Portugueses no estudo de salamanca (1250-1550).* Lisboa, 1962.

SERRÃO, José. "O Quadro Humano". In: HESPANHA, Antonio Manuel (Ed.). *História de Portugal: O Antigo Regime (1620-1807).* Lisboa: Estampa, 1993, vol. 4, p. 49-69.

SILVA, Kalina Vanderlei. *O miserável soldo e a boa ordem da sociedade colonial: militarização e marginalização na Capitania de Pernambuco dos séculos XVII e XVIII.* Recife: Fundação de Cultura Cidade do Recife, 2001.

SILVA, Maria Beatriz Nizza da. "Vieira e os conflitos com os colonos do Pará e Maranhão". *Luso-Brazilian Review*, vol. 40, nº 1 (2003), p. 79-87.

SOLANO, Francisco de. "La expansión urbana Ibérica por América y Asia. Una consecuencia de los tratados de Tordesillas". *Revista de Indias*, vol. LVI, nº 208 (setembro-dezembro, 1996), p. 615-636.

SOMMER, Barbara. "Colony of the Sertão. Amazonian expeditions and the indian slave trade". *The Americas*, vol. 61, nº 3 (janeiro, 2005), p. 401-428.

SOMMER, Barbara. "Negotiated Settlements: Native Amazonians and Portuguese Policy in Pará, Brazil, 1758-1798". Albuquerque: Tese de doutorado (PhD), apresentada à University of New Mexico, 2000.

SOUTHEY, Roberto. *História do Brazil, tomo segundo.* Rio de Janeiro: Livraria de B.L. Garnier, 1862.

SOUZA, Laura de Mello e. *O Sol e a Sombra. Política e administração na América portuguesa do século XVII.* São Paulo: Companhia das Letras, 2006.

STELLA, Roseli Santaella. *O Domínio Espanhol no Brasil durante a Monarquia dos Filipes (1580-1640)*. São Paulo: Centro Universitário Ibero-Americano, 2000.

STERN, Steve J.. *Los pueblos indígenas del Perú y el desafío de la conquista española. Huamanga hasta 1640*. Madri: Alianza Editorial, 1986.

STRADLING, R.A. *The Spanish Monarchy and Irish mercenaries: the wild geese in Spain, 1618-1668*. Dublin: Irish Academic Press, 1994.

STUDNICKI-GIZBERT, Daviken. "Capital's Commonwealth: the world of Portugal's Atlantic Merchants and the struggle over the nature of commerce in the Spanish Empire, 1492-1640". Tese de Doutorado (PH.d) apresentada à *Yale University*, 2001.

SUBRAHMANYAM, Sanjay. *Comércio e conflito. A presença Portuguesa no Golfo de Bengala, 1500-1700*. Lisboa: Edições 70, 1994.

SUBRAHMANYAM, Sanjay. *The portuguese Empire in Asia, 1500-1700: a political and economic history*. Londres/Nova York: Longman, 1993.

SUBRAHMANYAN, Sanjay. "Holding the world in balance: the connected histories of the Iberian Overseas impires, 1500-1640". *American Historical Review*, vol. 112. N° 5 (dezembro, 2007), p. 1359-1385.

SULLÓN BARRETO, Gleydi. "Portugueses en el Perú virreinal (1570-1680): Una aproximación al estado de la cuestión". *Mercvrio Pervano*, n° 523 (2010), p. 116-129.

SWEET, David G.. "*A Rich Realm of Nature Destroyed: the Middle Amazon Valley, 1640-1750*". Wisconsin: Tese de Doutorado (PH.d) presentada a University of Wisconsin, 1974.

TAVARES BASTOS, Aureliano Cândido. *O Valle do Amazonas. Estudo sobre a livre navegação do Amazonas. Estatistica, producções, commércio, questões fiscaes, do valle do Amazonas*. Rio de Janeiro: B.L Garnier, 1866.

TEIXEIRA, Marco Antonio Domingues. "O comércio e as rotas fluviais na sociedade guaporena colonial". *Revista de Educação, Cultura e Meio Ambiente*, n° 3, vol. II, (1998), p. 78-92.

TEJERINA, Marcela. *Luso-brasileños en el Buenos Aires Virreinal. Trabajo, negócios e intereses en la plaza naviera y comercial.* Bahía Blanca: Editorial de la Universidad Nacional del Sur, 2004.

THOMPSON, I. A. Anthony. "Aspects of Spanish Military and naval organization during the ministry of Olivares". In: THOMPSON, I. A. Anthony. *War and Society in Habsburg Spain.* Aldershot: Variorum, 1992, p. 1-26.

THOMPSON, I.A.A. "Castilla, España y la Monarquía: La comunidad política, de la *patria natural* a la patria nacional". In: KAGAN, Richard L. & PARKER, Geoffrey (Eds.). *España, Europa y el mundo Atlántico. Homenaje a John H. Elliott.* Madrid: Marcial Pons/Junta de Castilla y León, 2002, p. 177-216.

THOMSON, Janice E. *Mercenaries, Pirates, and Sovereigns. State-building and extraterritorial violence in early Modern Europe.* Princeton: Princeton University Press, 1994.

TORRES-LONDOÑO, Fernando. "Trabalho indígena na dinâmica de controle das reduções de Maynas no Marañon do século XVII". *História* (São Paulo), vol. 25 (2006), p. 15-54.

TRUDEL, Marcel. *Histoire de la Nouvelle-France. Les vaines tentatives, 1524-1603.* Montreal/Paris: Fides, 1963.

TRUHAN, Deborah L. & PANIAGUA PÉREZ, Jesús. "Los portugueses en América. La ciudad de Cuenca del Perú. (1580-1640)". *Revista de Ciências Históricas,* nº 12 (1997), p. 201- 220.

UGARTE, Auxiliomar Silva. "O mundo natural e as sociedades indígenas da Amazônia na visão dos cronistas ibéricos (séculos XVI-XVII)". São Paulo: Tese de doutorado (história) apresentada à *Universidade de São Paulo* (USP), 2004.

UNGER, Richard W. *Ships and Shipping in the North Sea and Atlantic, 1400-1800.* Aldershot/Brookfield: Ashgate, 1997.

UNGER, Richard W.. "Dutch nautical sciences in the Golden Age: the Portuguese influence". *e-Journal of Portuguese History*, vol. 9, nº 2 (Inverno, 2011), p. 68-83.

VAINFAS, Ronaldo. "Guerra declarada e paz fingida na Restauração Portuguesa". *Tempo*, vol. 14, nº 27 (2009), p. 82-100.

VAINFAS, Ronaldo. *Traição. Um jesuíta a serviço do Brasil holandês processado pela Inquisição.* São Paulo: Companhia das Letras, 2008.

VALENSI, Lucette. *Fables de la mémoire. La glorieuse Bataille des trois rois.* Paris: Seuil, 1992.

VALLADARES, Rafael. "Brasil: De la unión de coronas a la crisis de Sacramento (1580-1680)". In: SANTOS PÉREZ, José Manuel (Eds). *Acuarela de Brasil. 500 años después. Seis ensayos sobre la realidad histórica y económica brasileña.* Salamanca: Aquilafuente/Ediciones Universidad de Salamanca, 2000, p. 23-36.

VALLADARES, Rafael. "El arte de la guerra e la imagen del rey. Siglos XVI-XVIII". In: MORETA, Salustiano; THOMPSON, I. Anthony. A; GARCÍADIEGO, Francisco; PAVONE, Claudio (Eds). *La guerra en la Historia*. Salamanca: Ediciones Universidad de Salamanca, 1999, p. 163-189.

VALLADARES, Rafael. "El Brasil y las Indias españolas durante la sublevación de Portugal (1640-1668)". *Cuadernos de Historia Moderna*, nº 4 (1993), p. 151-172.

VALLADARES, Rafael. "Historia Atlántica y ruptura ibérica, 1620-1680. Un ensayo bibliográfico". In: PARKER, Geoffrey (Ed.) *La crisis de la Monarquía de Felipe IV*. Barcelona/Valladolid: Editorial Crítica/ Universidad de Valladolid, 2006, p. 327-350.

VALLADARES, Rafael. *Castilla y Portugal en Ásia (1580-1680). Declive imperial y adaptación.* Louvain: Leuven University Press, 2001.

VALLADARES, Rafael. *La Conquista de Lisboa. Violencia militar y comunidad politica en Portugal, 1578-1583.* Madrid: Marcial Pons, 2008.

VALLADARES, Rafael. *La rebelión de Portugal, 1640-1680. Guerra, conflicto y poderes en la monarquía hispánica.* Valladolid: Junta de Castilla y León, 1998.

VALLADARES, Rafael. *Portugal y la Monarquía Hispánica, 1580-1668.* Madrid: Arco Libros, 2000.

VEEN, Ernst van. "Les interactions luso-néerlandaises en Europe et en Asie (1580-1663)". In: BETHENCOURT, Francisco & ALENCASTRO, Luiz Felipe de (Eds). *L'Empire portugais face aux autres Empires. XVI*[e]*-XIX*[e] *siècle.* Paris: Maisonneuve & Larose/Centre Culturel Calouste Gulbenkian, 2007, p. 41-68.

VENÂNCIO, Renato Pinto & CARNEIRO, Henrique. *Álcool e drogas na história do Brasil.* São Paulo/Belo Horizonte: Alameda/Editora PucMinas, 2005.

VENTURA, Maria da Graça Mateus. *Portugueses no Peru ao tempo da União Ibérica. Mobilidade, cumplicidades e vivências.* Lisboa: Imprensa Nacional/Casa da Moeda, 2 vols, 2005.

VENTURA, Maria da Graça. (Ed.) *A união ibérica e o mundo atlântico.* Lisboa: Colibri, 1997.

VENTURA, Maria da Graça. (Ed.) *Viagens e Viajantes no Atlântico quinhentista.* Lisboa: Edições Colibri, 1996.

VILARDAGA, José Carlos. *São Paulo no império dos Felipes*: conexões na América Meridional (1580-1640). São Paulo: FAPESP/Intermeios, 2014.

VILLORIA APARICIO, Carmen. "La representación del indígena brasileño en la iconografía europea del siglo XVI". Salamanca: Trabajo de Grado (História) apresentado à Universidad de Salamanca, 2009.

VOLPINI, Paola. "Uomini di governo e mutamenti politici: notizie, stereotipi e pregiudizi sul governo della Spagna fra cinque e seicento". In: PROFETI, Maria Grazia (ed). *Giudizi e Pregiudizi: Percezione dell'altro e stereotipi tra Europa e Maditerraneo.* Vol I. Firenze: Alinea, 2009, p. 119-133.

WAGNER, Mafalda de Noronha. *A casa de Vila Real e a conspiração de 1641 contra D. João IV*. Lisboa: Edições Colibri, 2007.

WÄTJEN, Hermann. *O Domínio Colonial Holandês no Brasil. Um capítulo da história colonial do século XVII*. Recife: Governo de Pernambuco/ Companhia Editora de Pernambuco, 2004.

WEHLING, Arno. "A organização política do Brasil holandês e o papel das liturgias de poder no governo de Nassau". In: TOSTEL, Vera Lúcia B.; BENCHETRIT, Sarah Fassa; MAGALHÃES, Aline Montenegro (eds). *A presença holandesa no Brasil. Memória e imaginário*. Rio de Janeiro: Museu Histórico Nacional, 2004, p. 11-30.

WHITE, Lorraine. "Strategic Geography and the Spanish Habsburg Monarchy's Failure to Recover Portugal, 1640-1668". *The Journal of Military History*, nº 71 (abril, 2007), p. 373-409.

XIMENDES, Carlos Alberto. "A Câmara de São Luis e o Mundo do Trabalho (1646-1755)". *Outros Tempos*, vol. 1 (2004), Disponível em: *http//www.outrostempos.uema.br/volume1.htm*.

XIMENDES, Carlos Alberto. "Sob a mira da Câmara: viver e trabalhar na cidade de São Luís (1644-1692)". Niteroi: Tese de doutorado (História) apresentada à Universidade Federal Fluminense, 2010.

YUN CASALILLA, Bartolomé (Ed.). *Las redes del imperio. Élites sociales en la articulación de la Monarquía Hispánica, 1492-1714*. Madrid: Marcial Pons/Universidad Pablo de Olavide, 2009.

Alameda nas redes sociais:
Site: www.alamedaeditorial.com.br
Facebook.com/alamedaeditorial/
Twitter.com/editoraalameda
Instagram.com/editora_alameda/

Esta obra foi impressa em São Paulo no inverno de 2017. No texto foi utilizada a fonte Minion Pro em corpo 10,25 e entrelinha de 15,3 pontos.